Pinte de Barfleur
Cherbourg
BAIE DE LA SEINE
Cap de la Hève
LE HAVRE
CAEN
Lisieux
Elbeuf
Louviers
Evreux
St Lô
Coutances
VIRE
Flers
Argentan
Falaise
Alençon
Sées
Mortagne
Laigle
Dreux
Verneuil
PONTORSON
FOUGÈRES
Mayenne
VITRÉ
LES ROCHERS
Laval
Le Mans
Nogent le Rotrou
la Ferté Bernard
Château-Gontier
Craon
Segré
Châteaubriant
LA MEILLERAYE
ANGERS
ANCENIS
NANTES
CLISSON
TIFFAUGES
Cholet
NANTILLY
SAUMUR
BAGNEUX
FONTEVRAULT
MONTSOREAU
CHINON
TOURS
PLESSIS-LES-TOURS
AMBOISE
CHENONCEAUX
BLÉRÉ
BLOIS
Vendôme
Loches
Châtellerault
Loudun
Bressuire
Parthenay
Poitiers
Niort
Montmorillon
Cholet

DÖRLEMANN

Gustave Flaubert
und
Maxime Du Camp

Über Felder und Strände

Eine Reise in die Bretagne

Aus dem Französischen übersetzt
und mit Anmerkungen versehen
von Cornelia Hasting

DÖRLEMANN

Die Übersetzung folgt der Ausgabe Gustave Flaubert:
Œuvres complètes II. Par les champs et par les grèves.
Bibliothèque de la Pléiade, Éditions Gallimard, Paris 2013.

Dieses Buch ist auch als DÖRLEMANN eBook erschienen.
ISBN 978-3-03820-925-6

Umschlaggestaltung: Mike Bierwolf, unter Verwendung
des Gemäldes von James McNeill Whistler, *The Coast of Brittany*
Satz: Dörlemann Satz, Lemförde
Druck: CPI – Clausen & Bosse, Leck
ISBN 978-3-03820-025-3
www.doerlemann.com

Gustave Flaubert und Maxime Du Camp

Kapitel 1

Am 1. Mai 1847, morgens um halb neun, haben die beiden Monaden, deren Verbindung dazu dienen wird, die folgenden Bögen zu schwärzen, Paris mit dem Ziel verlassen, zwischen Farnkraut und Ginster oder auf den weiten Sandstränden am Meeressaum unbeschwert Atem zu schöpfen. Sie hatten keinen anderen Ehrgeiz, als nach einem von Wattewolken geflockten, klaren Stück Himmel zu suchen oder auf der Rückseite einer weißen Klippe, versteckt unter Stechpalmen und Eichen, zwischen Fluss und Hügel, eines jener armen kleinen Dörfer zu entdecken, wie sie noch zu finden sind, mit Holzhäusern, Wein, der die Wände hochrankt, Wäsche, die auf der Hecke trocknet, und Kühen an der Tränke.

Auf ein andermal, auf später die großen Reisen um die Welt, auf dem Rücken von Kamelen, auf türkischen Sätteln oder unterm Baldachin auf Elefanten; auf ein andermal, wenn es denn je dazu kommt, das Schellengeläut andalusischer Maultiere, die verträumten Wanderungen in der Maremma und die Melancholien der Geschichte, die mit dem Dunst der Morgendämmerung aus der Tiefe jener Horizonte aufsteigen, wo sich die Dinge zugetragen haben, die man sich aus alten Büchern zusammenspinnt.

Heute ziehen wir los, ohne ihn allzu sehr aufzugeben, den Platz am Kamin, wo man seine Pfeife und seine Träumereien zurücklässt, um sie fast warm noch wiederzufinden, und, ohne die geringste Qual von Abschiedsschmerz, mit Rucksack, Nagelschuhen an den Füßen, Knotenstock in der Hand, Rauch auf den Lippen und Grillen im Kopf querfeldein zu laufen, um in Herbergen in großen Himmelbetten zu schlafen, wenn es geregnet hat unter den Bäumen die Vögel singen zu hören und sonntags die Bäuerinnen mit ihren hohen weißen Hauben und ihren dicken roten Röcken unter der Kirchentür aus der Messe kommen zu sehen, und was noch? gewiss, um sich das Fell zu verbrennen und vielleicht, um sich Flöhe einzufangen?

So kam es denn, dass zwei vernunftbegabte Wesen (Definition des Menschen in Büchern) sieben Monate lang über Muster, Farbe, Form, Ausführung und passende Zusammenstellung folgender Dinge nachgedacht haben, als da sind:

Ein Hut aus grauem Filz;

Ein Stock für Pferdehändler (eigens aus Lisieux gekommen)

Ein Paar derbe Schuhe (weißes Leder, Nägel in Form von Krokodilzähnen)

dito aus Lackleder (Stadtkostüm für diplomatische Besuche, wenn sich welche ergeben, oder für Fahrten nach Paphos, falls uns zufällig die Gänse jener göttlichen Schönheit im Wagen der Göttin entführen sollten)

Ein Paar Ledergamaschen (passend zu den derben Schuhen); dito aus Tuch (um an Lackschuhtagen unsere Socken vor Staub zu schützen);

Eine Leinenjacke (Stallburschenschick)

Eine Leinenhose (ordentlich weit, um in die Gamaschen gesteckt zu werden)

Eine Leinenweste (deren eleganter Schnitt die Gewöhnlichkeit des Stoffes ausgleicht)

Dazu füge man den gleichen Anzug noch einmal aus Tuch, außerdem ein vorzügliches Messer, zwei Feldflaschen, eine Pfeife aus Holz, drei seidene Hemden, was ein Europäer so für seine Tagespflege braucht, und dann hat man das Drum und Dran, in dem wir in der Bretagne aufgetaucht sind, in dem wir ein paar Wochen lang bei Sonne und Regen gelebt haben: über einen Anzug für den Ball wurde nie liebevoller nachgedacht, und ganz sicher wurde er nie mit so wenig Bedenken getragen.

Die Kanone donnerte, um den König zu feiern, die Nationalgarden schickten sich an, in ihrer Uniform das Kinn zu recken, und die Zündmeister der fürstlichen Verwaltung bereiteten ihren Talg für die abendliche Feierlichkeit vor, als wir nach dem Abschied von unseren beiden Freunden Fritz und Luigi in unseren Eisenbahnwagon stiegen; der Schlag wurde geschlossen; das eiserne Biest schnaubte wie ein ungeduldig stampfendes Pferd, und wir fuhren ab.

Wenn man sich früher vom einen Ort zum anderen begab, sei es im Wagen oder mit dem Schiff, hatte man Zeit, etwas zu sehen und Abenteuer zu erleben: eine Reise von Paris nach Rouen konnte ein Buch ergeben. Ich kannte Leute, die in ihrer Jugend drei Tage dafür brauchten: am ersten übernachtete man in Pont-de-l'arche, am zweiten in Meulan, und man schätzte sich glücklich, wenn man am dritten rechtzeitig zum Souper in Paris angelangt war. In einem alten Reiseführer für Frankreich, erschienen gegen Ende der Herrschaft von Henri IV, lese ich: »Um von Rouen nach Dieppe zu fahren, geht die Post dreimal die Woche: man ist einen Tag unterwegs; zu Mittag speist man in Totes, wo man drei Stunden Aufenthalt hat.« Die Männer, die jetzt Räuber und Gendarm spielen, und die Frauen, die im Garten ihren Puppen das Diner servieren, werden nur vom Hörensagen wissen, dass dies die Postkutsche war, mit ihrem Kondukteur in pelzbesetzter Jacke und mit den Postillons im Kittelhemd, die von ihrem hohen Bock ihren lauten Ruf erschallen ließen. Sie werden an die Rotunde und die Plätze unterm Verdeck denken, an die Poststationen, wo die schmutzigen, dampfenden Pferde bei ihrer Ankunft an Ringen in der Wand angebunden werden, so wie wir von einstigen Herbergsnächten träumen, mit der Verwechslung der Betten, den auf den Fluren ausgeblasenen Kerzen, dem Lärmen der Dienstboten, dem fluchenden Wirt, der schimpfenden Wirtin. Wo sind sie nun, die schlammbespritzten Karrossen und die Damen in großem Staat, die auf dem Rückweg zu ihren Schlössern in den Schlamm stürzten? Denkt man nicht allein bei dem Wort Postschiff von Auxerre an Monsieur de Pourceaugnac, der mit seinen zu kurzen Kniehosen, seinem Anzug der vergangenen Regimes und seinem Akzent aus dem Limousin nach Paris aufbrach? Hätten wir die zauberhaften Seiten von Chapelle oder Bachaumont, wenn die Herren Gouverneure und Bauern, statt in den behäbigen Wagen ihrer Freunde von Provinz zu Provinz zu ziehen, von Eisenbahn oder Dampfschiff befördert worden wären?

Alles, was wir also von Paris bis Blois gemerkt haben, war, dass die Strecke, so kurz sie währte, immer noch zu lange dauerte, gereizt wie wir stets von dieser sterilen Art der Fortbewegung sind, und im Übrigen äußerst gelangweilt durch die Gesellschaft zweier Getreidehändler, großer Schwätzer, großer Spötter, wahrscheinlich neureicher und sehr selbstzufriedener Leute. Der eine, mit Orden behängt, jovial, fett, dicklippig, mit beachtlicher Kragenweite und grober Stimme, repräsentierte den unerschrockenen Wucherer, den Spekulanten großen Stils, der Bürgermeister seiner Gemeinde ist, Abgeordneter seiner Stadt sein wird und später, ganz wie andere auch, Minister, während sein Nachbar, ein kleiner, dünner Mann mit faltigem Gesicht, verkniffenem Mund und vorspringender Nase, der mit einem zufriedenen und tückischen unsäglichen Lächeln Weizenproben in der hohlen Hand hüpfen ließ, eher wie der räuberische und heimliche Händler aussah, der hartnäckige Arbeiter, der noch den Sack flöht, aus dem er die Taler genommen hat, der unersättliche Mensch, der das Geld um des Geldes willen liebt und um des Handels willen vom Handel besessen ist: eine menschliche Spezies, die heute sehr verbreitet ist und nach Weinbergen trachtet, ohne deren Wein trinken zu wollen! Neben uns gab es noch einen armen Engländer, krank und hinkend, der mir von einem anderen Metall als dem von Silberlingen zerfressen schien: seine Enkelin mit hässlichem Gesicht, das jedoch einen bereits reifen Ausdruck besaß, wie im Allgemeinen bei Kindern, die keine Mutter haben, las Vaudevilles vom Palais-Royal und vom Gymnase, um sich mit Sprache, Sitten und französischer Lebensart vertraut zu machen.

In Orléans bekamen wir Monsieur Berryer zu Gesicht, der im Büffet saß und sich die breite Brust füllte, und wir nahmen zwei liebenswürdige junge Leute auf, die wohl zu irgendeinem Verwaltungszweig gehörten. Der eine unterschied sich vom anderen wie der Dummkopf vom Blödian und wie die Null vom Hohlkopf.

Die Erinnerung an die Dichterjugend, die in Blois verlief, überfiel uns gleich beim Hineinkommen. Als wir durch diese von Stille erfüllten, verwinkelten Gassen gingen, dachten wir daran, dass auch er dort vor ungefähr zwanzig Jahren umherwanderte und wie wir eines dieser Häuser betrachtete, um seine Marion de Lorme dort anzusiedeln, und wir fragten die Luft, die Bäume, die Mauern, dieses irgendwie Dauerhafte und Unverwechselbare, das an einem Ort herrscht und sein Kolorit und seine Seele bildet, nach dem Geheimnis der ersten Blüte des großen Mannes, als seine Dichtkunst in den unbetitelten Versen seiner ersten Sammlungen von üppigen, wie Lianen schwebenden Strophen überquoll, ihre Metaphern aufgehen ließ wie Sonnen und in vielfältigen Rhythmen und unaufhörlichen Harmonien erbebte. Wie viele zu Werken gewordene Ideen sind an dieser Ecke, an diesem Fluss, unter diesem Baum, bei Morgentau im Grünen oder an Sommerabenden entstanden, an jenen schönen Abenden, die glühend und traurig sind wie die erste Liebe, wenn der Himmel von langen Streifen überzogen ist und Fliegenschwärme in der Luft kreisen wie goldene Räder.

War es das, was uns an Blois entzückt hat? Gibt es nicht außerdem neben der Bahnstation eine Ulmenallee mit prächtigem, dichtem Blätterdach, mit dicken Ästen, die sich eigens unten verzweigen, als sollte dort der Futtersack aufgehängt werden: richtige Ulmen des XVIII. Jahrhunderts; breit gewachsen, damit man darunter tanzt zum Geigenklang des Spielmanns, der auf ein Fass steigt und laut den Takt stampft, während die Röcke im Wind fliegen, die gepuderten Locken sich lösen und die Burschen die Mädchen um die Taille fassen, die vor Schreck auflachen und vor Freude außer sich sind.

Die Straßen von Blois sind leer; zwischen den Pflastersteinen wächst Gras: zu beiden Seiten ziehen sich lange graue Mauern hin, die große Gärten einfrieden, durchbrochen von irgendeiner versteckten kleinen Tür, die sich dem geheimnisvollen Besucher nur nachts zu öffnen scheint; man spürt, dass hier alle Tage gleich verlaufen müssen, dass sie in der stillen Eintönigkeit der Kirchturmuhren voll köstlicher Melancholien und erregender Sehnsüchte sein müssen. Nur zu gern ersinnt man für diese friedlichen Wohnsitze irgendeine bedeutsame, große Herzensgeschichte, eine krankhafte Leidenschaft, die bis zum Tode anhält: die bezwungene Liebe einer frommen alten Jungfer oder sittsamen Frau; unwillkürlich bringt man dort, wie an der für sie richtigen Stelle, irgendeine bleiche Schönheit unter, mit langen Nägeln und zarten Händen, eine sich kühl gebende Aristokratin, verheiratet mit einem Dummkopf, einem Geizkragen, einem Neidhammel, der an der Schwindsucht stirbt.

Diese Gedanken, die uns später in Amboise, Chinon und in den anderen Städten der Touraine wieder kamen, haben uns darauf gebracht, uns zu fragen, ob Monsieur Balzac, der aus dieser Gegend stammt, hier seine Heldinnen aufgetan hat; ob er am Ende hier seine Frau von dreißig Jahren entdeckt hat, diese unsterbliche Schöpfung! der Antike fremd wie das Christentum, auf dem sie fußt, und eine, die ich mehr schätze als die meisten Kreationen moderner Machart (Streichhölzer und das kalte Hühnerfrikassee von Tortoni nehme ich allerdings davon aus). Aus dem, was man als nicht mehr brauchbar weggeworfen hat, neue Schätze an Darstellung und Gefühl ausgraben, im Universum der Liebe einen neuen Kontinent entdecken und Tausende von Menschen, die sich daraus verstoßen sahen, zu seiner Nutzung auffordern, ist das nicht geistreich und erhaben? Die Ausübung eines Geschlechtstriebs verlängern, bedeutet das nicht beinahe, einen weiteren zu erfinden? Und welche Begeisterung wir sahen! das war wie die Entdeckung Amerikas: statt entlassener Routiers und bankrotter Juden, die herbeieilen, um dort ihr Glück zu machen, hat sich eine Menge auswegloser Gefühle und immer noch robuster Dekadenzen mit Inbrunst auf diesen großen Fund der Frau von dreißig Jahren gestürzt. Erst wurde geschwärmt, dann kam die entgegengesetzte Reaktion; doch später wird man dazu zurückkehren, wie zu allem, was gut ist, wie zum System von Galilei und zu langen Westen. Man wird sehen, was man nur flüchtig wahrgenommen hat; man wird ergründen, was man nur gestreift hat: die Mine ist noch neu, die Ader tief: vorbereitet durch diese Frage ergeben sich weitere daraus folgende, die nur noch einen großen Moralisten und großen Künstler brauchen, um ans Licht gebracht zu werden, und deren ganze Wichtigkeit und Bedeutung mir so gut von meinem berühmten Freund Pradier erklärt worden sind, so zum Beispiel die Frage des *lyrischen Busens.*

Was unser Rätsel von eben angeht, so ist es mit dem Einfluss der Orte auf die Bücher und dem der Bücher auf die Orte wie mit dem Rätsel von Henne und Ei: Hat die Henne das Ei gelegt oder das Ei die Henne geschaffen? Sind es die Bücher von Balzac, die mich in den Straßen von Blois darüber nachsinnen ließen, was dort geschieht, oder war, was dort geschieht, der Anlass für die Bücher? Hat Gott oder hat der Mensch die Dinge so gefügt, wie wir sie sehen?

Aufs Geratewohl durch eine dieser verlassenen Gassen schlendernd, in der am Ende ironischerweise zufällig das rot gestrichene Schild einer Modistin prangte, stießen wir auf einen schmalen Gang, der in eine Art Sackgasse führte, in der die Apsis der Kirche Saint-Nicolas liegt. Ein finsterer und durch seine Asphaltierung übelriechender Ort. Alles ist schwarz: der Stein, der Boden, selbst das Kolorit der Luft: er hat den strengen und unfreundlichen Aspekt eines Priestergewandes. Schön ist er in seiner Nacktheit, Rohheit und Brutalität. Auf dem Platz, im hellen Sonnenschein vor dem Portal, waren Maurer beim Steineklopfen. Große Levkojen klammerten sich an die romanischen Kapitelle und stachen mit ihren fröhlichen Gelbtönen von der dunklen Farbe des alten Gebäudes ab. Wild in freier Luft wehend, waren sie nur da, um zu zeigen, wie hübsch sie waren.

Auf der Nordseite des über gewaltigen Mauern aufragenden Château de Blois hat eine Galerie mit doppelten Arkaden eine zauberhafte Wirkung. Dort war das Schlafzimmer von Henri III; daneben liegt sein Betzimmer, ein Zufall, der an sich nichts Seltenes hat, hier aber beeindruckt, bei dieser Seele, wo die Wollust sich durch Religion schärfte und die Neugier sich an der Angst entfachte. Als wir durch ein gewundenes Gewölbe gegangen waren und den Platz überquert hatten, traten wir in den Innenhof des Schlosses. Dort herrschte große Freude: die Garnison hatte für jeden Mann eine Flasche Wein erhalten, die Soldaten trugen Krüge, die mit einer blauen Flüssigkeit gefüllt waren, und schickten sich an, sie auf die Gesundheit des Monarchen zu trinken, dessen Geburtstag ihnen dieses Vergnügen bescherte. Der Schlosshof ist ein Quadrat. Die Torseite aus der Zeit von Louis XII hat nur ein einziges Stockwerk mit einer von kurzen Säulen getragenen Galerie, überzogen mit Rauten und überall mit der Cordelière von Königin Anne und dem Wappen der Bretagne geschmückt. Die linke Seite (Süden), aus etwas früherer Zeit, wurde nicht fertiggestellt; sie ist schlichter in ihren Ornamenten, strenger, weiter in ihr Mittelalter zurückgezogen. Gegenüber sticht davon auf scheußliche Weise ein unglaublich geistloser Haupttrakt ab, ein Bau von Louis XIV mit seinem Klassizismus und dessen nüchternem Stil, der schlechter Stil ist; doch neben ihm glänzt und leuchtet groß aufgemacht die schöne Architektur des XVI. Jahrhunderts, die der guten Epoche, bevor der attische Pilaster überhandnahm und die Renaissance in Maria de Medicis griechischer Unart verflachen sollte. Über diesem Haupttrakt sind die beiden köstlichsten Treppen der Welt angebracht, durchbrochen wie Spitze, ziseliert mit einem kräftigen Meißel und ganz filigran, wie die hohen Halskrausen der großen Damen, die vor dreihundert Jahren ihre Stufen hinaufstiegen. Im Erdgeschoss sahen wir den Saal, wo 1588 die drei Stände tagten. Darunter war ein Edelmann aus der Gascogne, gesandt vom Adel von Bordeaux. Ich denke, er wird sich nicht besonders beteiligt haben an den Auseinandersetzungen, die unter diesen Holzgewölben ertönten. Abseits sitzend in seinem eleganten schwarzen Gewand und mit einer Reitgerte spielend, die er immer bei sich trug, meditierte er gewiss über irgendeiner Passage von Sallust oder irgendeinem Gedicht von Lukan, an die ihn die gegenwärtigen Umstände erinnerten. Leidenschaftslos unter all diesen lautstarken Leidenschaften, ohne jeden Glauben neben so vielen unerschütterlichen Überzeugungen, war er dort gleichsam das Symbol für das Bleibende neben dem Vergänglichen. Sein Name war Michel de Montaigne.

Außerhalb des Schlosses sah ich auf einer Plattform, auf der man die ganze Stadt, die von Pappeln gesäumte Loire sowie das in weiten Schwüngen unmerklich gen Himmel steigende umliegende Land vor sich hat, einen Geschützturm, der der Garnison zur Aufbewahrung des Pulvers dient. Dort wohnte Ruggieri, der Astrologe von Henri III. Auf dem Vorplatz hing Wäsche. Die Leinen, an denen die Hemden des Hausmeisters trockneten, liefen im Zickzack in alle Richtungen. Der Wachposten am Tor des Pulverturms hatte sein Gewehr darauf gelegt; schaukelnd balancierte er es darauf und ließ spielerisch die Feder der Trommel schnalzen, während er auf Ablösung wartete.

Berühmte Gäste haben hinter diesen Mauern geschlafen: Valentina de Milano, Elisabeth von Bayern, Anne de Bretagne, Charles VIII, Louis XII, François I, Claude de France, Henri III, Caterina und Maria de Medici, und die Guise, die dort ihr Blut ließen. An dieser Stelle ist es geflossen – vergeblich sucht es das Auge immer noch auf diesen Brettern, samt den Pflaumen aus Damaskus, die Balafré mit den Worten: »wer möchte welche?« in den Gardesaal warf. Die Treppe, auf der er ins Schlafzimmer des Königs hinunterstieg, hat man zugemauert. Es ist nichts mehr zu sehen, und doch schaut man hin.

Nachdem es der Hochzeit des Duc d'Alencon mit Marguerite d'Anjou, der von Henri IV mit Marguerite de Valois und den blutigen Tragödien der Guises Raum geboten hatte, stand das Château de Blois anderen Schicksalen offen. Maria de Medici wurde dort gefangen genommen und floh durch das Fenster, das einem gezeigt wird. 1716 wohnte hier Marie-Casimir von Polen; 1814, nach der Eroberung von Paris, suchte Marie-Louise hier Zuflucht, und heute rauchen hier die Infanteristen ihre Pfeife und reißen lose Witze. Das Blut ist weggewaschen, der Klang der Sarabanden und Menuette ist zusammen mit dem Lachen der Pagen und dem Rauschen der Schleppkleider verflogen. Was bleibt von dem, was die Geschichte davon weiß? und von allem, was sie nicht weiß! Was noch spannender zu erfahren wäre und was man die alten Täfelungen, die stummen Porträts, die einen anblicken, und die gähnend leeren Gräber fragt: ein Geheimnis, das sie für sich behalten und sich in ihrer Einsamkeit zuflüstern. Wie das Meer ist die Geschichte schön, weil sie ausradiert, die kommende Welle löscht auf dem Sand die Spur der verebbten: man sagt sich nur, dass es welche gab und dass es weitere geben wird: vielleicht ist das ihre ganze Poesie und ihre Lehre?

Am nächsten Tag besichtigten wir eine noch ruinösere Ruine: ich spreche von Chambord. Nachdem wir uns in dem umliegenden öden Landstrich verlaufen hatten, langten wir schließlich über einen langen, sandigen Weg inmitten eines dürftigen Waldes dort an: Besitz eines Rentiers in Geldnöten, der vorzeitig die Bäume fällt. Das Schloss hat weder Garten noch Park, nicht den kleinsten Strauch, rundum keine einzige Blume. Es präsentiert seine Fassade vor einem großen Platz mit schütterem Gras, unter dem ein kleiner Fluss fließt. Als wir hineingingen, begann ein Hund zu bellen. Der Regen rauschte herab, das Wasser rann über die Dächer und lief in die zerbrochenen Fenster. Man bat uns in die Wohnung des Wächters, und während wir darauf warteten, dass sein Hausmädchen, das die Pförtnerin ersetzt, aus der Messe zurückkehrte, gingen wir die Gästeliste durch. Sie ist voller legitimistischer Klagen: Jeremiaden über den Herrn des Hauses; Wünsche nach der Rückkehr des erhabenen Exilierten etc. Ein gewisser Abbé Sam … Geistlicher der Pfarrei von ***, hat folgenden großartigen Vers geschrieben:

On peut être boiteux sans cesser d'être droit.

Ein kühnerer Namenloser hat diese Variante hinzugefügt:

On peut être exilé sans cesser d'être roi.

Jemand, der offenbar verärgert war, hat mitten ins Buch geschrieben: »O Mania!« Doch was uns am meisten beeindruckt hat, sind die beiden bloßen Namen: Louise und Alfred! die verloren zwischen den Marquis, den Grafen, den Chevaliers de Saint Louis, den Söhnen der Opfer von Quiberon, den Pilgern vom Belgrave Square, und diesem ganzen Pack falschen Adels stehen, der wie der Romantismus von Monsieur de Marchangy von der ewigen Poesie der Türmchen, der Damoisellen, der Zelter, der Lilien, des Lilienbanners von Saint Louis, des weißen Federbuschs, des göttlichen Rechts und eines Haufens anderer Dummheiten lebt. Zwischen so vielen weinerlichen, heuchlerischen, arroganten Eitelkeiten schienen uns diese schlichten Namen von Unbekannten etwas Naives und Gutes zu haben, stilvoller als alles Übrige.

Wir wanderten durch leere Galerien und verlassene Räume, wo die Spinne ihr Netz über den Salamandern von François I spannt. Dies ist nicht die übliche Ruine mit der Pracht ihrer schwarzen und grünlichen Trümmer, der Stickerei ihrer hübschen Blumen und mit ihren Draperien von Grün, das wie zerfetzter Damast im Winde wogt, es ist im Gegenteil eine schändliche Armut, die ihren abgetragenen Frack bürstet und fein tut. In dem einen Raum wird das Parkett erneuert, in dem anderen lässt man es verrotten: überall spürt man ein fruchtloses Bemühen, das Sterbende zu konservieren, um an das Entflohene zu erinnern; merkwürdig: es ist traurig! und nicht groß!

Und dann möchte man meinen, dass alles dazu beitragen wollte, es zu verhöhnen, dieses arme Chambord! das Primaticcio gezeichnet hatte, das Germain Pilon und Jean Cousin gemeißelt und in Stein gehauen hatten. Erbaut von François I, als er nach dem demütigenden Abkommen von Madrid (1526) aus Spanien zurückkehrte: ein Monument des Stolzes, der sich betäuben möchte, um sich für seine Niederlagen zu entschädigen, wird dort zunächst Gaston d'Orléans, ein besiegter Thronanwärter, ins Exil geschickt; dann kommt Louis XIV, der aus einem einzigen Stockwerk drei macht: so verdirbt er die wunderbare Doppeltreppe, die in einem einzigen wie eine Spirale aufschießenden Schwung vom Boden bis zum First reichte; und schließlich Molière, der unter dieser schönen Decke voller Salamander und gemalter Ornamente, deren Farben verblassen, zum ersten Mal den Bourgeois-Gentilhomme spielt. Danach gab man es dem Marschall von Sachsen, man gab es Polignac, man gab es Berthier, einem einfachen Soldaten; durch Subskription wurde es zurückgekauft, und man gab es dem Duc de Bordeaux; man gab es jedermann, als wolle niemand es haben, es war nicht zu halten. Es scheint nie zu irgendetwas nütze, scheint stets zu groß gewesen zu sein: es gleicht einem heruntergekommenen Gasthof, wo die Reisenden noch nicht einmal ihre Namen an den Wänden hinterlassen haben.

Ich sah dort nur ein einziges Möbelstück: das Modell eines Geschützparks, ein Geschenk des Colonel Langlois für den Duc de Bordeaux, das unter Leinwandhüllen vollständig erhalten geblieben ist.

Als wir über eine äußere Galerie zur Treppe der Orléans gingen, um uns die Karyatiden genauer anzusehen, die François I, Madame de Châteaubriant und Madame Étampes darstellen sollen, und die berühmte Laterne umrundeten, die oben den Abschluss der großen Treppe bildet, haben wir immer wieder den Kopf über die Balustrade gestreckt und uns unten im Hof ein kleines Eselchen angeschaut, das bei seiner Mutter trank, sich an ihr rieb, mit den Ohren wackelte, die Nase reckte und bockte. Das war es, was sich im Ehrenhof des Château de Chambord befand, das sind jetzt seine Gäste: ein Hund, der im Gras spielt, und ein Esel, der auf der Türschwelle der Könige saugt, schnaubt, schreit, kotet und Bocksprünge macht.

Das Wetter war wieder schöner geworden; der Regen hatte sich verflüchtigt und die milde Abendsonne glänzte, als wir nach Amboise kamen. Hier gibt es immer noch die schönen Straßen der Provinz wie in Blois: man plaudert vor den Türen, man arbeitet im Freien; die nahezu allesamt brünetten Frauen mit sanftem und bemerkenswert hübschem Gesicht haben köstlich weibliche Umgangsformen voll sinnlicher Güte. In der Tat, man ist dort in der blühenden und lieblichen Touraine, der Gegend des guten kleinen Weißen und der schönen alten Schlösser, durchströmt von der Loire, dem französischsten der französischen Flüsse. Haltung und Umgang haben noch etwas von der Ruhe des Nordens, während die Lebhaftigkeit des Südens den Ausdruck, das Lächeln beseelt; und doch scheint mir die Touraine, trotz des Zwitterwesens, das für gewöhnlich aus der Verbindung zweier entgegengesetzter Nuancen entsteht, eine besondere Originalität zu haben, keine sehr ausgeprägte, gewiss, aber eine feine, heimliche, die weder Prosa noch Poesie ist und sich, glaube ich, nur mit einer Bezeichnung beschreiben ließe, wenn ich nicht fürchtete, dass man sie zu bedeutungsvoll auffassen könnte: es wäre die der *gesungenen Prosa.*

Als wir über die Brücke von Amboise kamen (es gibt zwei: da die Stadt auf beiden Ufern gebaut ist und mitten in ihrem Fluss eine Insel hat) – wie gesagt gibt es zwei Brücken, aber die zweite ist die schöne! eine dieser ehrwürdigen Brücken, eine dieser alten, holprigen, schmalen, grauen, in Sonne und Wasser gehärteten Brücken, wo es so aussieht, als würde sich ein mit klirrenden Rüstungen und Pferdegetrappel im Schritt hinüberziehender Reiterzug gut darauf ausnehmen, und wo man bedauert, nicht einen auf dem Grenzstein sitzenden Bettler singen zu hören, während er seine Leier dreht, oder eine Zigeunerin, barfuß im Staub, die ihr Tambourin schüttelt, dessen knapper und scharfer Klang vom großen Rauschen des durch die Brückenbögen fließenden Wassers entführt wird. Nun ja, als wir auf der Brücke waren, sahen wir aus der Promenade am Fuße des Schlosses die örtliche Nationalgarde auftauchen, die vom Appell zurückkehrte. Von den ungefähr dreißig Mann, die sie waren, trugen vielleicht fünf oder sechs Uniform, nur die Offiziere, der Rest war bloß Zivilgarde, aber eine wahrhaft seltene Zivilgarde, in großem Aufzug, mit glänzenden Fräcken, gelben Westen und schwarzen Handschuhen. Das örtliche Dandytum besteht, glaube ich, in diesem Bemühen, die bürgerliche Kleidung zu ächten. Zu Ehren von Amboise muss ich zugeben, dass ich in den Reihen oder in der Truppe (und ich hatte damit gerechnet) kein einziges als Kanonier gekleidetes Kind gesehen habe, das seinen Papa an der Hand hielt. Sollte diese Ungeheuerlichkeit dieser glücklichen Stadt unbekannt sein? oder ist sie aus der Mode gekommen? oder sind die Vermögen der Einzelnen nicht ansehnlich genug, um diesen verrückten Aufwand zu treiben? Wie auch immer, es ehrt Amboise: denn das als Kanonier gekleidete Kind, das auch noch Fabeln hersagt, ist der letzte Grad menschlicher Schande.

Das Château d'Amboise liegt hoch über der Stadt, die ihm unterhalb eines Felsens wie ein Haufen Kieselsteine vor die Füße geworfen scheint, und hat das noble und imposante Gesicht einer Festung mit seinen von langen, schmalen Rundbogenfenstern durchbrochenen hohen, dicken Türmen, seiner vom einen zum anderen Ende reichenden Arkadengalerie und dem Fahlrot seiner Mauern, das noch düsterer wird durch die Blumen, die von oben herabhängen wie ein lustiger Federbusch über die gebräunte Stirn eines alten Haudegens. Wir haben eine gute Viertelstunde damit verbracht, den linken Turm zu bewundern und lieb zu gewinnen, der rußbraun ist, an manchen Stellen gelb, an anderen schwarz, an seinen Zinnen den Schmuck wunderbarer Levkojen trägt und kurz gesagt eines jener sprechenden Bauwerke ist, die zu leben scheinen und einen mit offenem Mund zu sich aufblicken lassen, wie jene Porträts, deren Originale man nicht kannte und die man zu lieben beginnt, ohne zu wissen warum.

Lacht nur darüber, gute Leute: für euch wurde dieser Satz nicht geschrieben.

Zum Schloss hinauf steigt man über einen sanften Hang, der in einen als Terrasse angelegten Garten führt, von wo der Blick sich am umliegenden Land ergötzt. Es hatte ein zartes Grün. Pappelreihen zogen sich am Fluss entlang. Am Ufer erstreckten sich Wiesen und ließen in der Ferne ihre grauen Grenzen in einem bläulich, dunstigen Horizont verschwimmen, undeutlich eingefasst von den Umrissen der Hügel. In der Mitte floss die Loire und umspülte ihre Inseln, benetzte den Wiesensaum, strömte unter den Brücken hindurch, drehte die Mühlen und ließ auf ihren silbernen Windungen die großen, miteinander vertäuten Boote dahingleiten, die Seite an Seite friedlich ihre Bahn ziehen, eingelullt vom trägen Knarren des Ruders, das sie treibt; und ganz hinten waren zwei in der Sonne weiß leuchtende Segel.

Von der Spitze der Türme, vom Vorsprung der Pechnasen schwangen sich Vögel auf, um sich anderswo niederzulassen, zogen ihre Kreise, stießen in der Luft ihre kurzen Schreie aus und verschwanden. Hundert Schritt unter uns sah man die spitzen Dächer der Stadt, die verlassenen Innenhöfe der alten Patrizierhäuser und das dunkle Loch qualmender Kamine. In die Nische einer Schießscharte gelehnt ließen wir den Blick schweifen, lauschten, freuten uns an der Sonne, die schön war, und an der Luft, die mild und ganz erfüllt war vom Duft der Pflanzen auf den Ruinen; und dort träumte ich, ohne über irgendetwas nachzudenken, sogar ohne innerlich was auch immer zu formulieren, von handschuhweichen Panzerhemden, von schweißgetränkten Degengehängen aus Büffelleder, von geschlossenen Visieren, hinter denen feurige Blicke glänzten, von lärmenden, verzweifelten nächtlichen Sturmangriffen mit Fackeln, welche die Wände in Brand setzten, von Streitäxten, welche die Leiber in Stücke hieben, und von Louis XI, vom Krieg der Amoureux, von d'Aubigné und von Levkojen, von Vögeln, von glänzendem, schönem Efeu und ganz kahlem Brombeergesträuch, und kostete so in meinem träumerischen und sorglosen Genuss, was an den Menschen am größten ist, ihr Angedenken, und was an der Natur am schönsten ist, ihre ironischen Vereinnahmungen und ihr ewiges Lächeln.

Im Garten erhebt sich inmitten von Flieder und dichtem Buschwerk die Kapelle, ein Schmuckstück der Steinmetzkunst des XVI. Jahrhunderts, innen noch feiner gearbeitet als außen und ziseliert wie die Krücke eines chinesischen Schirms. Über der Tür zeigt ein sehr unterhaltsames Basrelief die Begegnung von Saint Hubert mit dem mystischen Hirsch, der ein Kruzifix zwischen seinen Hörnern trägt. Der Heilige liegt auf den Knien; darüber schwebt ein Engel, der ihm eine Krone auf seine Kappe setzen wird. Daneben schaut sein Pferd mit seinem freundlichen Tiergesicht zu, seine Hunde kläffen, und auf dem Gebirge, dessen Teile und Facetten Kristalle darstellen, reckt die herangleitende Schlange ihren flachen Kopf unter Bäumen, die wie Blumenkohl aussehen. Es ist der Baum, den man in alten Bibeln findet, blattlos und dick in Zweigen und Stamm, ein Baum, der Holz und Früchte hat, aber kein Grün, der symbolische Baum, der theologische und fromme Baum, nahezu phantastisch in seiner verbotenen Hässlichkeit. Nicht weit davon trägt Saint Christophe das Jesuskind auf den Schultern, und Saint Antoine hockt in seiner auf einen Felsen gebauten Zelle. Das Schwein kehrt in sein Erdloch zurück; man sieht von ihm nur den Hintern mit seinem Ringelschwanz, während neben ihm ein Hase die Ohren aus seinem Bau reckt.

Zweifellos ist dieses Basrelief etwas plump und künstlerisch nicht einwandfrei; doch es steckt so viel Leben und Atem in diesem guten Mann und diesen Tieren, so viel Witz und Aufrichtigkeit in den Details, dass man viel dafür geben würde, es mitzunehmen und im Hause zu haben: das hätte mehr Wert als die Figuren im Mittelalterstil, die man bei Friseuren findet, die Reiterszenen von Alfred de Dreux, die man bei ausgehaltenen Mädchen findet, und die Putiphar von Monsieur Steuben, die man, Gott sei Dank, nirgends findet.

Im Inneren des Schlosses wiederholt sich in jedem Raum die langweilige Möblierung des Empire mit seinen mythologischen oder historisierenden Stutzuhren und seinen samtenen Sesseln mit vergoldeten Nägeln. Fast alle sind mit Büsten von Louis-Philippe und Madame Adélaide geschmückt. Die herrschende Familie ist darauf versessen, sich in Porträts zu vervielfältigen; sie bevölkert alle Wände, alle Konsolen und alle Kamine mit ihrem Gesicht, wo immer sie es unterbringen kann: der schlechte Geschmack des Emporkömmlings, der Wahn des mit Geschäften zu Geld gekommenen Kolonialwarenhändlers, der es liebt, sich in Rot, Weiß und Gelb zu betrachten, mit seinen Uhrgehängen auf dem Bauch, seinen Koteletten am Kinn und seinen Kindern an seiner Seite.

Auf einem der Türme hat man gegen jeden gesunden Menschenverstand eine verglaste Rotunde gebaut, um einen Speisesaal zu schaffen. Die Aussicht, die man dort hat, ist herrlich; doch das Bauwerk wirkt so schockierend, dass man, glaube ich, lieber nichts sehen oder zum Essen in die Küche gehen würde.

Zurück in die Stadt gelangten wir in einem Turm, in dem die Kutschen bis auf den Platz hinauffahren konnten. Die sandbestreute, leicht abschüssige Bahn windet sich wie die Stufen einer Treppe um eine steinerne Achse, und das Gewölbe wird hier und da durch die wenigen Löcher der Schießscharten erhellt. Die Tragsteine, auf die sich das innere Bogenende stützt, haben groteske oder obszöne Motive. Ihre Anordnung scheint von einer dogmatischen Absicht geleitet worden zu sein. Man müsste das Werk von unten her verstehen, wo es mit Aristoteles equitatus beginnt (ein Thema, das bereits an einem der Chorstühle in der Kathedrale von Rouen behandelt wurde), und man gelangte allen Übergängen folgend zu einem Herrn, der sich mit einer Dame in der perfiden Stellung amüsiert, welche von Lukretius und von *L'Amour conjugal* empfohlen wird. Die meisten dazwischenliegenden Motive sind im Übrigen zur großen Verzweiflung derer, die nach spaßigen Einfällen suchen, entfernt worden, kaltblütig entfernt, absichtlich, aus Anstand und, wie uns der Diener Seiner Majestät im Brustton der Überzeugung erklärte, »weil es viele gab, die unschicklich für die Damen waren«.

Niemand kann mir vorwerfen, mich über irgendeine Zerstörung, ob Ruine oder Trümmerhaufen, stöhnen gehört zu haben. Nie habe ich geseufzt über die Verwüstung der Revolution oder die Verheerung der Zeit; ich wäre nicht einmal böse, wenn Paris durch ein Erdbeben von unterst zu oberst gekehrt würde oder eines Morgens mit einem Vulkan just inmitten seiner Häuser erwachte, eine riesige Stummelpfeife, die ihm im Bart qualmte; vielleicht entstünden daraus großartige Aquarelle im Stil von Martin; aber ich hege einen heftigen und anhaltenden Hass gegen jedweden, der einen Baum beschneidet, um ihn zu verschönen, ein Pferd kastriert, um es zu schwächen, gegen diejenigen, die die Ohren oder den Schwanz von Hunden beschneiden, gegen alle, die aus Buchsbaum Pfauen, Kugeln oder Pyramiden machen, gegen alle, die restaurieren, tünchen und verbessern, gegen Verleger von Expurgata, gegen die sittsamen Verschleierer profaner Nacktheit, gegen die Arrangeure von Auszügen und Kurzfassungen, gegen alle, die was auch immer rasieren, um ihm eine Perücke aufzusetzen und, unbarmherzig in ihrer Pedanterie, unerbittlich in ihrer Dummheit, die Natur amputieren, diese schöne Kunst des lieben Gottes, und auf die Kunst spucken, auf diese zweite Natur, die der Mensch in sich trägt, wie Jehova die andere, und die ihre jüngere oder ältere Schwester ist – wer weiß? Das ist zumindest Hegels Idee, welche die empirische Schule immer äußerst lächerlich gefunden hat; und ich? ... ich mache mir Vorwürfe, nicht mit meinen zehn Fingern den Mann erwürgt zu haben, der eine Molière-Ausgabe herausgebracht hat, »die ehrbare Familien gefahrlos ihren Kindern in die Hand geben können«. Ich bedauere, dass es mir nicht vergönnt ist, den Schuft, der mit dem gleichen Tugenddreck Gil Blas besudelt hat, in Jauchegruben und schreckliche Todespein zu stürzen, und dass ich, was den braven Idioten angeht, der Rabelais bereinigt hat, den entschlafenen Riesen nicht in meiner Rachsucht wecken kann, um ihn sein gigantisches Gebrüll ausstoßen zu hören.

Was für ein wirklich schönes Übel, wenn man diese armen Tragsteine unversehrt gelassen hätte, wo so hübsche Dinge zu sehen gewesen wären: das brachte also die Stirn der Reisenden einigermaßen zum Erröten; das versetzte also die alten Engländerinnen in Boa mit Frostbeulen an den Fingern und Tretern an den Füßen ordentlich in Angst und Schrecken oder empörte in seiner Moral den einen oder anderen ehrbaren Notar, den einen oder anderen mit Orden behängten Herrn, der eine rosarote Brille trägt und ein betrogener Ehemann ist. Man hätte das zumindest mit den Sitten des Altertums vergleichen können, mit den Vorstellungen der Renaissance und den heutigen Gepflogenheiten, die man an den guten Traditionen aufgefrischt hätte, welche, seitdem sie gepflegt werden, gewaltig nachgelassen haben, nicht wahr, Monsieur? Was meint Madame dazu?

Doch es gibt Stunden, in denen man bester Laune ist, verglichen mit anderen. Das ausgezeichnete Diner, das wir in Amboise verspeisten und das uns nottat (da wir den ganzen Tag lang eher die Muse als die Kreatur genährt hatten), besänftigte uns wieder ein wenig, und abends, als wir gemächlich die Landstraße nach Chenonceaux entlangtrotteten, rauchten wir unsere Pfeifen und atmeten in einem sehr zufriedenstellenden Zustand den Duft des Waldes.

Bevor wir zu Bett gingen, widmeten wir uns unter den Bäumen, die das Schloss umgeben, demselben Zeitvertreib. Der Regen rauschte auf die grünen Blätter. Unter ihrem Schutzdach, den Rücken an den Stamm der dicken Hainbuchen gelehnt und das Leder unserer Schuhe am nassen Moos polierend, freuten wir uns am Geräusch der Tropfen, die uns auf die Hüte fielen.

Vom Château de CHENONCEAUX geht ich weiß nicht was für eine besondere Anmut und aristokratische Heiterkeit aus. Ans Ende einer großen Baumallee gesetzt, in einigem Abstand vom Dorf, das sich respektvoll fernhält, auf dem Wasser erbaut, umgeben von Wald inmitten eines Parks mit schönen Rasenflächen, reckt es seine Türmchen und quadratischen Schlote in die Luft. Der Cher fließt murmelnd durch seine Bögen, deren spitze Kanten die Strömung brechen. Seine Eleganz ist gesund und lieblich und seine Ruhe melancholisch, ohne Gram noch Bitterkeit. Man kommt durch eine Halle mit Spitzbögen herein, die früher der Waffensaal war und wo, trotz der Problematik solchen Schmucks, ein paar Rüstungen, die man dort aufgestellt hat, keinerlei Anstoß erregen und an ihrem Platz zu sein scheinen. Überall sonst hat man klug die Tapeten und die Möblierung der Zeit beibehalten. Die ehrfurchtgebietenden Kamine des XVI. Jahrhunderts verstecken hinter ihrem Mantelstein nicht die schändlichen und sparsamen preußischen Kamine, die sich unter weniger großen zu verbergen wissen. In den Küchenräumen, die in einem Brückenbogen des Schlosses liegen und die wir sogar besichtigten, war eine Magd beim Gemüseschälen; ein Küchenjunge wusch Teller, und am Herdfeuer stand der Koch und ließ fürs Déjeuner eine ordentliche Anzahl blinkender Kessel brodeln. All das ist schön, wirkt gut, verrät sein redliches Schlossleben, seine müßige und kluge Existenz des wohlgeborenen Mannes: ich mag die Besitzer von Chenonceaux.

Gibt es nicht außerdem überall schöne alte Porträts, die einen lange Stunden damit verbringen lassen, sich die Zeit vorzustellen, in der ihre Modelle lebten, und die Schautänze, in denen sich die Hüftpolster dieser schönen rosigen Damen im Kreise drehten, und die gut sitzenden Degenhiebe, die sich diese Edelmänner mit ihren Rapieren verpassten? Das ist eine der Verlockungen der Geschichte. Man wüsste gern, ob diese Leute geliebt haben wie wir und wie sich ihre Leidenschaften von den unseren unterschieden; man wünschte, ihre Lippen öffneten sich für uns, um uns ihr Herz auszuschütten und zu erzählen, was sie einst, selbst an Unbedeutendem, getrieben haben; was ihre Ängste, ihre Wonnen waren: eine aufregende und verführerische Neugier, wie man sie für die unbekannte Vergangenheit einer Geliebten empfindet, damit man in alle Tage eingeweiht wird, die sie ohne einen gelebt hat, und daran teilhaben kann; und wenn dann die Motten ihre Leinwand durchlöchert haben, wenn ihr Rahmen verfault ist und sie zu Staub zerfallen sind, wird man vor unseren eigenen Bildern von uns träumen und sich fragen, was man in jenen Zeiten tat, welche Farbe das Leben hatte und ob es nicht inbrünstiger war.

Es gibt unter anderem zwei große Porträts der Herren de Beauvillier zu Pferde: der eine Admiral, der andere Oberst der Kavallerie. Sie stecken bis zu den Schenkeln in Stiefeln, in einem grünen, großen Rock, an den Schultern weiß überdeckt durch die gepuderten Korkenzieherlocken ihrer Perücken; mit

Handschuhen à la Crispin, auf dem Kopf den kleinen Dreispitz, sind sie kerzengerade auf ihre dicken Mecklenburger gepflanzt, die sich mit eng stehenden Hinterbeinen gehörig aufbäumen, um die Feurigen zu mimen. Da fallen einem die Ringstechen von Louis XIV ein und die großen Hetzjagden mit weißgefleckten gelben Windhunden, einem Haufen von Vorreitern in Livree, bellenden Meuten und den um den Hals gehängten großen Jagdhörnern, die auf den Lichtungen ausgiebige Halali erschallen lassen.

Auf dem Gesims über einer Tür zeigt einem ein Ölgemälde von vorn, nackt bis zum Gürtel, die schöne Gabrielle d'Estrées. Ein dickes Perlencollier so hell wie ihre Haut hängt über der Brust; ihr hochfrisiertes und gekräuseltes blondes Haar verleiht ihrem Gesicht einen erstaunten Ausdruck, voller naiver Schäkerei. Ihre von hinten dargestellte, ebenfalls bis zu den Hüften nackte Schwester neben ihr dreht sich um und schaut einen mit ihren braunen Augen neugierig an, während im Hintergrund eine Bäuerin mit rotem Haarband und weißem Umhang Monsieur le Duc de Vendôme die Brust reicht, einem fest in seine Windeln gewickelten reizenden Balg, das die Augen aufsperrt, die Arme ausbreitet und mit seinem rosigen Mündchen über die Neckereien seiner Amme lacht.

Im selben Raum, der als Salon dient und in dem auf einem Tisch die gesamten Waffen von François I liegen, fiel uns ein schönes Porträt von Rabelais auf: gebräuntes Gesicht, ausgelassen, sanguinisch, kraftstrotzend, kleine und lebhafte Augen, schütteres Haar, Bart und Kinn eines Fauns: offensichtlich das Modell, nach dem alle Porträts des großen Mannes gemalt wurden. Das von Elisabeth von Bayern leicht links darunter ist besonders ausdrucksvoll. Sie trägt nicht die hohe spitze Haube, mit der ich sie andernorts gesehen hatte, und es ist nicht mehr die blasse und leidende Miene aus dem Museum von Versailles. Eine Art glatte Frisur nach italienischer Art liegt über den halb offenen langen, blonden Seitensträhnen, die ihr weißes, zugleich träges und lebhaftes Gesicht voll schwankender Entschlüsse und sich widersprechender Regungen umrahmen: sie hat vorspringende Lippen, ein kurzes Kinn und große grüne Augen, deren weinerlicher Ausdruck durch die roten Ränder ihrer Unterlider unterstrichen wird.

An all diesen Wänden hängen noch viele andere Gemälde, die man gern länger betrachten würde, in aller Ruhe – ohne dass einem ein Pförtner auf den Hacken ist, der den Haustürschlüssel in der Hand hat und einem mit seinen Gesten auffordert, möglichst schnell zum Schluss zu kommen. Ich erinnere mich an ein Porträt in voller Statur von Louis XIII als Apoll, mit seinem spitzen Kinn, seinem kleinen geraden Schnauzbart und seiner großen schwarzen Perücke, die ihm auf die Schultern fällt und seine traurige Miene verdunkelt. Ich habe nie ohne einen gewissen Schmerz an Louis XIII gedacht: mir scheint, er ist der Mensch, der sich am meisten auf Erden gegrämt hat.

Wir konnten in den Theatersaal gehen, wo *Le Devin du village* gespielt worden ist: er wurde restauriert; aber wir sahen ein schönes Porträt von Madame Dupin von Nattier. Das Gesicht ist braun, wach, kokett, Stupsnase, rosige Lippen, dunkler und fester Blick, freimütig, freundschaftlich, schelmisch und gutmütig, viel geistreicher als das von Madame d'Humières, zum Beispiel, mit ihrem so sinnlichen und ganz feuchten Herzmund. Madame Deshoulière, stehend, im großen weißen Negligé (ansonsten ein nobles Antlitz und, wie das so verrufene und so wenig bekannte Talent dieser Dichterin, vielleicht auf den zweiten Blick besser als auf den ersten), hat mich mit ihrem Mund, der groß, vorspringend, fleischig und sinnlich ist, an die Brutalität des Gérard'schen Porträts von Madame de Staël erinnert. Als ich es vor zwei Jahren in Coppet sah (das Fenster stand offen, die Sonne fiel direkt darauf), konnte ich nicht anders als bestürzt sein von diesen roten und nach Weingenuss aussehenden Lippen, von diesen witternden und schnüffelnden großen Nüstern. Der Kopf von Georges Sand bietet etwas Ähnliches. Bei all diesen Frauen, die zur Hälfte Männer sind, beginnt der Geist erst auf Höhe der Augen: der Rest ist in den Geschlechtsinstinkten stecken geblieben. Fast alle sind fett und haben männliche Taillen: Madame Deshoulières, Madame de Sévigné, Madame de Stael, Georges Sand und Madame Colet. Als dünne Frau kenne ich nur Madame Anais Ségalas.

Im Schlafgemach von Diane de Poitiers sahen wir das große Baldachinbett der königlichen Konkubine, ganz in blauem und kirschrotem Damast. Wenn es mir gehörte, könnte ich schwerlich umhin, mich ab und an hineinzulegen! Im Bett von Diane de Poitiers schlafen! selbst wenn es leer ist, taugt das mehr, als mit vielen greifbareren Realitäten zu schlafen. Heißt es nicht, dass das Vergnügen in diesen Dingen nur Einbildung ist? Alle, die ein wenig die besondere historische Wollust des XVI. Jahrhunderts besitzen, mögen sich also vorstellen, den Kopf auf das Kissen der Geliebten von François I zu legen und sich auf ihrer Matratze zu wälzen (oh! gern schenkte ich sämtliche Frauen der Welt für die Mumie von Kleopatra her!); doch allein aus Angst, es zu zerbrechen, würde ich es nicht wagen, das Porzellan von Caterina de Medici zu berühren, das im Speisesaal steht, noch meinen Fuß in den Steigbügel von François I zu stellen, aus Angst, er könne darin steckenbleiben, noch die Lippen an das Mundstück des gewaltigen Jagdhorns zu setzen, das im Waffensaal hängt, aus Angst, dass mir die Lunge platzt.

Und doch haben wir ihm Adieu gesagt, dem lieben Chenonceaux; wir haben es verlassen mit seinen schönen Erinnerungen, seinen schönen Porträts, seinen schönen Waffen und seinen alten Möbeln, schlummernd beim Plätschern seines gurrenden Stroms im Schatten dieser hohen Bäume auf seinem grünen Gras; und in bester Laune und mit gut gefüllten Flaschen haben wir unsere Rucksäcke eingeweiht und uns zu Fuß auf den Weg nach BLÉRÉ gemacht, um uns von dort nach Tours zu begeben.

Dieser Ausflug hat nichts Ergötzliches: es ist ein ziemlich ödes ausgedehntes Wiesenland mit vereinzelten bleichen Pappeln. Während man in Bléré dem Pferd Hafer gab und den Einspänner aus der Remise holte, der dort wie ein im Schrank vergessener alte Roquefort von den Würmern zerfressen wurde, haben wir uns die Kirche angesehen, wo der Sinn für Rokokoverzierungen beginnt: künstliche Blumen, Bänder, Pompons, Papiergirlanden, der ein paar Meilen weiter, in den Städten des Anjou, so auffällt, in einer Provinz, die von ihren alten Meistern die Vorliebe fürs Italienische behalten zu haben scheint.

Bis Tours ist die Strecke wirklich schön. Das Land ist weit und üppig, herrlich für das Auge und ganz gesund, ohne den fast schwermütigen Überschwang der Normandie noch das blendende Licht des Südens. Man wandert unter Bäumen dahin, die sich wie Wiegenhimmel über den Weg spannen, oder durch hier und da mit Dörfern und Kirchtürmen belebte große Wiesen, und von Montlouis an geht es die Loire entlang, wo man unentwegt einem nach dem anderen, reihenweise und immer wiederkehrend, Schlössern auf Hügeln begegnet, Weinbergen neben Weizenfeldern, länglichen Inseln mit Pappelkrone und Schilfsaum. Der Wind ist lau ohne Wollust; die Sonne mild ohne Feuer; kurz, das ganze Land hübsch, abwechslungsreich in seiner Monotonie, leicht, anmutig, doch von einer Schönheit, die schmeichelt, ohne zu gewinnen, die bezaubert, ohne zu verführen, und die mit einem Wort mehr gesunden Menschenverstand als Größe besitzt und mehr Geist als Poesie: das ist Frankreich.

Kapitel II

Tours ist das, was man eine hübsche Provinzstadt nennt. Die Häuser dort sind sauber. Seine breiten Straßen werden, wenn es Nacht wird, vom Gaslicht erhellt, und die Rue Royale ist der Gegenstand der Bewunderung für die Bürger, die des Abends vor dem Zapfenstreich über die große Steinbrücke spazieren, welche die Loire überquert. Die neuen Bauwerke von Tours, Rathaus, Landungsbrücken und anderes, geben sich den Anschein antiker Gestalt, der mindestens lächerlich ist; die Arkaden stehen unbeholfen da; die Giebelfelder erröten über ihre Skulpturen, und die Säulen entrüsten sich über ihre schlecht gestalteten Kapitelle. Ich weiß nicht, warum die modernen Architekten die Leidenschaft haben, überall die Antike hinzusetzen: das Korinthische, das Dorische braucht Sonne, blauen Himmel und die warme Ausstrahlung des Orients: unter unseren Wolken sind die schönsten Tempel albern, ich denke da zum Beispiel nur an die Madeleine. Sie ist trotzdem grandios und hat schöne Proportionen; aber was für ein trauriges Bild gibt sie unter dem Regen ab, der sie unentwegt überschüttet, zur einen Seite begleitet von einem Wachposten, zur anderen von einem Droschkenplatz. Ach! Selbst Paestum und das Parthenon ertrügen keine derartige Nachbarschaft, vor allem wenn dort die Messe, wie in der Madeleine, als Dudelsackmusik gesungen würde.

Als wir die Promenade überquert hatten, wo sich einst die Elegants von Tours ergingen und die jetzt nur Kranke und brave Kinder unter ihren großen Bäumen beschirmt, traten wir in ein Gewirr ziemlich dunkler Gassen, das uns zu der, glaube ich, Saint Gatien geweihten Kathedrale brachte. Es ist mit ihr wie mit den schwimmenden Stöcken: wenn man auf die Stadt zugeht und von Weitem über den Pappeln ihre hohen, schwarz gewordenen Türme sieht, beginnt man unwillkürlich, sie mit den alten Kirchtürmen von Amiens und Rouen zu vergleichen: eine Illusion, die nicht von langer Dauer ist, je näher man kommt, desto schneller verschwindet der Zauber, und die Wirklichkeit bringt einen mit ihrer Hässlichkeit und ihrem schlechten Geschmack zum Staunen.

Die Fassade öffnet sich in drei Spitzbogenportalen, ausgemeißelt mit dem ganzen Zierrat von Gotik und Dekadenz. Auf jeder Seite ragt ein viereckiger Turm auf, gestützt von Strebepfeilern und bedeckt mit einer Kuppel aus fischschuppenartigen Schindeln, ihrerseits gekrönt von einer Laterne aus kleinen Säulen, auf der ein Kreuz sitzt. An den Wänden einer der Türme stehen in den von Schwalbennestern tapezierten Nischen vier von der Zeit gebräunte Statuen, die ihre reglosen Palmwedel in der Hand halten und hinter den steifen Falten ihrer Gewänder den Raben Asyl bieten. Die plumpen Statuen, die das ganze Bauwerk belasten und überlasten, verleihen ihm das Gepräge unerträglicher Dummheit; das ist eben nicht mehr das so reiche, so schöne, bisweilen so prachtvolle gotische Flamboyant, es ist ein erbärmliches Mittelding zwischen dem, was das Spitzbogige an Unelegantestem und die Renaissance an Reizlosestem hat: ist der Deckel auch hässlich, so ist die Schachtel glücklicherweise schön. Die Kirchenschiffe sind hoch und schlank; sie erinnern an die schönen Kirchen des XV. Jahrhunderts. Die Form und die Verzierungen der Kapitelle im Chorraum weisen sogar auf eine ältere Epoche hin. Herrliche Glasfenster umgeben ihn und werfen unter den frisch geweißten Gewölben ein gedämpftes Licht voller Ruhe und Sinnlichkeit. Hinter dem Chorraum öffnen sich zwei oder drei Kapellen, welche die hohe Intelligenz der Moderne unter Beweis stellen. Mit dicken Pinselstrichen wurden Spitzbogen abgebildet, die sich auf korinthische Pilaster stützen. Als ich diese namenlose Arbeit sah, stellte ich mir den Mörder dieser unschuldigen Mauern vor, wie er die Augen zusammenkneift und ein Stück zurücktritt, um sein Werk in der ganzen Fülle seiner Details zu betrachten, und vermisste dann die glühenden Zangen, die Folterbank, die spanischen Stiefel und sogar das Pfählen, welches die Türkei gegen die Guillotine verteidigt, die man ihr unter dem Vorwand der Zivilisation aufzwingen will.

Auf der rechten Seite des Querschiffs schützt ein eisernes Gitter eine Kapelle, in der das Grabmal der beiden Kinder von Charles VIII liegt. Es ist ein gewöhnliches Mausoleum aus weißem Marmor, auf dem Hand in Hand und mit der Krone auf dem Haupt die beiden jungen Prinzen schlafen. Eine schöne Inschrift in goldenen Buchstaben auf schwarzem Marmor hat die Aufgabe, der Nachwelt den Namen des ruhmreichen Präfekten zu nennen, der es zurück in diesen heiligen Raum setzen ließ, aus dem die Revolution es verstoßen hatte.

Aufs Geratewohl durch die Stadt schlendernd trugen unsere Füße uns unmerklich vor das, was von der Kirche Saint-Julien übrig ist. Ihre Fassade hat eine gewaltige Ausstrahlung, die ein wenig über die Gewöhnlichkeit der sie umrahmenden weißen und gelben Häuser hinwegtröstet. Von romanischen Fenstern durchbrochen, getragen von Säulen mit stumpfen Kapitellen, düster, ernst, von der Sonne verbrannt und geschmückt mit dem Federbusch des Goldlacks, wirkt sie in dieser weißen und sauberen Stadt wie das letzte Monument eines erloschenen Zeitalters und vergessenen Glaubens. Ein einziges spitzbogiges Kirchenschiff durchzieht ihren Innenraum, ihr Querschiff ist ein Tonnengewölbe, und phantastische Tiere winden sich um ihre Kapitelle; die Spinnen ziehen ihre Netze über die Wände; die Fledermäuse klammern sich mit den Haken ihrer Flügel an die Bögen; alles scheint zu verfallen, alles zerbröckelt: besser so als die Tünche der Behörde. In einer Ecke hat man ein Postamt eingerichtet, und draußen stellt ein Bazar in einem mit der Kirche verbundenen großen Anbau seine Suppenschüsseln aus Steingut und seine Kinderspielzeuge aus.

Am nächsten Tag besichtigten wir PLESSIS-LES-TOURS, den vielgeliebten Wohnsitz von Louis XI, dem man gerne so viele ungeheure Verbrechen vorgeworfen hat und dem ich bloß vorwerfe, von sämtlichen Federfuchsern unserer Zeit in Romane, Dramen und Tragödien übertragen worden zu sein. In Plessis ist vom Schloss keine Spur mehr übrig; nur ein viereckiger kleiner Turm steht noch; aber man hat ihn verputzt, man hat ein oder zwei Holzbuden an seine Seiten gehängt und eine Klempnerei daraus gemacht. Das Gewerbe hat den schrecklichen Burgfried übernommen und ihn sich zurechtgeschnitten: ein Philanthrop fände das großartig; ein humanistischer Moralist sähe darin eine große Lehre für die Könige, wir dagegen hatten die Schwäche, die Schlingen und Fallgruben zu vermissen, von denen die Ebene rings um die Höhle des alten Löwen übersät war, und vor allem bedauerten wir, nicht sein bleiches Gesicht unter der mit Rauhwerk besetzten braunen Kappe betrachten zu können.

Auf dem Rückweg kamen wir an dem großen romanischen Turm der Abbaye de Saint-Martin vorüber, deren Herren die Könige Frankreichs gewesen waren. Ein paar im Stadtrat versammelte grausame und hirnlose Hornochsen haben einen guten Teil der Abteigebäude abreißen lassen, um eine Straße zu ziehen. Unser Weg führt uns durch die Rue des Trois Pucelle, wo wir das Haus von Tristan l'Hermite sehen, eine weitere finstere große Gestalt, die das Volk verflucht, weil es sie nicht verstanden hat. Die Fassade hat nichts Interessantes außer dem unmöglichen Gelb seiner Tünche. Drei Spitzbögen treten im Relief aus ihrer Wand und fallen auf Säulen zurück, deren Kapitelle bloß schlichte Deckplatten sind. Eine Regenrinne leitet das Wasser in einen mit Bourbonenlilien verzierten Bleibehälter, an den Fenstern blühen zwei oder drei Töpfe Basilikum.

In den zwei Tagen, die wir in Tours waren, haben wir gleich alles ausgeschöpft, und da wir in der Gegend, die Rabelais auf die Welt kommen sah, auf Pilgerfahrt gehen wollten, setzten wir uns am nächsten Tag auf die schmale Bank einer Postkutsche, die uns nach Chinon bringen sollte. Der Wagen war voll; man hatte zwölf oder fünfzehn Reisende einen über dem anderen hineingestopft; die Plane bedeckte eine Pyramide von Gepäck; zwei dürre Klepper schwankten zwischen ihren Strängen und warteten voll banger Betrachtungen auf den Moment der Abfahrt. Mit geraumer Verspätung kletterte der Kutscher auf seinen Bock, peitschte seine Mähren, welche die Ohren schüttelten und ein paar Schritte nach vorne andeuteten, der schwere Kasten erzitterte, zögerte, blieb stehen und setzte sich schließlich ernstlich in Bewegung.

Wir verließen Tours, als eine Wolke uns den Regen ins Gesicht zu spucken begann: das dauerte, und die Landschaft beschränkte sich für uns auf den Vorhang aus Wachsleder, der uns schützte. Wir wechselten die Pferde in Azay-le-Rideau, das am Indre liegt und mit einem hinter Pappeln und grünen Bäumen verborgenen alten Schloss einen schönen Anblick bietet. Der Weg führt durch den noch der Blätter beraubten Wald von Chinon, der die düstere Traurigkeit seiner kahlen Bäume mit hier und da grün schimmerndem Moos und Gras ausgleicht. Wir fahren an der Heide von Buchard entlang, wo ein paar Herden grasen, die beim Geräusch unseres Wagens melancholisch den Kopf heben, und erkennen bald die geschleiften hohen Türme des Château de CHINON. Wir rollen eine schnelle Straße hinunter, die an den Festungsmauern entlangführt, wo einiges Grün bebt, und am Ende eines mit dürftigen Bäumen bepflanzten schmalen Quais steigen wir auf einem Platz aus, wo in einer Ecke das Gemeindehaus steht.

Chinon steht mit den Füßen in der Vienne und klettert von Terrasse zu Terrasse bis zur Châtellenie, die es überragt. Von Weitem scheinen die Häuser eines auf dem anderen zu hocken; die gewundenen, holprigen Gässchen schlängeln sich zwischen den Gärten entlang, laufen über Treppen, geben ihr Gras den Eseln zu fressen und enden beim Schloss, 958 erbaut von Thibault le Tricheur, dem ersten Grafen der Touraine. 1189 sah es Henry II von England sterben, dem Gott zur Strafe für den Mord an Thomas Becket seine Söhne aufbürdete. 1204 eroberte Philippe Auguste es von den Engländern zurück, und seither ist es Frankreich erhalten geblieben.

Das Eingangstor wird flankiert von zwei unter ihren spitzen Dächern gut erhaltenen kleinen Türmen. Während der Pförtner herunterkommt, um uns zu öffnen, untersuchen wir die Rillen der Mauern, wo einst das schwere eiserne Fallgatter herabglitt, wenn die Ritter nach einer Auseinandersetzung mit Leibeigenen, welche die Abgaben verweigerten, blutend und fidel zurückkehrten.

93 ist darüber hinweggegangen, und so ist alles zerstört, alles verfallen: auf den Schlosstürmen sprießt das Gras; Gärten lachen im Sonnenschein in der Ringmauer der Befestigung; die Wände stehen mit ihrem Fuß in Fluten von Grün, das aus den Gräben bis zu den Zinnen wächst; weiße Gänseblümchen, blaue Glockenblumen, Butterblumen krönen die stehen gebliebenen Kamine: der Efeu reißt die Steine herunter, zerbröckelt sie mit seinen hakenförmigen Fingern und versteckt den Zufluchtsort, wo sich nachts die Raubvögel hinter einem undurchdringlichen grünen Vorhang zum Schlafen niederlassen. Wir sehen den Saal, wo

Jehanne, la bonne Lorraine,
Que Anglais brulèrent à Rouan,

mit Charles VII zusammentraf. Man muss sich bücken, um einzutreten: denn das Erdreich ist höher geworden und hat die Tür fast ausgefüllt; das Dach ist davongeflogen, wie auf freiem Feld leuchtet der Himmel herein, ein breites schwarzes Band leckt über die Wand und erreicht die Spitze des Giebels: das war der Kamin. Der Raum ist voller Heckenrosen, grüner Bäume und tausenderlei wilder Pflanzen, die in der Wärme des Frühlings knospen und blühen: ach! wie wenig sich die Natur um die Geschichte schert.

Nicht weit davon entfernt rundet sich ein Turm, auf dem eine Wetterfahne aus Blech kreischt. Der Raum, den er umschließt, erhebt sich als Spitzbogen: es war die Kapelle. Jetzt enthält sie ein paar Fassreifen und Gartenwerkzeug; eine baufällige Treppe führt auf sein flaches Dach; die Aussicht umfasst einen von den flachen und glänzenden Fluten der Vienne durchzogenen grenzenlosen Wiesenhorizont und fällt auf die sich um den Festungswall scharende Stadt. Die Gärten führen hinab bis zu den ersten Häusern. Flieder, Heliotrop, Goldregen blühen; die Luft ist erfüllt von Duft. Gleichmütig sieht das alte Schloss die Natur in seinem Schatten wogen, während jeder Sonnenstrahl, jeder Regentropfen es schwärzt, es zerfrisst und ihm sein letztes Bett im Staub bereitet.

Wir durchqueren einen Gemüsegarten, wo sich ordentlich Kohl und Salat reiht, und wir kommen an eine Brücke, welche die beiden Ränder eines Grabens verbindet, der früher die erste Stadtmauer von der zweiten trennte. Riesige Nussbäume haben ihre kräftigen Stämme aus seiner Tiefe getrieben, und sie entfalten ihre knospenden Zweige bis zur Höhe der Brüstung. Wir besichtigen zwei Türme, die als Gefängnis dienten, einer von ihnen wird als Keller und Schenke genutzt;

wir steigen die drei Stockwerke des anderen hinab. Am Fuß der ersten Treppe öffnet sich eine Kammer. In die Decke ist tief ein Haken eingelassen, wo, wie es heißt, früher ein eiserner Käfig aufgehängt wurde, in den man todgeweihte Gefangene sperrte. In den beiden unteren Stockwerken sind in die Mauerwände Inschriften, religiöse Gestalten, Kreuze und Rosenkränze gekerbt, halb verwittertes Überbleibsel des Aufenthalts irgendwelcher armer Teufel. Einer von ihnen hat eine zum Himmel geöffnete Hand gezeichnet: ist das ein schlicht zufälliger Vermerk? Ist es ein Appell an Gott, jene letzte Hoffnung derer, die keine mehr haben? Als wir kehrtmachen, sehen wir die Verliese: riesige Schächte mit weiter Öffnung und engem Grund. Man prallte unweigerlich auf die Wände; man wurde zerschmettert, bevor man auf dem Boden war. In der Nähe gähnt hinter einem unentwirrbaren Netz von Brombeeren und Dornbüschen der Eingang zu einem Untergeschoss, das auf den Grund dieses Senklochs führt: es war gut und notwendig, sich zu vergewissern, dass die Opfer wirklich tot waren.

Auf schmutzigen und steinigen Wegen gingen wir wieder hinunter in die Stadt. Wir schlenderten aufs Geratewohl umher, suchten irgendwo eine Erinnerung an Rabelais und fanden nur brave Bürger, die als Nationalgarden verkleidet Wache standen, was den nicht wenig erfreut hätte, dessen gewaltiges, schallendes Lachen erklingen wird, solange sich die Erde unter der Sonne dreht.

Wir warten umsonst auf eine Postkutsche, die uns nach Fontevrault bringen soll, sie kommt nicht; wir werden ungeduldig; wir lassen am Postamt einen Einspänner anschirren und sausen zur großen Verblüffung der an der Gästetafel dinierenden Herren unter Peitschenknallen und dem fröhlichen Lied der am Hals unseres Pferdes bimmelnden Glöckchen davon.

Die Nacht brach herein; ein kühler Wind strich über unsere Köpfe und bewegte die Zweige der Bäume, in denen die Rotkehlchen und die Meisen sangen. Die rosigen Farben des Sonnenuntergangs verschwanden nach und nach und machten grünlichen Tönen Platz, deren schmale Linien gen Himmel strebten, während dicke graue Wolken wie monströse Vögel schwerfällig am Horizont aufstiegen. Zu unserer Linken staffelten sich auf einem Hügel unter Nussbäumen geschützte Häuser; durch die offenen Türen sah man das Kaminfeuer leuchten, und sich kräuselnd stieg aus geschwärzten Schornsteinen der Rauch auf. Zu unserer Rechten erstreckten sich Wiesen im Schatten der Pappeln. Die Vienne schlängelte sich hinter Weiden entlang, und im Gras schimmerten große Wasserlachen. In der Ferne erschien ein langer Zug kleiner Pferde, auf denen merkwürdige Reiter saßen: Männer in Kittelhemden, in Jacken, mit runden Hüten, mit gestreiften Kappen; Frauen in roten Röcken, schwarzen Unterröcken, weißen Hauben und bunten Häubchen. Diese Pferde kamen aus einem Hohlweg, gingen im Schritt und senkten den Kopf; ihre Lenker riefen einander, redeten laut oder sangen irgendeinen eintönigen Refrain. Wenn man sie so sah, in einer kühlen Abenddämmerung, inmitten dieser durch die herannahende Nacht wild wirkenden Natur, ließ dieser Reitertrupp an jene Barbarenhorden denken, die mit ihren Familien und ihren Zelten im Gepäck auf ihre mageren Pferde gestiegen waren und in die Welt hinausritten, um eine Heimat zu suchen.

Es war Nacht geworden, als wir Montsoreau durchquerten, das auf die Mündung der Vienne in die Loire blickt. Wir fahren an seiner Burg vorüber, wo Monsieur de Montsoreau 1572 Hugenotten, Ketzer und andere böse Buben schlicht und einfach verbrannt hat. Wir verlassen die Ufer des Flusses und kommen nach Fontevrault.

Wir soupieren in aller Eile; wir gehen schlafen; und am

nächsten Tag schreiben wir einen schönen Brief an den Direktor des Zuchthauses, um die Besichtigungserlaubnis zu erhalten. Nach einigen Minuten holt uns ein Dienstbote. Wir gehen durch eine von Soldaten bewachte Pforte und werden ins Arbeitszimmer des Herrn Direktor geführt. Bei unserem Anblick erhebt er sich, und während er grüßt und nach einem Satz sucht, welcher der Epistel, die wir ihm geschickt haben, würdig ist, können wir ihn in allen Einzelheiten mustern.

Es ist ein Mann von ungefähr achtundvierzig Jahren, verlebt, schmierig und ordinär; er hüllt sich in einen grünen Schlafrock mit schwarzen Karos, der ein fettiges rotes Futter aufweist und eine Hose erkennen lässt, deren Stege über spitze Stiefel gezogen sind, eine zu kurze, ehemals blaue Samtweste mit ungleichen Knöpfen und ein nahezu weißes Hemd mit schwarzem Kragen, aus dem ein von Blatternnarben übersäter Kopf ragt; seine lange und in einem hübschen Ton halb violett, halb rot gefärbte Nase überragt das dumme und banale Lächeln seines großen Mundes; sein kunstvoll durch einen gelblichen Scheitel geteiltes graumeliertes Haar fällt auf jeder Seite in einer einzigen Locke herab und streichelt einen weißen Hals, der sein rosiges Gesicht einrahmt. Die Visage passt gut zu der Kleidung, und die Harmonie wird vervollständigt durch eine Goldkette, welche sich um die Krawatte schlingt, sich über die Brust schlängelt, sich bescheiden hinter der Weste versteckt und bald prachtvoll und leuchtend zwischen zwei Knopflöchern wieder auftaucht, um in einer Seitentasche zu verschwinden. Zum Abschluss seines Porträts würde ich nur noch Folgendes sagen: er war Stotterer, und von allen seit Erschaffung der Welt erfundenen Kopfbedeckungen würde eine einzige zu ihm passen und ihn zu äußerster Macht erheben: die Eselskappe.

Nach einem Gespräch von fünf Minuten, das eine Viertelstunde dauerte und über seine widerspenstigen Lippen kam, nachdem er alle Modulationen, alles Kollern, alles Gebell des menschlichen Kehlkopfs ausgeschöpft hatte, um das Wort *Archäologie von Angers* auszusprechen, vertraute er uns einem Gefängniswärter an, der uns seinerseits an einen Wärterbruder weiterreichte. Begleitet von dem lieben Bruder stiegen wir eine von einem schweren Gitter verschlossene tiefe Treppe hinab und kamen ins Refektorium. Es war gerade Zeit für das Déjeuner, und all diese armen Teufel, Diebe, Vergewaltiger, Mörder und Fälscher saßen schweigend da, gekleidet in grässliche Anzüge aus grauem Tuch, mit einer kürbisartigen Kappe auf dem Kopf und ihrer Nummer auf einer Metallplakette am Arm. Als wir hereinkamen, wandten sich alle Köpfe und sahen uns mit dreistem Blick an.

Es wäre von guter Wirkung auf die öffentliche Moral und von hohem Respekt für den Rhetorikunterricht, an dieser Stelle in einer mit Mitleid gemischten Empörung das Porträt eines von Gewissensbissen gepeinigten Schurken zu skizzieren, der, unter dem Gewicht seiner Verbrechen zusammengebrochen, die Bürde seiner qualvollen Existenz schleppt. Und doch werde ich das gegen alle Regeln der Kunst nicht tun, zunächst weil ich nichts Derartiges gesehen habe und dann weil ich an Gewissenbisse nicht glaube, und ich würde sogar sagen, dass die Kriminellen bei der idiotischen Art, in der die Gesellschaft mit ihnen umgeht, recht dumm wären, wenn sie bedauerten, sie in ihrem Leben und ihren Interessen geschädigt zu haben. Was haben denn diese großen Übeltäter getan, die man einsperrt und so eifrig bewacht? Sie haben irgendeinen Tresor durchwühlt! sie haben mehr oder weniger ihren Vater oder ihre Mutter getötet! Wirklich ein schöner Grund, ein zweibeiniges, zweihändiges und intelligentes Wirbeltier um Luft und Sonne zu bringen. Es ist wahrhaft ein Ärgernis, dass man nicht diejenigen einsperrt, die heimlich die Frau eines anderen rauben! Wer hat sich nicht den kleinen Betrug eines Ehemanns vorzuwerfen? Hoffen wir, dass die Zivilisation uns diese gute Maßnahme bringt, und Gott sei Dank! wird dann das ganze männliche Geschlecht auf dem feuchten Stroh der Kerker stöhnen (alter Stil) und das Ende der Welt kommen: was ein großer Trost für die sein wird, die ans Paradies glauben.

Wir liefen durch das Kloster, das durch die Bedürfnisse des Gefängnisses beschnitten, zerstückelt, zerlegt worden ist. Man hat Wände gezogen und Türen hineingebrochen: jetzt ist es nur noch eine Reihe uninteressanter Flure. Der große Kapitelsaal, der sich am einen Ende einer Galerie öffnet, trägt in jeder Ecke einen schweren Pfeiler, auf dessen Kapitell sich die über das Spitzbogengewölbe laufenden Rippen stützen. Einst war es von Fresken geschmückt, jetzt bröckeln sie ab und verwittern, und bald verschwinden sie sicher unter einer Schicht Kalktünche. Man erkennt sogar einige Äbtissinnengestalten, schwarz gekleidet, mit weißer Haube, frisch, sinnlich, wohlgenährt mit schönen Falten unter dem Kinn und dicken Händen, in denen sich rosige Grübchen auftun. Von dort gehen wir zur Kirche hinüber. Der Chorraum, der 1102 erbaut wurde, dient den Gefangenen als Kapelle; das Kirchenschiff aber, das nur dreiundzwanzig Jahre später von Foulques V, Comte d'Anjou, errichtet wurde, ist jetzt zur Werkstatt umgewandelt. Das Innere des Chors, wo vor Richard der Leichnam von Henri II blutete, ist hochromanisch-byzantinisch. Säulen tragen schmale Rundbogenarkaden, die traurig über zwei auf den weißen Wänden vorgetäuschten Rokokokapellen aufragen.

Wir gehen hinaus, um das Äußere zu sehen, das einen schönen Anblick bietet: die Apsis tritt als Halbkuppelgewölbe zwischen zwei Rotunden hervor, die sie begleiten, und eine Rundbogennische von großer Klarheit tut sich unter einem Schwibbogen auf, der in tausend phantastischen Mustern ausgemeißelt ist und den der Frühling mit einem Büschel Goldlack gekrönt hat.

Einige Schritte weiter ragt der Tour d'Evrault auf, ein seltsames steinernes Rätsel, dessen Lösung noch niemand gefunden hat. Man behauptet, er ginge auf die hohe Antike zurück, und doch weist seine Spitzbogenarchitektur deutlich darauf hin, dass er sogar jünger ist als die Kirche. Die Bewohner der Gegend erzählen, dass einst ein schrecklicher Räuber lebte, der Evrault hieß. Er hatte diesen Turm errichten lassen, der ihm als Zufluchtsort diente, und jeden Abend entzündete er, wenn es dunkel wurde, auf der Spitze eine Fackel: die verirrten Reisenden sahen von weitem dieses trügerische Leuchtfeuer, sie eilten zu seinem Licht und klopften an die Tür, um im Namen des Erlösers um Gastfreundschaft zu bitten. Evrault, der ein Skeptiker war, der weder an Gott noch an den Teufel noch an den Papst glaubte, öffnete die Tür; dann tötete er die unglücklichen Pilger, häutete sie und verspeiste ihr Fleisch in Gesellschaft eines großen weißen Wolfes, der ihn nie verließ.

Der Turm ist quadratisch, überragt von einem achteckigen Dach aus Stein, und endet in einer auf kleine Säulen gestützten Laterne. Im Inneren vertiefen sich die Wände an sieben verschiedenen Orten und bilden ebenso viele offene Zellen. In acht Wände unterteilt und ganz oben ungefähr zur Form einer Priesterkappe verjüngt, steigt das Gewölbe auf. Wir können die so viel diskutierte Frage der ersten Bestimmung dieses Bauwerks nicht lösen, wir erwähnen nur, dass es in Avignon im Château des Papes einen ähnlichen Saal gibt, der einst als Ort für Folterungen diente, dass sich dort wie in Fontevrault die Gewölbezwickel nicht über die Wände ziehen, sondern auf Höhe der Spitzbogen der Zellen enden und sich darunter vertiefen: eine Vorkehrung, die Geräusche dämpft, das Echo erstickt und einen dumpfen, lautlosen Raum ergibt. Dem fügen wir nur noch hinzu, dass der Tour d'Evrault jetzt eine Weberei ist.

Während wir so durch die ehemalige Abtei wanderten,

war das Déjeuner der Gefangenen beendet, und sie genossen den halbstündigen Spaziergang, den man ihnen nach jeder Mahlzeit gewährt. Infolge einer 1839 in den Zuchthäusern eingeführten einfallsreichen Spitzfindigkeit ist es diesen Unglücklichen untersagt, miteinander zu sprechen, und um sie während dem, was ironischerweise ihre Erholungspause heißt, zum Schweigen zu bringen, zwingt man sie, einer hinter dem anderen herzugehen: zwei Gruppen kreisen so in entgegengesetzter Richtung durch den Hof. Diejenigen, welche die Übung ermüdet, erhalten die Erlaubnis, sich auf eine Bank zu setzen, wo die Plätze durch hölzerne Querbalken streng voneinander getrennt sind.

Man weiß nicht, welches Gefühl beim Anblick dieser seltsamen Gymnastik die Oberhand gewinnt, das des Traurigen oder das des Grotesken! Im ersten Augenblick staunt der Geist und betrachtet dieses unverständliche Manöver mit Neugier, und wenn er dann das Geheimnis dieses Marsches durchschaut hat, der so regelmäßig ist, dass er automatisch wirkt, wird er von unsäglicher Bitterkeit erfüllt und niedergedrückt. Dann geht man voller Abscheu fort, nicht über diese Elenden, die wie wilde Tiere im Käfig umherkreisen, sondern über die Idioten, die derartige eher dumme als schreckliche Grausamkeiten erdacht, erfunden und ausgeklügelt haben. Als der arme Robert d'Arbrissel sein Kloster baute, als er mit seinen weißen Nonnen schlief, um die Nöte der Liebe zu erfahren und zu lernen, wie man sie bezwingt, dachte er nicht daran, dass eine Zeit käme, in der Ignorantiner, Stockmeister und ein stotternder Direktor zu Peripatetikern gewordene Philosophen bewachen würden, deren einziger Fehler ist, sich ihren Gemeinschaftsanteil aus der Tasche der anderen zurückgeholt zu haben.

Wir gingen hinaus, und nach einem Déjeuner setzen wir unsere Rucksäcke auf und nehmen unsere Stöcke. Ein drolliger Gendarm sieht sich unsere Vorkehrungen an und erklärt uns, dass er, »wenn er reich wäre, gerne so reisen würde«. Der blonde Phöbus lacht uns zwischen zwei Wolken zu, und wir ziehen los.

Wir folgen der Straße, die nach Montsoreau führt. Das Wetter ist schön; ein paar große weiße Wolken galoppieren vom Wind angespornt über den Himmel; die Knospen der Bäume öffnen sich im Sonnenschein; unsere Stöcke hallen auf dem befestigten Weg wider: es tut gut, so dahinzuwandern.

In Montsoreau wenden wir uns nach links und nehmen den bis nach Saumur laufenden Damm zwischen der Loire und den Hügelketten, wo die Häuser zwischen von Brombeeren bedeckten Felsen stehen. So ziehen wir unseres Weges, fröhlich und unbesorgt, geschwätzig und schweigsam, singend und rauchend: es war für uns einer dieser Tage, die einen das Leben lieben lassen, einer dieser Tage, an denen sich der Nebel ein wenig verzieht, um ein leuchtendes Stück Horizont zu offenbaren. Wir hatten die Melancholien der großen Städte hinter uns gelassen; die Landschaft begeisterte uns; im Herzen fühlten wir unendliche Zärtlichkeit und große Gnade. Die Loire glänzte breit und still zwischen ihren beiden Wiesenufern. Ein paar große Schiffe mit ihrem vom Wind geblähten einzigen Segel zogen flussaufwärts und wirkten von Weitem wie jene antiken Galeeren, die vom Atem der Zephire angetrieben und von in ihre Muschelhörner blasenden Tritonen eskortiert wurden.

Nach SAUMUR kamen wir durch das alte Viertel herein, wo wir stehenblieben, um uns neben der Kirche Saint-Pierre ein kleines romanisches Portal anzusehen, das sich heimlich in einer Seitenstraße öffnet. Der Rundbogen hat einen schönen Stil; er ist in harmonischen Verzierungen ausgemeißelt, und die Kapitelle seiner stückweise zusammengesetzten Säulen entfalten unbekanntes Laubwerk. Trotz der Sonne, die ihn erhellt, ist dieser Winkel unfreundlich und düster. Das durch eine zerbrochene Traufe fehlgeleitete Regenwasser hat sich darüber ergossen, und die Erde ist unter einer grünen Verfärbung verschwunden, samtig überzogen von hellen Flecken: all das ist traurig und erinnert an die Mönche alter Zeiten. Verlockt durch diese äußerst reizvolle kleine Tür, beeilen wir uns, den Haupteingang zu besichtigen, und wir finden ein Portal vom Ende des XVII. Jahrhunderts.

Nach einigen Runden durch die Stadt gelangen wir recht und schlecht zum Hôtel de France, wo unser ungepflegter, staubiger und abgetragener Aufzug fast zur Verweigerung eines Nachtquartiers führt. Man bringt uns in zwei üblen Kammern unter; wir klingeln, um heißes Wasser zu bekommen; man lässt auf sich warten; wir schreien und wettern: der Hotelier wundert sich über diesen Sauberkeitsluxus, der seinen Kollegen in Saumur unbekannt ist; unserer Wut nach zu urteilen kommt er zu dem Schluss, dass wir vielleicht mehr taugen als unser Aussehen, und mit tausend wirren Umschweifen gibt er uns das schönste Zimmer seiner Kaschemme.

Am nächsten Tag war das Wetter unfreundlich. Es blies ein scharfer Wind; der Himmel gesellte sich dazu und öffnete die Schleusen seiner feuchtesten Wolken; in der Vorstellung, dass ein Sonnenstrahl den Regen austränke, warteten wir lange; doch als wir die Nacht herannahen und das Wasser immer noch fallen sahen, ließen wir eine Art Américaine anspannen; wir stiegen hinein, und trotz der unglaublichen und ungeschickten Grobheit unseres Kutschers, der es fertigbrachte, mit dem Wagen anzuecken, den Bauchgurt zu zerreißen, seine Peitsche und seine Laterne zu zerbrechen, kamen wir ohne Unfall nach Notre-Dame des Ardilliers, die fast außerhalb der Stadt an der Loire liegt.

Sie ist eine jener in Erinnerung an das Panthéon d'Agrippa erbauten geistlosen Kirchen aus der Zeit, als jeder Weiler seinen kleinen römischen Petersdom haben wollte. Das Innere ist eine einigermaßen nette Rotunde. In einer Ecke öffnet sich eine mit hergeschafften Felsen und Fetzen von bemalter Leinwand gestaltete Grotte; an ihrem Eingang ranken sich ein paar Pflanzen aus Papier; künstliches Moos kleidet ein Bett aus Kieseln aus, auf dem reglos, ein Kreuz in der Hand und mit aufgelöstem Haar, eine lebensgroße Puppe liegt, die Notre-Dame des Arguilliers darstellen soll. Ein regnerischer Himmel verdunkelte die Kirche, und in dem Dämmer, das sie erfüllte, wirkten diese Höhle und diese heilige Tote trotz ihrer Geschmacklosigkeit und vielleicht gerade deshalb eigentümlich nüchtern und erstaunlich. Gegenüber hängt in einem goldenen Rahmen über einem Altar, der mit seinem von Guipüren umrandeten weißen Tuch bedeckt ist, ein schönes Bild von Philippe de Champaigne, einer der großartigsten Porträtmaler: es ist eine Darstellung des Herrn im Tempel. Der Simon, der Jesus hält, wird in vorschriftsmäßiger Würde und eindrucksvoll gezeigt; sein leuchtend roter Bart passt gut zu seinem verzückten Gesicht; große Bauten nehmen den Hintergrund ein, und im Vordergrund wimmeln tausend geschickt komponierte Gestalten, von der Jungfrau bis zu den Leviten und rosigen, nackten Kindern, die über die Leinwand laufen.

Saint-Pierre, dessen kleines Portal uns am Abend zuvor bezaubert hatte, ist eine unglaubliche Mischung von auf moderne Art verputzter Romanik und Gotik mit ziselierten Zierrahmen an der Decke und Passionskapellen nach ganz italienischem Geschmack. Die Hauptstraße, in deren Mitte die Kirche aufragt, stößt auf die Chaussee durch die Vendée; wir folgten ihr und schreckten dabei eine große Herde von Ochsen auf, die den Kopf drehten, als wir uns näherten, und unterwegs konnten wir die intelligente Art bewundern, mit welcher der Ingenieur für Brücken und Chausseen die Bäume der schönen Stadt Saumur behandelt. Den von Wiesen umgebenen Weg säumt eine Allee herrlicher Ulmen, die jetzt enthauptet, gestutzt, beschnitten, misshandelt sind; sie können nicht mehr zeigen, ob sie Buchen oder Sycomoren sind; sie haben nur noch die Form schlecht behauener Balken und sind so beschämt über ihre absichtliche Verstümmelung, dass sie weder Knospen noch Blätter zeigen.

Unser Wagen hält am Tor des Dolmen von Bagneux: er liegt im Schatten zweier junger Kastanienbäume, deren Blüten im Wind zu verfliegen beginnen: es ist eher ein überdachter Gang als ein Dolmen. Riesige Steine bilden ringsum die Wand und tragen gigantische Felsblöcke. Einer von ihnen, ein fünfundzwanzig oder dreißig Fuß breiter gewaltiger Tisch, ist in der Mitte gespalten und stützt seine beiden Trümmer auf einen innen errichteten Menhir: es ist kalt. Durch die schlecht zusammengefügten Steine sieht man den Himmel; der Regen fließt durch die Zwischenräume und plätschert beim Fallen Tropfen für Tropfen in kleine grünliche Lachen: ich finde, dass dies ein hübsches Arbeitszimmer wäre, und mein Gefährte meint, es wäre ein schönes Speisezimmer.

Auf dem Rückweg in die Stadt machten wir Halt bei Nantilly, einer alten Kirche, die Hauptkirche genannt wurde, weil sie Saumurs erste Kirche gewesen war. Sie sitzt auf einer Art gemauertem Hügel, den man über einen sanften Hang hinaufsteigt: auf jeder Seite ihres frühromanischen Portals grünen zwei Kastanienbäume mit knorrigem Stamm und dicken schwarzen Zweigen, gekrönt von dichtem Laubwerk. Früher gab es ein einziges Kirchenschiff, ein romanisches Schiff in strengem Stil, Louis XI hat ein spitzbogiges Seitenschiff anbauen lassen, das sich ein wenig mit seiner Nachbarin beißt. In einer Ecke vertieft sich die Wand, teilt sich in verzierte Spitzbögen und bildet eine Art Klause, die früher das Oratorium seiner Durchlaucht König Louis XI war. Als wir hinausgehen, verdüstert sich der Himmel wieder, der Regen fällt in Strömen, es wird dunkel, wir kehren zurück und geben unseren Plan eines Besuchs im Schloss auf, das im Übrigen nichts Sehenswertes hat außer der pittoresken Art, in der es seine Türme auf den Höhenzug über der Loire gruppiert.

Am nächsten Tag gehen wir um 10 Uhr morgens an Bord des *Dragon*, eines kleinen Dampfers, der zwischen Tours und Nantes verkehrt und uns in Ancenis absetzen soll. Die Böen von Regen und Wind vertreiben uns vom Deck und zwingen uns, in den Fahrgastraum hinunterzusteigen. In einer der Ecken sitzen zwei Frauen auf einer Bank gegenüber der unseren: die eine alt, runzlig, dürr, gewöhnlich, Rentnerin aus der Provinz, die in Paris gelebt hat, die andere, zweifellos ihre Tochter, jung, mit kräftigen Gliedern, muskulös und munter. Ihre Augen schauen unverwandt drein, ohne sich zu senken; ihre vorspringenden Wangenknochen, ihr eckiges Kinn versprechen Entschiedenheit und Härte; ihre schimmernde, gewölbte, glatte Stirn wird umrahmt von ihrem flach gescheitelten Haar, ihre sauberen weißen Zähne scheinen zubeißen zu wollen, während ihre fülligen, rosigen Lippen, länglich, an beiden Seiten in einem Grübchen endend und wie zur Fellatio geformt, von geheimnisvollsten Wonnen träumen lassen, die glücklich Liebenden die teuersten sein werden. Sie verschränkte die Arme über der Brust, die ein weiter Kaschmirschal umhüllte, und ihre Füße steckten in abgetragenen blauen Schnürstiefeln, auf welche die Falten eines Kleides aus schwarzer Merinowolle fielen. Erst schaute ich in einem Gefühl banaler Neugier hin, dann aus Verlangen, sie zu sehen, schließlich aus einem seltsamen Bedürfnis, das ich nicht erklären konnte. Ich hätte gern ihren Namen gekannt, ihre Heimat, ihre Gewohnheiten, ihre Liebesgeschichten, kurz, ihr ganzes Leben. Sie war nicht verheiratet: die marmorierte Röte ihrer Hand, auf die zufällig mein Blick gefallen war, hatte es mir verraten; aber wer war sie? ich vertiefte mich mit einer so heftigen gedanklichen Intensität in diese Vorstellung, dass ich wirklich zu leiden begann. In solchen Momente bedauert man, nicht all die Eigenschaften zu besitzen, welche die liebenswürdigen Märchenprinzen zieren: Anmut, Esprit, Schönheit, Reichtum, damit man die Aufmerksamkeit anziehen, Besorgnisse entkräften und ein oder zwei Stunden lang jenes schöne Parfum der Liebe atmen kann, das einem zu Kopfe steigt und das Herz aufwühlt; aber ach! aus gutem Grund konnte es nicht so sein, und ich saß ohne mich zu rühren da und betrachtete sie über das vor mir aufgeschlagene Buch und träumte von ihren besonderen Liebkosungen, dem Schwung ihrer runden Hüften, dem Zucken ihres Kreuzes, den verliebten Worten, die sie stammeln würde, wenn die kämpferische Liebe ihren Sinnen sagte: auf geht's! denn es ist Zeit! Als die Schiffsglocke Angers ankündigte, stand sie jäh und entschieden auf; sie schritt leichtfüßig über die Planke, die den Dampfer mit dem Quai verband, sie umarmte einen bürgerlichen alten Mann und eine junge Frau, die auf sie zu warten schienen, dann ging sie zur Stadt, unbesorgt über meine Blicke, die ihr mit solcher Leidenschaft folgten, dass ich das dunkle Schloss, die alte Brücke und die dummen gezackten Turmspitzen der Kathedrale von Angers kaum bemerkte. Der Dampfer pfiff, die Räder klatschten ins Wasser, das Boot fuhr wieder los und ich stand noch lange unter dem Druck der bitteren und tiefen Melancholie, die ich empfunden hatte.

Das Wetter war wieder freundlicher geworden; wir setzten uns an Deck und schauten auf die Loire. Ich weiß nicht, wie sie im Winter aussieht, wenn sie von Regen und Schnee angeschwollen ist, wenn sie großtut, über ihr Bett aus Treibsand wogt und sich ins Land und in die Städte ergießt; doch als wir sie sahen, war sie still und friedlich; die großen Wiesen, die sie säumten, tauchten ihr Gras in ihre ruhigen Fluten, die Schösslinge der Bäume spiegelten sich darin und schüttelten ihr junges Haar im Wind: dies ist nicht die Rauhheit der

Rhône, dieses wilden, alten Stroms, der schäumt und gegen die Höhen voller Wein und Felsen rennt, der seine Quais niederreißt, seine Brücken umwirft und die Schiffe verschlingt; dies ist nicht mehr die Pracht der Seine, ein dummer, schlammiger Bach bis Andelys, der aber dort zum normannischen Fluss wird, dem Fluss der Invasion, der seine grünen Fluten bis nach Le Havre rollt, auf seinen Ufern Château-Gaillard, Saint-Quen, Notre-Dame de Rouen, den Turm von Robert le Diable, Jumièges und Tancarville trägt und sich gegen das Meer sträubt, das ihn in Honfleur überwältigt. Die Loire ist nur hübsch; manchmal sieht sie lieblich aus, hat Baumgruppen, die an Rundtänze junger Mädchen unterm Laubdach denken lassen. Sie wird naive, zärtliche, rosige Liebesgeschichten an ihren Ufern erblühen lassen. In ihren Bäumen steigt kräftig der Saft; doch hier ist sie nur sanft und nie energisch.

Gegen 4 Uhr gingen wir in Ancenis von Bord, und wir stiegen gleich zur Stadt hinauf, vorbei an den Markthallen, einem von Holzpfeilern getragenen gewaltigen Schieferdach. Die Straßen sind hässlich, die Häuser niedrig und die Frauen erbärmlich. In der Kirche, die ein Meisterwerk der Bedeutungslosigkeit ist, sahen wir eine Taufkapelle, geschmückt mit einem Fresko, das den vom Heiligen Johannes notgetauften Jesus zeigt, umgeben von auf ihre Spaten gestützten Gärtnern mit Tuchkappen. Gegenüber erhebt sich eine Kapelle, die überragt wird von einem Kreuz in Lebensgröße, wie ein Porträtmaler sagen würde, und übersät ist von Herzen aus vergoldetem Blech. Richtung Hauptaltar hat man eine Gipsfigur der Heiligen Jungfrau mit Blumen und Bändern umwunden. Wir dinierten in Gesellschaft einiger Kleinbürger der Stadt Ancenis. Wir schliefen eine volle Nacht in breiten Betten mit Baldachin unter Vorhängen voller Türken mit Dolch, die mit Federn geschmückte Odalisken liebkosten, und am Morgen zogen wir bei schönem Sonnenschein los und liefen auf der

Suche nach einem Druidenstein an der Loire entlang. Wir fanden ihn in Form eines umgestürzten Grenzsteins, halb im Gras verborgen in einer Wiese; bei ihm setzten wir uns über den Respekt hinweg, der den Göttern gebührt, und über *de omni re scibili et quibusdam aliis* schwatzend, stiegen wir wieder die ganze Stadt hinauf bis vors Schloss.

Seine zerbrochenen, rissigen, in die Gräben gestürzten Türme tragen, versteckt unter dicken Efeubüscheln, in ihren Schieferflanken noch die Granitkugeln und Eisenteile, die die Artillerie von Tremouille 1488 darauf abgefeuert hat. Louis XI, im Krieg mit François II de Bretagne, hatte Ancenis bereits 1468 eingenommen, am 27. September desselben Jahres schloss er dort mit dem Herzog einen jener schönen Verträge, wie er sie so gut auszuhandeln und zu umgehen wusste. Seit dieser Zeit gehört Ancenis den Herzogen von Elbeuf, den Prinzen des Hauses Lothringen. Der Prince de Dombes, Heerführer für Henri IV gegen den Duc de Mercoeur, eroberte die Stadt, verwüstete sie, und 1599 wurde die Festung, wie die meisten bretonischen Schlösser, die zur Liga gehalten hatten, geschleift.

Der Haupteingang existiert noch, flankiert von zwei mächtigen Türmen, aber die Türen sind zugemauert, die Gräben voller Trümmer, und hoch oben auf die Festungswerke haben sich kleine Häuser gesetzt: es ist nichts mehr da außer einer schönen Ruine, die Ancenis Stil verleiht und ihm ein wenig von seiner Eintönigkeit nimmt. Das Innere ist jetzt ein ordentlich gepflegter Garten, von dem das Auge die Loire hinauf- und hinunterschweift: man kommt dort in vollen Genuß der Aussicht auf die Brücke, die sich, aufgehängt an Eisenbändern und auf hohe Pfeiler gestützt, in all ihrer dummen Eleganz über die Loire schwingt. Nichts macht mich so traurig und schlechter gelaunt wie eine mit ihrer Fahrbahn in der Luft hängende Brücke und das widerstandslos unter ihr hindurchströmende Wasser. Man ist voller Bewunderung, man gerät in Verzückung, man ist außer sich vor Staunen, wenn man es geschafft hat, die Balken zu legen, die Eisenbänder zu verschweißen, die gusseisernen Bögen zu verbinden, um sie Fußgänger, Reiter und Wagen tragen zu lassen. Möglicherweise ist das ein technischer Fortschritt und ein Nutzen für die großen Segelschiffe, doch für die Landschaft ist es tödlich, und die Natur hat wahrhaftig manchmal die Anstrengung verdient, die man für sie auf sich nimmt. Gebt uns unsere alten Steinbrücken wieder, mit ausladenden Brüstungen, mit abgeschrägten Pfeilern: das Wasser murmelt und bricht sich an ihnen; die Boote machen an ihren Gewölbebögen fest und die Sonne nimmt sich gut darauf aus, wenn sie beim Untergehen ihren Blick auf sie wirft.

Um 11 Uhr morgens stiegen wir nach einem Déjeuner in den Karren; wir verabschiedeten uns von unserer Wirtin und dem bezauberndsten zehnjährigen kleinen Mädchen, das ich je sah, und ganz Ancenis mit dem Gerassel unseres Wagens zum Staunen bringend, fuhren wir los.

Die Gegend verändert sich: dies ist nicht mehr die freundliche Touraine; dies ist nicht mehr die fruchtbare Vendée, dies ist noch nicht die rauhe Bretagne, es ist das Land der Chouans. Die Felder verbergen sich hinter vier Hecken: Ginster, goldgelber Stechginster steht verstreut mitten in der Heide; an allen Straßenkreuzungen ist ein dürrer Christus auf ein Kreuz gespannt, bestückt mit sämtlichen Gerätschaften der Leidensgeschichte, vom Schwamm, der seine trockenen Lippen befeuchtete bis zur Lanze, die in seine Seite drang. Die Bauern sind hässlich und traurig; sie gehen schweigend ihrer Wege und haben keinen Gruß für den vorüberkommenden Reisenden wie in den schönen Gegenden Frankreichs: hier ist der Priester der Gott; er befiehlt und man gehorcht, und jeder betet im Schöpfer die Kreatur an.

Unser Weg durchquert den Flecken Saint-Mars und führt

lange an weiten Wiesen entlang, benetzt von den Windungen der Erdre, einem schmalen Bach, der fast zum Fluss wird, wo er sich der Loire nähert. Wir kommen an der Kirche von Riaillé gerade in dem Augenblick vorüber, als sich die hässlichen, schwarzbraunen kleinen Mädchen der Gegend, weiß gekleidet und Fahne, Kerze und Kreuz tragend, feierlich zur Kirche begeben.

Als wir die endlosen Längen und die holprigen Wagenspuren eines Querwegs hinter uns gebracht hatten, erreichten wir am Ziel unserer Reise die Abtei LA MEILLERAYE.

Wir klingeln, der Pförtnerbruder öffnet uns; der Gastmeister erscheint und sagt uns tausendmal, wie es ihn freut, dass wir ihn um Aufnahme bitten. Wir durchqueren einen langen Hof; wir steigen eine steinerne Treppe hinauf und treten in einen Besuchern vorbehaltenen Saal. Der Gastmeister verlässt uns, nicht ohne sorgsam unsere Pässe zu verlangen, und wir bleiben ein paar Minuten allein; wir nutzen diesen Augenblick, um den Ort zu erkunden. Es ist ein quadratischer Raum, erhellt von einem Fenster und wie jegliches Zimmer mit einer Tür versehen; an den Wänden hängen ein Stammbaum der aus den Zisterziensern hervorgegangenen Klöster und zwei Rahmen, die irgendwelche Anweisungen für Fremde umgeben. Ein Glasschrank enthält Rosenkränze und Medaillen; ein zweiter ist angefüllt mit pietätvollen Büchern und frommen und moralischen Lithographien, eine unter anderen betitelt *Les Faux Plaisirs*; im Vordergrund betet ein junger Heranwachsender einen Rosenkranz und hat die Augen zum Himmel erhoben, wo Engel mit spitzen Flügeln auf ihn niederblicken und dabei Viola und eine dreisaitige Geige spielen: weiter hinten spielt ein junges Mädchen in dekolletiertem Kleid mit Puffärmeln unter einem fremdartig geformten Baum Gitarre und lässt eine ihrer Gefährtinnen tanzen, die mit gespreizten Fingern sachte ihre Schürze hebt; ein junger Schäfer mit gut geschnittenem Backenbart, lockigem Haar, in kurzer Jacke und Hose, mit Schleifen an den Strumpfbändern, windet sich neben ihnen vor Liebe und wirft den beiden jungfräulichen Mägdlein einen verstohlenen Blick zu. Unter diesem reizenden Genrebild, das Monsieur Chopin beneidet hätte, liest man folgenden Vierzeiler, den Monsieur Ancelot beneidet hätte:

La volupté vous tente,
Fuyez, ne cédez pas:
Une joie innocente
Suivra tous vos combats.

Und zu denken, dass dies zu dem gehört, was man die Sprache der Götter nennt!

Neben dem Kamin hängt ein Pappdeckel, der sich krümmt unter dem Gewicht folgenden Akrostichons:

Lieu chéri du Seigneur, où la vertu réside;
Aimable solitude où l'esprit-saint préside;
Trois fois heureux celui qui, charmé de tes biens,
Renonce au siècle, et rompt ses funeste liens!
Aidé par le secours de son Dieu qui le guide,
Plus il trouve de croix, plus il est intrépide,
Persuadé qu'il est que l'instant de la mort
Est l'instant fortuné qui le conduit au port.

Ich verstehe, dass einen die tiefe Traurigkeit, die diese Lektüre vermittelt, dazu bewegt, mit der Welt abzuschließen und sich in ewige Einsamkeit zurückzuziehen.

Kaum hatten wir die Inspektion dieser Schändlichkeiten beendet, als auch schon wortlos zwei Ordensbrüder eintraten und sich den Boden küssend flach auf den Bauch uns zu Füßen warfen, wobei sie durch diese Demut, deren Sinn ihnen abhandengekommen ist und die sie nur mechanisch und aus Tradition ausüben, bloß einen bitteren Ekel weckten, von dem einem übel wird. Und doch waren wir hergekommen und gedachten, dort mehrere Tage zu verbringen, bereit, alles zu bestaunen, und voller böser Ahnungen vor dem, was wir sehen würden. Als sie sich wieder aufgerichtet hatten, bedeuteten sie uns schweigend, ihnen zu folgen, und führten uns zur Kirche, einem armseligen Bauwerk ohne Schmuck noch Größe. Wir knieten für ein paar Sekunden nieder und kehrten bald darauf so stumm, wie wir gekommen waren, zurück zum Sprechzimmer. Dort nahmen wir alle vier Platz: einer der Ordensbrüder nahm die *Imitation de Jésus-Christ* und las uns das XII. Kapitel von Buch III vor, »über das Elend der Großen der Welt«; ach! und unglücklicherweise war der Absatz schlecht gewählt. Als arme Künstler, Träumer und Betrachter, in Formen, Phantasien und Überraschendes verliebte Fußreisende, hatten wir sie kaum nötig, diese lange Homelie über die Leiden, die jenen vorbehalten sind, die ihr Leben in dem verschleudern, was diese braven Mönche die weltlichen Lüste nennen. Als die Lektüre beendet war, stürzten sie sich nochmals uns zu Füßen, murmelten ich weiß nicht welchen lateinischen Vers und überließen uns schließlich dem qualvollen Eindruck des Schauspiels, das sie uns zugemutet hatten.

Der Gastmeister kehrte bald zurück und brachte uns zu einem abseits gelegenen Gebäude, wo uns die Zellen übergeben wurden, die für uns vorgesehen waren: jede trägt den Namen eines Heiligen und eine laufende Nummer; eine Liege, ein Tisch aus Fichtenholz, zwei Stühle mit Strohgeflecht möblieren mein mit Kalk getünchtes Loch; an der Wand hängt in einem geschwärzten Holzrahmen ein Porträt des Heiligen Franz von Assisi; mein Fenster hat Aussicht auf einen Gemüsegarten. Kaum sind wir in unsere Kammern getreten, läutet auch schon die Glocke zum Diner der Fremden und Pensionsgäste. Wir begeben uns zum Saal Saint-Benoît, der als Refektorium dient, und lassen uns an einem bereits von fünfzehn oder zwanzig Personen besetzten Tisch nieder. Während des Mahls wird Schweigen gefordert. Ein Teller Sauerampfer, eine Schale Brei, gesalzene Butter, ein paar trockene Nüsse, ein großes Stück Schwarzbrot stehen auf einem groben, grauen Tischtuch. Ich esse wenig; nur mit halbem Ohr lausche ich einer sterbenslangweiligen und moralischen Lektüre, die der Gastmeister in einer Ecke näselt, und ich beobachte meine Tischgenossen: nichts Bemerkenswertes an ihnen außer ein paar grotesken Gestalten: mit Ausnahme eines Priesters von vornehmen Umgangsformen und freundlichem und klugem Gesicht sind es nur schmutzige und unangenehme Flegel.

Als das Dankgebet gesprochen war, gingen wir in den Garten, um in Gesellschaft eines bretonischen Abts zu rauchen, ein netter Mensch und großer Schwätzer nach Art eines Straßenmeisters, der mir auf Kosten der Mönche zu leben scheint und sich auch noch über sie lustig macht. Die Glocke ruft uns; wir gehen hinauf zur Kirche; wir nehmen auf einer für die Fremden reservierten Empore Platz: sie bildet einen Lettner und überblickt das Kirchenschiff, wo sich die Mönche mit ihren schönen, braunen und weißen Kutten anbetend niedergeworfen haben. Es herrscht tiefstes Schweigen, während ein Trappist ein paar Verse herunterleiert und die letzten Strahlen der untergehenden Sonne durch die Fenster dringen und ironisch die Wand beleuchten. Die Mönche erheben sich. Einer von ihnen intoniert mit mächtiger Stimme das *Salve Regina!*. Und die ganze Gemeinde begleitet ihn im Chor. Die Töne stiegen stark und voll empor, hallten unter dem Gewölbe und fuhren über unsere Köpfe wie ein Sturmwind übers Meer. Das *Salve Regina!* legte sich; wir gingen hinunter in die Kirche selbst und knieten zwischen den Mönchen vor dem Altar der Heiligen Jungfrau nieder. Ihre weiße Statue, gekrönt von einem

Diadem aus Flitter, beladen mit Ketten und Rosenkränzen, umgeben von Blumen, erleuchtet von Kerzen, legt hinter zwei gefältelten Vorhängen andächtig die Hände zusammen. Dies ist nicht die Klause der Mutter der sieben Schmerzen, es ist der für die Gattin bereitete geheimnisvolle Alkoven, es ist das duftende Bett, wo die Liebe ihre zärtlichsten Worte murmelt. Sie lieben ihre Maria, die Mutter Gottes; sie lieben sie mit ihren Herzen, mit all ihren Sinnen, von denen sie abgeschworen haben, als sie ihre Gelübde sprachen: und wie sie sie auch schmücken, wie sie ihr die schönsten Sträuße ihrer Gärten pflücken, wie sie ihre sanfteste Stimme annehmen, um sie anzuflehen, und wie langsam sie ihre Gebete sprechen, um sie länger betrachten zu können.

Drei unter dem Licht ihr zu Füßen liegende geweihte Brüder singen den ersten Vers der Litanei der Heiligen Jungfrau, und alle Stimmen antworten: *miserere nobis*. Ich kann die erstaunliche, ergreifende Wirkung dieser von einem ganzen Chor verzweiflungsvoll ausgerufenen Worte nicht beschreiben. Es ist etwas Rührendes und Großartiges, diese höchste Anrufung einer Frau, die unter uns gelebt und gelitten hat, damit sie bei dem Fürbitte einlegt, nach dem man ständig ruft und der nie erscheint. Ist das nicht im Übrigen der Schrei aller Menschen, derer, die sterben, und derer, die geboren werden? der Schrei aller Schmerzen? aller Vergeblichkeiten? Der Schrei aller Hoffnungen? Aller Liebesnöte! *miserere nobis!*

Die Abendandacht war beendet, wir kehrten in unsere Zellen zurück, und am nächsten Morgen besichtigten wir das Innere des Klosters. Dort ist nichts sehenswert: große Flure, eine staubige Kleiderkammer, ein verglaster Kreuzgang, eine mit bekannten Büchern ausgestattete Bibliothek, ein mit schlechten Gemälden geschmückter großer Kapitelsaal, eine schlichte und charakterlose Kirche, ein stinkender Schlafsaal, wo jedes Bett mit einem Namen versehen ist und sich vor seinem

Nachbarn hinter einer brusthohen Bretterwand versteckt, ein riesiges Refektorium, wo jeder seinen Platz vor Wasser und Schwarzbrot einnimmt, das Ganze verziert mit moralischen und religiösen Lebensregeln für die zweifelnden Gewissen: derart ist das ganze Kloster. Wir liefen durch die Werkstätten, die Pachthöfe; sie arbeiteten schweigend und bedrückt. Im Stall begradigten zwei Mönche die Hörner eines Stiers: da wir zuerst nicht wussten, was sie mit dem armen Tier vorhatten, stellten wir uns gegenseitig diese Frage. Einer der Brüder sah uns mit durchdringendem Blick an, der brennend zu sprechen verlangte, *oculi habent labia*, und als wir schließlich das uns interessierende Rätsel durch Nachdenken gelöst hatten, nickte er eifrig und bedeutete uns, dass wir verstanden hatten. Es ist schön, nie zu sprechen, wenn die Seele bei Gott ist, doch wenn sie in allen irdischen Nöten steckt, ist das nur noch lächerlich.

Nur eines berührte uns, es ist folgende kurze Geschichte: eines Tages erhielt der Prior einen Brief, der ihm den Tod der Mutter einer seiner Mönche mitteilte: als das Kloster am Tisch im Refektorium versammelt war, erhob er sich und sagte: liebe Brüder, ein Unglück hat den Orden ereilt: einer von uns hat soeben seine Mutter verloren, lasst uns beten! Und das war alles. Ihr Friedhof ist jedoch schön und von großer Poesie. Die Toten schlafen unter Grabhügeln, auf denen ein Kreuz aufragt, das ihren Trappistennamen und die Dauer ihrer Ordenszugehörigkeit trägt, die stets wenige Monate oder viele Jahre beträgt: und tatsächlich sterben die Schwachen schnell bei diesem harten Leben; die Starken stützt es im Gegenteil, und sie führen ein langes Leben zwischen geregeltem Alltag und Buße. Der Gastmeister, der uns begleitete, lief über die Gräber mit herrlicher Verachtung für die, die sie bargen, und diese tiefe Gleichgültigkeit für die Toten ließ uns fast an seine Geringschätzung des Lebens glauben.

Es war ein kindliches Vergnügen und eine köstliche Erleichterung, mit denen wir unsere Rucksäcke packten und das Haus des Herrn verließen. Wir durchquerten einen Wald; wir nahmen das Déjeuner im Marktflecken Meilleraye, wir stiegen in die Postkutsche; wir schliefen einer auf der Schulter des anderen und wachten erst in Nort wieder auf. Wir besichtigten

Les fresques
de
l'église

Um halb fünf waren wir an Bord eines kleinen Dampfers, der uns nach Nantes bringen sollte. So fuhren wir die Erdre hinunter, deren gewundene Ufer unerwartet feine und abwechslungsreiche Landschaften tragen. Weite Steppen mit hohem Gras umgeben dicht am Wasser stehende kleine Wäldchen. Mal dreht eine Mühle ihre Flügel in einem flachen Horizont, und dann weiden wieder große Herden auf den feuchten Wiesen, die ihnen bis zum Bauch reichen. Wir kamen an ausgiebig mit Grün und Häusern bedeckten Höhenzügen vorüber und grüßten herüber zu den Ruinen des Château de la Vierrière, einst bewohnt vom Maréchal Gilles de Raiz, einer der ungeheuerlichsten Gestalten der Geschichte. Die Zufahrtsstraßen zur Stadt verschandeln die Landschaft, und es ist fast Nacht geworden, als wir in Nantes einfahren.

Kapitel III

Von den Trappisten-Brüdern kommend, erschien es uns wie eine Wohltat, menschliche Gesichter und Beefsteak mit Sardellenbutter zu sehen. Noch in Hochstimmung durch die Fresken von Nort und voller Grauen in Erinnerung an Melleraye, hatten wir am Abend unserer Ankunft in Nantes die denkbar beste Verdauung. Anständig untergebracht im Hôtel de France, führten wir dort acht Tage lang ein höchst vergnügliches Leben. Als Bedienung hatten wir einen dieser munteren und umgänglichen Schurken, die Leuten aus gutem Hause gefallen, ein Schlaufuchs, der gute Zigarren und gute Parfümeriewaren verkaufte. Wir schrieben in einem gepflegten Zimmer; wir wuschen uns in großen Waschschüsseln; im Hof hatten wir unseren Spaß mit einem kleinen Affen, der mit seinen Zähnen und Nägeln unsere alten weißen Handschuhe so zerlegte, dass man meinen konnte, sie seien eigens für ihn erfunden worden; oder wir kauften uns in der Pommeraye-Passage chinesische Rollgardinen, türkische Sandalen oder Körbe vom Nil, um diesen ganzen von jenseits der Meere gekommenen Kram nach Herzenslust zu mustern und mit den eigenen Händen zu berühren, Götter, Schuhe, Sonnenschirme und Laternen, diesen farbenprächtigen Plunder, der einen von anderen Welten träumen lässt, nutzlose Albernheiten, die für uns bedeutsame Dinge sind.

Ich halte Nantes für eine ziemlich geistlose Stadt; aber ich habe dort so viele Garnelen gegessen, dass ich sie in erfreulicher Erinnerung behalte.

Wir waren im Begriff abzureisen, als wir uns sagten, dass wir sie doch besichtigen sollten, ein Beweis, dass *Nannetes* uns nicht gelangweilt hat.

Das ist weder die finstere Schmutzigkeit von Lyon noch der Trubel von Le Havre und Marseille und auch nicht die schnurgerade Bauflucht von Bordeaux, dieser so albernen Stadt, die einem Beau in feiner Krawatte gleicht; das reicht auch nicht an Rouen heran, das schön wäre, wenn man es nicht verschönerte, und das ich lieben würde, wenn ich dort nicht geboren wäre. Von den Türmen der Kathedrale herab entdeckt man jedoch einen Horizont, der einen dafür entschädigt, die Treppe hinaufgekeucht zu sein. Senkrecht darunter drängen sich die Häuser und schieben ihre Dächer zusammen wie die spitzen Hüte einer dicht an dicht stehenden Menge. Zur Linken reicht eine große Wiese ans Ufer des Stroms, der sich teilt und eine Biegung macht, während die beiden Flussläufe der Erdre und der Sèvre immer mehr Arme und Inseln bekommen und in großen, grauen Linien das Land zerteilen. An jenem Tag war der Himmel von einer bleichen Helligkeit, die ihren Ton der schlammigen Färbung der Fluten anglich und dem Ganzen ein stilles und trauriges Aussehen gab. Die Loire hinauf ist das Land weit und flach, zur Touraine hin grüner und lebhafter, aber eintönig und verschlafen, wo es sich zu den Stränden am Meer erstreckt. Der Horizont ist alles in allem großartig und schön, aber welcher Horizont ist nicht schön, wenn er groß ist! und sind nicht alle Horizonte groß, wenn man über ihnen schwebt? Nur hoch hinauf, wo es auch sei, vorausgesetzt man kommt ganz nach oben, und dann tun sich einem im plattesten Land grenzenlose Perspektiven auf. Welche Idee ist nicht gewaltig, wenn man sie zu Ende denkt, welches Herz erscheint nicht unermesslich, wenn man es auslotet?

Früher habe ich viele Stunden auf Kirchtürmen verbracht; auf die Brüstung gelehnt, sah ich die Wolken über den Himmel ziehen und die in den Wasserspeiern nistenden Raben mit Gekrächz und großen Flügelschlägen davonfliegen: nicht selten war das in der Rhetorikklasse meine Art, dem Unterricht zu folgen: habe ich da viel verpasst? und war das nicht auch Stilkunde?

Etwas äußerst Banales hat mich schockiert und zum Lachen gebracht: nämlich der Telegrafenmast, den ich plötzlich, als ich mich umdrehte, vor mir auf einem Turm sah. Die starren Arme der Anlage standen reglos da, und auf der Leiter, die zu ihrem Sockel führt, hüpfte ein Spatz von Sprosse zu Sprosse. Höher angebracht als alles ringsum, höher als die Kirche und das Kreuz auf ihrer Spitze, kam mir diese unangenehme Apparatur wie die phantastische Grimasse der modernen Gesellschaft vor. Was zieht nun durch die Luft, zwischen Wolken und Vögeln, in dem freien Raum, wo gerade die Stimme der Glocken verklungen ist und die Erde ihre Düfte verströmt? Es ist die Nachricht, dass die Rente gefallen ist, dass die Aktien für Tran steigen oder dass die Königin von England entbunden hat.

Was für ein seltsames Leben, das Leben des Mannes, der da in dieser kleinen Hütte hockt, um diese beiden Stangen zu bewegen und an diesen Fäden zu ziehen: das verstandeslose Räderwerk einer Maschine, die für ihn stumm ist: möglicherweise stirbt er, ohne ein einziges der Ereignisse, die er aufgenommen hat, ein einziges Wort all derer, die er dann gemeldet hat, zu erfahren! das Ziel? der Sinn? wer weiß! sorgt sich der Matrose um das Land, zu dem ihn das Segel treibt, das er setzt? der Postbote um die Briefe, die er austrägt? der Drucker um das Buch, das er druckt? der Soldat darum, weshalb er tötet und sich töten lässt? Sind wir nicht mehr oder weniger alle wie dieser gute Mann und sprechen Worte, die man uns mitgeteilt hat und die wir anderen mitteilen, ohne sie zu verstehen? Mit großen Zwischenräumen und sich über die sie trennenden Abgründe hinweg betrachtend, geben sich so die Jahrhunderte das ewige Rätsel weiter, das von ferne zu ihnen dringt, um in die Ferne zu ziehen; sie gestikulieren, sie regen sich im Nebel, und diejenigen, die auf den Gipfeln stehen und sie bewegen, begreifen davon nicht mehr als die armen Teufel unten, die den Kopf heben, um irgendetwas zu erraten zu versuchen.

Wo war ich doch gleich? in Nantes, glaube ich, bei der Kathedrale: sie hat den englischen Stil des XV. Jahrhunderts, überladen von dicken Ziselierungen, plump gemacht von dem sterilen Geschnörkel der Spätgotik, außen scheußlich, innen zu kurz. Das Kirchenschiff, das immerhin hoch aufstrebt, hat ein ziemlich hässliches, flachbogiges Gewölbe. Unter dem Portal bemerkten wir in der Säulenweite der Spitzbogenrippen steinerne Schäfte, die Baumstämme vortäuschten, mit Ansätzen gestutzter Zweige wie bei einem beschnittenen Stechpalmstock: diese Besonderheit wiederholt sich in mehreren Kirchen der Bretagne. Als seltene Scheußlichkeit muss eine an die Wände gekleisterte Gipsverkleidung in einer der Seitenkapellen erwähnt werden, fabriziert in einem erbärmlichen mittelalterlichen *Chic* und die letzten Grenzen des nachahmenden Rokoko erreichend. Doch etwas wirklich Schönes ist das Grab von François I und von Marguerite de Foix, seiner zweiten Frau. Auf ihrem Marmor ausgestreckt sind sie ihrer Zeit entsprechend gekleidet, tragen die gräfliche Krone und haben zu ihren Füßen: der Graf einen Löwen, die Gräfin einen Windhund. Drei kleine Engel heben ein Kissen, worauf mit geschlossenen Augen ihre Häupter ruhen.

An den Ecken des Monuments stehen große symbolische Figuren. Das Gesicht der Frau ist fett, traurig, mit hervorspringender Nase und dicken Lidern. Das von François I, ziemlich hart, intelligent und listig, und wie sein Leben ein wenig von Stärke und Schwäche zeugend, offenbart genau den alten Feind von Louis XI, ein Mann der ebenso geschickt wie er beim Abschließen zweideutiger Verträge und Knüpfen heimlicher Allianzen war. Sie betrogen sich um die Wette. Bei der Versöhnung von Arras (1477) wurde vereinbart, dass man sich über selbstgewählten Reliquien Frieden schwören wollte, nur nicht über dem Leib Jesu Christi und über dem echten Kreuz, weil dadurch der Meineid unweigerlich binnen eines Jahres gebrochen würde: während er mit dem König verhandelte, verbündete er sich mit England und ließ Waffen aus Italien kommen. Der König seinerseits versprach die Bretagne den Schotten und kaufte sich den Sire de Lescun, seinen Berater. Einmal hatte er jedoch eine schöne Regung, nämlich die Ordenskette des Saint-Michel Ordens abzulehnen (1470). Nach geltendem Gesetz wäre er tatsächlich gezwungen gewesen, dem König gegen wen auch immer zu dienen und auf jegliche andere Allianz zu verzichten, er aber schloss mit Recht lieber eine mit dem Comte de Charolais und dem Duc de Berry. Er hätte schwören und den Eid brechen können; man muss ihm dankbar sein für seine Offenheit. Louis XI, der ihn sein ganzes Leben lang bekämpfte und ihn bereits hasste, bevor er König war, starb, ohne dass er ihn besiegen konnte, und als sollte gezeigt werden, wie mittelmäßige Leute manchmal über große Männer triumphieren, um dann von Schwächeren als sie selbst überwältigt zu werden, war er schließlich doch vier Jahre später gezwungen, den demütigenden Vertrag von Verger hinzunehmen (1488), und er starb darüber vor Traurigkeit. Obwohl er Seidenmanufakturen in Vitré und Tapisserien in Rennes aufgebaut hat (was man eifrig in die Bücher setzt, wo man ihn als hingebungsvollen Verteidiger der bretonischen Unabhängigkeit darstellt), habe ich stets wenig Sympathie für diesen farblosen Mann gehabt, der einen Löwen* gegen Esel kämpfen ließ und derart feige der Reihe nach seinen Ratgeber

* den, den ihm kurz vor seinem Tod der Admiral de Montauban geschenkt hatte.

Chauvin seinem Günstling Landois und Landois den Feinden von Chauvin opferte. Hin- und hergerissen von tausend Beziehungen, die er löste, von tausend aufeinanderfolgenden Einflüssen, ist er, was den Mangel an Herz und die Härte des Charakters angeht, ganz der Vater der kalten und heuchlerischen Anne, die für mich eine der unerfreulichsten Gestalten des XVI. Jahrhunderts ist.

Da wir von Geschichte sprechen, hundert Schritt von dort entfernt steht, dem alten Schloss gegenüber, das Haus, in dem 1832 die Duchesse de Berry erwischt wurde.

Es schnürt einem das Herz zusammen in dieser mit schmutzigem grauem Papier tapezierten, von blinden Fensterscheiben kaum erhellten, kahlen kleinen Kammer. Wir sahen die Kaminplatte, hinter der sich die Prinzessin und ihre Gefährten versteckten: man hat Mühe zu glauben, dass sie dahinter Platz finden konnten. Das ganze Anwesen ist verschwiegen und seelenlos: man hört nicht den geringsten Laut, weder ein Kind, das spielt, noch einen Hund, der bellt. Bewohnt von zwei frommen alten Jungfern, hat es mit seinem engen düsteren Hof, seinem feuchten Weg, seiner Holztreppe, die im Regen verfault, etwas Entmutigtes, Ruinöses, Schändliches, als fühle es bis in seine Steine die Bitterkeit der Erinnerung.

Von dem alten Schloss sind nur noch die beiden Türme am Eingang da: links von der Zugbrücke der Pied-de-biche; und zur Rechten die Boulangerie; einigermaßen intakt ist noch ein anderes Hauptgebäude, mit Fenstern vom Ende des XV. Jahrhunderts, und im Hof ein schöner alter Brunnen, geschmückt mit einem eisernen Aufsatz zum Aufhängen der Winde. Kanonen, gewienert wie Stiefel, stehen auf dem Gras aufgereiht, neben Kugeln, die nach ihrem Kaliber angeordnet sind wie Steinmeiler an der Landstraße. Auf dem Rücken ausgestreckt schliefen zwei oder drei Soldaten friedlich in der

Sonne und träumten sicherlich; wovon? … Wahrscheinlich weder vom Duc de Mercoeur, der die jetzt zerstörte Festung des Lothringer Kreuzes erbauen ließ, noch vom Kardinal de Retz, der daraus floh, und auch nicht von Königin Anne, die sich mit Louis XII in der Chapelle du Fer-à-cheval vermählte, die heute zum Pulvermagazin geworden ist. Wenn sie träumten, dann wohl eher von den schönen Boulepartien, die sonntags nach dem Abendläuten gespielt wurden, von dem Tag, an dem sie den Hahn auf dem Kirchturm über den Bäumen ihres Dorfes erblicken werden oder von dem Mädchen aus der Heimat, das sie zurückgelassen haben? Nur Leute, deren Metier das Denken ist, stopfen sich das Hirn mit den Leidenschaften entschwundener Zeiten voll; anständige Leute haben genug an den ihren: sie machen die Geschichte, und wir, wir lesen sie.

In der Kaserne sangen zwei oder drei Männer in Hemdsärmeln, während sie ihre Röcke ausbürsteten und mit Kreide deren Knöpfe polierten. In der zweiten Etage ließ eine in aller Offenheit auf dem Sims eines hinreißenden Fensters ausgebreitete rote Hose ihre beiden Beine an der Mauer herunterhängen und stellte mit dummer Schamlosigkeit ihren grau gefütterten breiten Hosenlatz zur Schau.

Als wir das Schloss verlassen hatten, besichtigten wir das Museum. Der Konservator, der in einer Ecke mit einer Pinselei beschäftigt war, ließ seine Arbeit liegen und knüpfte offiziös eine Gespräch über Kunst mit uns an; doch nicht lange, und der gute Mann, der gesehen hatte, wie wir einen Delacroix bewunderten, setzte seine Mütze wieder auf und machte auf dem Absatz kehrt, was uns vermuten ließ, dass er sich der Landschaftsmalerei Bertins verschrieben hatte, oder der römischen Historienmalerei unter Zuhilfenahme von Billardstocklanzen und Wassertopfhelmen. Wir standen lange vor einem Bild altdeutscher Malkunst, das eine Anbetung der Heiligen Drei Könige zeigte. Die Darstellung hat eine fast ironische Naivität: ein in eine Art Bischofsmantel gekleideter König wirft sich Jesus so dümmlich und mit einer so deprimierten Miene zu Füßen, dass man meinen könnte, es sei eine Tücke des Malers: da gibt es seltsame Schwarze, angetan mit roten, kurzen Hosen und behängt mit Korallenketten. Frauen und Männer strecken den Kopf zu einem Fenster heraus und zeigen ein verblüfftes Gesicht: all das ist lebendig und lustig, kontrastreich in Rot- und Grüntönen (ein wenig wie die *Versuchung des Heiligen Antonius* von Breughel), ausdrucksstark, amüsant im Detail, insgesamt originell und von einer Wirkung, die sich nicht vermitteln lässt, wenn man es nicht gesehen hat.

Wir sahen auch die Karnvalsszene von Lancret. In einem großen holzgetäfelten Zimmer steht eine schöne Dame mit gelbem Mieder und rosafarbenem Unterkleid mit Ärmeln bis zum Ellbogen zwischen einem Tänzer und einem Pierrot, die sie zum Menuett bitten. Zu beiden Seiten sitzen Freunde auf Stühlen und lächeln und plaudern. Ein behagliches Haus, wo es warm ist, ein Haus, in dem man sich vergnügt: man merkt, dass es draußen regnet und dass die Maskierten durch den Straßendreck laufen. Das Wetter ist grau, ein richtiges Karnevalswetter: gleich wird man Komödie spielen, und abends gibt es dann Krapfen.

Vom selben Autor liebe ich auch sehr ein Porträt der Camargo. Sie tanzt – mitten im Wind – im Freien, in einem Kleid aus weißem Satin mit blauen Bändern und rosafarbenen Girlanden. Zu ihrer Rechten rührt ein Trommler seine Stöcke, ein Pfeifer bläst die Backen auf; zur Linken ein Geiger, ein Fagottist und eine aufmerksam schauende Frau. Die Camargo! was für ein Name! Klingt er nicht wie das Gebimmel vergoldeter Schellen? Schickt er uns nicht wie in einem ausgelassenen Ritornell mit dem warmen Luftstrom eines sich drehenden Rocks einen Duft von Irispuder oder spanischem Jasmin und

Vorstellungen von einem mit Pastellen behängten Boudoir voller Meißener Porzellan, wo sich weiße Knie auf Daunendecken aus gelber Seide straffen?

Die Antithese, als Malerei, als Gesicht und Idee, findet sich gegenüber in jenem Frauenporträt, das man Murillo zuschreibt. Sie trägt ein blaues Kleid, verblichen vom häufigen Gebrauch; ihr rußgeschwärztes und schlecht gekämmtes Haar hängt mit einem matten Ton über ihr grünliches Antlitz; unter ihrer niedrigen und melancholischen Stirn schicken einem ihre braunen, vorstehenden Augen einen dümmlich tiefen Blick, der missfällt und doch anziehend ist; in der Hand hat sie ein kleines Buch, ein Gebetbuch? Sie verbringt ihr Leben in den Seitenschiffen der Kirche, im feuchten Schatten der Pfeiler, geblendet von den Lichtern des Altars, stürzt sich in die rauhen Abgründe der Buße, lebt fortwährend verzückt in den Wallungen mystischer Liebe, und abends kehrt sie zurück in ihre Dachkammer, wo sie Erscheinungen der Heiligen Jungfrau hat und Engelsstimmen hört, die sie bei ihrem Namen rufen.

Hier hängt ein seltenes und gutes Porträt, Tibaldis Elisabeth von England. Wenn keine Ähnlichkeit besteht, muss man darauf verzichten, sich eine Vorstellung von den Leuten zu machen, die man nicht kannte, was traurig wäre, da all die, die man für gewöhnlich kennt, nicht so erbaulich sind. Eine mit schwarzem Faden gesäumte wundervolle Halskrause mit dicken, gestärkten Röhren liegt kreisförmig um ihren langen, knochigen Kopf mit den vorspringenden Wangenknochen und den roten Lippen. Ihre blasse Stirn ist schmal, hoch und ungeheuer intelligent. Unter blonden Augenbrauen, spärlich, wo sie sich treffen, sind ihre vorstehenden, weit geöffneten blauen Augen lebhaft und nachdenklich beobachtend in Bewegung; das spitze Kinn, die runde Nase, der über langen Zähnen fest geschlossene Schmollmund verraten die sinnliche Wildheit, während das stark frisierte, rotblonde Haar, in Kaskaden von Halbkreisen gewellt und auf der linken Seite mit roten Nelken geschmückt, ihr eine strenge und noble Ausstrahlung verleiht, eine wundersame Mischung von imposanter Vornehmheit. Sie ist es, die zu ihrer Zeit »Smaragd der Meere, Perle des Okzidents« genannt wurde und für die Shakespeare, als er Richard III spielte, plötzlich innehielt, um ihr Taschentuch aufzuheben.

Gerne würde ich den kompletten Villemain herschenken, den ich in meiner Kindheit gekauft habe (eine unsinnige Tat, die mir nicht untersagt wurde, was die Nachsichtigkeit meiner Familie beweist); ich würde auch die Vorlesung von Monsieur Saint-Marc Girardin herschenken, die ich aufbewahre, um »mich in Zukunft jeder freudigen Regung zu berauben«, wie René sagt; sogar ein altes Paar marokkanischer Pantoffeln, das mir im Sommer sehr bequem ist, würde ich noch dazulegen und außerdem meine Bürgerrechte, die Wertschätzung meiner Landsleute und den Rest einer Flasche mit schönem Firnis, der einzudicken beginnt, ja, all das schenkte ich herzlich gern und auf der Stelle her, um den Namen, das Alter, die Adresse, den Beruf und das Gesicht des Herrn zu erfahren, der für die Statuen des Museums von Nantes Weinblätter aus Eisen erfunden hat, die aussehen wie Apparaturen gegen Onanie. Der Apoll des Belvedere, der Diskuswerfer und ein Flötenspieler sind mit dem Harnisch dieser schändlichen metallischen Unterhosen versehen, die blinken wie Schmortöpfe. Im Übrigen sieht man, dass es ein lang überlegtes und liebevoll ausgeführtes Werk ist. Es ist an den Rändern umgeschlagen und mit Schrauben in den Gliedmaßen der armen Gipsfiguren verankert, die vor Schmerzen abblättern. In der heutigen Zeit platter Dummheiten, in dem üblichen Blödsinn, der uns belästigt, ist es zur Abwechslung schon erheiternd, wenigstens einer unbändigen Dummheit, einem gigantischen Blödsinn zu begegnen. Trotz all meiner Anstrengungen ist es mir nicht gelungen, mir irgendein Bild von dem Schöpfer dieser sittsamen Abscheulichkeit zu machen. Ich glaube gerne, dass der ganze Stadtrat an ihr beteiligt war, dass die Herren Geistlichen sie gefordert hatten und dass die Damen sie angebracht fanden.

Danach waren wir im Naturkundemuseum, einer dürftigen Sammlung, die, denke ich, für einen Wissenschaftler uninteressant ist, in der es nichtsdestotrotz eine aufrecht neben ihrem bemalten Sarg stehende ägyptische Mumie, rosarote Korallen, perlmuttschimmernde Muscheln und an der Decke aufgehängte Krokodile gibt; in einem Glasbehälter voller Weingeist sind da auch zwei am Bauch zusammengewachsene Schweinchen, die, auf ihren Hinterbeinen stehend, den Schwanz hebend und, mit den Augen zwinkernd, wahrhaft sehr amüsant sind. Derart neben zwei menschliche Föten mit der gleichen Missbildung platziert, sagen sie vielleicht mehr als viele unserer Werke. Doch wer vermag in diesen regelwidrigen Manifestationen des Lebens die vielfältigen und sich steigernden Formen jener unbekannten Kunst zu sehen, die in ihrer geheimnisvollen Reglosigkeit auf dem Grund der Ozeane, in den Tiefen des Erdballs, im Mittelpunkt des Lichts wohnt, dort die ununterbrochenen Schöpfungen variiert und das Sein fortpflanzt. Seit den sechs Millionen Jahren, in denen er es lernt, beginnt der Mensch vielleicht den ersten Buchstaben dieses Alphabets zu stammeln, das kein Omega hat. Wann wird er einen Satz lesen können?

Wenn die sogenannten Missbildungen der Natur anatomisch, das heißt als Gestalt, untereinander in Beziehung stehen und ihre physiologischen, das heißt für ihre Existenz notwendigen Gesetzmäßigkeiten haben, warum sollten sie nicht (von diesem Prinzip ausgehend und alsbald uns einordnend in diese Welt, welche die Negation der unseren zu sein scheint und sehr wohl aus ihr folgen kann) – warum also sollte all das nicht auch seine Schönheit, sein Ideal haben? War es nicht das, woran die antiken Völker glaubten? und ist ihre Mythologie denn etwas anderes als ein ungeheuerliches und phantastisches Universum, ausgestattet mit Gestalten, die in unserer Natur unmöglich und doch schön sind, so wie sie für sich genommen richtig sind und zueinander passen? Bewundern wir nicht das blaugrüne Haar der Quellnymphen und die Stimme der Sirenen, die abgründige Melodie, welche die Schiffe in einen Strudel reißt? Wer fand nicht die Chimäre zauberisch und hat ihre Löwennüstern, ihre brausenden Adlerflügel und ihr grünschimmerndes Hinterteil geliebt? Glauben wir nicht, so als hätten sie gelebt, an feixende Satyre, die mit ihren spitzen Ohren hinter Myrtenbosketten entlangschleichen und deren Bockshufe nachts im Takt – über den Rasen der Gärten trappeln? Und diese Träume sind ebenso wenig wie die der Natur von einem Menschen erfunden und auch nicht in einem Tag in die Welt gesetzt worden. Wie die Metalle, die Felsen, die Goldminen und die Perlen sind sie langsam, Tropfen für Tropfen hervorgequollen, haben sich Schicht für Schicht gebildet, sind von selbst entstanden und durch ihre innere Kraft dem Nichts entstiegen. Und so betrachten wir sie denn auch mit beunruhigtem und rückwärtsgewandtem Erstaunen und versuchen dabei vielleicht über die Erinnerung hinaus zu erkennen, ob es uns nicht, wie sie, früher, vor unserem Leben gegeben hat, ob unsere Gedanken nicht in einer gemeinsamen Heimat mit diesen Gestalt gewordenen Gedanken gelebt haben, ob nicht das Prinzip unserer eigenen Gestalt einst mit dem Samen der Eichen und den Quellen, die das Meer bilden, im Schoße des universellen Kokons ausgebrütet wurde.

Wie schön ist doch der Kopf eines Wilden! ich erinnere mich an zwei, die dort standen, schwarz und glänzend, gegerbt wie sie waren, prachtvoll in Brauntönen mit dem Schimmer von Stahl und altem Silber. Der erste, der eines Ureinwohners vom Amazonasstrom, hat Zähne, die man ihm in die

Augen gesteckt hat. Geschmückt mit unerhört stilvollem Zierrat, gekrönt mit allem möglichen Gefieder, zieht er mit entblößtem Zahnfleisch eine grausige und zauberische Grimasse. Daneben hängen Ketten mit Vogelfedern in allen Farben, die er früher, als er noch schrie und sich bewegte, den besiegten Feinden abgenommen hat. Es sind zahlreiche Ketten, was beweist, dass es ein mutiger Kerl war, der viele Seelen zu Areskoui befördert hat: denn diese unscheinbaren Dinge entsprechen unseren Medaillen für Lebensretter.

Daneben hat man den Kopf eines Mannes aus Neuseeland gesetzt; ohne anderen Schmuck als die Tätowierungen, die ihn bedeckten wie Hieroglyphen und die Sonnen, die man noch auf dem braunen Leder seiner Wangen erkennen kann, ohne anderen Kopfschmuck als sein langes schwarzes Haar, das offen herabhängt und feucht wirkt wie Weidenzweige, mit seinen grünen Federn an den Schläfen, seinen gesenkten langen Wimpern, seinen halbgeschlossenen Lidern, hat er eine köstliche Ausstrahlung von Wildheit, von Wollust, von Sehnsucht. Man begreift, wenn man ihn betrachtet, das ganze Leben des Wilden, seine Gelüste nach rohem Fleisch, seine kindlichen Zärtlichkeiten für seine Frau, sein Kriegsgeheul, seine Liebe zu seinen Waffen, sein plötzliches Auffahren, seine spontane Faulheit und die Melancholien, die ihn am Strand überfallen, wenn er auf die Meeresfluten schaut.

All das existiert – es ist kein Märchen –, es gibt immer noch Menschen, die nackt laufen und unter Bäumen leben, Länder, wo die Hochzeitsnächte als Alkoven einen ganzen Wald und als Zimmerdecke den ganzen Himmel haben. Aber man muss rasch aufbrechen, wenn man sie sehen will: schon schickt man ihnen Hornkämme und englische Bürsten, um ihr Haar zu säubern, auf dem der Schweiß der Jagdzüge schäumt und das geronnene Blut der wilden Tiere klebt; man schneidert ihnen Stege für die Hosen, die man ihnen macht; man schmiedet ihnen Gesetze für die Städte, die man ihnen baut; man schickt ihnen Lehrer, Missionare und Zeitungen.

Sehenswürdigkeiten, die uns dringend empfohlen wurden, vermeiden wir im Allgemeinen, und so haben wir weder die Siedlung von Mettray bei Tours noch das Irrenhaus in Nantes gesehen, weder die Schmieden von Indret noch das Fort Penthièvre und auch nicht den Leuchtturm von Belle-Île, und in den Städten, durch die wir kommen, haben wir noch kein einziges der schönen Cafés besucht; aber wir waren in CLISSON.

Auf einer Anhöhe – unter der zwei Flüsse zusammenfließen – in einer blühenden Landschaft, belebt durch die hellen Farben der auf italienische Art heruntergezogenen Ziegeldächer, in Gruppen angeordnet wie auf den Skizzen von Hubert, neben einem langen, niedrigen Wasserfall, der eine Mühle dreht – reckt das ganz im Laubwerk verborgene alte Schloss von Clisson sein schartiges Haupt über die hohen Bäume. Ringsum ist es still und friedlich: die Häuschen sind heiter wie unter einem warmen Himmel, die Wasser rauschen, der Schaum bildet Flocken auf der Strömung, wo in weichen Büscheln das Grün eintaucht, auf der einen Seite dehnt sich der Horizont zu einem Ausblick auf Wiesen und steigt auf der anderen plötzlich an, umfriedet von einem bewaldeten kleinen Tal, dessen grüne Flut sich weitet und sich bis nach unten zieht.

Wenn man über die Brücke gegangen ist und auf dem schnurgeraden Pfad steht, der zum Schloss führt, sieht man – senkrecht – kühn und hart – über dem Graben, in dem sie steht, als unverwüstliche und gewaltige Form, eine große Mauer, gekrönt von aufgerissenen, breiten Pechnasen, wie mit Federbüschen von Bäumen geschmückt und überzogen von einer Tapete aus Efeu – dessen dichte und kraftvolle Masse sich von dem rissigen und verwitterten Stein abhebt, auf ganzer Länge im Wind erschauert und ein riesiger, grüner Umhang zu sein scheint, den der schlafende Riese im Traum auf seinen Schultern bewegt. Das Unkraut ist hoch und dunkel; die Pflanzen sind stark und aufgeschossen; der knotige, rauhe, gewundene Stamm des Efeus hebt wie mit Hebeln die Wände an oder hält sie im Geflecht ihres Astwerks aufrecht. Ein grüner Baum hat die Dicke der Mauer durchdrungen und, waagerecht in der Luft schwebend, ganz ungeniert den Strahlenkranz seiner Zweige getrieben. Die Gräben, deren Böschung durch die von den Rändern bröckelnde Erde und die von den Zinnen stürzenden Steine flacher wird, sind tief ausgehoben und das Tor wirkt mit seinem leicht gerundeten, kraftvollen Spitzbogen und seinen beiden Nischen für die Hebevorrichtung der Zugbrücke wie ein mit aus Löchern des Visiers glotzender großer Helm.

Innen ist man dann überrascht und hingerissen von einer Mischung von Bäumen und Trümmern: denn die Ruine bringt die grünende Jugend der Bäume erst richtig zur Geltung und das Grün macht die Traurigkeit der Ruine noch bitterer. Da ist es nun, das ewige und schöne Lachen, das schallende Lachen der Natur über dem Skelett der Dinge, die ganze Frechheit ihres Reichtums, der Reiz ihrer Launen, der Übergriff ihres Schweigens! Feierliche Begeisterung ergreift einen tief in der Seele. Man fühlt den Saft in den Bäumen fließen und das Grün wachsen, während die Steine bröckeln und die Mauern einstürzen. Eine erhabene Kunst hat nebensächliche Missverhältnisse in höchster Eintracht verbunden; die wuchernde Form des Efeus mit der Unebenheit der Trümmer, den wilden Schopf des Brombeergestrüpps mit dem Wirrwarr der eingestürzten Steine, die Durchsichtigkeit der Luft mit den verbliebenen wuchtigen Mauern, den Farbton des Himmels mit dem Farbton des Erdreichs; und man erbebt innerlich darüber, als arbeite dieses ganze Leben in einem selbst, so brutal und unmittelbar überfällt einen die Wahrnehmung dieser Harmonien und die Erkenntnis dieser Entwicklungen. Am Fuße zweier großer Bäume, deren Stämme sich kreuzen, fließt grünliches Tageslicht über das Moos, und der Blätterdom überschüttet einen mit einem hellen Schein, der dieses ganze Geröll ringsum erleuchtet, die Schatten tiefer macht und die Feinheiten enthüllt.

Man geht weiter und weiter, irrt die Schießscharten entlang, kommt durch klaffende Arkaden, von denen sich irgendeine zitternde lange Pflanze ergießt; die hohen Gewölbe, welche die Toten bergen, hallen unter den eigenen Schritten; die Eidechsen laufen unter das Gestrüpp, die Insekten klettern die Wände hinauf, der Himmel leuchtet und die dösende Ruine setzt ihren Schlaf fort. Mit seinem dreifachen Mauerring, seinen Wehrtürmen, seinen Innenhöfen, seinen Pechnasen, seinen unterirdischen Gewölben, seinen wie Hülle über Hülle, Harnisch über Harnisch übereinandergesetzten Festungswällen vermag das alte Schloss von Clisson ganz neu zu erstehen und sich einem neu darzustellen. Mit dem Brennnesseldunst und der Kühle des Efeus ergibt sich die Erinnerung an die früheren rauhbeinigen Existenzen wie von selbst. Lange schwarze Spuren ziehen sich immer noch schräg die Wände hinauf wie zu der Zeit, als die Holzscheite in diesen achtzehn Fuß breiten Kaminen loderten. Symmetrisch im Mauerwerk aufgereihte Löcher zeigen, wo die Etagen lagen oder wo man einst über jene Wendeltreppen kam, die nun einstürzen und ihre leeren Eingänge über Abgründen öffnen. Bisweilen flatterte ein Vogel aus seinem im Dornengestrüpp hängenden Nest auf, senkte die ausgebreiteten Flügel und segelte durch die Arkade aus einem Fenster, um ins Land hinauszufliegen.

Oben in einer hohen Mauer – nackt – grau – schroff – ließen unterschiedlich große, in unregelmäßiger Flucht liegende Fenster durch ihre gekreuzten Sprossen das strahlende Blau des Himmels blitzen, dessen verführerische Farbe den Blick anzog. In den Bäumen tschilpten durchdringend und pausenlos die Spatzen, drinnen graste wie auf einer Weide eine Kuh und stampfte mit ihrem gespaltenen Huf das Unkraut nieder.

Ein Fenster geht auf eine Wiese hinaus, welche die *Ritterwiese* heißt. Auf diesen in die Mächtigkeit der Mauer gestemmten Steinbänken konnten die großen Damen von damals die Ritter mit dem eisernen Brustharnisch ihrer Pferde gegeneinander anrennen, die Streitkolben auf die Helmstutze prasseln, die Lanzen brechen und die Männer auf den Rasen stürzen sehen. An einem schönen Sommertag, vielleicht wie heute, als die mit ihrem Klipp-Klapp lärmend das ganze Land erfüllende Mühle nicht existierte, als es Dächer auf diesen Mauern, flämische Ledertapeten an diesen Wänden, Scheiben aus Horn in diesen Fenstern, weniger Unkraut und Stimmen und Geräusche von Lebenden gab, hat – ja – genau dort – mehr als ein in sein rotes Samtmieder gezwängtes Herz vor Angst und Liebe geklopft, haben wunderbare weiße Hände gebebt auf diesem Stein, den Brennnesseln überwuchern, und die bestickten Bänder der hohen Hauben haben gezittert in diesem Wind, der die Enden meiner Krawatte flattern lässt und einst den Helmbusch der Edelmänner beugte.

Wir sind in die unterirdischen Gewölbe hinuntergestiegen, wo Jean V eingekerkert wurde. Im Männergefängnis sahen wir an der Decke noch den großen Haken, der zum Erhängen diente, und wir haben mit neugierigen Fingern die Tür des Frauengefängnisses berührt. Sie ist ungefähr vier Daumen dick, mit Schrauben, eisernen Bändern und Platten zusammengehalten, gleichsam mit Eisen gepolstert. Durch die in der Mitte eingesetzte vergitterte Luke warf man das Nötige in das Verlies, damit der Verurteilte nicht starb: denn die Tür, verschwiegener Mund schrecklichster Bekenntnisse, gehörte zu denen, die sich schließen und nicht öffnen. Welch gute Zeit für den Hass! Wenn man jemanden hasste, wenn man ihn überrascht und entführt oder bei einem verräterischen Treffen festgenommen hatte, ja, wenn man ihn schließlich besaß, wenn man ihn gefangen hielt, konnte man in Ruhe erleben, wie er Stunde für Stunde, Minute für Minute starb, konnte seinen Todeskampfs berechnen und seine Tränen trinken. Man stieg in seinen Kerker hinunter, man sprach mit ihm, man schacherte mit seiner Qual, um über seine Schrecken zu lachen, man diskutierte über sein Lösegeld, man lebte über ihm, von ihm, von seinem Leben, das schwand, von seinem Gold, das man ihm nahm. Der ganze eigene Wohnsitz, von den Spitzen der Türme bis zum Fuß der Mauern in den Gräben, lastete auf ihm, zermalmte, begrub ihn, und die familiären Rachezüge der Familien wurden so in der Familie und durch das Haus selbst vollbracht, das ihre Macht darstellte und ihre Idee symbolisierte.

Manchmal jedoch, wenn dieser Elende ein großer Herr war, ein reicher Mann, wenn er zu sterben drohte, wenn man genug gehabt hatte und die Tränen seiner Augen gleichsam erfrischende Aderlässe für den Hass seines Kerkermeisters gewesen waren, dann redete man davon, ihn freizulassen. Der Gefangene versprach alles: er überlasse seine Festungen; er händige die Schlüssel seiner besten Städte aus; er gebe seine Tochter zur Heirat frei; er beschenke die Kirchen; er pilgere zum Heiligen Grab, und Geld, noch mehr Geld! Er ließe es lieber die Juden beschaffen! Man unterzeichnete also den Vertrag, man zeichnete ihn gegen, man datierte ihn vor, man brachte die Reliquien, man schwor darauf, und der Gefangene sah die Sonne wieder. Er schwang sich auf ein Pferd, preschte im Galopp davon, ritt heim, ließ eine Abschussrampe hochziehen und das Fallgatter senken, rief seine Leute zusammen und nahm sein Schwert von der Wand. Draußen brach in wilden Explosionen sein Hass los: es war der Augenblick schrecklichen Wütens und siegreicher Rasereien. Von dem Schwur befreite einen der Papst und das Lösegeld bezahlte man nicht.

Als Clisson im Château de l'Hermine eingekerkert wurde, versprach er, um freizukommen, hunderttausend Francs in Gold, die Rückgabe der dem Duc de Penthièvre gehörenden Festungen, das Nichtvollziehen der Ehe seiner Tochter Marguerite mit dem Duc de Penthièvre, und sobald er draußen war, griff er erst einmal Chateaulaudren, Guingamp, Lamballe und Saint-Malo an, die eingenommen wurden oder kapitulierten. Der Duc de Penthièvre heiratete seine Tochter, und was die hunderttausend Francs in Gold betraf, die er bezahlt hatte, so gab man sie ihm zurück; es waren jedoch die Völker der Bretagne, die bezahlten. Als Jean V an der Brücke von Loroux vom Comte de Penthièvre entführt wurde, versprach er ein Lösegeld von einer Million; er versprach seine älteste Tochter, die bereits mit dem König von Sizilien verlobt war; er versprach Montcontour, Sesson und Jugon, und er gab weder seine Tochter noch das Geld noch die Festungen. Er hatte gelobt, zum Heiligen Grab zu pilgern, er ließ sich vom Prokurator davon freisprechen; er hatte gelobt, weder Steuern noch Subsidien zu erheben, der Papst befreite ihn davon; er hatte gelobt, Notre-Dame von Nantes sein Körpergewicht in Gold zu vermachen; da er aber nahezu zweihundert Pfund wog, blieb er hoch verschuldet: mit allem, was er einsacken und an sich bringen konnte, bildete er rasch eine Liga und zwang schließlich die Penthièvre, ihm genau den Frieden abzukaufen, den sie ihm verkauft hatten.

Auf der anderen Seite der Sèvre und die Füße hineintauchend erstreckt sich auf dem Hügel der Wald von Garenne, ein trotz seiner künstlichen Schönheiten eigentlich sehr schöner Park. Monsieur Lemot (der Vater des jetzigen Besitzers), der ein Maler des Empire und ein preisgekrönter Künstler war, hat, so gut er konnte, daran gearbeitet, dort jenen kalten, italienischen, republikanischen, römischen Stil nachzubilden, der zur Zeit von Canova und Madame de Staël so sehr in

Mode war. Man war pompös, grandios und würdevoll. Es war die Zeit, als in Stein gehauene Urnen auf die Grabmale gesetzt wurden, als man mit Mantel und Haar im Wind gemalt wurde, als Corinne zu ihrer Leier sang, neben Oswald, der Stiefel à la russe trägt, kurz, als auf allen Häuptern viel aufgelöstes Haar und in allen Landschaften viele Ruinen sein mussten.

Garenne entbehrt nicht dieses vornehmen Stils: es gibt einen Vesta-Tempel und gegenüber einen Tempel der Freundschaft, ein großes Grabmal, in dem zwei Freunde liegen: (Monsieur Lemot und Senator Cacot), was einen etwas über das Lächerliche des Namens, den man für ihr gemeinsames Gehäuse gewählt hat, hinwegkommen lässt. Wir sollten wirklich weder prätentiöse Gefühle noch deklamatorische Begeisterungen in Abrede stellen. Während man noch den Ellbogen beugt, um sein Taschentuch zu ziehen, kann man besten Gewissens einen Vers über jederlei Glück oder Unglück schmieden und es ebenso tief empfinden wie die, die das nicht tun – und es ist immer noch nicht gänzlich bewiesen, dass man nicht die Frau lieben kann, die man *seine Göttin* oder *seinen schönen Liebesengel* nennt. Für Inschriften, hindrapierte Felsen, künstliche Ruinen ist hier mit Einfalt und Überzeugung reichlich gesorgt. Auf einem Granitblock liest man den berühmten Vers von Delille: »Seine unverwüstliche Masse hat die Zeit hinfällig gemacht.« Ein Stück weiter, zwanzig Verse desselben Delille; andernorts auf einem in Form eines Grabmals behauenen Stein: »in arcadia ego«, ein Unsinn, dessen Absicht mir verborgen bleibt. Doch all die Kostbarkeiten sind in der Grotte von Héloïse am Ufer der Sèvre vereint: »was wir an diesem Ort empfinden, sagt Monsieur Richer, hat Héloïse empfunden: sie hat gefühlt, bewundert und geträumt wie wir.« Nun ja! ich gestehe, ich bin weder wie Monsieur Richer noch wie Héloïse: ich habe nicht viel empfunden, ich habe bloß die Bäume bewundert und fand, dass die Grotte, die sie beschatten, sehr passend wäre, um dort im Sommer in Begleitung einiger Freunde und irgendwelcher Héloïsen ein Déjeuner zu veranstalten, umso mehr als die Nähe des Wassers es erlauben würde, dort die Flaschen kühl zu stellen, und ich habe mitnichten geträumt – aber es gibt ja glückliche Leute, hochbegabte, sensible, phantasievolle Leute, die stets auf der Höhe der Umstände sind, die nicht versäumen, auf allen Beerdigungen zu weinen, auf allen Hochzeiten zu lachen und angesichts sämtlicher zerbrochener Ziegel und nicht nach heutigem Geschmack erbauten Buden Erinnerungen zu haben. Solche Menschen sagen, dass der Anblick des Meeres sie zu großen Gedanken inspiriert, dass das Betrachten eines Waldes ihre Seele zu Gott erhebt. Sie sind traurig, wenn sie den Mond anschauen, und fröhlich, wenn sie Menschenmassen sehen. »Nur diesen heiligen Namen, fährt Monsieur Richer fort, sollte die Grotte zeigen. Die Inschrift, die man dort liest, ist vielleicht unnütz: denn das Gefühl ist dem Wort immer voraus.« Obwohl ich Monsieur Richers Meinung gerne teile, da ich, wie er, denke, dass die Inschrift keinen großen Nutzen hat, vermag ich doch nicht der Freude zu widerstehen, sie abzuschreiben:

Héloïse, peut-être, erra sur ce rivage
Quand, aux yeux des jaloux dérobant son séjour,
Dans les murs du Pallet elle vint mettre au jour
Un fils, cher et malheureux gage
De ses plaisirs furtifs et de son tendre amour.
Peut-être dans ce réduit sauvage,
Seule, plus d'une fois, elle vint soupirer,
Et goûter librement la douceur de pleurer.
Peut-être sur ce roc assise,
Elle rêvait à son malheur.
J'y veux rêver aussi! j'y peux remplir mon coeur
Du doux souvenir d'Héloïse.

Und daraufhin versucht der unschuldige Besucher sich vorzustellen, wie Héloïse, den kleinen Astrolabe an der Hand, über dieses Ufer irrt. Das Ergebnis ihrer flüchtigen Freuden und ihrer zärtlichen Liebe dauert ihn. Wenn die Vorstellung der zärtlichen Liebe ihn betrübt, so heitert das Bild der flüchtigen Freuden ihn freilich ein wenig auf. Er versucht diese Klause unwirtlich zu finden: eben noch hatte er nichts davon bemerkt, doch nun findet er sie tatsächlich unwirtlich. Schließlich sieht er sie, wie sie weinend auf dem Felsen von ihrem Unglück träumt, und auch er möchte träumen; er möchte sein Herz mit der süßen Erinnerung an Héloïse erfüllen; er erfüllt es also, oder tut zumindest sein Bestes, es zu erfüllen: aber nein, er füllt es nicht genug, nicht seinem Wunsch gemäß, am liebsten würde er es ganz damit ausfüllen, es damit vollhäufen, es damit vollstopfen, es dadurch platzen lassen … wie dem auch sei, er wendet sich ab, schreibt seinen Namen in das Album des Pförtners, zahlt seine zwanzig Sols und zieht glücklich von dannen: er hat Gefühle erlebt, er hat Erinnerungen gehabt.

Warum nur hat man aus dieser Héloïse-Gestalt, die eine so vornehme und so bedeutsame war, etwas Banales und Albernes gemacht, das geschmacklose Modell sämtlicher verhinderter Liebesgeschichten und so etwas wie das beschränkte Ideal des rührseligen Mädchens? Sie hätte doch Besseres verdient, diese arme Geliebte des großen Abailard, die Frau, die ihn mit so hingebungsvoller Bewunderung liebte, obwohl er hart war, obwohl er schwermütig war und ihr weder Bitterkeiten noch Schicksalsschläge ersparte. »Eher fürchtete sie, ihn zu kränken als Gott selbst, und eher wünschte sie, ihm zu gefallen als dem Höchsten«, sie wollte nicht, dass er sie heiratete, weil sie fand, dass es »etwas Unschickliches und Erbärmliches sei, wenn eine Frau den in Besitz nahm und für sich allein beanspruchte, den die Natur für alle geschaffen hatte … weil sie, wie sie sagte, den Namen Geliebte und Konkubine süßer fand als den der Gattin und Kaiserin« und weil sie hoffte, sie werde, indem sie sich vor ihm erniedrigte, umso mehr in seinem Herzen gewinnen.

Oh ihr sensiblen Kreaturen! oh ihr romantischen Dummköpfe, die ihr sonntags ihr reizendes Mausoleum mit Immortellen bedeckt, man verlangt ja nicht von euch, Theologie, Griechisch und Latein zu studieren, in dem sie Schule hielt; aber versucht doch eure kleinen Herzen aufgehen zu lassen und euren beschränkten Geist zu weiten, um diese ganze grenzenlose Liebe in ihrer Klugheit und Opferbereitschaft zu bewundern.

Der Park ist dennoch ein sehr angenehmer Ort. Die Wege schlängeln sich durch das Dickicht, ganze Gehölze hängen in den Fluss; man hört das Wasser fließen, man riecht den guten Duft der Blätter: wenn wir über den schlechten Geschmack, der sich dort findet, verärgert waren, dann weil wir aus Clisson kamen, das von so echter Schönheit ist, und weil dieser schlechte Geschmack schließlich nicht der unsere ist; doch was ist denn im Übrigen schlechter Geschmack? Ist das nicht unabänderlich der Geschmack der Epoche, die uns vorausging? Finden nicht alle Kinder ihre Väter lächerlich? Der schlechte Geschmack der Zeit von Ronsard war der von Marot, der Zeit von Boileau, Ronsard, der Zeit von Voltaire, Corneille, und Voltaire war es zur Zeit von Châteaubriand, den viele bereits heute ein wenig schwach finden. Oh ihr geschmackvollen Leute zukünftiger Jahrhunderte, ich empfehle euch die jetzigen Leute von Geschmack! Ihr werdet lachen über ihre Magenkrämpfe, über ihre prachtvollen Verachtungen, über ihre Vorlieben für Kalb und Milchspeisen und über die Grimassen, die sie ziehen, wenn man ihnen blutiges Fleisch und zu heiße Gedichte serviert. Wie hässlich dann sein wird, was schön ist, wie töricht dann wirken wird, was anmutig ist, wie arm erscheinen wird, was reich ist: unsere köstlichen Boudoirs, unsere charmanten Salons, unsere hinreißende Kleidung, unsere interessanten Feuilletons, unsere fesselnden Dramen, unsere bedeutsamen Bücher … Holla, wie man uns auf den Dachboden, in die Abstellkammer, in die Klosetts stecken wird – wie man Füllstoff, Papier, Dung, Mastfutter aus uns machen wird. Oh Nachwelt! Vergiss vor allem nicht unsere gotischen Sprechzimmer, unsere Renaissance-Möblierungen, die Reden von Monsieur Pasquier, die Form unserer Hüte und die Ästhetik der *Revue des Deux Mondes.*

Während wir uns noch diesen philosophischen Betrachtungen widmeten, zog uns unser Karren nach TIFFAUGES. Beide in eine Art Blechzuber gesetzt, machten wir mit unserem Gewicht das winzige Pferdchen zuschanden, das in der Deichsel hin und her torkelte: es war das Zappeln eines Aals im Leib einer Berberratte. Ging es bergab, wurde es vorwärts geschoben, ging es bergauf, wurde es nach hinten gezogen, die Straßenränder warfen es zur Seite und der Wind ließ es unter dem Hagel der Peitschenhiebe schwanken. Armes Tier! Ich kann nicht ohne einige Gewissensbisse daran denken.

In den Höhenzug geschnitten, windet sich die Straße hinab, am Rande gesäumt von Ginster oder breiten Streifen eines rötlichen Mooses. Rechts, am Fuße des Hügels, auf einer Erhebung im Talgrund, recken große, rissige Mauern eine nach der anderen ihre schartigen Zinnen. Man folgt einer Hecke, man biegt in einen Pfad ein und tritt in eine offene Vorhalle, die zu zwei Dritteln ihres Spitzbogens im Boden versunken ist. Die Männer, die einst hindurchritten, könnten sie nur noch gebückt durchqueren. Wenn die Erde sich grämt, ein Bauwerk zu lange tragen zu müssen, quillt sie darunter auf, wächst an ihm empor, ergreift davon Besitz wie eine steigende Flut und gräbt ihm, während ihm der Himmel den Kopf stutzt, die Füße ein. Der Innenhof ist verlassen, die Festungsmauer ist leer, die Efeublätter rühren sich nicht, das Wasser steht still in den Gräben und liegt glatt und reglos unter den runden Seerosen.

Der Himmel war weiß, wolkenlos, doch ohne Sonne; sein bleicher Bogen war weit gespannt und überzog das Land mit kläglicher Eintönigkeit. Man hörte keinen Laut, es war ganz still; – die Vögel sangen nicht, selbst am Horizont nicht das geringste Raunen, und die leeren Ackerfurchen (es war ein Sonntag) sandten einem weder das Gekreisch aufflatternder Krähen noch das leise Scharren der Pflugscharen herüber.

Wir stiegen durch das Brombeergestrüpp hinunter in einen versteckten tiefen Graben am Fuß eines Turms, der in Wasser und Schilfrohr steht. Ein einziges Fenster gibt ein dunkles Viereck frei, durchzogen von den grauen Linien seines steinernen Kreuzes; ein übermütiges Büschel wilden Geißblatts hängt über dem Sims und verströmt draußen seinen frischen und starken Duft. Wenn man den Kopf hebt, zeigen die großen Pechnasen durch ihre gähnenden Löcher von unten nur den Himmel oder irgendeine unbekannte kleine Blume, die, an einem stürmischen Tag vom Wind hergetragen, sich dort eingenistet hat und deren Same im Schutz einer Mauerritze aufgegangen sein wird. Plötzlich erhob sich eine Brise, leicht und lang, wie ein Seufzer, und die Bäume in den Gräben, die Gräser auf den Steinen, die Binsen und Wasserlinsen, die Pflanzen der Ruinen und der riesige Efeu, die den Turm von den Grundfesten bis zur Brüstung in seine einheitliche Schicht schimmernden Grüns kleideten, zitterten und raschelten alle mit ihren Blättern. Das Korn auf den Feldern ließ seine blonden Wogen rollen, die bis in die biegsamen Köpfe der Ähren liefen. Der Teich kräuselte sich und schob eine Welle gegen den Fuß des Turms. Die Blätter des Efeus erschauerten alle zugleich, und ein blühender Apfelbaum verlor seine rosigen Knospen.

Nichts: – der Wind, der vorüberstreicht – das Gras, das wächst – der offene Himmel, kein Kind in Lumpen, eine Kuh hütend, die das Moos zwischen den Steinen abweidet; nicht einmal, wie anderswo, eine einzelne Ziege, die ihren bärtigen Kopf durch einen Spalt im Bollwerk steckt und, das Buschwerk zausend, erschrocken flieht; kein singender Vogel, kein Nest, kein Laut: diese Burg ist wie ein Trugbild; stumm und verlassen in diesem leeren Landstrich sieht sie aus, als sei sie verflucht und voller wilder schmerzlicher Erinnerungen. Und doch war er bewohnt, dieser traurige Aufenthalt, von dem jetzt die Eulen anscheinend nichts wissen wollen. Im Hauptturm, zwischen vier Wänden, aschgrau wie der Boden alter Tränken, zählten wir die Spur von fünf Stockwerken. In dreißig Fuß Höhe ist ein Kamin hängen geblieben, der noch seine beiden runden Pfeiler und seine geschwärzte Platte hat. Erde ist daraufgefallen und Pflanzen sind dort gewachsen, als sei dort noch ein Blumenständer.

Jenseits der zweiten Festungsmauer erkennt man in einem Acker die Überreste einer Kapelle mit den zerbrochenen Schäften eines Spitzbogenportals. Hafer wächst dort und die Bäume haben die Säulen ersetzt. Diese Kapelle war einst voller Messgewänder aus goldenem und seidenem Tuch, Weihrauchfässchen, Leuchter, Abendmahlskelche, voller mit Edelsteinen geschmückter Kreuze, purpurner Schalen, goldener Messkännchen; ein Chor von dreißig Sängern, Kaplanen, Musikern, Kindern ließ dort Hymnen zum Klang einer Orgel erschallen, die ihnen folgte, wenn sie auf Reisen gingen. Sie waren in scharlachrote Gewänder gehüllt, besetzt mit Eichhörnchenfell und Rauhwerk. Es gab einen, den man den Archidiakon nannte, einen anderen, den man Bischof nannte, und man ersuchte den Papst, dass es ihnen wie Domherren gestattet sein möge, die Mitra zu tragen: denn diese Kapelle war die Kapelle und diese Burg war eine der Burgen von Gilles de

Laval, dem Herrn von Rouci, von Montmorenci, von Raiz und Craon, Heerführer des Duc de Bretagne und Maréchal de France, verbrannt in Nantes am 25. Oktober 1440 auf der Prée de la Madeleine als Falschmünzer, Mörder, Hexer, Sodomist und Gottesleugner.

An beweglicher Habe besaß er über hunderttausend Taler in Gold, dreißigtausend Pfund Leibrente, samt den Einnahmen aus seinen Lehen sowie des Salärs aus seinem Marschallamt. Fünfzig Mannen, herrlich gekleidet, gaben ihm zu Pferde Geleit. Er hielt Freitisch; die seltensten Fleischgerichte, Weine aus entlegensten Ländern wurden dort aufgetragen, und wie in den Städten beim Einzug von Königen, bot man in seinem Hause Mysterienspiele dar. Als er kein Geld mehr hatte, verkaufte er seine Ländereien; als er seine Ländereien verkauft hatte, suchte er nach Gold; und als er seine Öfen zerstört hatte, rief er nach dem Teufel. Er verschrieb ihm alles, außer seiner Seele und seinem Leben. Zu seinen Ehren brachte er Opfer, ließ Weihrauch räuchern, gab Almosen und Festlichkeiten. Hier hat dieser Mann gelebt. Seine Gewölbe erglühten im unentwegten Hauch magischer Blasebalge; seine Mauern erstrahlten des Nachts im Glanz brennender Fackeln, zwischen Humpen voller Wein der Antillen und unter fahrendem Gauklervolk; man hat die Hölle angerufen; man hat mit dem Tod gezecht; man hat Kinder geschlachtet; man hat entsetzliche Lüste und gräßliche Freuden genossen. Das Blut floß, die Instrumente spielten: alles hallte wider von Wollust, Schrecken und Raserei.

Als er tot war, ließen vier oder fünf junge Damen seinen Körper vom Scheiterhaufen nehmen, hüllten ihn in das Leichentuch und ließen ihn zu den Karmelitern bringen, wo er nach äußerst ehrenvollen Obsequien feierlich begraben wurde.

Auf einer der Brücken über die Loire, gegenüber vom

Hôtel de la Boule d'or, setzte man ihm ein Sühnemal: es war eine Nische, in der die Statue der Lieben Jungfrau für Milchfluss stand, welche die Kraft besaß, den Ammen Milch zu geben. Butter wurde dort hingetragen und andere ländliche Opfergaben.

Die Nische ist noch da, die Statue nicht mehr. So wie im Rathaus der Schrein, der das Herz von Königin Anne enthielt, ebenfalls leer ist. Wir waren nicht sehr neugierig darauf, diesen Schrein zu sehen; wir hatten nicht einmal daran gedacht. Lieber hätte ich die Hose des Maréchal de Raiz betrachtet als das Herz von Madame Anne de Bretagne. In der steckte mehr Leidenschaft als in jenem Größe.

Kapitel IV

Wir durchquerten Saint-Nazaire in seiner ganzen Länge und scherten uns kaum um die Arbeiten an einem neuen Dock, dessen Besichtigung man uns indessen empfohlen hatte. Nachdem wir kurz einem von der Sonne glühend heißen und für die Füße qualvollen Strand gefolgt sind, biegen wir rechts ab und nehmen einen halb sandigen, halb steinigen Weg. Auf beiden Seiten begleiten uns hohe Hecken; die weißen und gelben Blüten von Ginster, Stechginster und Weißdorn verbreiten rings um uns her einen starken Duft. Hier und da unterbrechen ein paar vereinzelte von Ulmen umgebene Bauernhöfe die Eintönigkeit der Landschaft und verleihen dem trübseligen Gelände, durch das wir wandern, ein wenig Leben. Wir lassen die Türme Commerce und Aiguillon, die jede Nacht aufflammen und den in die Loire einfahrenden Schiffen als Leuchtturm dienen, am Meer stehen, ohne sie uns anzuschauen. Die Straße ist holprig, der Boden hebt und senkt sich bei jedem Schritt; manchmal sehen wir in der Ferne das Meer in seinem Saum von Wolken und Felsen schimmmern und manchmal endet unser Horizont an einer Erhebung, wo ein paar schwarze Schafe das unter den Ginsterbüschen versteckte magere Gras abweiden. Schließlich ebnet sich der Weg und fällt zum Meer ab. Wir kamen durch den armen Weiler Saint-Sébastien, und auf einem Hohlweg, der traurig zwischen zwei von Hecken bedeckten Böschungen verläuft, erreichten wir den Marktflecken Pornichet. Einen Bach überquerten wir auf zwei biegsamen alten Planken, die an jedem Ufer auf einen als Pfeiler dienenden Steinhaufen gelegt waren. Ich liebe diese improvisierten Brücken, die das Wasser fast berühren, die nachgeben, wippen, sich in der Mitte senken und unter dem Fuß, der darüberschreitet, hochschnellen.

Jenseits eines kleinen Sandhügels, den wir hinaufsteigen, stehen wir vor der Bucht von Poulinguen. Sie rundet sich über eine Strecke von drei Meilen und trägt dabei an ihrem einen Ende Pornichet und am anderen Poulinguen. Zum Land hin liegt sie an Dünen, die von verkrüppelten Ginsterbüschen übersät sind; Richtung Meer schäumt sie über ein paar dicke schwarze Felsen und verschmilzt mit dem Himmel. Frauen rissen den dunklen Tang aus, durchsuchten die Steine nach Krebsen und trugen Körbe auf ihren Köpfen, aus denen in glänzenden Lianen das Seegras hing. Ein Mann mit einem riesigen schwarzen Hut, gekleidet in ein weißes Kittelhemd, trieb, zwischen zwei Frauen gehend, eine magere Stute vor sich her, die unter dem Gewicht von drei oder vier Salzsäcken dahinwankte, ein paar Möwen mit roten Füßen zogen über uns durch die Luft und unter dem wolkigen Himmel hatte das Meer einheitliche und satte Grüntöne. Wir liefen beide stumm nebeneinander her und bekamen nasse Füße in den kleinen Wellen, die über den Strand schäumen, atmeten die beißenden Gerüche der Algen und lauschten nur der Stimme des Ozeans und dem regelmäßigen Geräusch unserer beim Zertreten der Muschelschalen im Sand krachenden Schritte. Irgendwo platzt eine Wolke und peitscht uns ihren Regen ins Gesicht.

Die wenigen Häuser von Poulinguen sind gleichmäßig an einem steinernen Quai aufgereiht, unter dem ein halbes Dutzend mit Salz beladener, behäbiger Boote schaukelt. Wir durchqueren den Hafen in einer Fähre, einem richtigen Trog, flach, viereckig und an einem Seil geführt. Wir machen Halt, um den Regen abzuwarten, und nehmen nach ungefähr einer Stunde unseren Weg wieder auf. Er führte uns vom Meer fort und geleitete uns durch eine trockene, sandige, traurige und kahle Landschaft.

Man spürt die Heimat der Salinenarbeiter; da sind die Salzsümpfe; sie verdrängen alles, Felder und Wiesen. Ein brackiges Wasser kräuselt sich unter dem Wind zwischen vier sorgsam aufgeschütteten kleinen Wällen: nichts ist so hässlich und dumm wie diese künstlichen Tümpel, die jeden Morgen gereinigt, ihrer Pflanzen beraubt und zu ewiger Sauberkeit verdammt werden. Das Werk des Menschen ist immer hässlich, oft absurd, während das der Natur immer nur herrlich ist: sie schenkt uns weite, grüne Ebenen, schöne, murmelnde Flüsse, hohe, undurchdringliche Wälder, gewaltige und prachtvolle Felsen. Wir teilen die Ebenen in tausend Stücke, wir leiten die Flüsse um, damit sie unsere Mühlen drehen, wir roden die Wälder, um dort Hafer zu säen, und wir zertrümmern die Felsen, um unsere Straßen damit zu pflastern: immerhin ein Glück, dass der Himmel außerhalb unserer Reichweite ist.

In einem Haus in Batz sahen wir zum ersten Mal ein hiesiges Bett: ein gewaltiger Bau, der schwer vorstellbar ist. Wenn ein Haus fertig ist und der Besitzer es möblieren will, wählt er einen Platz für sein Bett; steht die Stelle endgültig fest, lässt er dort eine ungefähr sieben Fuß hohe Reisigschicht hinschaffen; auf die so gut wie möglich geglättete Oberfläche kommt ein Strohsack, zwei Matratzen und ein Federbett; dann legt man die Schlummerrolle und die Kopfkissen hinein. Ist die Kon struktion an diesem Punkt angelangt, lässt man das Ganze, Reisig, Matratzen und Strohsack, von einem Holzrahmen umkleiden, der bis zur Decke reicht und nur eine Öffnung von der Größe einer Kommodenschublade hat, und durch diese schlüpft man hinein, wenn man kann. Ich weiß nicht, ob man in diesen hohen Dingern schläft; ich glaube jedoch, dass man unmöglich herausfallen kann: denn man liegt flach und eingezwängt zwischen der letzten Matratze und der Decke.

Im Übrigen sind die Bewohner von Batz nahezu ein eigenes Volk; sie haben ihre eigenen Sitten und Trachten. Wir kamen dort vorüber, als man soeben eine Hochzeit gefeiert hatte, und wir konnten ein paar festlich gekleidete Burschen in der in tiefe Falten gelegten und über dem Knie gekräuselten kurzen, weiten Hose aus weißem Baumwollstoff in Erinnerung an die morgendlichen Schlemmereien durch die Straßen schwanken sehen; drei gediegene Westen in verschiedenen Farben und so geschnitten, dass ihre Borten und Messingknöpfe zu sehen sind, und über all dem eine Joppe aus derbem blauem Tuch von einer gewissen Eleganz; ihre weißbestrumpften Beine stecken in Schuhen aus gelblichem Leder und ihre Häupter werden geschützt von einer schwer zu beschreibenden Kopfbedeckung: es ist ein runder Hut mit biegsamer und riesiger Krempe. Die eine Seite ist in ihrer ganzen Größe ausgespannt, während die andere hochgeklappt und mit Schnüren am eigentlichen Hut befestigt ist, der von Seidenbändern und Samtbordüren in allen Farben umwunden wird. Diese Art Horn wird auf verschiedene Weise entsprechend der Stellung der Person aufgesetzt, ein junger Bursche trägt es seitlich, ein verheirateter Mann nach hinten, ein Witwer nach vorn. Diese Kopfbedeckung ist ganz ortstypisch: man findet sie nur hier; etwas weiter weg ist sie anders oder unbekannt: sie gehört unbestritten zum Marktflecken Batz und ich weiß nicht, ob Aristoteles sie in seinem Kapitel über die Hüte erwähnt.

Ansonsten gibt es nichts Sehenswertes in Batz außer einer verfallenen alten Kapelle, die ihre Trümmer neben einer ziemlich unbedeutenden Kirche zur Schau stellt, deren Glockenturm aus Granit so hoch steigt, wie er kann, und den in Sichtweite der Küste fahrenden Schiffen als Seezeichen dient. Unsere Ankunft hatte eine Art Aufruhr erregt: die Kinder liefen lachend und schreiend hinter uns her. Ein kleines Mädchen bat uns, ihr zu zeigen, was wir verkauften, ein paar ältere Bauern schauten uns mit verblüfften Blicken an; auch während man beim Herrn Pfarrer die Schlüssel der Kapelle holte und wir aufmerksam ein einziges, hoch aufschießendes, erlesenes, anmutiges Portal betrachteten, ausgemeißelt in feinen Skulpturen, die sich wie dicke Rebstöcke an den Türen emporwanden, wurden wir umzingelt, umringt, geprüft und aufs Lebhafteste kommentiert. Schließlich kamen die Schlüssel, und wir traten in einen weiten Saal, der einst eine Kirche war und jetzt nur noch eine Art unbestelltes Feld ist, wo *plano sub jove* die Disteln wachsen. Nur die vier Wände stehen noch, mit den hohen Giebeln, die das fehlende Dach hielten. Der Altarplatz ist noch zu erkennen. In einer Ecke öffnet ein Grab sein halb mit Steinen gefülltes leeres Maul, kleine Säulen schmiegen sich, oft zerbrochen, an die Mauern und empfangen den Niedergang nicht mehr vorhandener Bögen. Zwei in Dreipässen und Kreuzgittern geschnittene große Spitzbogenfenster, deren Scheiben verschwunden sind, wurden in die Wände gesetzt, und neben jeder Tür rundet das Weihwasserbecken seine Schale, wo sich umherfliegende Samen zum Keimen niedergelassen haben.

Dies war früher die Kapelle eines von Alain Barbe-torte gegründeten Notre-Dame-Klosters, wie behauptet wird: die Sache ist mehr als fraglich, schon die Architektur spricht dagegen. Zur Zeit von Alain Barbe-torte stand, vor allem im Anjou und in der Bretagne, das Byzantinische in Hochblüte, und der Stil, den man der Kirche ansieht, ist rein spitzbogig, und zwar aus der Glanzzeit. Aber was macht das schon! die ganze Ruine ist schön und von einem gewaltigen Grau. Über uns eilten große, dunkle Wolken mit weißen Rändern dahin, und hinter den schartigen Mauern hörten wir das helle Auflachen der versammelten Kinder: all das war harmonisch und gefiel uns, und dann stimmt der Anblick einer Ruine uns auch immer traurig. Man macht sich jetzt eifrig über sie her, unablässig zieht man aus ihnen seinen Nutzen, schnell wird dort Hacke und Hammer angesetzt, man nimmt ihnen ihre geschwärzten Steine, ihre von Würmern durchlöcherten Bohlen, ihre vom Rost geröteten Eisenteile, und an ihrer Stelle errichtet man hübsche kleine weiße Häuser mit gezackten Wetterfahnen; und so suchen wir denn nach den armen Trümmern, die man uns gnädig hinterlassen hat; wir gewinnen sie lieb und beneiden das Leben der Eidechsen, die in ihrem Schatten lagern.

Als wir nach einem Weg von acht Meilen in Croisic ankamen, wollten wir so schnell wie möglich dinieren und schlafen; wir waren jedoch stark genug, die phantastische Fülle unserer Wirtin zu bewundern, ein gewaltiges Weib, das rings um sich her wallte und überquoll wie eine zu volle Vase: ihr reicher Busen schwamm über ihrem von einem zu engen Gürtel schlecht gehaltenen Bauch, und fünf oder sechs faltige und fettschwitzende Kinnwülste wogten ihr bis auf die Brust. Auf einem Stuhl sitzend, der unter ihrem Gewicht krachte, überwachte sie den Kochtopf und gab einer sehr netten, blühenden, lebhaften, munteren und spritzigen Dienstmagd von fünfzehn oder sechzehn Jahren Anweisungen. Ihre schwarzen Augen, ihre rosige Haut, ihr braunes Haar fügte sich gut in eine ägyptisch geformte Haube, die charakteristisch für die Bewohner einiger Nachbardörfer von Croisic ist. Das in einen dicken Kranz frisierte und von Musselin und blassen Bändern umwundene und umschnürte Haar umrahmt den Kopf über der Stirn und wird bedeckt von einer Art runder weißer Haube, deren lange und schmale Streifen bis auf die Brüste fallen. Mit diesem Kopfputz sah Mademoiselle Charlotte äußerst aufreizend aus, was, glaube ich, den Hotelier zu traurigen Überlegungen veranlasste, wenn er an seine dicke Frau dachte: und so unterbrachen wir denn auch, als wir in den Speisesaal traten, eine Französischstunde, die er der jungen Bäuerin gab und der sie aufmerksam zu folgen schien.

Der Quai von Croisic ist nichts Besonderes; er verläuft an einem Kanal, wo ein paar Logger Schutz suchen; er geht unter vom Wind angegriffenen Bäumen entlang und führt auf eine lange Mole, die mit ihrer Basis aus behauenen Steinen, grün von Tang, ungefähr eine Viertelmeile ins Meer hinausreicht. Die See sah lieblich und verlockend aus; zu unserer Rechten schäumte sie in der Ferne weiß auf den gelben Stränden; neben uns brach sie sich auf Felsen; geradeaus war sie so endlos, dass sie sich im Horizont verlor. Als wir uns umdrehten, hatten wir das Panorama der Stadt vor uns, die hohen Türme ihrer Kirche und ein paar Trümmer der Festungswerke, die Allain Bouchard 1355 errichtete, als er Croisic für Jean de Montfort gegen Jeanne la Boiteuse verteidigte, die unerbittlich Krieg führte, während ihr Mann Gefangener von König Édouard war.

Das Innere ist ganz aus Granit, und jeder der dunklen Steine ist mit seinem Nachbarn durch einen Streifen von weißem Putz verbunden, was dem ganzen Kirchenschiff einen unruhigen und unangenehmen Aspekt verleiht. Auf dem Kapitell einer einen Seitenaltar begleitenden Säule glänzt und leuchtet ein grotesker Kerl aus Holz, der Lanze, Helm und vergoldetes Schild trägt, in eine blaue Rüstung gezwängt ist und rote Sandalen an den Füßen hat, beschattet von einem grünen Federbusch und geschmückt mit einem von scharlachroten Fäden durchzogenen weißen Rock: diese bedeutsame Karikatur nennt sich Saint Julien l'hospitalier.

Sandstrände, schmale Pfade, die kreuzweise durch die *Paluds* laufen, wie die Leute hier sagen, brachten uns auf dem Weg nach Guérande bis zu einem Hügel, auf dessen Kuppe sich ein Fichtenwald ausbreitet, wo schwarze Schafe grasen. Hoch über der Landschaft machten wir dort ein paar Minuten

Halt und schauten uns um. Zwischen der Bucht von Croisic und dem weiten Meer erstrecken sich Sanddünen, auf denen Batz und Croisic liegen. Grau in Grau drängen sich die beiden Marktflecken mit den quadratischen Türmen ihrer Kirchen im fernen Dunst zusammen. Weiter vorne teilt sich das Gelände in tausend Wasserlachen, matt schimmernd wie poliertes Silber. Von nahem sind sie scheußlich, von weitem sind sie schön und tragen sehr wohl ihren Teil zur allgemeinen Harmonie bei. Und ist es so nicht mit allem? Von der Landschaft, die uns zum Horizont lockt, bis zur Liebe, die uns umwirbt und einlädt. Wir laufen mutig los, wir springen über die Gräben, wir überwinden die Hindernisse, die Hoffnung trägt uns, die Sehnsucht macht uns trunken, erschöpft kommen wir an und finden verkrüppelte Bäume, dorniges Gestrüpp und den langen Verdruss vor, den wir nicht vorausgesehen hatten; wenn wir uns dann bass erstaunt an unseren Ausgangspunkt zurückziehen, bleiben wir verwundert stehen, weil wir das Land in der Sonne grünen sehen, und die Liebe erscheint uns voller Verführungen und süßer Reize: und schon vergessen wir unsere Schmach und sind so kindisch, dass wir nochmals gutgläubig zu der Enttäuschung zurückkehren.

Ein Tümpel, wo ein paar Frauen Wäsche klopfen, grüßt unsere Durchreise mit dem Quaken all seiner Frösche, und bei ihrem lärmenden Lied betraten wir Guérande durch ein spitzbogiges Tor, das sich, wie es sich gehört, zwischen zwei Türmen öffnete, deren Fuß im Wasser stand.

Wir besichtigten zuerst die Kirche, die aus dem ausgehenden XIV. Jahrhundert stammt. Ein spitzbogiger, hoher Vorbau, gezackt von sich nach oben verjüngenden Säulen und mit Steinbänken versehen, steht vor der Hauptpforte. Drei Kirchenschiffe unterteilen den Innenraum, wo halb zerbrochene, aber noch beachtliche Glasfenster ein düsteres und in bläulichen Tönen abgestuftes Licht verbreiten.

Unter den Kapitellen, die zu Pfeilern zusammengefasste Garben kleiner Säulen krönen, sind drei sehenswert durch die Details einer vollkommen mittelalterlichen Phantasie.

Gewiss, der Künstler, der diese plumpen Skulpturen recht und schlecht in die körnige Struktur des Granits gemeißelt hat, war eine jener naiven und gläubigen Seelen von früher, die den Teufel fürchteten und in ihren Träumen immerfort seinen Huf sahen, seinen Schwefelgestank rochen und sein stoßweises Lachen hörten, wenn er ihr Bett rüttelte und erzittern ließ. Das war die gute Zeit dieses armen Teufels, den man seither so entehrt hat, den man auf jede Weise missbraucht hat, den man in so viele Gewänder gesteckt hat, den man wohl oder übel in so viele Romane, Dramen, Novellen, Mysterienspiele und andere Arschwische, wie Jean-Jacques sagen würde, gesperrt hat. Jetzt lieben wir ihn; wir schmeicheln ihm, wir kultivieren ihn samt dem ganzen Schrecken, den er einst unseren Vätern eingeflößt hat; jetzt prügelt er sich nur noch mit Polichinell; er heißt Butzemann und macht den Kindern Angst, und wir treiben die Vertraulichkeit so weit, ihn in Tabakdosen mit Sprungfederdeckel zu sperren.

Wie es im Übrigen auch mit seinem heutigen Schicksal beschaffen sein mag, auf den Kapitellen der Kirche von GUÉRANDE ist er würdig dargestellt: ja, das ist er, mit seinen riesigen Hörnern, seinem sich windenden Schwanz und seinen entsetzlichen Zähnen. Dort zersägt er mithilfe einer der Kumpane einen unglücklichen Fischer, der auf einem Rad rotiert, hier vernichtet er einen anderen mit Steinwürfen, während irgendein Satan von minderem Rang zu den Verrenkungen des Gesteinigten vor Freude tanzt, weiter hinten steckt er seine feixende Visage durch fremdartiges Laubwerk, er rollt wütende Augen und verschlingt mit kräftigen Kinnladen zwei brave Kerle, die in den Tiefen seines offenen Mauls verschwinden. An einem anderen Kapitell scheint er den Vorsitz einer

Versammlung von Dämonen zu führen, die, sich an der Hand haltend, hüpfen und Luftsprünge machen, während er gleichmütig dasitzt, seine Gabel hält wie ein Szepter und nachlässig seinen Schwanz zwischen den Fingern dreht. Am dritten Kapitell schürt er das Feuer unter einem Topf, in dem eine Frau gekocht wird. Das letzte Basrelief ist von seltener Ausführlichkeit. Ein Mann liegt mit ausgebreiteten Armen auf der Erde, durchbohrt von einem bis zum Blatt hineingestoßenen Degen: das Blut fließt in Strömen aus seiner Wunde, er sträubt sich, und um ihn niederzuhalten, hat sich einer der Dämonen auf seinen linken Arm gehockt und sichert den Degen mit seinen zehn gekrümmten Krallen. Der Teufel steht neben dem Patienten, peitscht ihn mit einem Bündel geknoteter Seile und windet sich vor Lachen.

Man stimmte die Orgel der Kirche; die schrillen Töne wimmerten mit verheerender Ausdauer und schienen die Begleitung der reglosen und schrecklichen Pantomimen zu sein, die sich an den Kapitellen tummelten. Wir gingen hinaus und erforschten das Äußere. Überall schöner Spitzbogenstil, schlicht und wohlgeziert. Früher wurde die Kirche von einem Glockenturm überragt; eines Tages hat der Blitz ihn umgestürzt, als er dort einschlug. Ein Herr Architekt, dessen Namen wir nicht kennen und der den großen Preis von Rom besaß, hat sich, um ihn zu ersetzen, eine Art Bude aus Holz und Zinkblech ausgedacht, die so blöd ist, dass sie sicher bald von neuem den Zorn des Himmels auf sich zieht. Das Westwerk hat seitlich eine steinerne Außenkanzel an einem der Strebepfeiler, die bis zu den sie krönenden Pinakeln aufragen: sie ist fünfeckig, ausgemeißelt in schönen Distelblättern, über ihr ganzes Kranzgesims mit Blumenzierrat versehen und endet in einer Schlussvignette; mit dem Innenraum ist sie durch eine Treppe verbunden. Zu großen Gelegenheiten wurde dem Volk dort gepredigt.

In der Wand dieser Fassade öffnete sich früher eine in Dreipässen und Ranken verschlungene Rosette, so wie man sie zu jenen schönen Zeiten zu machen wusste, als der Stein zur Spitze wurde, wie er jetzt zu Baustein wird; aber man hat sie verschlossen und vermauert, um dem mit seiner Eichenholztäfelung und seinen Bleipfeifen ins Kirchenschiff ragenden Orgelgehäuse eine solide Stütze zu bieten. Darunter lässt sich mit großer Mühe eine verwitterte Inschrift entziffern, sie war folgendermaßen verfasst und gab eine Satzung der Verfassung wieder:

»Das französische Volk bekennt sich zum Höchsten und zur Unsterblichkeit der Seele.«

Guérande ist jetzt nur noch eine kleine Stadt, die von hübschen Mädchen mit hohen Hauben geschmückt wird. Früher, in den Kriegen der Bretagne, spielte sie eine wichtige Rolle, die sie sicher ganz vergessen hat. 1340 nahm der für Charles de Blois kämpfende Louis d'Espagne die Stadt ein und plünderte sie: man vergewaltigte, man raubte wie im Land von Ungläubigen; am 11. April 1356 dann, acht Monate nachdem die Schlacht von Auray dem Kampf der Kronbewerber ein Ende gesetzt hatte, wird in Guérande ein Abkommen unterzeichnet, das Jean de Montfort als obersten Herzog der Bretagne anerkennt und bestimmt, dass keine Mädchen die herzogliche Thronfolge antreten, solange es männliche Nachkommen der bretonischen Linie gibt. Die Comtesse Jeanne de Blois behielt ihr ererbtes Herzogtum von Penthièvre und bekam als Entschädigung die Grafschaft von Limoges und andere Ländereien; ihre Söhne blieben jedoch nichtsdestoweniger Gefangene in London. Später, am 4. April 1381, schlossen hier der Duc Jean IV und Charles VI von Frankreich auf Ersuchen der bretonischen Stände Frieden, und 1431 wurde die Stadt durch

Jean V mit einem Ring von Festungswerken umgeben, die immer noch da sind und die wir besichtigten.

Sie sind nicht mehr schrecklich und auch nicht mehr kriegslustig, jetzt sehen sie freundlich, dick und behäbig aus: die Zeit ist darüber hinweggegangen; unter ihren harmonischen Farben hat sie alle Diskrepanzen gelöscht; zwischen die Steine hat sie die ausdauernden Pflanzen gesät, die ihr die Natur verliehen hat und die mit ihren grünen Büscheln die Schießscharten der Artillerie und die lückenhaften Zinnen verbergen. Die einst tiefen und unüberwindlichen Gräben sind nur noch friedliche Teiche, wo die Vögel trinken, wo der Wind das Schilf zum Wogen bringt, wo sich tausenderlei junges Grün ausbreitet, das in seiner schönen feuchten Zuflucht glücklich gedeiht. Hier und da schwingen sich die Wände zu dickbauchigen Türmen auf, gekrönt von Pechnasen, hinter deren zerbröckelten oder verschwundenen Brüstungen die Wipfel der Bäume in den inneren Gärten zum Vorschein kommen. Ein kleiner Winkel vor allem ließ uns durch seine liebliche und befriedete Ausstrahlung verharren. Die Festungsmauer erstreckte sich zwischen zwei Geschütztürmen, auf die das Licht große, violette Schatten warf; unter ihnen waren vier oder fünf Pappeln und ein paar dichtbelaubte, dicke Brombeerbüsche gewachsen; an der Seite hatte sich Efeu daran geklammert, während auf dem Vorsprung der umgestürzten Pechnasen Goldlack blühte. Die Wasserlinsen bedeckten den Graben mit einem einheitlichen und flachen grünen Teppich; an den Rändern wucherte das Gras und reichte bis zu einer kühlen Allee von Kastanien und Linden. Dort und sonst nirgends werden die Liebespaare von Guérande, wenn der Abend gekommen ist, umherspazieren, sich dabei um die Taille fassen, sich fest an der Hand halten und sich in ihre Blicke versenken. So liegt in bestimmten Orten, bestimmten Dingen eine gewisse Idee, die zu ihnen gehört und untrennbar mit ihnen verbunden ist.

Im Petersdom von Rom denkt man an Luther, der Anblick eines Tigers versetzt einen an die Ufer des Ganges, wenn die Sonne untergeht und die Nilpferde, den Bambus unter ihren Füßen zermalmend, zum Trinken kommen; beim Heiraten denkt man an den Tod und bei den Werken von Monsieur Villemain ans Schlafen.

Als wir weiter um die Stadtmauern schlenderten, kamen wir bis zu einem Platz, wo Bauern, Bäuerinnen, Ochsen, Pferde, Händler und Hunde durcheinanderwogten. Es war Markttag in Guérande, und die zu zweit angeschirrten gedankenverlorenen Ochsen schienen verwirrt von dem Getöse, das sich um sie erhob. Wir bahnten uns mühsam einen Weg durch die versammelte Menge und gelangten bis zu einer Blechhütte, vor der ein Mann trommelte und ein großes Bild zeigte. Der Mann war ein Kerl von ungefähr fünfunddreißig Jahren, breitschultrig, kräftig, mit einem klugen Kopf auf seinem muskulösen Hals, weißen Zähnen und krausem Haar. Er sprach mit absolut südländischer Lebhaftigkeit. Das Bild war eine große Schautafel, die eine rote Kuh und ein weißes Schaf zeigte, welche mitten auf dem Körper menschliche Arme hatten. Um sie herum gerieten Damen mit gelben Hüten, Soldaten mit goldenen Epauletten und Herren in blauen Anzügen in Verzückung. Der Mann lud alle ein, sich für die Kleinigkeit von zwei Sous seine beiden jungen Naturwunder anzusehen: in Erwartung einer Enttäuschung gingen wir hinein, sie trat nicht ein, und wir sahen, was versprochen worden war, das heißt, das Schaf und die Kuh, auf dem Rücken behindert von einem Auswuchs, der annähernd die Form eines Arms besaß. Wir hatten damit gerechnet, uns von einer dicken Lüge zu überzeugen, und mussten bedauernd nichts als die Wahrheit feststellen: wir waren darüber erstaunt und sogar schockiert, so wahr es ist, dass man gerade auf Kosten der Wahrheit nicht gerne betrogen wird.

Am Morgen nach diesem zur Betrachtung der Stadtmauern von Guérande und der Kapitelle seiner Kirchen so gut verwendeten Tag brachen wir sehr früh auf, denn wir hatten eine lange Strecke bis zu unserem Nachtquartier zurückzulegen. Die Frösche quakten noch, als wir an ihnen vorüberkamen; der Wind war kühl und der blassblaue Himmel überzog sich mit weißen Wolken, lose wie fliegende Mähnen. Der Weg führte durch ein kahles Gelände ohne Vegetation, bisweilen gesprenkelt durch Haufen von grauen Häusern, die sich um einen spitzen Kirchturm versammeln. So wanderten wir, ohne etwas Besonderes neben uns zu erblicken, vor uns hin und kamen nach Piriac, einem am Meer liegenden kleinen Marktflecken. Er wird von Fischern bewohnt, und doch sahen wir kein einziges Netz an den Mauern trocknen, an denen sich der angewehte Sand häuft und die Straßen füllt. Während in der widerlichen Spelunke, in der wir eingekehrt waren, unser Déjeuner zubereitet wurde, machten wir einen Besuch beim Bürgermeister, für den wir einen Empfehlungsbrief hatten.

Man bekommt schwerlich etwas Schmutzigeres und Schmierigeres zu Gesicht als diesen Herrn, der sich dennoch einer Rente von fünfzehntausend Pfund erfreut. Seine Füße wanderten in zerfransten und löchrigen Straßburger Filzpantoffeln einher; er hüllte sich in einen blauen Schlafrock, dessen zweifelhafte Farben unter dicken, glänzenden Fettschichten verschwanden, und ich weiß nicht, was öliger war, die Mütze, die er lüpfte, um uns zu begrüßen, oder der Kopf, den er entblößte. Dieser abstoßende Mensch führte uns in eine Art Arbeitszimmer, das zugleich als Bibliothek diente. Die Regale bogen sich unter der Last des gesammelten *Moniteur* und der Handbücher Roret. Nachdem er uns ziemlich unwirsch zwei oder drei Auskünfte gegeben hatte, für die wir ihn aufgesucht hatten, ließ er uns in den ersten Stock seines Hauses steigen und das Land mit einem Fernrohr betrachten, das er äußerst sorgfältig mit einem Flanelltuch abwischte und putzte. Ein ziemlich dicker Nebel verdunkelt den Horizont und wir erkennen kaum die mitten im Meer hinter einer Dunstwand versunkene Île Dumet.

Schnell verlassen wir die Höhle dieses stinkenden Dummkopfs. Rasch schlingen wir ein aus Eiern und Kalbfleisch zusammengestelltes Déjeuner hinunter: oh! das Kalbfleisch!

Axiom: Kalbfleisch ist gegen Rinderfilet, was Sainte-Beuve gegen Victor Hugo ist.

Wir gehen über den Strand, wo ein paar Boote ohne Masten noch Segelwerk ohnmächtig auf der Seite liegen, und steigen in den Kahn, der uns zur Île Dumet bringen soll. Man hisst die Fock, der Patron setzt sich ans Ruder und wir ziehen los. Der Himmel war grau von Wolken, ein paar Regentropfen fielen, der Wind frischte auf und das wogende Meer spritzte in Schaumfetzen zu uns herauf. Wenn der Kiel unseres Bootes durch die Welle schnitt, neigte sich das Schiff unter der Last seines geblähten Segels. Der Patron war ein alter Seemann, der wenig redete und den Kurs nicht aus den Augen ließ. In eine mit tausend verschiedenen Flicken besetzte Jacke gekleidet, nahm er sich gut aus mit seiner Mütze aus brauner Wolle und seinem mit weißem und rotem Haar melierten Bart. Wenn man ihn sah, ahnte man, dass er sein Leben auf etlichen Meeren und unter etlichen Sonnen geführt hatte, bevor er bei diesen kurzen, kleinen Fahrten des täglichen Fischfangs angelangt war; aber er erzählte uns nichts von seiner Vergangenheit, erst als wir die Kontinentalsperre erwähnten, schnalzte er als Zeichen der Verehrung einer guten Zeit, die nicht zurückkehren würde, mit der Zunge.

Durchnässt von den hochschlagenden Wellen und ausgekühlt vom Wind langten wir auf der Île Dumet an. Ein Sonnenstrahl kam sehr gelegen, um uns klamme Herrschaften wieder aufzuwärmen. Die Insel hat nur ein Haus und keinen einzigen Baum: es ist eine von Klippen umgebene Wiese. Man bearbeitet die Wiese mit der Hacke, um dort ein Fort zu bauen, und die Hammerschläge haben die Seevögel aus ihren Schlupfwinkeln verjagt, kleine Möwen, Silbermöwen und Sturmschwalben, die einst, von Generation zu Generation, ihre Eier dort in den trockenen Tang legten und sich zur Zeit ihres Liebeswerbens auf der Spitze der nassen Felsen versammelten. Wir sind über die Klippen gelaufen, um sie zu sehen, diese glücklichen Vögel, die durch die Lüfte segeln und über die Fluten schwimmen, und es waren bloß ein paar scheckige Austernfischer und einige unglückselige Brachvögel, die, als wir näherkamen, das Weite suchten. Wir haben uns hinter jene Marmorblöcke gesetzt, die das Meer jeden Tag kerbt und poliert. Lange saßen wir dort reglos und ohne zu sprechen, versunken in eine jener stummen Anbetungen der Natur, die einem aus dem Herzen in den Kopf steigen und den Geist so benommen machen, dass er in sich selbst aufgeht und nicht mehr zu denken vermag: solche Anblicke bleiben immer wie ins Gedächtnis eingraviert und eingemeißelt. Man kann die Erinnerung an seine Familie, seine Liebeserlebnisse, seine Freundschaften verlieren, man kann seine Missgeschicke und den Namen seiner Geliebten vergessen; doch nie vergisst man, dass man eines Tages, während große dunkle Wolken über den Himmel eilten und sich am Horizont zusammenballten, auf dem Strand gesessen und gesehen hat, wie das tiefe, grüne Meer in weißen Perlen an den von Tang ganz glitschigen grauen Felsen emporschoss.

Für die Rückfahrt hatten wir Rückenwind, und so schnitt unser Kahn die Welle und teilte rauschend das Wasser. Sobald wir ausgestiegen waren, zogen wir los und scherten uns nicht darum, dass der Herr Bürgermeister uns zu einem Spaziergang erwartete. Wir wanderten am Meer entlang, mal auf die Steilküste steigend, mal mit den Füßen durch den von Muschelschalen übersäten Sand stapfend. Wir sind allein, der Ozean hat sich beruhigt und liegt ohne Schiff noch Segel unter der Sonne ausgebreitet; auf der anderen Seite reicht ödes und verlassenes Heideland bis zu fernen Baumgruppen, die uns den Horizont verschließen; manchmal tut sich die Steilküste unter unseren Füßen auf und zeigt uns ihr hartes Inneres aus grün bemoostem, schwarzem Fels. Hinter einem jener grasbedeckten Erdhügel, die die Zöllner aufschütten, um sich in kalten Winternächten vor dem Wind zu schützen, sehen wir einen Mann halb liegend seine nackten Füße in der Sonne trocknen. Wir fragen ihn nach unserem Weg; auf seinen Stock gestützt und den zerrissenen Bettelsack festhaltend, der ihm über den Schultern hängt, steht er auf. Da merken wir, dass er verkrüppelt ist. Seine blauviolette, dürre Hand krümmt sich, so dass ihre hakenförmigen Finger das Handgelenk berühren. Gestern, erzählt er uns, war er in Guérande und heute Abend hofft er ein Nachtlager in der Scheune irgendeines Bauernhofs zu finden. Als Bettler und Landstreicher, der heute unterm Sternenhimmel liegt und von einem Almosen lebt und morgen auf dem Mist schläft und sein Diebesgut verzehrt, war er dort auf den steilen Klippen, vor dem grenzenlosen Meer, im Stechginster, zwischen brachliegenden Feldern genau an seinem schicksalhaften und natürlichen Platz. Als er uns unseren Weg gezeigt und uns für ein paar Sous gedankt hatte, die wir ihm gegeben hatten, legte er sich wieder ins Gras und sah uns noch lange nach, als beneide er unseren Geldbeutel, unsere Jugend und unser Leben.

Bald verlassen wir die Küste und wandern Richtung Festland. Der Weg durch die streng von Zöllnern bewachten Salzfelder führt uns bis zu einem kleinen Eichenhochwald, der in einen Bauernhof verwandelte, halb verfallene alte Gebäude beschirmt. Auf einem zerbröckelten Türsturz hatte ein Büschel wilden Roggens seine kräftigen Ähren getrieben und reichte bis zu den Fenstern mit steinernen Sprossen, über denen ein gemeißeltes Kreuz aufragte. In einer Ecke kläffte ein Hund; Hühner pickten in einem Mistklumpen, und unter dem Vordach verscheuchten zwei an ein Fuhrwerk geschirrte Ochsen mit ihren biegsamen Schwänzen die Fliegen, während uns ein verdreckter und blondgelockter zweijähriger Knirps, der unten in dem Karren hockte, mit seinen erstaunten großen blauen Augen anschaute. Über all das breitete der kleine Wald tiefe Schatten, die mit kapriziösen und überraschenden Linien durch das Licht schnitten, und ein Weißdorn, an eine umgestürzte Mauer geklammert, breitete stolz seine weißen Blüten aus. Ungern verließen wir dieses in der ländlichen Einöde verlorene liebliche Landschaftsbild und zogen, als es 5 schlug, im Dorf, in MESQUER ein.

Wir waren hungrig, wir wollten uns gleich zum Diner niederlassen; aber Madame Joufflot, unsere Wirtin, eine picklige und starrsinnige, halb verrückte kleine Alte, war nicht damit einverstanden und erklärte uns unverblümt, dass wir erst speisen könnten, wenn ihr Pensionsgast heimgekehrt sei. Der Pensionsgast kam aber erst um halb 7, und dann wurde uns mitgeteilt, dass der Tisch uns erwarte. Wir kamen in einen großen Raum, möbliert mit einem weißen Bett, ein paar Stühlen mit Strohgeflecht und einer Kommode. An den Wänden hingen neben Lithographien mit Heiligen und Mariengestalten ein Flagiolett und zwei Jagdhörner; in einer Ecke lag ein Kontrabass mit seinem über den Bauch gesteckten Bogen auf zwei aneinandergerückten Stühlen. Es war aufgedeckt: eine gelbgeblümte Suppenterrine dampfte und ließ die Zinnkelle beschlagen. Der Pensionsgast stand da, bereit uns zu begrüßen und uns in seiner Unterkunft willkommen zu heißen, denn wir waren in seinem Zuhause.

Es war ein blonder junger Mann mit spärlichem Haar, schüchternem Aussehen und gehemmtem Benehmen, bis zur Krawatte in einen zu engen, alten, schwarzen Frack geknöpft, in eine gestreifte Hose gezwängt, an den Füßen dicke, spitze Stiefel. Beim Zoll angestellt, verbringt er sein Leben in diesem traurigen Weiler, wo sich kaum das Nötige für das anspruchsloseste Leben findet. Zweifellos bläst er sonntags, wenn er nicht mit irgendeinem hiesigen hohen Tier in der Kneipe trinkt, in sein Flageolett, singt Romanzen oder kratzt auf seinem Kontrabass. Tagsüber hofft er, während er die Arbeit seiner Zöllner überwacht, seine Salzsäcke zählt und durch die Sümpfe wandert, dass die Vorsehung irgendeinen müden Reisenden zu seinem Gasthaus führt, der in seinem Zimmer dinieren, an seinem Tisch speisen und mit ihm plaudern wird.

Manchmal, im Winter, wenn es einen Ball in Guérande gibt, lädt man ihn ein, damit er Kontrabass spielt. Dann zieht er mit seinem schweren Instrument los, vergisst nicht, sein Flageolett in die Tasche zu stecken, um sich nützlich zu machen und zu einem weiteren Abend gebeten zu werden. Er schaut traurig auf die jungen Mädchen, die seine Musik zum Tanzen bringt; gern wäre er ihr Kavalier, da sie so nett hübsche Zweideutigkeiten sagen und dabei ein ordentlich schallendes Lachen von sich geben; er füllt sich den Bauch mit Mandelmilchsaft und Gebäck, und wenn dann die letzte Öllampe erloschen und die letzte Tänzerin verschwunden ist, geht er fort, die Füße in seinen Überschuhen und die Schultern unter seinem karierten Zweireiher, und leckt sich die Lippen von dem Schmaus, zu dem er eingeladen war; er kehrt zurück in seine arme Herbergskammer; er erzählt allen, die es hören wollen, die Einzelheiten der Freuden, die er genossen hat; und viele Monate lang lebt er von der Erinnerung an den vergangenen Ball und der oft trügerischen Hoffnung auf den zukünftigen. Bisweilen reichen seine Wünsche weiter: er denkt an Nantes, die große und glückliche Stadt, die Flittchen, Promenaden und Theater hat, nebst Cafés, wo Domino gespielt wird: nicht dass er mit diesen jungen Damen verkehren würde; aber er liebt es, sie abends im trüben Laternenlicht vorüberkommen zu sehen, wenn sie mit wiegenden Hüften dahinschlendern und leise irgendein Liebeslied singen. Auf mehrere Meilen ringsum kennt er all die hübschen Bäuerinnen des Landstrichs; eine hat er sogar geliebt; aber sie hat geheiratet und grüßt ihn nicht mehr. Wenn man ihm von Paris erzählt, sagt er nichts: allein der Name bringt ihn um und macht ihn fertig. Er wäre gern sein Chef, der in Nantes ist, sein Vorgesetzter, der in Guérande ist, sein Inspektor, der überall ist; er wäre gern alle, die nicht in Mesquer sind. Er geht um 9 Uhr schlafen und steht um 8 auf; er hofft, die Zeit durch Schlaf und den Kummer durch Betäubung totzuschlagen; außerdem hegt er tiefe Verachtung gegen seine Wirtin, die sich mit ihrem Mann herumstreitet, und doch setzt er sich nach dem Diner unten vor die Tür, um mit ihr zu plaudern; voller Neid schaut er uns an, denn wir besitzen das höchste Gut, das er nicht kennt und nie kennenlernen wird: die Freiheit.

Wir waren für diesen armen Teufel eine Abwechslung, ein Ereignis, an das er sich lange erinnern wird. Rauchend, schwatzend und Grog trinkend verbrachten wir den Abend an seinem Tisch: und so beneidete er am nächsten Morgen, als wir abreisten und er uns Adieu sagte, unser Glück; nur zu gern wäre er mitgekommen, bereit, unsere beiden Rucksäcke zu tragen und unterwegs vor Erschöpfung umzufallen.

Und doch war es kein schöner Weg: endlos zog er sich unter unseren Schritten durch die Salzfelder und die brachliegende Heide dahin; und so stiegen wir, als wir uns Assérac näherten, in einen vorüberkommenden Karren, setzten uns auf das Stroh und genossen das Ruhen unserer Beine. Der Mann, der uns da auflas, war niemand anders als der Wirt von

Herbignac. Natürlich kehrten wir bei ihm ein, und während man ein Déjeuner zubereitete, besichtigten wir das Château de Ranrouet, das einst herrschaftliches Lehnsgut der Geschlechter Donges und Rieux gewesen war.

Jetzt ist es nur noch eine Ruine, ein Haufen Bruchstein ohne Größe noch Charakter. Außer ein oder zwei Geschütztürmen, die noch eine gewisse Gestalt haben, sahen wir nur einen nutzlosen Trümmerhaufen in Gräben liegen, in denen ein gelbliches und lepröses Wasser steht. Das Tor war verschlossen, der Bauer, der es in seiner Obhut hatte, arbeitete auf dem Feld; wir wollten nicht das Nachsehen haben und kletterten von Stein zu Stein bis zu einem langen, schmalen Fenster, das uns Einlass bot und uns dabei die Hände quetschte. Das Innere nimmt jetzt ein Beet mit Kohlköpfen ein, die wohl nicht ahnen, dass sie da wachsen, wo einst die zum Krieg gerüsteten Pferde unruhig mit den Hufen stampften. Eine irgendwo eingefügte spitzbogige Nische weist auf den Platz der Kapelle hin: das ist alles, was man erkennen kann; danach gibt es nur noch Blöcke umgestürzter und von trockenem, grauem Moos zersetzter Mauern; beim Gepolter unserer Kletterei flohen kreischend ein paar Sperber, während das Kind, das uns als Führer gedient hatte, durch die Trümmer lief und sprang, um Vogeleier ausfindig zu machen.

Wir kehrten nach Herbignac zurück, wo wir gierig unser Déjeuner verzehrten, und als wir danach weiterwollten, hatten wir uns so schlimm den Bauch vollgeschlagen, dass wir, zu jeder Bewegung außerstande, eine kleine Kutsche nahmen, welche in einer Stunde die beiden Meilen zurücklegte, die uns von La Roche-Bernard trennten, das wir nach geräuschvoller Verdauung erreichten.

La Roche-Bernard ist eine ans Ufer der Vilaine gekauerte, hügelige und verwinkelte kleine Stadt, deren rauhe und öde hohe Steilufer schön wären ohne eine Hängebrücke, die sie verbindet und allgemein als eine der Sehenswürdigkeiten des Departements gilt. Trotz unserer Hassgefühle gegen diese farblosen Eisenbänder gingen wir sie besichtigen und folgten dabei einem Pfad, der sich über dem Fluss durch die schönen, goldenen Stechginsterbüsche schlängelt, welche allein schon sämtliche luftigen Brücken der Welt aufwiegen. Wir hatten sie kaum erblickt, als wir unsere dumme Neugier heftig tadelten und ganz schnell kehrtmachten, denn wie eine verdiente Buße brannte uns die verzehrende Sonnenglut auf die Köpfe. Die Stadt ist im Nu besichtigt; sie hat nichts Interessantes, weder alte Markthallen, noch Kirchen, noch Trachten, noch Promenaden, noch Ruinen, noch Felsen, noch Frauenzimmer, und man müsste sie aus der Karte von Frankreich streichen, hätte sie nicht den alten Poulmann.

Der alte Poulmann ist nämlich nicht nur ein alter Wirt, der nicht lesen kann: sechs Fuß groß, stämmig und breitschultrig, gefiel er uns als ordengeschmückter ehemaliger Tambourmajor und als ein offener Kerl, der sanft ist wie die Riesen, und wir blieben gerne, um mit ihm zu plaudern. Er erzählte uns von Monsieur Balzac, der bei ihm gewohnt hatte und ihn, wie er uns sagte, abends in sein Zimmer hinaufbat, um ihm Geheimnisse zu entlocken. Als Einziger von allen Leuten, denen wir unterwegs begegnet sind, hat er sich nicht über uns getäuscht. Überall hielt man uns für Maler, Ingenieure, Feldmesser, nur er erklärte uns beim ersten musternden Blick zu Schriftstellern, und das gereicht seiner Scharfsicht zur Ehre. Er führt sein Haus mit soldatischer Strenge: alles ist dort sauber und gut gepflegt: die Dienstboten nennen ihn Monsieur le Major und folgen seinem kleinsten Wink. Seine Frau ist eine stattliche, gut gebaute Bäuerin, die voller Respekt mit ihm spricht und in der Küche speist, während er an der Gästetafel diniert. Oh! er sitzt nicht aus Prahlerei an solch noblem Platz, der arme Mann, sondern aus Pflichtschuldigkeit: er muss den

Vorsitz führen bei seinen Reisenden und sich vergewissern, dass es ihnen an nichts fehlt. Obwohl er seine Frau natürlich aus dem Gefühl der Überlegenheit in ehrerbietigem Abstand hält, dinierte er lieber, da bin ich sicher, mit hochgekrempelten Ärmeln, ohne Krawatte *eructans crepitansque*, wenn nötig, neben dem Herdfeuer am großen Küchentisch, denn der alte Poulmann ist ein Mann des liebenswertesten Schlendrians, und schließlich versammelten sich alle an diesem Abend, um uns nachsichtig zu stimmen. Auf einem Stuhl neben uns saß ein dickbauchiger, von Blatternarben übersäter, ergrauender, kraushaariger, schweigsamer und grimmiger Mensch. Er aß hitzig, er stürzte sich auf alle Speisen, füllte seinen Teller und schaufelte eifrig, so viel er schaffte, in sich hinein, und es war viel, was er schaffte. Als er sich vollgestopft hatte, nahm er seinen Stock, seinen Hut und ging. Wir fragten den alten Poulmann, wer dieser ungezähmte Allesfresser sei, und er erwiderte, es sei ein Montmorency. Gott helfe dem ersten christlichen Vielfraß!

Wir liebten also den alten Poulmann um seiner selbst willen; wir waren ihm dankbar für die Anwesenheit des Herrn Montmorency, und schließlich fühlten wir uns zu ihm hingezogen, weil er der Bruder des Poulmanns war, den das Schwurgericht zur Enthauptung verurteilt hatte, weil er den Einfall gehabt hatte, einen Wirt aus Nangis mit einer Eisenstange totzuschlagen. Bei der Verübung seines Verbrechens hatte Poulmann, wie es in der Anklage heißt, eine so wilde und prachtvolle Energie entfaltet, die uns einst entzückt hatte und nach deren Spur wir nun bei seinem Bruder suchten, und dann finden wir es auch so entsetzlich dumm, einen Menschen zu töten, weil er einen andern getötet hat, dass wir stets Zuneigung und Interesse für die armen Teufel empfinden, die das menschliche Gericht vor das göttliche Gericht schickt, nachdem es ihnen den Kopf entwendet hat. Im Übrigen finden sie gewiss Gnade im Himmel: denn Gott wird Verständnis haben für die heiligen, gültigen, unsterblichen, unwandelbaren Gesetze launigen Einfallsreichtums, er, dem zuweilen Verheerendes für die menschliche Spezies einfällt. Und wäre es nur die Cholera, schlechter Wein, Schnupfen und die Syphilis.

Da wir jedoch nicht immer weiter mit dem alten Poulmann plaudern konnten, gingen wir schlafen und stiegen anderntags ziemlich früh in einen Omnibus, den wir nur für uns gemietet hatten und der uns nach Vannes bringen sollte.

Wir hielten kurz im Marktflecken Muzillac, um unsere Pferde verschnaufen zu lassen, und machten uns dann wieder auf den Weg.

Er führt durch verlassenes Heideland, bestellte Felder, einige seltene Baumgruppen und läuft fünf oder sechs Meilen dahin, ohne anderer Wohnstatt zu begegnen als einem lieblichen, einsamen Häuschen am Ende einer Wiese, belebt von einem Teich und umrahmt von Pappeln.

Wir mussten Vannes noch einmal durchqueren, daher blieben wir dort nur, solange das Déjeuner dauerte, und brachen gleich wieder auf. Nach zweieinhalb Stunden eines reizlosen und in einem rumpelnden Karren zurückgelegten Weges kamen wir nach SARZEAU, das ein Marktflecken wie jeder andere ist.

In ungefähr einer halben Meile ragt das Château de SUCINIO auf, wir begaben uns auf einem breiten Pfad dorthin, der bisweilen unter bezaubernden Buchen entlangführt, deren dichtes Laub über unseren Köpfen schimmert und wogt.

Allein auf weiter Flur vor dem Meer, das in einigem Abstand an ihren Strand schlägt, hat die alte Burg noch ihre von Schießscharten durchlöcherten Türme, ihren Mittelwall, in dem sich ein spitzbogiges Fenster öffnet, und ihre Gräben, wo hohes Unkraut zittert. Die beiden Türme, die den Haupteingang schützten, stehen noch, verwittert von der Zeit und rötlich überzogen von Flechten; über einer Brüstung sind sie mit einem Diadem von Pechnasen gekrönt, deren Konsolen an den von den Kreuzzügen stammenden Stil erinnern. Hinter ihrer rissigen Höhe erscheinen die gewaltigen Dreiecke dreier großer Giebel, deren Dach eingestürzt ist und die von weitem mit den über sie hinausragenden schmalen Feueressen wie die phantastische Konstruktion einer in Vergessenheit geratenen Bauweise aussehen. Unter dem blauen Himmel und der glühenden Sonne hat diese einsam in den Feldern stehende Ruine etwas Orientalisches und Prachtvolles.

Wir gingen hinein. Überall wucherte das Unkraut. Die Räume liegen voller Trümmer; die Decken, die Treppen sind verschwunden; die Gebäude haben noch eine äußere Form: sie stehen noch, aber leer wie ein Knochen, dessen Mark ein Hund ausgesaugt hat. In dem Turm, der die linke Seite der Ziehbrücke schützte, entdeckten wir zwanzig Fuß über dem Boden eine Halle, die nahezu unversehrt schien. Keine einzige Treppe führte hinauf; ich kletterte recht und schlecht zwischen den Steinen empor, indem ich meine Füße in die Mauerspalten schob und mich an den Büscheln der Wildpflanzen festklammerte, und erreichte so die ehemalige Kapelle. In einem Winkel gähnt ein Grab. Das Gewölbe stützt sich auf die Rippen eines eleganten Spitzbogens. Aus einem Pfeiler gegenüber vom Altar ragt ein zerbrochenes Weihwasserbecken, und ein schönes Fenster, dessen dreipässige Arkade auf dünnen Säulen ruht, lässt in Strömen die Hitze und das Licht hereinfluten. Einst hatte es sicher schöne bunte Scheiben, die sich in Bleileisten fügten und ihren sinnlichen, gedämpften Schein über die auf Knien liegenden vornehmen Barone und Edeldamen breiteten.

Als wir die zerstörten Zimmer besichtigt hatten, über den Rundweg gelaufen waren, der an den Bollwerken entlangführt, und ausgiebig die Landschaft bewundert hatten, die am Meereshorizont beginnt, sich das Ufer emporzieht, über die Weizenfelder wogt, unter den Bäumen von Sarzeau entlangwallt, auf der von ihren Inseln betupften Bucht von Morbihan erstrahlt und schließlich an den bläulichen Höhen von Vannes und Arradon endet, setzten wir uns im Hof in den Schatten einer eingestürzten Mauer.

Es ist ein großer, quadratischer Innenhof, an jeder seiner Seiten umgeben von der Ruine, deren Formen aus dieser Perspektive verständlich und gedanklich leicht nachvollziehbar werden: dies war eher ein Lustschloss als eine Festung. Der Name, den ihm sein Stifter Jean Leroux gab, als er es 1260 erbauen ließ, nennt es: Soucy-ny-ot, das heißt: Sans soucis. Dort wurde am 24. August 1393 Arthur de Bretagne geboren, Comte de Richemont und Connétable de France, der sein Leben dermaßen mit dem Hass auf die Engländer verbrachte, den er nach der Schlacht von Azincourt in sieben Jahren Gefangenschaft angesammelt hatte, dass ihnen, statt der Hälfte von Frankreich, die sie besaßen, als er zum Kronfeldherr ernannt wurde (31. März 1425), nur noch die Stadt Calais blieb, als er 1458 starb. Zu Recht sagt man, dass Jeanne d'Arc das durchgestanden hat.

Während wir den Wohnsitz in Augenschein nahmen, den er nach dem Tod seines Vaters Jean IV noch so klein verließ, »dass er kaum aufs Pferd steigen konnte«, war durch den großen Torbogen eine Herde eingedrungen und kam in den Hof. Ohne sich um uns zu kümmern, machten sich die Schafe daran, das kurze grüne Gras abzuweiden, während die Böcke den Kopf hoben und uns mit ihren melancholischen und sanften, vorstehenden Augen neugierig betrachteten. Sie wanderten langsam zu uns herüber, blieben stehen, machten noch ein paar Schritte, und bald umrundeten sie uns und beschnupperten uns ängstlich; ihr Instinkt sagte ihnen zweifellos, dass wir

Freunde waren, denn sie leckten mit ihrer rauhen Zunge unsere eingefetteten Schuhe und verteilten sich dann friedlich weidend um uns her. Zwei oder drei schwarze und bärtige Ziegen, die die Schafe und Böcke verachteten, hatten kühn die Mauern erklommen und rissen, auf ein paar bröckelnden Steinen schwebend, mit kräftigem Biss die wirr über die Ruine gewucherten Schmarotzerpflanzen ab. Ich liebe Ziegen: inmitten der Zivilisation, die alle Tiere verdorben hat, sind sie eigensinnig und wild geblieben, suchen ihr Futter, wo es ihnen beliebt, und verschmähen geebnete Wege. Sprunghaft und ruhelos ist ihr sicherer Fuß zu allen Überraschungen, ihre bewehrte Stirn zu allen Kämpfen bereit; und so verstehe ich auch, was man auch immer darüber sagen mag, die Töchter von Mendès, die sich von den Ziegenböcken bespringen ließen, und sage nichts gegen die Neigung kalabrischer Hirten.

Schließlich verließen wir diesen traurigen und stillen Ort, der zwischen seinen geschleiften Türmen und diesen friedlichen Tieren seine Gegensätze zeigte, und über die Hecken steigend, über die Gräben springend und durch die Wiesen ziehend, deren hohes Gras unsere Gamaschen peitschte, kehrten wir über die Felder in unsere Herberge zurück.

Bevor wir unseren Weg und unsere Rucksäcke am nächsten Morgen wieder aufnahmen, pilgerten wir zu einem der Häuser von Sarzeau. Es war ein armes, von der Zeit geschwärztes Haus, errichtet in einem Winkel des die Kirche umgebenden Platzes, durchbrochen von drei ungleichen Fenstern und einer auf zwei Stufen ruhenden, kleinen, runden Tür. Ein Misthaufen liegt zu seinen Füßen und sein Schieferdach wird gestützt von einem Fensterkreuz, über dem ein bebildertes Pinakel aufragt. Dort wurde am 8. Mai 1668 ein Kind geboren, das dann Meister René Le Sage wurde; in dieser schmutzigen Straße, wo die Seeleute Fisch verkaufen, hat er seine ersten Schritte gemacht und seine ersten Laute gestammelt;

dort hat er sich vielleicht später in die strahlenden Gegenden von Kastilien und der Estremadura gezogen gefühlt; und an dem Platz, wo er der Welt geschenkt wurde, steht keine hundert Ellen hohe Statue, errichtet für den Mann, dessen Brust so weit war, dass er in einem einzigen Atem Gil Blas herausgerufen hat. Im Übrigen hat Montaigne ebenso wenig seine Statue, noch Montesquieu, noch Ronsard, noch Rabelais, noch so viele andere. Indes errichten sie welche für alle Welt, für Provinzverwalter wie in Bordeaux, für Seefahrer wie in Dieppe; für Schreiber von Opernlustspielen wie in Rouen; für verstorbene Fürsten wie in Paris, für Generäle wie überall, es fällt ihnen jedoch nicht ein, welche für die siegreichen Gestalten zu bauen, die ein ganzes Jahrhundert mit dem Glanz ihres Angesichts erhellt haben.

Nun ja! mein Gott, wozu sich beklagen und alles beweinen. Haben wir nicht heute, in unserer Zeit, wir, die wir gegen Ducis protestiert haben, weil er Shakespeare zusammengestrichen hatte, gegen Andrieux, weil er Corneille zurechtgestutzt hatte, wir, die wir Racine verachtet und auf Crébillon gespuckt haben, haben wir nicht gesehen, wie ein literarischer Krüppel Feuilleton für Feuilleton schrieb und Widerwärtigkeit für Widerwärtigkeit ein Buch ausspuckte, das er den Gil Blas des XIX. Jahrhunderts zu nennen wagte, und es hat sich niemand gefunden, der diesen Spaßvogel fest bei den Ohren gepackt und ihn öffentlich mit Gil Blas und Turcaret geohrfeigt hätte. Oh! Monsieur, weil Sie Eunuch sind, besteht kein Grund, sich das gewaltige Vermögen der Anderen zuzumessen. Blasen Sie sich nur auf, nehmen Sie grauen Amber und spanische Fliege, es wird Ihnen nie gelingen, die unantastbare Dame Literatur zu schänden, die Le Sage mit so viel innerer Heiterkeit liebkost hat. Sudeln Sie uns voll mit Büchern über die sozialen, humanitären und politischen Fragen, da Sie die heilige Scham des weißen Papiers nicht achten; aber lassen Sie um Gottes willen unsere Riesen in Frieden in ihren Gräbern und ihrem Ruhm schlafen, und stehlen Sie ihnen nicht wie der kleine Däumling ihre Stiefel, die Ihnen zu groß sind.

Wir sagten ihm Adieu, diesem armen Haus, das vergessen hat, wen es auf die Welt hat kommen sehen; wir nahmen unsere Stöcke und wanderten zum Meer. Es war ein Sonntag, und auf Schritt und Tritt begegneten wir Bauern, beschirmt von ihren riesigen Hüten, und Bäuerinnen mit ihren schwarzen Hauben und Schürzen aus taubenblauer Seide. Bald kamen wir nach Logeot, einem runden kleinen Hafen in einer flachen Bucht mit gelbem Sand. Mit großer Mühe bekamen wir ein Déjeuner: die Türen schlossen sich vor uns, und ohne ein Omelett mit Speck, das ein barmherziger Wirt uns reichlich bezahlen ließ, wären wir mit leerem Magen und langen Zähnen in See gestochen.

Wir vereinbarten einen Preis für unsere Tagestour mit den beiden Matrosen, und zwar einen hohen, und sobald unser Mahl beendet war, steckten wir unsere Pfeifen an und stiegen ins Boot. Wir haben in unserem Leben viele Bourgois gesehen, viele Händler, viele Notare, viele Abgeordnete, viele Generäle des Empire und viele Lehrer der Sexta, wir haben Komödien von Monsieur Scribe, Dramen von Monsieur Dennery und Vaudevilles von Monsieur Varin gesehen, wir haben die Feuilletons von Albert Aubert und *Les Incas* von Marmontel gelesen; wir haben die Reden von Monsieur Odilon-Barrot gehört und mit Monsieur Leverrier geplaudert; aber nie ist uns eine so widerwärtige, so unmögliche, so monströse, so eiserne, so verstockte, so verzweiflungsvolle, so entsetzlich bösartige Dummheit begegnet wie die der beiden Seeleute, die uns fuhren: es waren ein Schwiegervater und sein Schwiegersohn. War der Schwiegersohn dümmer als der Schwiegervater oder der Schwiegervater dümmer als der Schwiegersohn? ich kann es immer noch nicht sagen.

Unsere Runden übers Meer, die wir uns so reizend gedacht hatten, wurden vergiftet von der Anwesenheit und dem Geschwätz dieser beiden Dummköpfe. Und doch landeten wir auf der Île d'Arz, einer an allen Seiten vom Meer umgebenen, trockenen und brachliegenden Landzunge. Wir gingen durch die Gässchen eines schlecht angelegten Dorfes und kamen zur Kirche, wo die sämtlich versammelten Einwohner den Worten eines auf Bretonisch predigenden Priesters lauschten. Als wir hinausgingen, liefen wir mitten über einen Friedhof zwischen flachen Gräbern, zu deren Häupten ein kleiner Blumentopf aus Angst vor dem Wind Schutz unter einem Schieferdach sucht. In einer Ecke öffnet sich ein Beinhaus halb voller Schädel, Bretter, Fassreifen und Knochenresten. Neben uns lesen wir auf einem Kindergrab den kurzen Satz:

Mon Dieu, n'aviez-vous pas assez d'anges au Ciel!

Als wir wieder bei unserem Boot waren, trieb der Wind uns rasch zur Île aux Moines, über die wir in einer Viertelstunde weggestiefelt waren und wo wir nichts fanden als eine rasende Wut auf die Langsamkeit und Ungeschicklichkeit unserer Matrosen: schließlich waren sie bei uns angelangt. Wir kreuzten nahezu zwei Stunden und erreichten endlich trotz Wind, Seeleuten und Gezeiten das Eiland GAVR'INNIS. Die Flut trieb uns mitten zwischen die Felsen, zu deren Füßen sich eine mächtige unterseeische Vegetation entwickelt hat. Aus einem einzigen Stängel getriebene Pflanzen breiten sich wie das grüne Haar der Nereiden über das Wasser. Am Grund wogen bei jedem Wellenschlag Moos, Tang und die gekräuselten langen Lianen der Algen: dieses ganze Grün hätte Platz in unseren beiden Händen, und doch ließ es uns an die Natur vor der Sintflut denken, als die Erde ein einziger Wald war und die Farne eine Höhe von hundert Fuß hatten.

Wir sprangen an Land und erreichten den Eingang des Galgal, das wir besichtigen wollten. Es ist ein wahrer Berg aus Steinen, der sich an seiner Spitze kreisförmig senkt und zu einer nicht sehr tiefen Mulde in Form eines umgedrehten Konus höhlt. Vor einigen Jahren wurden dort Grabungen vorgenommen, und man entdeckte einen wunderbaren unterirdischen Gang, eine Art ungewöhnlichen Dolmen, bestehend aus riesigen Steinen. Einer von ihnen ist in der Mitte in zwei durchbrochene Halbkreise ausgemeißelt, wie die Gurte eines Brustschilds; die anderen sind auf ganzer Länge mit hieroglyphischen, rätselhaften Zeichnungen überzogen, die an die Tätowierungen der Einwohner von Neuseeland erinnern. Man hat sich in Vermutungen über den Sinn dieser mysteriösen Zeichen verloren; man hat zur Erklärung eine bewusste Wiedergabe von Farn und Mistel angenommen, heilige Pflanzen der Druiden; man hat behauptet, dass diese gewellten Linien die Pythonschlange darstellen sollten; man hat gesagt, die Verschlingungen der Zeichnungen symbolisierten den Lauf der Planeten; schließlich hat jeder seine Meinung kundgetan, und man ist immer noch am selben Punkt, der absoluten Ahnungslosigkeit. Dieser Dolmen gilt als der schönste, den es gibt, und trotz unserer Keltophobie bewundern wir ihn gewissenhaft; viel schöner fanden wir aber einen Ginsterbusch, der seine hartnäckigen Wurzeln zwischen die Steine getrieben hat und über dem unterirdischen Gang seine goldenen Blütentrauben schüttelt.

Die Strömung, die am Fuß der Insel entlangzieht, trug uns rasch davon, und bald kamen wir nach Locmariaquer, das aus einem Haufen ziemlich ordentlich hinter den Hafenmauern aufgereihter Häuser besteht. Wir erkundeten gleich die nähere Umgebung, die große Weizenfelder und eine vernichtende Menge keltischer Monumente aufweist. Hier befindet sich der größte Steinpfeiler von Morbihan; aber er liegt am

Boden und ist in drei Teile zerbrochen. Nicht weit davon entfernt verbirgt sich im Hof eines Bauernhauses, hinter gebündeltem Stroh und Karren, ein Dolmen unter einem Nussbaum und trägt seitlich eine Holzkiste, die ein Opferstock für die Armen ist; schließlich ringsum und überall Menhire, keltische Steindenkmäler, überdachte Gänge, kurz ein ganzes Musterbeispiel druidischer Archäologie, ein mehr oder weniger gut erhaltenes Exemplar jedes ihrer Werke. In diesem Heer von Steinen breitet sich schöner purpurroter Fingerhut aus, der in der Sonne seinen mit schwarzen Tupfen getigerten, rosigen Kelch öffnet.

Am nächsten Tag zogen wir mit vollem Magen und leichtem Herzen los, wie es sich für fröhliche Gefährten gehört. Zwei Meilen, hatte man uns erklärt, trennten uns von Carnac: zwei Meilen! und wir liefen fünf Stunden: im Übrigen beklagten wir uns nicht, denn der Weg war schön; selten verlor er das Meer aus dem Blick; er schlängelte sich über das Heideland und die Felsen, kam an Mühlen vorbei, führte über Holzbrücken, sprang über Bäche und lief an den Stränden entlang. Als er C'rack erreichte, ließ er uns den Hang einer unter Stechginster, Erika und Ginsterbüschen erzitternden Anhöhe erklimmen. Zu ihren Füßen rundete sich ein kleiner Meeresarm, dessen flache und enge Ufer von dicht belaubten Bäumen bestanden waren und im Sonnenlicht ihr Hell und Dunkel entfalteten. Das Wasser war blau wie der Himmel und über unseren Köpfen segelten still ein paar weiße Möwen.

Dort nahmen wir ein Schiff, das uns auf die andere Seite brachte; wir verloren unseren Pfad; wir fanden ihn wieder und erblickten schließlich den hohen Kirchturm von Carnac, der am Horizont auf uns wartete. Bevor wir ihn erreichten, kletterten wir auf einen Grabhügel, den man dazu verurteilt hat, eine Saint Michel geweihte Kapelle zu tragen, und schauten uns um. Hinter uns Heideland und die Windungen des Golfs, der ins Land greift und es wie eine Patience zerlegt; rechts bis zu den Höhen von Auvray reichende weite Ebenen, übersät von Bäumen und Häusern; links die Wiesen und das Meer; vor uns Carnac mit seinen Reihen keltischer Baudenkmäler, Quiberon, schmal und sandig, dann der Ozean und ganz hinten im Licht, auf die Fluten gebettet wie ein großes Ungeheuer aus Purpur und Azur, Belle-Île.

Kapitel V

Es war heiß, die schöne Maisonne brannte uns auf den Nacken und unsere seidenen Hemden klebten uns am Rücken. So war unsere erste Sorge, als wir in Carnac bei Witwe Gilda, unserer Wirtin, ankamen, uns mit einer Flasche Weißbier abzukühlen, gefolgt von einer zweiten, welche uns, wichtig zu erwähnen, den Wanst blähten.

Das Quartier war sauber und hatte den Anschein von Ehrbarkeit. Man brachte uns in einem großen Zimmer unter, in dem zwei Himmelbetten und ein Tisch, lang wie der eines Speisesaals im Collège, die wichtigste Ausstattung bildeten. Ein launiger Geschmack hatte die Bettenden ohne Umrandung gelassen, damit man am Rand der Decke einen breiten, roten Streifen sah, der sie säumte, und eine Vorsichtsmaßnahme für Sauberkeit hatte ein schönes Wachstuch, grün wie Bronze, auf den Tisch genagelt. An den Wänden hängen in schwarzen Holzrahmen die Josephslegende, einschließlich der Szene mit Madame Putiphar, das Porträt von Saint Stanislas, das von Saint Louis de Gonzague, der wirklich der dümmste Heilige der Welt ist, und Erstkommunionsurkunden mit Bildchen, welche das Innere der Kirche und die Kommunikanten und Assistenten in ihrer jeweiligen Kleidung zeigen. Kaffeetassen, in Goldlettern verziert mit den Worten: »Freiheit, öffentliche Ordnung« sind auf dem Kamin an dem Platz aufgereiht, den ihnen zwei Karaffen lassen. Ach! was für Karaffen! Welch ein Pech, wenn man eine zerbräche! wo das Gegenstück finden? Sie waren weder aus venezianischem Glas, noch ziseliert, noch geschliffen, sondern aus einfachem Glas wie schlichte Karaffen; sie haben nicht einmal einen Pfropfen;

aber auf der ersten stehen majestätisch rund um einen Napoleon, der halb so groß ist wie ein Daumen und stocksteif auf seinem mit Perlen besetzten und mit Federn gespicktem Grabmal ausgestreckt liegt, sechs Soldaten unterschiedlicher Ränge, die jeder Palmen, länglich wie Gürkchen, in der Hand tragen, und auf der zweiten wird das heilige Abendmahl gehalten. Man sieht den Priester, den Kelch, den Altar, vier Säulen aus Perlen in den vier Ecken des Altarraums und noch zwei Chorknaben unter der Bürde riesiger roter Zuckerstücke, welche die Käppchen dieser jungen Schelme darstellen sollen.

Der Ort war so ehrbar, so wohltuend, verströmte eine solche Aura von Unschuld, eine so einfältige und doch liebenswerte Bescheidenheit, der große Schrank mit den Messingbeschlägen glänzte so sauber unter den Waschschüsseln aus Russland, welche die Kranzleiste schmückten, und die an den Balken hängenden Weidenkörbe sahen, wie alles Übrige, so friedlich und so nett aus, dass wir gleich beschlossen, dass Carnac uns gefiel und dass wir einige Zeit bleiben würden.

Unsere Fenster gingen auf den Kirchplatz hinaus, wo Kinder im Schatten einer Linde Ball spielten. Dies war das einzige Geräusch des Dorfes. Es kommen keine Wagen vorüber; es gibt überhaupt keine Läden, und alles Brot, das man dort isst, wird unten in der Küche gebacken, deren eine Hälfte als Bäckerei genutzt wird.

Man spricht zwar kein Französisch und stattet auf diese Weise sein Heim aus, aber hier wird doch auch gelebt! Hier wird ganz wie bei uns geschlafen, getrunken, Liebe gemacht und gestorben! Diese Wesen sind auch Menschen; aber wie wenig kümmern sie sich um den Salon und selbst um die Exposition de l'industrie! Was für ein armseliges Interesse haben sie an der Oper, die wieder eröffnen wird, und am Rocher de Cancale, das geschlossen ist, und ebenso wenig plaudern sie über das, worüber man redet: den Jockey-Club, die Pferderennen von Chantilly, die Schulden von Dumas, die Sprachschnitzer von Monsieur de Rambuteau, die Nase von Hyacinthe etc.

Es ist etwas, dessen man sich nicht erwehren kann, das blöde Staunen, das einen ergreift, wenn man Leute leben sieht, wo wir nicht leben, und sieht, wie sie ihre Zeit mit anderen Dingen verbringen als den unseren. Entsinnt man sich nicht oftmals morgens bei Tagesanbruch durch ein Dorf gekommen zu sein und irgendeinen Bürger gesehen zu haben, der beim Öffnen seiner Läden oder vor seiner Türe kehrend mit offenem Munde stehenblieb, als er einen vorüberkommen sah? kaum dass er unser Gesicht erkennen konnte, noch man selbst das seine, und doch waren beide gewaltig verblüfft. Als er einen davonziehen sah, sagte er sich: »wohin geht der nur und warum ist er auf Reisen?« Und man selbst, der da langlief, fragte sich: »was treibt der da? bleibt der für immer dort?«

Es braucht einige Überlegung und Scharfsinn, um einzusehen, dass nicht jedermann in derselben Stadt wohnt, weder sein Schuhwerk bei unserem Schuster noch seine Kleidung bei unserem Schneider bezieht und auch nicht unsere Vorstellungen hat; aber ich fasse immer noch nicht, wie es sein kann, dass man in einem Büro angestellt ist, wie man vor zehn Uhr aufstehen kann, um vor Mitternacht schlafen zu gehen. Und ich frage mich ernsthaft, ob es möglich ist, dass es auf Erden Leute gibt, die sich mit etwas Anderem beschäftigen, als Sätze aneinanderzureihen und Adjektive zu suchen.

Es wäre zu absurd, wenn man in Carnac ist, nicht die berühmten Steine von Carnac zu besichtigen; und so nahmen wir unsere Stöcke und begaben uns an den Ort, wo sie stehen. Wir gingen mit gesenktem Kopf durchs Gras und plauderten über irgendetwas, als uns ein Rascheln den Blick heben ließ, und wir sahen eine Frau den abschüssigen Pfad heraufkommen; barfuß, mit nackten Beinen, ohne Busentuch, mit wehender großer

Haube und im Wind knatterndem Rock, eine Hand auf der Hüfte und mit der anderen eine riesige Strohgarbe haltend, die sie auf dem Kopf trug, wanderte sie mit biegsamer Taille daher, unerschrocken und schön in ihrem roten Mieder; sie kam dicht an uns vorüber. Ihr Atem war tief und stark, und der Schweiß rann in Bächen über die braune Haut ihrer runden Arme.

Bald erkannten wir schließlich Reihen schwarzer Steine im Gelände, in ungleichem Abstand auf elf Linien und immer kleiner werdend, je weiter sie sich vom Meer entfernen. Die höchsten haben ungefähr zwanzig Fuß und die kleinsten sind bloß auf dem Boden liegende einfache Blöcke. Bei vielen ist die Spitze unten, so dass ihre Basis kleiner ist als ihr Scheitel. Cambry sagt, dass es viertausend gab, und Fréminville hat zwölfhundert gezählt: mit Sicherheit aber gibt es viele.

Da ist es nun, dieses berühmte Feld von Carnac, über das mehr Dummheiten geschrieben wurden, als es Kiesel gibt. Freilich trifft man nicht alle Tage auf so steinige Spazierwege; doch trotz unserer natürlichen Neigung, alles zu bewundern, sahen wir nur eine deftige Posse, dort hinterlassen von einer unbekannten Zeit, um den Geist der Altertumsforscher anzuregen und die Reisenden zu verblüffen. Man reißt in aller Unschuld die Augen auf, und wenn man es auch recht ungewöhnlich findet, muss man doch zugeben, dass es nicht schön ist. Wir hatten also vollstes Verständnis für die Ironie dieser Granitblöcke, die seit den Druiden in ihre Bärte aus grünen Flechten lachen, wenn sie all die Schwachköpfe sehen, die sie besichtigen. Gelehrte haben ihr Leben damit verbracht, herauszufinden, was man wohl damit anfangen konnte, und staunt man nicht außerdem über diese ewige Sorge des ungefiederten Zweifüßlers, in allem irgendeinen Nutzen entdecken zu wollen? Nicht damit zufrieden, den Ozean zu destillieren, um seinen Suppentopf zu salzen, und Elefanten umzubringen, um sich Messergriffe zu machen, flammt sein Egoismus immer noch auf, wenn irgendwelche Trümmer vor ihm auftauchen, deren Herkunft er nicht ermitteln kann.

Wozu war das also gut? Sind es Gräber? War das ein Tempel? Saint Cornille, von Soldaten verfolgt, die ihn töten wollten, war eines Tages am Ende seiner Kraft und im Begriff ins Meer zu stürzen, als ihm die Idee kam, sie in ebenso viele Steine zu verwandeln, damit er ihnen nicht in die Hände fiele, und alsbald waren die Soldaten versteinert, was den Heiligen rettete. Doch diese Erklärung taugte höchstens für Trottel, für kleine Kinder und für Dichter; man suchte nach anderen.

Im XVI. Jahrhundert hatte der hohe Herr Oläus Magnus, Erzbischof von Upsala (der sich im Exil in Rom damit vergnügte, ein Buch über die Altertümer seines Landes zu schreiben, das überall geschätzt wurde, nur nicht im eigenen Land, in Schweden, wo niemand es übersetzte), selbst entdeckt, dass »Steine in einer einzigen langen, geraden Linie bedeuten, dass darunter Krieger liegen, die im Duell gestorben sind; dass die Steine, welche im Karree gesetzt wurden, denjenigen gewidmet sind, die ihr Leben im Schlachtgetümmel ließen; dass die im Kreis angeordneten Steine Familiengräber sind und schließlich, dass über Eck oder in Winkelform gesetzte Steine Grabmale von Reitern oder sogar von Fußvolk sind, vor allem von jenen, deren Partei gesiegt hatte«: das ist nun klar, deutlich und befriedigend. Doch Oläus Magnus hätte uns wohl verraten müssen, welche Grabstätte man zwei Cousins ersten Grades gegeben hätte, die beide in einem Duell zu Pferde gefallen wären? Das Duell hätte verlangt, dass die Steine eine Linie bildeten; das Familiengrab forderte, dass sie im Kreis angeordnet wären; da es aber Reiter waren, hätte man sie wohl über Eck setzen müssen; freilich wäre man nicht absolut dazu gezwungen gewesen: denn auf diese Weise begrub man nur »vor allem jene, deren Partei gesiegt hatte«. Oh wackerer Oläus Magnus! Ihr habt den Monte Pulciano also sehr geliebt!

Und wie viele randvolle Gläser waren nötig, um uns über all diese schönen Dinge zu unterrichten?

Ein gewisser Doktor Borlase, der in Cornouailles ebensolche Steine untersucht hatte, hat ebenfalls sein Wörtchen dazu gesagt. Ihm zufolge: »hat man dort Soldaten genau an der Stelle begraben, wo sie gekämpft hatten.« Wo zum Teufel hat er gesehen, dass man sie ordentlich zum Friedhof karrte! »Ihre Gräber sind in gerader Linie angelegt wie die Front einer Armee in diesen flachen Landen, welche die Bühne einiger großer Gefechte waren.« Dieser Vergleich ist von einer so grandiosen Poesie, dass er mich mitreißt, und ich neige zur Ansicht des Doktor Borlase.

Dann hat man die Griechen, die Ägypter und die Kochinchinesen erforscht. Es gibt ein Karnak in Ägyten, hat man sich gesagt; es gibt eins in der äußeren Bretagne. Wir verstehen weder das Koptische noch das Bretonische: und doch ist vorstellbar, dass das hiesige Carnac vom dortigen Karnak abstammt: das ist schon mal klar, denn dort sind es Sphinx in einer Reihe, hier sind es Steinblöcke; auf beiden Seiten ist es Stein: woraus sich ergibt, dass die Ägypter (ein Volk, das nicht reiste) an diese Küsten gekommen wären (von deren Existenz sie nichts wussten), hier eine Kolonie gegründet hätten (da sie nirgends welche gründeten) und diese ungestalten Statuen hinterlassen hätten (sie, die so schöne schufen); ein eindeutiger Beweis ihres Vorüberziehens (von dem niemand spricht).

Die Liebhaber der Mythologie sahen darin die Säulen des Herkules; die Liebhaber der Naturgeschichte sahen darin eine Darstellung der Pythonschlange, weil im Bericht des Pausanias eine Ansammlung ebensolcher Steine auf der Straße von Theben nach Elisson *der Schlangenkopf* hieß, umso mehr als »die Reihen von Carnac die Windungen einer Schlange aufweisen«. Die Liebhaber der Kosmographie sahen darin ein Tierkreiszeichen, wie unter anderen Monsieur de Cambry, der in diesen elf Steinreihen die zwölf Tierkreiszeichen erkannte, »denn man muss bedenken, fügt er hinzu, dass die alten Gallier nur elf Tierkreiszeichen hatten«.

Ein Herr, der Mitglied des Instituts war, hielt es für möglich, dass dies wohl der Friedhof der Veneter war, die sechs Meilen weiter in Vannes lebten und Venedig gründeten, wie jeder weiß. Ein anderer hat gemeint, dass die von Cäsar besiegten braven Veneter diese Steine nach ihrer Niederlage errichteten, allein aus Demut und zu Ehren von Cäsar.

Doch man hatte genug von den Friedhöfen, von der Pythonschlange und dem Tierkreis; man machte sich auf die Suche nach Anderem und kam auf einen Druidentempel. Die wenigen authentischen Dokumente, die man über diese Epoche hat und vereinzelt bei Plinius und bei Dio Cassius antrifft, sagen übereinstimmend, dass die Druiden für ihre religiösen Zeremonien finstere Orte wählten: die Tiefe der Wälder »und ihre große Stille«. Da Carnac ja am Meer liegt, in einem unfruchtbaren Landstrich, wo nie etwas anderes gedieh als die Mutmaßungen jener Herren, hat der erste Grenadier von Frankreich, der mir nicht der erste Homme d'esprit gewesen zu sein scheint, gefolgt von Pelloutier und Monsieur Mahé, Domherr der Kathedrale von Vannes, entschieden, dass es ein Druidentempel sei, »in dem man auch politische Versammlungen einberufen haben wird«.

Das war indessen noch nicht der Weisheit letzter Schluss, und diese *wissenschaftlich erwiesene* Tatsache wäre nicht vollständig gewesen, hätte man nicht erklärt, wozu die leeren Stellen in den Reihen dienten, wo keine Steine standen. »Versuchen wir den Grund herauszufinden, was sich noch niemand vorgenommen hat«, sagte sich Monsieur Mahé, und indem er sich auf folgenden Satz von Pomponius Mela stützte: »Die Druiden bringen Vieles dem Adel bei, den sie heimlich in Höhlen und entlegenen Wäldern unterrichten«, folgerte er daraus, dass die Druiden nicht nur den Dienst in den *Heiligen Stätten* versahen, sondern dort auch wohnten und Schule hielten: »Da also das Denkmal von Carnac eine Heilige Stätte war wie die gallischen Wälder (Oh, Macht der Schlußfolgerung, wozu treibst du den alten Mahé, Domherr von Vannes und Korrespondenzmitglied der Landwirtschaftsakademie von Poitiers!), *besteht Grund zu der Annahme*, dass in den Lücken in den Steinzeilen Häuser standen, wo die Druiden mit ihren Familien und ihren zahlreichen Schülern wohnten und wo für die führenden Köpfe der Nation, die sich an hohen Feiertagen zu der Heiligen Stätte begaben, Unterkünfte bereitstanden.« Brave Druiden! Was für exzellente Kleriker! wie hat man sie schlechtgemacht! Sie, die dort so ehrbar mit ihren Familien und ihren zahlreichen Schülern wohnten und die sogar die Liebenswürdigkeit so weit trieben, den führenden Köpfen der Nation Unterkünfte zu bieten!

Doch schließlich kam ein Mann, der, die ausgetretenen Pfade verachtend, vom Genius der Altertumsforschung durchdrungen war und wagte, seinem Jahrhundert die Wahrheit ins Gesicht zu sagen. Er konnte in diesem Ort die Überreste eines Feldlagers der Römer erkennen, und, genauer noch, eines Feldlagers von Cäsar, der diese Steine nur hatte errichten lassen, »um den Zelten seiner Soldaten als Befestigung zu dienen und zu verhindern, dass sie vom Wind weggefegt wurden«. Was für Stürme früher an den Küsten Armorikas getobt haben müssen!

Der Mann, dem Cäsar den Ruhm für diese prachtvolle Vorsichtsmaßnahme verdankt, hieß Monsieur de la Sauvagère, er war Ingenieuroffizier von Beruf.

Der Haufen all dieser lustigen Einfälle stellt dar, was sich keltische Archäologie nennt, eine so reizvolle Wissenschaft, dass wir nicht widerstehen können, den Leser damit bekannt zu machen. Ein Stein auf einem anderen heißt ein *Dolmen*, sei er nun waagerecht oder senkrecht; eine Ansammlung aufrecht stehender und oben mit einer Kette von Platten bedeckter Steine bildet so eine Folge von Dolmen und heißt *Feengrotte*, *Feenfelsen*, *Feentisch*, *Teufelstisch* oder *Palast der Riesen*, denn wie Hausherren, die einem denselben Wein mit unterschiedlichen Etiketten einschenken, haben die Keltomanen, die einem fast nichts vorzuweisen hatten, dieselben Dinge mit unterschiedlichen Namen geschmückt.

Wenn diese Steine ohne jeden Hut über den Ohren in einer Ellipse angeordnet sind, muss man sagen: das ist ein *Cromlech*; wenn man einen waagerechten auf zwei weiteren senkrechten entdeckt, hat man es mit einem *Lichaven* oder *Trilith* zu tun, aber ich ziehe *Lichaven* als wissenschaftlicher, ortstypischer, grundlegend keltischer vor. Manchmal halten sich zwei riesige Blöcke einer auf dem anderen, wobei sie sich nur in einem Punkt zu berühren scheinen, und man liest in Büchern, »dass sie so ausbalanciert sind, dass allein der Wind genügt, den oberen Block in deutliche Schwingung zu bringen«, eine Behauptung, die ich nicht abstreite (während ich dem keltischen Wind nicht ganz traue), und das, obwohl diese angeblich wackelnden Steine sich unter sämtlichen Fußtritten, die wir ihnen in aller Unschuld versetzten, nie bewegt haben. Sie heißen also: *rollende* oder *gerollte Steine*, *erschütterte* oder *verzückte Steine*, *Steine, die tanzen* oder *tanzende Steine*, *kreiselnde Steine* oder *Kreiselsteine*. Bleibt nur noch dem Leser mitzuteilen, was eine *Ramme*, ein *Bolzenstein*, ein *sesshafter Stein* ist; was man unter *hohe Mark*, *Lattenstein* und *Milchstein* versteht; worin sich ein *Schmelzstein* von einem *Gussstein* unterscheidet und welcher Zusammenhang zwischen einem *Teufelssitz* und einem *Längsstein* besteht; wonach er schon besser Bescheid weiß als jemals Pelloutier, Deric, Latour d'Auvergne, Penhoët und andere zusammen, selbst mit Unterstützung durch Mahé und Verstärkung durch Fréminville. Man lerne also, dass all das einen *Pelvan* bedeutet, anders gesagt einen *Menhir*, was nichts anderes meint als einen mehr oder weniger großen, ganz allein mitten ins Feld gesetzten Grenzstein. Die hohlen Säulen der Boulevards sind also vom Trottoir aus gesehen ebenso Pelvans, errichtet aus väterlicher Fürsorge der Polizei für die Notdurft der Pariser, die, wenn sie das Plakat für Mothes-Kapseln lesen, kaum ahnen, die Elenden! dass sie jetzt in einem kleinen Menhir stecken. Fast hätte ich die Grabhügel vergessen! Die, die aus Kieseln und Erde bestehen, heißen stilgerecht *Borrows* und einfache Kieshaufen *Galgals*.

Die Nachforschungen, die man zwischen diesen verschiedenen Arten von Steinen getrieben hat, haben nicht das geringste ernsthafte Ergebnis erbracht. Man hat behauptet, die Dolmen und die Trilith waren Altäre, wenn sie nicht Grabmale waren, die Feenfelsen waren Versammlungsstätten oder Gräber und die Kirchenräte traten in den Cromlechs zusammen. Monsieur de Cambry hat in den Wackelsteinen die Sinnbilder der im Weltraum schwebenden Erde gesehen; doch seitdem hat man sich davon überzeugt, dass es nur Prüfsteine waren, die man dazu benutzte, die Schuld der Angeklagten herauszufinden, die des ihnen zur Last gelegten Verbrechens für schuldig befunden wurden, wenn sie den wackligen Stein nicht bewegen konnten. Die Galgals und die Borrows waren zweifellos Grabmale, und was die Menhire angeht, so trieb man die Gutwilligkeit so weit, ihre Ähnlichkeit mit Phallussen zu erkennen, woraus man abgeleitet hat, dass in der ganzen äußeren Bretagne ein ithyphallischer Kult herrschte. O züchtige Schamlosigkeit der Wissenschaft, du hast vor nichts Respekt, nicht einmal vor den Pelvans.

Um auf die Steine von Carnac zurückzukommen, oder vielmehr um sie zu verlassen, hätte ich sie nur zu gerne betrachtet, als sie nicht so schwarz waren und noch keine Flechten hatten. Nachts, wenn der Mond durch die Wolken schwamm und das Meer auf dem Sand toste, mussten die zwischen diesen Steinen umhergeisternden Druidinnen (wenn sie dort überhaupt umhergeisterten) freilich schön gewesen sein mit ihren goldenen Sicheln, ihren Kränzen aus Verbenen und ihren vom Blut der Männer geröteten weißen Schleppkleidern! Lang wie Schatten, blass im bleichen Mondlicht, wallten sie, ohne den Boden zu berühren, mit fliegendem Haar dahin.

Andere als wir haben sich bereits gesagt, dass diese großen unbeweglichen Blöcke sie einst sahen; wie wir werden andere verständnislos davorstehen, und die Mahés der kommenden Jahrhunderte werden sich daran aufreiben und sich umsonst damit abmühen.

Eine Träumerei kann großartig sein und wenigstens zu fruchtbaren Melancholien führen, wenn die Einbildungskraft unablässig von einem Fixpunkt aus in ihrem Lichtkreis umhergaukelt; doch wenn sie sich an einen kunstlosen, geschichtslosen Gegenstand klammert und versucht, eine Lehre daraus zu ziehen und eine versunkene Gesellschaft zu rekonstruieren, bleibt sie selbst unfruchtbarer und armseliger als diese leblose Materie, von der die Eitelkeit der Schwätzer behauptet, eine Form in ihr zu entdecken und über sie berichten zu können.

Fragt man nach Darstellung der Meinungen sämtlicher oben zitierter Gelehrter nun mich, was meine Vermutung über die Steine von Carnac ist – denn jeder hat seine eigene –, würde ich eine *unwiderlegbare*, unabweisliche, unwiderstehliche Meinung kundtun, eine Meinung, welche die Zelte von Monsieur de la Sauvagerie zum Rückzug brächte und den Ägypter Penhoët erbleichen ließe, eine Meinung, die Cambrys Tierkreis zerschlagen und die Pythonschlange zerstückeln würde, und diese Meinung ist folgende: die Steine von Carnac sind große Steine.

Wir kehrten also in den Gasthof zurück, und bedient von unserer Wirtin, die große blaue Augen und zarte Hände besaß, für die man teuer bezahlen müsste, sowie ein süßes Gesicht von klösterlicher Sittsamkeit, dinierten wir mit einem schönen Appetit, den unser fünfstündiger Fußmarsch gegraben hatte. Zum Schlafen war es noch zu hell, man sah nicht mehr genug, um irgendetwas anzufangen: wir gingen zur Kirche.

Sie ist klein, obwohl sie Mittel- und Seitenschiff hat, wie eine große Stadtkirchendame. Dicke Steinpfeiler, gedrungen und kurz, tragen ihr Gewölbe aus blauem Holz, von dem kleine Boote herabhängen, ein in den Stürmen versprochenes Exvoto. Über ihre Segel laufen die Spinnen und der Staub lässt ihre Takelage verrotten.

Man las keine Messe. Die Lampe im Chorraum brannte allein in ihrem Napf mit gelbem Öl, und oben in der Tiefe des Gewölbes ließen offene Fenster breite helle Lichtbahnen und das Brausen des Windes herein, der die Bäume bog. Ein Mann erschien, stellte die Stühle auf, steckte zwei Kerzen in eiserne Armleuchter, die an den Pfeilern hingen, und zog eine Art mit Füßen versehene Bahre in die Mitte, deren schwarzes Holz große helle Flecken hatte. Andere Leute kamen in die Kirche, ein Priester in Soutane ging an uns vorüber, man hörte ein Klingeln von Glöckchen, das in Abständen abbrach und wieder anhub, und die Kirchentür wurde weit geöffnet. Der kurze Ton der kleinen Glocke verwirrte sich mit einem anderen, der ihr antwortete, und anschwellend paarten sich beide und verstärkten ihr scharfes, metallisches Gebimmel.

Ein Ochsenkarren erschien auf dem Platz und hielt vor dem Portal. Ein Toter lag darauf. Seine Beine, bleich und leblos wie geschliffener Alabaster, ragten aus dem weißen Tuch hervor, das ihn in jener undeutlichen Form aller bekleideten Leichname umhüllte. Die herbeigeströmte Menge verstummte, die Männer blieben barhaupt, der Priester schwenkte seinen Weihwedel und murmelte seine Gebete daher, und die zu zweit angeschirrten Ochsen bewegten langsam den Kopf und ließen ihr schweres ledernes Joch knarren. Die Kirche, in der hinten ein Stern blinkte, öffnete ihr großes schwarzes Dunkel, von draußen eingedämmt durch das grüne Licht regnerischer Abenddämmerungen, und das Kind, das an der Schwelle leuchtete, hielt immer wieder die Hand vor seine Kerze, damit der Wind sie nicht ausblies.

Man nahm ihn vom Karren herunter, sein Kopf stieß gegen die Deichsel; man trug ihn in die Kirche, man legte ihn auf die Bahre: eine Flut von Männern und Frauen folgte ihm, man kniete auf den Steinplatten nieder, die Männer neben dem Toten, die Frauen weiter hinten zur Tür hin, und die Messe begann.

Sie dauerte nicht lange, zumindest für uns nicht, denn die leisen Litaneien summten rasch dahin, von Zeit zu Zeit übertönt von einem schwachen Schluchzen, das aus den schwarzen Umhängen hinten im Mittelschiff drang. Eine Hand streifte mich, und ich wich zur Seite, um eine Frau vorbeizulassen. Gebeugt, die Fäuste auf der Brust zusammengepresst, den Blick gesenkt, vorwärtsstrebend, ohne die Füße zu bewegen, bemüht hinzuschauen, zitternd vor dem Anblick, ging sie bis zu der Reihe der Lichter, die an der Bahre brannten; langsam, langsam hob sie ihren Arm, um sich darunter zu verbergen, ließ den Kopf auf die Schulter sinken, und vernichtet, ebenso leblos und schlaff wie ihr Gewand, fiel sie auf einen Stuhl.

Beim Schein der Wachskerzen sah ich ihre starren Augen in den roten Lidern, blutunterlaufen wie von einem heftigen Schlag, ihren vor Verzweiflung zitternden, dümmlichen und zusammengekniffenen Mund und ihr ganzes, in hellen Strömen weinendes, armes Antlitz.

Es war ihr im Meer ertrunkener Mann, den man nun am Strand gefunden hatte und gleich begraben würde.

Der Friedhof grenzte an die Kirche, man ging durch eine Seitentür und jeder begab sich an seinen Platz, während in der

Kirche der Sargdeckel über dem Toten zugenagelt wurde; ein feiner Regen tränkte die Luft, man fror, es war glitschig, und die Totengräber, die noch nicht fertig waren, warfen mühsam die schwere Erde zur Seite, die an ihren Schaufeln klebte. Im Hintergrund hatten die im Gras knienden Frauen ihre Kapuzen abgenommen, und ihre großen weißen Hauben, deren gestärkte lange Enden sich im Winde hoben, sahen von weitem aus wie ein vom Boden aufwallendes, wogendes großes Leichentuch.

Neben uns erklang in gleichmäßigen Abständen eine Art ersticktes Glucksen, das einem Lachen glich; an jedem anderen Ort hätte man es für einen unterdrückten Ausbruch irgendeiner wilden Freude gehalten, oder für den anhaltenden Höhepunkt eines Glückstaumels: es war die Witwe, die weinte, dann trat sie an den Rand, machte es wie die anderen, und nach und nach gewann das Erdreich wieder sein Niveau und jeder ging fort.

Als wir die Friedhofstreppe hinuntersprangen, sagte ein junger Mann, der an uns vorüberkam, auf Französisch zu einem anderen: »Hat der Kerl gestunken! Er ist fast ganz verwest! Kein Wunder, bei den drei Wochen, die er im Wasser lag!«

Zurück im Gasthof fanden wir unsere Wirtin, die ihr Kind stillte und es, auf ihrem Stuhl schaukelnd, in den Schlaf wiegte.

Weiter gab es nichts Sehenswertes mehr für uns in Carnac. Über dem Seitenportal der Kirche hatten wir uns in aller Ruhe seinen grässlichen Baldachin angeschaut, der zum Baustil der Zuckerbäcker gehört – ich meine jenen, der allgemein diese als Baumkuchen bekannten widerlichen Erfindungen ziert, bei dem die Scheiben gezuckerter Orangen die Arkaden bilden und Schokoladenstückchen die Säulen, mit einem Obelisken aus rosafarbenem Zucker, gekrönt von einer Blume –, und wir hatten auch die Statue von Saint Cornille betrachtet, die stärker in Seile geschnürt ist als eine Lyoner in Fäden. Die Seile, die den Heiligen berührt haben, besitzen das Vermögen, kranke Tiere zu heilen: so hängt auch über der Eingangstür der Kirche eine Art gemaltes Schild, das zwei Bauern zeigt, die diesem guten tierärztlichen Heiligen einer seine Kuh, der andere seinen Ochsen bringen. Wenn diese Seile ihn eine gewisse Zeit umschnürt haben, haben sie ihr Diplom erworben: man nimmt sie mit und bewahrt sie zu Hause auf, man verleiht sie von Nachbar zu Nachbar und von Dorf zu Dorf; »ein schändlicher Rest des Aberglaubens, von dem sich das aufgeklärte Frankreich befreit hat«, schrieb *Le National.*

Wir blieben trotzdem noch drei Tage in Carnac und taten nichts anderes, als am Meer spazieren zu gehen und uns an den Strand zu legen, wo wir mit unseren Spazierstöcken Arabesken malten, welche die steigende Flut auslöschte, und auf dem wir, lang in der Sonne ausgestreckt, schliefen wie die Eidechsen.

Wir saßen einer neben dem anderen auf dem Boden, griffen in den Sand und sahen zu, wie er uns durch die Finger rann; wir drehten den Panzer irgendeiner hohlen alten Krabbe um, wir suchten Kiesel mit Vertiefungen, um uns Tintenfässer zu machen, wir sammelten Muscheln; und der Tag verging, die Sonne sank über dem Meer, das seine Farben veränderte, immer weiter rauschte und am Ufer seine lange Girlande von Tang und Schaum hinterließ. Wir weiteten die Brust, wir atmeten den Duft der Wellen, den lieblichen und durchdringenden Geruch von Wasser, Wind und Grün, der einem vom Grund des Ozeans entgegenschlägt; und Wolken warmer Luft strömten aus den Dünenlöchern, deren feine Gräser an den Schnallen unserer Gamaschen hängenblieben, wenn wir abends zum Quartier zurückkehrten und dabei die großen purpurnen Streifen im Himmel betrachteten, die sich über sein Azur breiteten.

Aber eines Morgens brachen wir auf wie an den anderen Morgen, nahmen denselben Pfad, gingen durch die Ulmenallee und über die abschüssige Wiese, wo wir am Vorabend ein kleines Mädchen sein Vieh zum Schlachthof hatten treiben sehen; doch dies war der letzte Tag und vielleicht das letzte Mal, dass wir dort vorüberkamen!

Ein sumpfiges Brachland, in dem wir bis zum Knöchel einsanken, erstreckt sich von Carnac bis zum Dorf Pô. Dort erwartete uns ein Boot, wir stiegen ein, man stieß sich mit dem Ruder vom Grund ab und setzte das Segel.

Unser Seemann (ein Alter mit lustigem Gesicht) setzte sich ins Heck, befestigte dort eine Angelleine am Dollbord und ließ seinen Kahn ruhig von dannen ziehen. Es regte sich kaum ein Lüftchen, das blitzblaue Meer war spiegelglatt und behielt noch lange die schmale Spur des Steuerruders. Der gute Mann plauderte: er erzählte uns von den Priestern, die er nicht mag, vom Fleisch, das man selbst an Fastentagen essen sollte, von der Not, die er litt, als er beim Militär war, von den Schüssen, die ihn trafen, als er Zöllner war … Wir glitten leise dahin, die gespannte Angelschnur immer hinterher, und das *Beisegel* hing schlaff ins Wasser.

Die Meile, die wir noch zu Fuß zurücklegen mussten, um von Saint Pierre nach Quiberon zu gelangen, war leicht überwunden, trotz einer hügeligen Strecke durch sandiges Gelände, trotz der Sonne, die den Riemen unserer Rucksäcke auf unseren Schultern knarren ließ und ungeachtet zahlreicher in der Landschaft aufragender Menhire.

In QUIBERON nahmen wir unser Déjeuner beim Herrn Rohan Belle Isle, der ein Hotel in Penthièvre betreibt. Dieser Edelmann steckte bei der Hitze barfuß in seinen Galoschen und hob das Glas mit einem Maurer, was ihn nicht daran hindert, der Abkömmling einer der ersten Familien Europas zu sein. Ein Mann aus altem Adel! Ein echter Adliger! Gottlob!

der unverzüglich Hummer für uns kochen ließ und sich daranmachte, uns Beefsteaks zu klopfen: unser Stolz fühlte sich davon bis in seine tiefste Faser geschmeichelt, und noch jetzt kann ich beim Gedanken an diese Ehre nicht umhin, zugleich der Vorsehung für all jene zu danken, mit denen sie mich in meinem Leben überglücklich gemacht hat. Ich wurde von Prinzessinnen königlicher Herkunft geküsst, ich habe mit einem Montmorency diniert (er bot mir sogar Cidre an); ich bin von einem Rohan bedient worden, ich habe mit Louis Fessard angestoßen und Kardinälen auf den Wanst geklopft.

Quiberons Vergangenheit lässt sich in einem Massaker zusammenfassen. Seine besondere Sehenswürdigkeit ist sein Friedhof: er ist voll, er quillt über, er sprengt seine Mauern, er läuft bis auf die Straße; die übereinandergehäuften Steine brechen sich die Ecken ab, zermalmen und vermengen sich, als höben die darunter eingezwängten Toten die Schultern, um aus ihren Gräbern zu steigen. Man möchte meinen, es sei irgendein versteinerter Ozean, dessen Wellen diese Gräber bildeten und wo die Kreuze die Masten der untergegangenen Schiffe wären.

In der Mitte empfängt, ganz unter freiem Himmel, ein großer Knochenhaufen die Gebeine derer, die ausgegraben werden, um Platz für die anderen zu machen. Von wem war gleich der Gedanke: das Leben ist ein Gasthof und der Sarg ist das Haus? Die hier bleiben nicht in dem ihren; sie sind nur seine Mieter, und wenn das Fest zu Ende ist, wirft man sie hinaus. Rund um diesen Knochenhaufen, wo diese Ansammlung von Gebeinen an einen Reisighaufen erinnert, ist in Menschenhöhe eine Reihe kleiner Kästen aus schwarzem Holz aufgestellt, jeder sechs Zoll im Quadrat, unter einem Dach mit einem Kreuz darauf und an der Vorderseite mit einem ausgeschnittenen Herzen, durch das man darin einen Totenkopf sehen kann. Über dem Herzen liest man in gemalten Buchstaben: »Dies ist das Haupt von ***, verstorben in jenem Jahr, an jenem Tag.« Diese Köpfe gehörten ausschließlich Leuten von Rang, und man galt als schlechter Sohn, wenn man dem Schädel seiner Angehörigen nicht nach sieben Jahren den Luxus dieses kleinen Tresors bot; den Rest des Körpers warf man auf den Knochenhaufen: nach zwanzig Jahren warf man auch den Kopf darauf. Vor einigen Jahren wollte man diese Sitte abschaffen: es gab einen Aufstand; sie blieb.

Es mag schlecht sein, so mit diesen runden Kugeln zu spielen, in denen das Denken steckte, mit diesen leeren Kapseln, wo die Liebe zuckte. All diese Kästen, längs des Knochenhaufens auf den Gräbern, mögen einigen schrecklich, anderen lächerlich vorkommen; doch diese schwarzen Holzdinger faulen, während die Knochen, die sie bergen, ausbleichen und zerbröckeln; diese Köpfe schauen einen an, mit ihrer zersetzten Nase, ihren leeren Augenhöhlen und ihrer Stirn, die stellenweise unter der Schleimspur der Schnecken glänzt; diese wie in den großen Beinhäusern der Bibel aufgehäuften Schenkelknochen, diese Schädelfragmente voller Erde, die da herumkollern, wo manchmal, wie in einem Topf aus Porzellan, eine Pflanze gekeimt ist, die zu den Augen herauswächst, sogar die Banalität dieser Inschriften, eine der anderen gleich, so wie die Toten, die sie bezeichnen, diese ganze derart angeordnete menschliche Verwesung kam uns sehr schön vor und hat uns ein richtig gutes Schauspiel geboten.

Wäre die Post von Auray erschienen, hätten wir uns gleich nach Belle-Île aufgemacht; doch man wartete auf die Post von Auray! Im Hemd und mit bloßen Armen in der Küche des Gasthofs sitzend, hoben die Fährleute ihre Schoppen und fassten sich in Geduld.

»Wann kommt denn die Post von Auray?

– Kommt drauf an, normalerweise um 10, antwortete der Wirt.

– Nein, um 11, sagte ein anderer.

– Mittags um 12, versetzte Monsieur de Rohan.

– Um 1 Uhr.

– Um halb 2.

– Oft ist sie nicht vor 2 hier.

– Pünktlich ist sie nicht.« Davon waren wir überzeugt: es war 3 Uhr. Vor der Ankunft des unglückseligen Kuriers, der Belle-Île die Depeschen vom Festland bringt, konnte man nicht losfahren: man musste sich damit abfinden. Man ging vor die Tür, man sah die Straße hinunter, man ging wieder hinein, man trat wieder heraus. »Ach! heute kommt er nicht. – Er ist auf der Straße liegengeblieben. – Müssen los. – Nein, warten wir auf ihn! – Wenn diese Herren nun doch zu ungehalten sind … Vielleicht gibt es ja gar keine Briefe? – Nein, noch ein Viertelstündchen! – Oh! das ist er«: Er war es nicht, und der Dialog begann von neuem.

Endlich der Hufschlag eines knöchellahmen, müden Pferdes, ein Schellengeklingel, ein Peitschenknall, ein Mann, der ruft: »He! He! Die Post ist da! Die Post ist da!«

Das Pferd blieb einfach vor der Tür stehen, ließ das Kreuz hängen, reckte den Hals, schob das Maul nach vorn und zeigte seine Zähne, spreizte die Hinterbeine und hob die Fesseln.

Der Gaul war hoch, x-beinig, knochig, ohne Fell am Nacken, mit abgewetzten Hufen und klappernden Eisen; der Schwanzriemen zerriss ihm den Schweif; ein Haarseil zersprang an seiner Brust. Versunken in einem Sattel, der ihn einzwängte, hinten von einem Koffer, vorne von der großen Posttasche mit Briefen bedrängt, hockte, faltig wie ein Affe, sein Reiter darauf; sein kleines Gesicht, runzelig und hart geworden wie eine Reinette, mit spärlichem blonden Haar, verschwand unter einem mit Filz gefütterten Hut aus Wachstuch; eine Art Paletot aus grauem Drillich ging ihm bis zu den Hüften und legte ihm einen Ring geraffter Falten um den Bauch, während seine Hose ohne Steg, hochgerutscht und am Knie endend, die an den Steigbügelriemen rotgeriebenen, nackten Waden und die auf die Schuhe gesackten Strümpfe zeigte. Stricke hielten das Geschirr des Kleppers zusammen; schwarze oder rote Fädchen hatten die Kleidung des Reiters geflickt. Stopfstellen in allen Farben, Flecken in allen Formen, zerfetztes Tuch, speckiges Leder, getrockneter Straßendreck, frischer Staub, lose Stricke, blankgewetzte Lumpen, Schmutz auf dem Mann, Räude auf der Mähre, der eine schwach und schwitzend, die andere dürr und keuchend: all das war nur ein einziges Etwas in gleichem Ton und gleicher Haltung, fast dieselben Bewegungen ausführend und denselben Dienst versehend, und das Ganze heißt die Post von Auray.

Nach einer weiteren Stunde, als ringsum hinlänglich viele Pakete und Sendungen eingesammelt worden waren und man auf irgendwelche Passagiere gewartet hatte, die noch kommen sollten, verließ man endlich den Gasthof und bequemte sich an Bord. Erst gab es ein Durcheinander von Gepäck, Leuten, Rudern, die einem den Weg versperrten, Segeln, die einem auf die Nase klatschten, wobei einer dem anderen in die Quere kam; dann beruhigte sich alles, jeder zog sich in seine Ecke zurück und fand seinen Platz, hinten das Gepäck, die Matrosen auf den Bänken stehend, die Passagiere, wo sie konnten.

Kein Lüftchen regte sich, und die Segel hingen senkrecht an den Masten herab. Die schwere Schaluppe kam kaum voran auf dem nahezu unbewegten Meer, das sich mit der leisen Regung einer schlummernden Brust hob und senkte.

Auf eines der Dollbords gestützt blickten wir aufs Wasser, das blau wie der Himmel und still war wie er, und wir hörten die großen Ruder in die Fluten schlagen und in den Dullen knarren. Die kreuzweise im Schatten der Segel postierten Ruderer hoben sie langsam im Takt und drückten sie nach vorn;

sie fielen herab und tauchten wieder auf, und Perlen tropften von den Ruderblättern.

Rücklings auf Stroh gebettet, mit baumelnden Beinen und in die Hände gestütztem Kinn auf den Bänken sitzend oder zwischen den dicken Pfosten des Schiffsbauches an die Wandung gelehnt, deren Teer in der Hitze schmolz, senkten die stummen Passagiere den Kopf und schlossen die Augen im strahlenden Sonnenschein, der blendend auf dem spiegelglatten Meer lag.

Ein Mann mit weißem Haar schlief zu meinen Füßen auf den Planken; ein Gendarm schwitzte unter seinem Dreispitz. Zwei Soldaten hatten ihre Tornister abgesetzt und sich daraufgelegt. Neben dem Bugspriet schaute der Schiffsjunge in den Klüver hinauf und pfiff, um den Wind herbeizulocken. Der Schiffer stand im Heck und ließ die Pinne kreisen.

Der Wind kam nicht. Man holte die Segel ein, welche ganz sachte unter dem Klacken der Schäkel herabsanken und ihre schweren Falten auf die Bänke sacken ließen; dann zog jeder Matrose seine Jacke aus, stopfte sie in den Bug, und nun begannen alle von neuem unter Einsatz von Brust und Armen die sich auf ganzer Länge biegenden, riesigen Ruder zu bewegen.

Die Luft war von einer bläulichen Durchsichtigkeit; alles umfangend, alles treffend drang ihr schonungsloses Licht bis in die Poren der verblichenen alten Bootsplanken, der dicken Segeltaue, der schweißtriefenden Haut der Männer; sie keuchten alle zugleich, man hörte ihre Brust im selben Moment atmen und die Ruder ins Wasser fallen.

Nach jeder Bewegung all dieser sich ausbreitenden und sich senkenden Arme trieb ein heimlicher Schub einen voran. Beim Steuer hörte man das Wasser deutlicher rauschen, und lautlos glitt das Boot weiter und nahm mit einem Ruck wieder Fahrt auf.

Hinten sah man, wie Quiberon seinen Sandstrand allmählich zurückzog, wie zur Linken die Inseln Houat und Hoedic ihre dunkelgrüne Masse über die blassblaue Wasserfläche wölbten und die langsam aus den Fluten steigende Belle-Île ihre grünbekränzten spitzen Felswände und ihre im Wasser stehende Festung immer höher reckte. Die beiden Soldaten wurden in ein Strafregiment geschickt, begleitet von dem Gendarm und dem Füsilier, den er, um sie in Schach zu halten, zur Verstärkung mitgenommen hatte und der ihnen nach Kräften Vorhaltungen machte. Morgens, als wir beim Déjeuner saßen, war bereits einer von ihnen, in Begleitung des Brigadiers mit hochgezwirbeltem Schnauzbart, die Hände in den Taschen, das Käppi auf dem Ohr, dreist in den Gasthof gekommen und hatte zu essen verlangt, »sofort«, und zu trinken, was auch immer, »und wenn es Arsen ist«, lautstark, fluchend, brüllend, wobei er seine paar Münzen klingeln ließ und den armen Gendarmen verwünschte. Jetzt lachte er immer noch, aber nur noch mit den Lippen, und seine Freude wurde rarer, je höher am Horizont die große weiße Mauer aufragte, wo er Erde schaufeln und Lasten schleppen würde. Sein Gefährte war ruhiger: ein hässliches, derbes Gesicht, eines jener Wesen von so tiefer Gewöhnlichkeit, dass man die grenzenlose Verachtung derer, die dieses lebendige Fleisch vor die Kanone treiben, und das gute Geschäft, das sie damit machen, sogleich begriff.

Das Meer hatte er noch nie gesehen; er riss die Augen auf, als er es erblickte, und sagte vor sich hin: »Das ist mal interessant; da sieht man mal, was es so alles gibt«, eine Würdigung, die ich tiefsinnig und sogar ebenso von der Sache ergriffen fand wie all die lyrischen Ergüsse, die ich etlichen Damen habe vortragen hören.

Der andere Soldat behielt die Geringschätzung, die er für ihn empfand, nicht für sich, und obwohl sie Freunde waren, betrachtete er ihn mit mitleidigem Achselzucken. Als er sich zur Genüge über ihn lustig gemacht und dabei versucht hatte, die umstehende Gesellschaft zum Lachen über ihn zu bringen, ließ er ihn in seiner Ecke schlafen und wandte sich uns zu. Nun erzählte er von sich, von der Gefängnisstrafe, die er verbüßen werde, vom Militär, das ihn anöde, vom Krieg, den er sich wünsche, vom Leben, das er satthabe. Nach und nach verließ ihn seine einstudierte Freude, sein gezwungenes Lachen verschwand, er wurde schlicht, sanft, wehmütig und fast zartfühlend. Da er endlich ein offenes Ohr für alles gefunden hatte, das seit langem zu schwer auf seinem erbitterten Herzen lastete, beschrieb er uns ausführlich das Soldatenelend, die abstoßenden Dinge des Kasernenlebens, die quälenden Anforderungen der Etikette, die Härten der Kleiderordnung, die brutale Arroganz der Unteroffiziere, die Demütigungen des blinden Gehorsams, die unausgesetzte Vernichtung von Instinkt und Wille unter der Keule der Pflicht.

Er ist zu einem Jahr Zuchthaus verurteilt, weil er eine Hose verkauft hat!

»Vielen, sagte er, macht das nichts aus, wie dem da zum Beispiel (und er zeigte auf seinen Gefährten), Landvolk, daran gewöhnt, in der Erde zu wühlen; aber ich werde mir dabei die Hände schmutzig machen.«

Oh Stolz! dein Absinthgeschmack steigt also in alle Münder und du treibst alle Herzen um!

Wer war er denn, der sich darüber beklagte, so am Umgang mit anderen zu leiden? Ein Kind aus dem Volk, ein Arbeiter aus Paris, ein Sattlergeselle! Er tat mir unendlich leid, dieser hitzige und traurige Mensch, krank von Nöten, zerfressen von endlosen Neidgefühlen, den das tägliche Joch zur Verzweiflung bringt und die Arbeit zur Erschöpfung treibt: nicht nur wir empfinden an unseren Kaminen in der stickigen Luft unserer Häuser seelischen Ekel und dumpfe Wut, woraus man mit großem Trara auszubrechen versucht, indem man es mit der Liebe probiert, indem man schreiben möchte! Der da macht es in seinem niederen Kreise mit Schnaps und Weibern ebenso; auch er wünscht sich Geld, Freiheit, die große Weite; gern würde er den Ort wechseln, anderswohin fliehen, ganz gleich wohin! Er grämt sich, er hofft ohne Hoffnung.

Fortschrittlichen Gesellschaften entströmen, gleich dem Geruch einer Volksmenge, widerliche Dünste, und die Herzoginnen sind nicht die Einzigen, die davon in Ohnmacht fallen. Haltet die Hände ohne Handschuhe nicht für unempfindlicher als die anderen: man kann alles satthaben, ohne irgendetwas zu wissen, seines Bündels überdrüssig sein, ohne Werther oder René gelesen zu haben, und man braucht kein Abitur, um sich eine Kugel durch den Kopf zu schießen.

Wir waren so spät losgefahren, dass kaum Wasser im Hafen war und wir dort nur mit großer Mühe einlaufen konnten. Unser Kiel scharrte über die Kiesel auf dem Grund, und um an Land zu gehen, mussten wir, wie auf dem Seil, über ein Ruder balancieren.

Eingezwängt zwischen die Zitadelle und ihre Wallmauern und in der Mitte zerschnitten von einem nahezu leeren Hafen, schien uns Le Palais eine ziemlich dumme Stadt zu sein, der die Langeweile einer Garnison aus allen Poren dringt und die irgendetwas von einem tatenlosen, gähnenden Offizier hat.

Hier sieht man nicht mehr die gewaltig breiten und die Schultern überdachenden, flachen schwarzen Filzhüte des Morbihan. Die Frauen tragen nicht jene hohen weißen Hauben, welche, wie die der Nonnen, weit vors Gesicht ragen und hinten bis mitten in den Rücken hängen, bei kleinen Mädchen auf diese Weise den halben Körper bedeckend. Ihren Kleidern fehlt die auf der Schulter applizierte breite Samtborte, welche, die Umrisse des Schulterblatts nachzeichnend, unter der Achsel verschwindet. Ebenso wenig tragen ihre Füße jene offenen

Halbschuhe, vorne rund, mit hohem Hacken und geschmückt mit auf dem Boden schleifenden langen, schwarzen Bändern; es ist wie überall, Gesichter, die sich gleichen, Trachten, die keine sind, Grenzsteine, Kopfsteinpflaster, Häuser und sogar ein Trottoir.

War das die Mühe wert, sich der Seekrankheit ausgesetzt zu haben (die wir übrigens nicht bekommen hatten, was uns nachsichtig stimmte), bloß um die Zitadelle betrachten zu können, die uns ziemlich gleich war, den Leuchtturm, der uns noch weniger kümmerte, oder Vaubans Stadtwall, der uns bereits langweilte; doch man hatte uns von Belle-Îles Felsen erzählt; wir gingen also gleich zu den Toren hinaus und schlugen querfeldein den Weg zum Meeresufer ein.

Wir entdeckten nur eine Grotte, eine einzige – der Tag ging zur Neige –, aber eine, die uns so schön erschien (sie war mit Tang und Muscheln austapeziert und das Wasser tropfte in ihr herunter), dass wir beschlossen, morgen auf Belle-Île zu bleiben, um nach ähnlichen zu suchen, wenn da welche wären, und uns in Ruhe an all diesen Farben sattzusehen.

Am nächsten Tag machten wir uns also, sobald es hell war, aus dem Staube, nachdem wir eine Wasserflasche gefüllt und ein Stück Brot mit einer Scheibe Fleisch in unsere Rucksäcke gesteckt hatten, und marschierten los, ohne Reiseführer noch irgendeine Auskunft (das ist die rechte Art), entschlossen, wo auch immer hinzuwandern, vorausgesetzt, es wäre weit, und wann auch immer zurückzukehren, vorausgesetzt, es wäre spät. Wir begannen mit einem Pfad im Gras; er ging oben auf der Steilküste entlang, stieg empor auf ihre Höhen, senkte sich in ihre Täler und lief, so wie sie, rund um die Insel auf ihr fort.

Als er von einem Erdrutsch unterbrochen war, stiegen wir weiter aufs Land hinauf, und während wir uns am Meereshorizont orientierten, dessen blauer Balken den Himmel berührte, erreichten wir schließlich wieder die Höhe der Klippe, die wir, als sich ihr Abgrund neben uns auftat, aufs Geratewohl wiederfanden. Der steil abfallende Hang, auf dessen First wir wanderten, verbarg uns die Flanken der Felsen; wir hörten nur unter uns das laute Anbranden des Meeres.

Manchmal öffnete sich das Gestein in seiner ganzen Großartigkeit und zeigte jäh seine beiden fast senkrechten Wände, wo Silexschichten Streifen bildeten und ganze Büschel kleiner, gelber Blumen gewachsen waren. Wenn man einen Stein hinunterwarf, schien er eine Zeitlang in der Schwebe und schlug dann auf die Wände, kollerte hier und da aufprallend hinab, zersprang in tausend Stücke, brachte Erdreich ins Rutschen, riss Steine mit und bohrte sich am Ende seiner Bahn in den Kies; und man hörte die davonfliegenden Kormorane schreien.

In diese Schluchten hatten oftmals Gewitterregen oder Tauwetter einen Teil des oberen Geländes geschoben, das beim stufenweisen Abrutschen den Hang abgeschrägt hatte, so dass man hinuntersteigen konnte. Wir wagten uns in eine hinein und gelangten, auf dem Hintern rutschend, uns mit den Füßen abstemmend und mit den Händen sichernd, schließlich unten auf schönen, feuchten Sand.

Es war Ebbe; doch um weitergehen zu können, musste man den Rückzug der Wellen abwarten. Wir sahen sie kommen. Sie schäumten in den Klippen am Wasser, bildeten Strudel in den Vertiefungen, überschlugen sich wie davonflatternde Schärpen, stürzten in Kaskaden und Perlen zurück und holten in langem Schwanken ihre großen, grünen Tücher wieder ein. Wenn sich eine Woge vom Sand zurückgezogen hatte, strömten die Fluten sogleich kreuzweise an tiefere Stellen. Der Tang ließ seine schleimigen Ruten wogen, das Wasser überschwemmte den Kies, sprudelte aus den Felsspalten, brandete in tausendfach klatschendem Aufprall heran, schoss tausendfach zu Fontänen auf. Der durchnässte Sand trank seine Welle und bleichte in der Sonne trocknend seinen gelben Teint.

Sobald unsere Füße Platz hatten, liefen wir weiter und sprangen dabei über die Klippen. Eine über die andere geschoben, getürmt, geworfen, wurde ihr wilder Haufen bald höher; vergeblich klammerten wir uns mit abrutschenden Händen, mit krampfhaft suchenden Füßen an ihre glitschigen Unebenheiten.

Die Steilküste war hoch, so hoch, dass man fast Angst bekam, wenn man den Kopf hob; sie erdrückte einen mit ihrer ungeheueren Ruhe, und doch bezauberte sie einen; denn unwillkürlich betrachtete man sie und konnte sich nicht daran sattsehen.

Eine Schwalbe zog vorüber, wir sahen ihren Flug; sie kam vom Meer, langsam stieg sie höher, mit ihren scharf umrissenen Federn durch die dünne, leuchtende Luft schneidend, in der ihre Flügel ruderten und es zu genießen schienen, sich frei entfalten zu können.

Sie stieg weiter, flog über die Steilküste, stieg noch höher und verschwand.

Wir indessen krochen über die Felsen, die uns an jeder Biegung der Küste eine neue Aussicht boten. Ab und zu waren sie unterbrochen, und dann gingen wir über viereckige Steine, glatt wie Fliesen, wo fast symmetrisch langgezogene Spalten die Wagenspuren irgendeines ehemaligen Weges aus einer anderen Welt zu sein schienen.

Hier und da lagen, reglos wie ihr grünlicher Grund, große Pfützen, die ebenso klar, ebenso still waren und sich ebenso wenig regten wie der reinste Quell tief im Wald auf seinem Bett aus Kresse im Schatten von Weiden; dann ragten die Felsen wieder auf, noch dichter, noch höher aufgetürmt. Auf der einen Seite war das Meer, dessen Fluten über die niedrigen

Klippen sprangen, auf der anderen die Küste, steil, unzugänglich, unüberwindlich.

Erschöpft, benommen, suchten wir einen Ausweg; doch vor uns lief die Steilwand immer weiter und die Klippen dehnten ihre dunklen Tangmassen ins Unendliche und folgten eine auf die andere, mit ihren ungleichen Häuptern, die wie aus der Erde kommende, schwarze Phantome immer mehr zunahmen und immer größer wurden.

So stolperten wir auf gut Glück vorwärts, als wir plötzlich, sich im Zickzack durch die Steinmassen schlängelnd, ein kleines Tal entdeckten, das uns wie auf einer Leiter erlaubte, wieder offenes Gelände zu erreichen.

Als wir dort hochgestiegen waren, standen wir auf der Ebene, die über diesem Inselufer liegt, und wir gingen in derselben Richtung weiter durch baumlose Felder, die nicht das geringste Grün belebte; es war trotzdem sehr angenehm, nur einen Fuß vor den anderen setzen zu müssen. Ein kleiner Tannenwald bot sich an; wir traten hinein, und als der Rucksack, der mir seit vier Stunden an den Schultern gezerrt hatte, abgelegt war, machten wir uns daran, mit unseren Fingernägeln und unseren Händen die auf dem Stück Brot hin und her rutschende Scheibe kalten Kalbfleischs zu zerreißen.

Auf den abgefallenen Nadeln liegend, hatten wir unser Diner zwischen den Beinen und ließen unsere ganz vom Seewasser durchtränkten Socken und Schuhe an den Zweigen trocknen.

Als die Tafel aufgehoben war und eine gute Pfeife uns nach unseren Anstrengungen wiederhergestellt hatte, nahmen wir den Stock und zogen los.

Da wir die Insel in ihrer Breite überqueren wollten, richteten wir uns nach der Sonne und gingen immer geradeaus; als wir uns aber bald darauf in den Feldern verirrt hatten, versuchten wir nur noch, wieder ans Meer zu kommen, dessen Ufer uns, wenn wir ihm immer folgten, schließlich nach Palais bringen musste, sei es am Abend, sei es in der Nacht oder morgen, denn wir wussten nicht mehr, wo es lag, noch wo wir uns befanden.

Gleichwohl, selbst in einer hässlichen Gegend ist es immer eine Freude, zu zweit querfeldein zu wandern und dabei übers Gras zu laufen, Hecken zu überwinden, über Gräben zu springen, mit dem Stock die Disteln abzumähen, mit den Händen Blätter und Dornen abzureißen, aufs Geratewohl dahinzuspazieren, wie es einem einfällt, wie die Füße einen tragen, singend, pfeifend, plaudernd, träumend, ohne ein Ohr, das einen belauscht, ohne das Geräusch von Schritten hinter den eigenen, frei wie in der Wüste!

Ach! Luft! Luft! und auch noch Weite! da unsere bedrückten Seelen am Fensterbrett ersticken und dahinsiechen, da unsere gefesselten Sinne sich wie der Bär in seiner Grube stets um sich selbst drehen und gegen die Wände rennen, schenkt wenigstens meiner Nase den Duft aller Winde dieser Welt! lasst meine Augen zu allen Horizonten schweifen!

Kein einziger von Schiefer glänzender Glockenturm zeigte sich in der Ferne, kein Weiler tauchte hinter einer Erhebung auf und fügte seine Strohdächer und seine Vierkanthöfe in eine Baumgruppe; man begegnete niemandem, weder einem vorüberkommenden Bauern noch grasenden Schafen noch einem streunenden Hund.

All diese bestellten Felder wirkten unbehaust; dort wird gearbeitet, gelebt wird dort nicht: man würde meinen, alle, die sie besitzen, nutzen, aber lieben sie nicht.

Wir sahen einen Bauernhof; wir gingen hinein; eine Frau in Lumpen setzte uns in Tassen aus Steingut eiskalte Milch vor. Das war ein seltsames Schweigen. Sie schaute uns wissbegierig an, und wir zogen weiter.

Wir gingen ein Tal hinunter, dessen schmale Schlucht sich zum Meer zu erstrecken schien. Hohes Kraut mit gelben Blüten reichte uns bis zum Bauch. Wir schritten weit aus, um voranzukommen; neben uns hörten wir Wasser fließen und sanken im sumpfigen Erdreich ein. Die beiden Hügel wichen auseinander und hatten weiterhin auf ihren dürren Hängen kurzes Gras, stellenweise wie mit großen gelben Flecken von Flechten überzogen. Am Fuße des einen rann ein Bach durch das niedrige Gezweig kümmerlicher Bäumchen, die an seinen Ufern gewachsen waren, und verlor sich dann in einem stillen Teich, wo langbeinige Insekten über die Seerosenblätter spazierten.

Die Sonne brannte herab, die Mücken sirrten mit ihren Flügeln und beugten die Spitzen des Schilfs unter dem Gewicht ihrer leichten Körper. Wir waren allein zu zweien, im Frieden dieser Einsamkeit.

An dieser Stelle vergrößerte sich das breiter werdende Tal und machte eine Biegung. Wir stiegen auf einen Erdhaufen, um weiter sehen zu können; doch durch einen anderen Hügel versperrt, war der Horizont bald beschränkt oder verlief sich in neuen Ebenen. Wir fassten dennoch Mut und gingen weiter, wobei wir an Reisende dachten, die man auf Inseln ausgesetzt hat und die auf die Küstengebirge steigen, um in der Ferne irgendein auf sie zusteuerndes Segel zu entdecken.

Das Gelände wurde trockener, das Kraut niedriger; in eine enge kleine Bucht gezwängt, lag plötzlich das Meer vor uns, und bald knirschte unter unseren Schritten sein aus Scherben von Korallen und Muscheln bestehender Strand. Wir ließen uns fallen und schliefen erschöpft vor Müdigkeit ein. Von der Kälte geweckt, machten wir uns eine Stunde später wieder auf den Weg, dieses Mal sicher, uns nicht zu verlaufen: wir waren an der Frankreich zugewandten Küste und links von uns lag Le Palais; an diesem Ufer sahen wir am Vorabend die Grotte, die uns so entzückt hatte. Es dauerte nicht lange, bis wir andere fanden, noch höhere und noch tiefere.

Sie öffneten sich stets in geraden oder schrägen, großen Spitzbögen, die sich kühn in riesigen, glatten Felswänden aufschwangen. Schwarz und violett geädert, rot wie Feuer, braun mit weißen Linien, zeigten sie uns Besuchern alle Variationen ihrer Farben und Formen, ihrer Reize, ihrer grandiosen Einfälle. Eine silberne war von blutroten Adern durchzogen; in einer anderen waren auf Vorfeldern aus rötlichem Granit ganze Büschel von Blumen erblüht, die aussahen wie Primeln, und an der Decke bildeten sich immer wieder Tropfen und fielen träge auf den feinen Sand. In einer war am Ende unter einem langen Bogen ein Bett aus weißem, glänzenden Kies, das die Flut gewiss jeden Tag wendete und neu aufschlug, und es schien dafür da zu sein, den Körper der Najade aufzunehmen, wenn sie den Fluten entstieg; doch ihr Lager ist leer und hat sie für immer verloren! übrig ist nur dieser noch feuchte Tang, auf dem sie, erschöpft vom Schwimmen, ihre schönen, nackten Glieder ausstreckte und bis zum Morgenrot im Mondschein schlief.

Die Sonne ging unter, hinten stieg die Flut über die Klippen, die im blauen Abendnebel verschwammen und am Meeressaum von den aufprallenden Wellen weiß überschäumt wurden; auf der anderen Seite des Horizonts war der in langen, orangefarbenen Linien gestreifte Himmel wie von heftigen Windstößen leergefegt. Sein Licht, das sich auf den Fluten spiegelte, vergoldete sie in einem schillernden Glanz; es fiel auf den Sand, machte ihn braun und übersäte ihn mit stahlblauem Glitzern.

Eine halbe Meile weiter südlich verlief die Küste am Meer in einer Reihe von Klippen. Um sie zu erreichen, mussten wir noch einmal denselben Marsch machen wie am Morgen; wir waren müde, es war weit, doch es zog uns dorthin, hinter diesen Horizont. Die Brise fuhr in die Mulden im Fels, die Wasserlachen kräuselten sich; der an den Klippen hängende Blasentang zitterte und auf der Seite, wo der Mond aufgehen würde, stieg aus den Fluten ein blasser Schein.

Es war zur Stunde, da die Schatten lang sind: die Felsen waren höher, die Wellen von satterem Grün: man hätte meinen können, auch der Himmel sei weiter gespannt und die ganze Natur bekomme ein anderes Gesicht.

Unbesorgt über die steigende Flut oder ob später ein Weg auf festen Boden führe, zogen wir also dorthinaus: wir hatten das Bedürfnis, unsere Freude bis zum Letzten auszukosten und sie ungetrübt zu genießen. Leichter als am Morgen sprangen und rannten wir unermüdlich, ungehindert dahin; eine körperliche Begeisterung trieb uns unwillkürlich voran und wir spürten in den Muskeln so etwas wie das Beben einer starken und unvergleichlichen Wonne. Wir schüttelten unsere Köpfe im Wind und freuten uns daran, das Grün mit Händen zu greifen; wir atmeten den Duft der Meeresfluten, tranken ihn in vollen Zügen, sagten uns, was da alles an Farben, an Licht, an Raunen war, das Muster der Algen, die Weichheit des Sandes, die Härte des Felsens, der unter unseren Füßen dröhnte, die Schroffheit der Klippe, der Saum der Wellen, die Linie des Ufers, die Stimme des Horizonts; und dann strich der Wind vorüber, als glitten uns unsichtbare Küsse über das Gesicht, der Himmel, wo die Wolken dahineilten, überzog sich mit Goldstaub, der Mond ging auf, die Sterne traten hervor. Wir ließen uns betören von der Überfülle dieser Herrlichkeiten, wir weideten unsere Augen daran, wir wölbten die Nasenflügel, wir sperrten die Ohren auf: etwas vom Leben der Elemente, das ihnen zweifellos unsere Blicke entlockt hatten, erreichte uns und ließ sie uns, während wir darin aufgingen, dank dieser komplexeren Verbindung, in engerem Zusammenhang begreifen und deutlicher spüren. Indem wir uns von ihr durchdringen ließen und in sie eintraten, wurden auch wir zur

Natur und verströmten uns in ihr; sie nahm uns in sich auf, wir fühlten, dass sie uns überwältigte, und hatten daran eine grenzenlose Lust: wir hätten uns in ihr verlieren mögen, von ihr gefangen genommen werden oder sie in uns davontragen wollen. So wie man sich in den Verzückungen der Liebe mehr Hände zum Fühlen, mehr Lippen zum Küssen, mehr Augen zum Sehen, mehr Seele zum Lieben wünscht, überließen wir uns berauscht und beglückt der Natur und bedauerten, dass unsere Augen nicht bis in den Schoß der Felsen, bis auf den Grund der Meere, bis ans Ende des Himmels dringen konnten, um zu sehen, wie das Gestein wächst, die Meeresfluten entstehen, die Sterne sich entzünden, bedauerten, dass unsere Ohren nicht hören konnten, wie sich kreisend der Granit bildet, der Saft in die Pflanzen schießt und sich in den einsamen Tiefen des Ozeans die Korallen winden; und im Einklang dieser kontemplativen Herzensergießung wünschten wir uns, unsere Seele vermöchte, überall ausstrahlend, in all diesem Leben zu sein, um in all seine Formen zu schlüpfen, fortzubestehen wie sie und, in der Sonne der Ewigkeit ständig sich wandelnd, immer weiter ihre Metamorphosen zu treiben.

Doch der Mensch verträgt nur wenig Nahrung, Farben, Töne, Gefühle und Gedanken am Tag. Was darüber hinausgeht, ermüdet und berauscht ihn: es ist der Stumpfsinn des Säufers, es ist der Wahn des Verzückten. Ach, wie klein ist doch unser Glas, mein Gott! wie groß ist unser Durst! wie schwach ist unser Kopf!

An jenem Abend saß uns der unsere nicht ganz fest auf den Schultern; erregt, bewegt, nahezu fassungslos kehrten wir mit klopfendem Herzen zurück und mit Nerven, die bebten wie Harfensaiten, an denen man zu stark gezupft hat: wir spürten unseren erschöpften Körper und unser benommenes Hirn, während die Beine uns, mechanisch einen Fuß vor den anderen setzend, vorantrieben und uns fast springen ließen.

Als wir wieder in die Stadt kamen, deren Tore gerade geschlossen wurden, waren wir vierzehn Stunden gelaufen: unsere Zehen schauten aus den Schuhen und unsere Hemden wurden ausgewrungen und waren zwei Tage später noch nicht trocken.

Um nach Quiberon zurückzufahren, mussten wir am nächsten Tag vor 7 Uhr aufstehen, was Mut verlangte. Noch steif vor Müdigkeit und schlaftrunken am ganzen Körper schlotternd drängten wir uns in den Kahn, in Gesellschaft eines Schimmels, zweier Handelsreisender, desselben finsteren Gendarms und desselben Füsiliers, der diesmal niemanden zurechtwies. Schwer betrunken und sich über die Bänke wälzend, hatte er gut damit zu tun, seinen verrutschenden Tschako auf dem Kopf zu behalten und sein Gewehr in den Griff zu bekommen, das seine Kapriolen zwischen seinen Beinen trieb. Ich weiß nicht, wer von den beiden der Dümmere war: der Gendarm war nicht betrunken, aber ohne Verstand; er klagte über das schlechte Benehmen des Soldaten, er zählte die Strafen auf, die er bekommen würde, er entrüstete sich über seinen Schluckauf, er stieß sich an seinen Umgangsformen. Im Dreiviertelprofil, ohne das abgewandte Auge, bot er mit seinem Dreispitz, seinem Säbel und seinen gelben Handschuhen gewiss eines der traurigsten Bilder menschlicher Existenz. Ein Gendarm ist im Übrigen etwas wirklich Albernes, das ich mir nicht anschauen kann, ohne zu lachen: ein grotesker und unerklärlicher Effekt, den diese Säule der öffentlichen Sicherheit, nebst Staatsanwälten, Richtern und Literaturprofessoren, bei mir auszulösen pflegt.

Zur Seite geneigt schnitt das Boot durch die Wellen, die wild schäumend an den Planken entlangsausten. Die Masten knarrten, die Luft pfiff in den Taljen; im Bug, die Nase im Wind, sang ein Schiffsjunge; die Worte hörten wir nicht, aber es war eine langsame, friedliche und monotone Weise, die sich stets, weder höher noch tiefer, wiederholte und fortsetzte, um mit schleppenden Bögen zu ersterben.

Süß und traurig ging es übers Meer, so wie eine wirre Erinnerung flüchtig durch eine Seele zieht.

Das Pferd hielt sich, so gut es konnte, auf seinen vier Hufen aufrecht und knabberte an seinem Heuballen. Die Matrosen lächelten mit verschränkten Armen und schauten in die Segel.

In Quiberon fanden wir Monsieur Rohan wieder, seine hochrote und stattliche Gattin und sein Spiel »Trou-Madame«, das in seinem Etablissement das obligatorische Billard ersetzt und eine der Sehenswürdigkeiten der Gegend zu sein scheint. Unsere beiden Reisenden waren darin sehr gut, und als wir nach dem gemeinsamen Déjeuner Richtung Plouharnel aufbrachen, sahen wir sie noch eifriger denn je mit einem ihrer dortigen Bekannten um den Kaffee spielen. Beide *reisten in Tuchwaren*. Der erste war ein recht schönes, männliches Wesen von einigen Zwanzig, blond, rotwangig, mit breiter Brust, schräg aufgesetzter Mütze, hohen Absätzen und Weste bis zum Knie: er war für uns die Inkarnation des Vaudeville-Schauspielers Achard: er hatte seine Eleganz, es war sein Stil. Der andere dagegen hatte zu seiner Zeit sicher die liebenswürdige Lässigkeit seines Gefährten besessen; auch er hatte einst den Hausmädchen um die Taille gefasst, nach Herzenslust die Kellner beschimpft, war brillant beim Billard gewesen und hatte die Langeweile der Landstraße vertrieben, indem er in seinem Cabriolet Béranger sang; doch das Alter war gekommen, dieser Schnee des Herzens, der seine Flamme ausgelöscht und seine Stimme gedämpft hatte. Die Erfahrung eines Verständigen, die Mäßigung eines Philosophen ließ sich von seiner Stirn ablesen, welche die Verkaufssorgen und die Furcht um die Ware mit Falten überzogen hatten. Wie viele Geschäftsbriefe er in seinem Leben hatte schreiben müssen! In wie vielen Häusern war er vor die Tür gesetzt worden! Wie oft sein Diner an einem Pensionstisch stattfand!

Da sie wie wir abends nach Plouharnel mussten, machten diese Herren den Vorschlag, unsere Rucksäcke in ihrem Wagen mitzunehmen, womit wir einverstanden waren, und wir hatten gut daran getan, weil die Straße von Quiberon nach Plouharnel sehr sandig ist und fünfundzwanzig Pfund mehr auf dem Rücken unseren Marsch nicht beschleunigt hätten. Bis zum Fort Penthièvre war uns die Gegend bekannt, wir entdeckten nichts Neues; doch mit Verdruss sahen wir nochmals einige dieser braven Menhire, die ihren blöden Schatten lang über das Gras warfen.

Wir gingen nicht ins Fort Penthièvre, zum großen Erstaunen des Wachtpostens, der uns, als er uns vorüberkommen sah, vorsorglich vom Weitem zugerufen hatte, »wir bräuchten eine Erlaubnis, um es zu besichtigen«; doch wir setzten uns unter seiner Böschung an den Hang eines großen Grashügels, der schräg zum Strand abfällt. Die Sonne strahlte, das Meer funkelte, ein rauher, scharfer Wind blies über die Dünengräser und bog sie alle zugleich herunter, als habe sich ein breiter Wasserfall darüber ergossen.

Gegenüber dieser Anhöhe, auf der wir saßen, war am anderen Ufer Plouharnel zu sehen, und so schien der Glockenturm seiner Kirche leicht zu erreichen. Man musste *einfach geradewegs weiter*, wie die Bauern sagen, als wäre es etwas äußerst Einfaches, geradewegs weiterzugehen, wo auch immer, selbst wenn man einen Glockenturm oder einen Wetterhahn vor Augen hat.

Die rings von Meer umgebene Halbinsel verlor sich in blassem Gelb in der Weite, und die Wellen zeichneten zwei lange, weiße Schaumborten auf ihr doppeltes Ufer. Das Meer war ganz blau, der Himmel ganz weiß. Im senkrecht herabfallenden Sonnenlicht hatten die Strände vor uns braun schimmernde Reflexe, die sie selbst ins Wogen zu bringen und zu verlängern schienen. Unentwegt erschienen einer nach dem anderen von Windstößen geformte runde Erhebungen, in denen hier und da wie Nadeln ein paar dünne Binsen staken. Wir stiegen sie hinauf und hinab. Träg aufwallende Staubfahnen flatterten davon, und unsere Augen schlossen sich im blendenden Sonnenschein, der auf den Fluten blitzte und auf dem Sand schillerte. Der Wind fuhr uns heftig ins Gesicht und färbte es purpurrot. Langsam und trübsinnig kamen wir auf diesem öden Strand voran.

Wir gingen also klaglos so gut wir konnten weiter, ohne je ans Ende der Bucht zu kommen, wo Plouharnel zu liegen schien. Und doch langten wir dort an; aber nun plumpsten wir ins Meer: wir hatten die rechte Seite des Ufers eingeschlagen, während man der linken hätte folgen müssen. Es hieß also umkehren und einen Teil des Weges nochmal in Angriff nehmen.

Ein gedämpftes Geräusch machte sich bemerkbar. Ein Glöckchen erklang, ein Hut erschien: es war die Post von Auray. Immer noch derselbe Mann, dasselbe Pferd, derselbe Postsack. Er trottete gemächlich nach Quiberon, von wo er bald zurückkäme, um morgen wieder hinzureiten. Er ist an der Küste zu Hause, morgens zieht er an ihr entlang, abends kommt er an ihr zurück, sein Leben besteht darin, sie hinauf- und hinunterzustreifen; nur er erfüllt sie mit Leben, macht ihre Geschichte, fast möchte ich sagen ihren Reiz aus.

Er bleibt stehen, wir reden zwei Minuten mit ihm; er grüßt und reitet weiter.

Was für ein Paar! Was für ein Mann und was für ein Pferd! Was für ein Bild! Callot hätte es sicher wiedergegeben: nur Cervantes hätte darüber schreiben können.

Nachdem wir über weite Bereiche mit Felsen gegangen waren, die man dort, um die Strecke abzukürzen, quer über das Ende der Bucht im Meer aufzureihen versucht hat, kamen wir endlich nach Plouharnel.

Das Dorf war friedlich; die Hühner gluckten in den Straßen, und in den von Trockenmauern umgebenen Gärten waren mitten in Haferbeeten die Brennnesseln gewachsen.

Als wir zum Verschnaufen vor dem Haus unseres Wirtes saßen, kam ein alter Bettler vorüber; er war in Lumpen, strotzend von wimmelndem Ungeziefer, weinrot, struppig, schwitzend, mit entblößter Brust und sabberndem Mund; die Sonne schien auf seine Fetzen, aus seiner violetten und fast schwarzen Haut schien Blut zu treten. Er grölte mit schrecklicher Stimme, während er immer wieder an die Tür eines Nachbarhauses schlug.

Wir hatten die Ehre, mit unseren beiden Handelsreisenden zu dinieren, deren Zuvorkommenheit wohl das Angebot der unvermeidlichen Flasche Champagner verdiente: und so öffnete sich ihr Herz denn auch voll und ganz den unseren und sie enthüllten uns ihre intimsten Geheimnisse. Wir erfuhren äußerst interessante Dinge, dass zum Beispiel der Jüngere, der für ein Geschäft in Lisieux unterwegs war, im letzten Jahr eine Geliebte namens Joséphine gehabt hatte, die auch noch viel Busen besaß: das war im Übrigen ein Bursche, der Kythera in all seinen Höhen und Tiefen kennengelernt hatte. Es widerfuhr ihm des Öfteren, seine Sinne mit mageren Schätzen zu besänftigen, und er hatte *mit Frauen geschlafen, die in Laken aus schwarzem Satin lagen.* – »Wie denn, fragte sein Kompagnon, und da hast ihnen nicht ein bisschen davon stiebitzt, um dir Westen daraus zu machen?«

Der Wirt, der der Bürgermeister des Ortes ist, setzte sich zum Dessert zu uns, um mit uns anzustoßen. Mit beiden Hemdsärmeln auf den Tisch gestützt und seine schwarze Seidenmütze hinter den Ohren hochgeklappt, um besser verstehen zu können, genoss er die ganze Zeit stumm und mit offenem Munde die Reden unserer Freunde und die unseren, die nicht besser waren. Übrigens hat uns dieses Diner nicht gelangweilt; manchmal ist es sehr angenehm, mit Schwachköpfen zu plaudern.

Der nächste Tag war ein Sonntag, und die Küche war bereits voller zum Frühschoppen einkehrender Bauern, als wir herunterkamen, um unsere Zwiebelsuppe zu essen, bevor wir uns auf den Weg nach Auray machten.

Durch die Stimmen und die metallbeschlagenen Holzpantinen, die in der Kneipe widerhallten, hörte man das Gurren einer Taube, die in einen an der Wand hängenden Käfig gesperrt war. Was für ein süßer Laut! Sind sie nicht liebenswert, die alten Taubenschläge, auf denen man sie das Schindeldach entlangspazieren sieht, während sie die Brust aufplustern, die Flügel spreizen, die rosigen Krallen im Wasser der Regenrinnen baden und, immer wieder anhebend und verstummend, den ganzen Tag ihr klagendes Gegurre von sich geben?

Wir waren aufgestanden, wir waren im Begriff aufzubrechen, wir sahen ihn vorüberkommen; doch wir erblickten ihn nur von hinten: »Was war das da vorne? – Was denn? – Der Hut. – Welcher Hut?«

Ein ausladender und riesiger Hut, der über die Schultern seines Trägers reichte und aus Weidenzweigen war. – Was denn Weidenzweige! aus Bronze – vielmehr! Ein Planisphärium – hart und fest, geschaffen, um dem Hagel standzuhalten, ein Hut, der keinen Regen durchlässt, der mit der Zeit nur noch härter und stärker werden musste, der Mann, den er bedeckte, verschwand darunter und schien bis zur Taille darin zu stecken; und doch trug er ihn (ich sah ihn den Kopf drehen)! Was für eine Konstitution, was für eine Natur er also besaß! was für Nackenmuskeln! was für eine Kraft in den Wirbeln! aber was für ein Umfang auch! was für ein Rund! Dieser Hut wirft ringsum Schatten und nie darf sein Herr die Sonne genießen.

Ach! was denn Hut! das ist der Deckel eines Dampfkessels, überragt von einer Säule. Wenn man Schießscharten hineinarbeiten würde, ergäbe es einen Turm!

Es gibt unerschütterliche Dinge: den Simplon und die Frechheit der Kritiker; solide Dinge: den Triumphbogen und das Französisch von La Bruyère; schwere Dinge: Blei, Suppenfleisch und Monsieur Nisard; große Dinge: die Nase meines Bruders, Hamlet von Shakespeare und die Tabaksdose von Bouilhet; doch nie sah ich etwas so Solides, so Unerschütterliches, so Großes und so Schweres wie diesen Hut von Plouharnel!

Und er war mit Wachstuch überzogen!

Kapitel VI

Kein einziges Dorf, kein einziger Weiler, kein einziges Haus liegt an der Straße, die von Plouharnel nach Auray führt. Drei Meilen lang folgten wir ihrem breiten, staubigen Band und begegneten rund um uns her nur verlassenem Heideland und ein paar saftigen Wiesen im Schatten von Bäumen, die in der glänzenden Wasserfläche des Flusses Auray stehen.

In der Biegung einer Anhöhe kommt mit einem Mal die Stadt zum Vorschein, mit ihrem hohen Kirchturm, ihrem Gewirr von Gassen, ihren Ulmen und ihrem Ring mit Kastanienbäumen geschmückter Hügel.

Die von schwarzen Balken durchzogenen, weißgekalkten Häuser, die ihre Giebel mit Holzfenstern über die Straße ragen lassen, haben die schöne Gestalt des XVII. Jahrhunderts, welche dem Auge gefällt und den Künstler erfreut: glückliche Stadt, die keine Trottoirs kennt, die kein Gaslicht erhellt und die sich ausbreitet, wie es ihr beliebt, immer noch Jungfrau gegenüber den Amputationen präfektoraler Baufluchten.

Auf einem langen, eckigen Platz hat die Markthalle, eine alte Markthalle, ihr von rötlichen Flechten übersätes riesiges Schieferdach auf schwere Holzbalken gesetzt; ringsumher flanierten die Gecken von Auray und ein paar nicht allzu hässliche junge Mädchen.

Hinter dem Hôtel du Pavillon d'en haut, wo wir das Déjeuner einnahmen, erstreckt sich eine Promenade unvergleichlicher Ulmen, die in eine Art kleinen, englischen Garten mündet, in dessen Mitte ein Belvedere steht. Trotz unserer Verdauungsschwere stiegen wir dort hinauf und konnten dann mit einem Blick auf die Stadt und ihre Umgebung schauen.

Auray hat zwei sehr unterschiedliche Teile: von der Kirche bis zum Marktplatz der neue und folglich geistlose Teil; vom Marktplatz zum Fluss dann der alte Teil, der seine hier und da von wildem Wein belebten, historischen Häuser an einem steilen Hang übereinanderstaffelt. Die Hauptstraße führt den Hang hinunter und überquert auf einer herrlichen Brücke den Fluss: eine gute alte Brücke, deren dunkler Ton schöne rötliche Einschläge hat und deren dicke Brüstung dem Umriss der abgeschrägten Pfeiler folgt, die die Strömung teilen. Sie trägt eine wogende Mähne von Efeu, Brennnesseln, Levkojen und Brombeeren, die an ihren Seiten hängt, unter die Brückenbögen baumelt und ins Wasser taucht. Am Quai waren Arbeiter eilig beschäftigt: bald sollte die Flut kommen. Zur Rechten liebkoste der Fluss üppige Wiesen, verlor sich in einem Wald, tauchte als regloser See wieder auf und verschwand unter einer Bodenwelle; zur Linken versank er über dem Hafen in einer scharfen Biegung hinter den Hügeln, deren grünende und lichtüberflutete Kuppen sich an den Himmel zu lehnen schienen.

Nachdem wir lange in diese Landschaft geschaut und die Kirche besichtigt hatten, an der gar nichts Besonderes ist, stiegen wir in einen Klapperkasten und zogen los, kutschiert von einem dicken Bauern, der im Herzen Chouan und absolut bereit war, am Tag der Wiedererstehung der Vendée zum Gewehr zu greifen. Unser Karren rollte auf der Landstraße dahin, bog nach links ab, durchquerte einen Hochwald junger Eichen und hielt vor der Chartreuse. Dort ruhen die Gebeine der Emigranten, die sich auf Quiberon vom Général Hoche gefangen nehmen ließen und in der Umgebung von Auray erschossen wurden. Als wir unseren Kutscher fragten, warum man ihre sterblichen Überreste hierhergebracht habe, statt sie dort zu lassen, wo sie umgekommen waren, antwortete er uns naiv: »Oh! um die Chartreuse zu verschönern.«

Das Monument öffnet sich in einem irgendwie griechisch gestalteten Portikus und steht mit vier Säulen auf einer Treppe von zehn Stufen; in sein Giebelfeld ist folgende Inschrift gemeißelt:

Gallia: Morens: posuit.

Wir stiegen die steinernen Stufen hinauf und traten in einen quadratischen Saal aus weißem und schwarzem Marmor, dessen Gewölbe mit einem sternübersäten blauen Himmel bemalt ist. In der Mitte erhebt sich ein Grabmal mit antiken Formen; in jeder Ecke hält ein in Tränen aufgelöster Genius eine hohe Palme und eine umgestürzte Fackel: sinnreiches Emblem von Ruhm und Tod. Auf den beiden Längsseiten des Sarkophags sind die Namen von neunhundertzweiundfünfzig Opfern eingemeißelt und aus den beiden Schmalseiten treten zwei Basreliefs hervor: das erste zeigt die Landung mit Datum: 17. Juni 1795, und folgendes Motto:

Perierunt fratres mei omnes propter Israel.

Das zweite erinnert an die Tat von Gestil du Pabeu, der, nachdem er schwimmend das Feuer der englischen Fregatten zum Erliegen gebracht hatte, trotz der inständigen Bitten des Kommodore Waren mutig in den Kampf zurückkehrte; darüber liest man:

In Deo speravi non timebo!

Die beiden Skulpturen werden überragt von vier Büsten, welche die Porträts der Herren de Sombreuil, de Soulanges, d'Hervilly und de Talhouet sind.

Die gewölbte Krone des Mausoleums bietet noch zwei

Basreliefs: die Religion, die Kronen auf ein Grab legt, und zwei Engel, die das Medaillon von Monseigneur Hercé, Bischof von Dol, halten; außerdem an allen Seiten, auf allen Sockeln, Gesimsen und Decken ein Feuerwerk lateinischer Inschriften:

Pro Deo, pro rege nefarie Trucidati.
Pretosia in conspectu. Dei mors sanctorum ejus
Pro animabus et regibus nostris
Accipietis gloriam magnam et nomen aeternum.

Was Kunst und Geschichte betrifft, findet sich dort nur sehr Betrübliches, und doch befiel uns, als wir weiter in den hinteren Teil der Grabhalle vordrangen, ein olympisches Lachen: wir hatten nämlich soeben zwei neue Basreliefs entdeckt, und was für welche! Das eine zeigte die Duchesse d'Angoulême, den ersten Stein des Grabmals setzend. Sie trug ein um den Busen eng anliegendes Kleid, einen lässig drapierten Schal, Manschetten an den Handgelenken und einen schönen Hut mit Federn; ihr zu Seite ein Präfekt, ein aus dem Dreiviertelprofil gesehener und in seinen bestickten Frack geknöpfter, richtiger Präfekt, der ihr auf einem Kissen, das sicher »aus schönstem Samt!« war, die Maurerkelle reichte; dahinter werden Hofdamen von Mitleid ergriffen und ein von Chorknaben eskortierter Bischof erhebt flehend die Hände zum Himmel, als wolle er ihn daran hindern, beim Anblick eines solchen Meisterwerks zu donnern. Das andere ist schlichter, aber deshalb nur umso großartiger: Monseigneur le Duc d'Angoulême betet über den Gebeinen der Opfer; weiter hinten verbergen Generäle ihr Gesicht in den Händen und einer presst mit einer Mischung aus Respekt und Liebe einen Handschuh auf seine verbrämte Brust. Der Herzog kniet vor einem Schädelhaufen zwischen Farnen, Stechginstern und anderem edlen Kraut; ein großer Mantel fällt von seinen Schultern herab und schleift über seine Sporen. Die Sohle seines auf den Boden gestützten Stiefels ist leicht gebogen und wirft das Leder in Falten: Oh! was für Stiefel! welch ein Leder! was für Sohlen! wer wird diesen Stiefel malen können! wer wird ihn beschreiben können! wer wird ihn besingen können! Er besaß das Stiefelprivileg, dieser arme Duc d'Angoulême: denn wir sahen ihn nochmals in Vannes in einem schwarzen Holzrahmen an der Wand hängen. Dieses Mal stand er in Reitstiefeln auf den Stufen eines Throns und durchbohrte mit dem Degen ein Ungeheuer, das die Hydra der Anarchie sein musste: im Hintergrund sah man einen stürmischen Himmel und auf einer an eine Säule gehängten Tafel las man die Worte:

Veni, vidi, vici.

Die Comtesse d'Escarbagnas hätte sich beim Hören der ersten Silbe des letzten Wortes empört: die Duchesse d'Angoulême hätte sich damit begnügt, zum Zeichen der Besorgnis den Kopf zu schütteln.

Indessen hatte ein im Dienst der Chartreuse stehender, taubstummer, junger Bauer ein Licht geholt; er zündete es an, band eine Schnur an die Manschette der Fackel und ließ sie in die sich unter dem Mausoleum auftuende Gruft hinab. Je weiter der Lichtschein hinuntersank, desto besser erkannten wir die dort hineingeworfenen Gebeine, durcheinander und aufs Geratewohl, wie sie aus dem Loch, das ihnen die Republik gegraben hatte, herausgeholt worden waren. Als das Licht auf dem Grund angekommen war, verharrte es. Der Leuchter stand nicht aufrecht. Die Flamme knisterte in der Feuchtigkeit und der Talg lief aus. Nun sahen wir das Innere dieses großen Grabes, das nahezu voller unvollständiger, vertrockneter Skelette war, deren verstreute Glieder sich vermengten. In einem Winkel bemerkten wir einen Kopf, der noch lange Haarsträhnen hatte. All diese Knochen kamen uns größer vor als die gewöhnlicher Toter.

Wir hatten den Ort ihrer Grabstätte gesehen, wir wollten den ihrer Hinrichtung in Augenschein nehmen. Es ist eine mitten im Fluss Auray gelegene große Wiese, zur Rechten an einer Anhöhe, zur Linken an einem kleinen Kastanienwald. Der Platz war gut gewählt; man führte sie in Scharen her; sie knieten nieder und fielen. War ein Haufen tot, brachte man den nächsten, und so bis zum Schluss. Man hatte sie in den Kirchen, in den Klöstern, in den Hotels untergebracht, überall, wo man Platz gefunden hatte. Viele wurden gerettet. Manche wollten lieber freiwillig sterben, unter anderem der Comte de Sombreuil. Als er eines Tages auf einer Matratze unter einem Pfeiler am Altar der Kathedrale von Vannes saß, kamen zwei Ordonnanzoffiziere des Général Hoche zu ihm und schlugen ihm vor, ihn gehen zu lassen: »Danke, erwiderte er, um in den Kampf zu ziehen, habe ich eine Frau verlassen, die ich liebte und die ich heiraten sollte, ich bin meinen Gefährten ein Beispiel schuldig. In den Tod gehe ich, wie in den Kampf, als Erster.«

Genau an der Stelle, an der sie starben, steht am Ende einer Allee, wo einem das Gras bis zum Bauch reicht, zwischen zwei Reihen von Tannen eine Bußkapelle: es ist eine Art dorischer kleiner Tempel aus Granit. Er ist bescheidener als ihr Nachbar, die Chartreuse; er hat nur zwei Inschriften, eine unter dem Portikus: *hic ceciderunt*; die andere auf dem Fries der Fassade: *In memoria aeterna erunt justi!* Das Innere hat keinen anderen Schmuck als ein auf die Scheibe des einzigen Fensters gemaltes blaues Kreuz. Die Wände sollten Gedenkfresken bekommen; doch dank der Revolution von 1830 hat die Kapelle ihren kahlen Putz behalten.

Diese Gefilde waren dazu bestimmt, die Leichen verbleichen zu sehen und sich an den warmen Dünsten des Blutes zu mästen, denn hier in dieser Binsenwiese, an den Ufern dieses Baches, der bei den Äquinoxalfluten manchmal überläuft, tobte die Schlacht von Auray, die den erbitterten Kriegen von Blois und Montfort ein Ende setzte. Die beiden zu einer Entscheidungsschlacht bereiten Heere hatten sich in der weiten Heide, die sich von Evran nach Bécherel erstreckt, schon einmal eingefunden (12. Juni 1363); doch die Bischöfe traten dazwischen und ließen die beiden Fürsten im Namen Gottes einen Vertrag schließen, der die Bretagne unter ihnen aufteilte: Montfort hatte Nantes als Hauptstadt, und Rennes fiel an Charles de Blois.

Mit solchen Bedingungen war die hochmütige Jeanne de Penthièvre gar nicht einverstanden. Charles de Blois weigerte sich, die auf Evangelium und Hostie geschworenen Paragraphen anzuerkennen, und der Vertrag wurde aufgelöst. Man gab gegenseitig die Geiseln zurück, mit Ausnahme von Duguesclin, den Montfort behalten wollte und der den Händen von Chevalier Felton, dem er anvertraut war, entkam.

Der Krieg begann also von neuem und bäumte sich in einer letzten Anstrengung auf, denn er fühlte wohl, dass es mit ihm zu Ende ging. Montfort besetzte das Château de Sucinio, La Roche-Derrien und belagerte Auray.

Bei dieser Nachricht brach Charles de Blois an der Spitze seiner Armee aus Nantes auf, und die letzten Worte, die seine Frau an ihn richtete, waren folgende: »Ich bitte Euch innig, weder Erlass noch Kapitulation noch Vertrag noch Übereinkunft zu erwirken und alles dafür zu tun, dass uns das gesamte Herzogtum der Bretagne erhalten bleibt.«

Als er vor Auray anlangte, fand er Montfort »bis an die Zähne bewaffnet und stark unterstützt von den Engländern« im Schutz des Flusses in den Wiesen stehend: er schlug sein Lager gegenüber auf und wartete. Einen Tag lang standen sich die beiden Heere gegenüber, während der Sire de Beaumanoir vergeblich versuchte, die beiden Parteien zur Kapitulation zu bringen. Am Morgen des zweiten Tages (29. September 1364) begab er sich bei Sonnenaufgang nochmals zu Chandos, appellierte ein letztes Mal an das Mitleid der Fürsten, um den Tod »so vieler braver Leute« zu verhindern. Montfort schwor bei Saint Georges, dass er zugrunde gehen oder die Krone erringen werde: nun traf man auf beiden Seiten seine Vorbereitungen.

Charles de Blois hatte sein Heer in drei Korps aufgestellt: das erste, unter den Bretonen rekrutierte, unterstand den Befehlen von Duguesclin; das zweite, befehligt durch die Grafen von Auxerre und Joigny, bestand nur aus Franzosen, und an der Spitze des dritten, zusammengesetzt aus Bretonen und Normannen, marschierte er selbst nebst den Vizegrafen von Léon und Rohan, den Edelherren de Franvelle, d'Avaugour, de Malestroit und d'Ancenis.

Jean Chandos, der Heerführer von Montfort, bildete ebenfalls »drei Treffen« und außerdem eine Nachhut, deren Befehlsgewalt er dem Edelherrn Hue de Cravelée übertrug.

Man sagt, Jean de Montfort habe in diesem Augenblick äußerster Anspannung zu weinen begonnen wie Xerxes, als sein Blick auf diese todgeweihten Männer fiel. Um ihn zu trösten, verhieß ihm Olivier de Clisson, dies werde sein Tag sein, während seinerseits Charles de Blois seine Soldaten mit guten Worten ermutigte und Gott um sein Recht bat.

Reglos und geduldig wartete Jean Chandos auf unseren Vorstoß, getreu der englischen Taktik, die in Crécy, in Poitiers und in Azincourt unser Untergang war. Charles de Blois gab Befehl zum Angriff, und trotz der Warnungen von Duguesclin, der die Engländer aus ihrer Stellung locken wollte, blies er zum Sturm. Die Truppe von Duguesclin griff als erste an, löste sich auf und verlor ein paar Männer beim Durchqueren des Flusses. Die Pfeile der Bogenschützen wurden auf den starken

Rüstungen stumpf, man griff zu den Schwertern und Äxten und kämpfte Mann gegen Mann. Duguesclin hatte seine Lücke in die Bataillone von Chandos geschlagen, denen er hart zusetzte, als die Nachhut vorrückte, auf ihn losmarschierte und ihn auseinandertrieb: so war es während der ganzen Schlacht, und das entschied ihr Schicksal. Jedes der Korps von Charles de Blois rannte ein ums andere Mal gegen das Heer von Jean de Montfort an, und wenn die anglobretonischen Truppen wankten, rückte langsam die Nachhut vor, umging das Getümmel und fiel den Franzosen in den Rücken; hatte sie sie vernichtet, zog sie sich zur Beobachtung auf die Höhen zurück und wartete nur auf den richtigen Augenblick, wieder aufzutauchen.

Charles de Blois suchte nach Jean de Montfort und rief nach ihm. Er traf auf einen jungen Verwandten des Grafen, der die Zeichen der Herzogswürde trug: er griff ihn an und tötete ihn. Das Gerücht des Todes von Montfort verbreitete sich bereits, als man ihn herbeieilen und persönlich die feindlichen Reihen durchbrechen sah, mit seinem Schlachtruf: Saint-Georges, Bretagne, Malo dem reichen Herzog!

Laval und Rohan hatten ihre treuesten Bretonen um Charles versammelt: die ganze Gewalt des feindlichen Heers lag auf diesen letzten Soldaten. Das Getümmel war dicht, hitzig, gedrängt; man kämpfte auf Messerabstand. Charles de Blois schlug zu wie ein Besessener: ein Soldat schob ihm seinen Dolch in die Kehle und er fiel mit dem Schrei: ah! ah! *Domine Deus!* Von diesem Moment an war alles verloren.

Duguesclin hielt sich noch irgendwo auf dem Schlachtfeld; doch sein Streitkolben zersplitterte, seine Axt löste sich vom Griff, sein Schwert zerbrach, und verletzt, zermürbt, besiegt ergab er sich schließlich Chandos.

Jeder tat sein Bestes, vor allem Sire Olivier Clisson, der mit seinem schweren beidhändigen Schwert so wenig ausrichtete, dass er außer verschiedenen Verletzungen einen Schlag mit der Axt bekam, welcher das Visier seiner Sturmhaube durchschlug und ihm ein Auge zerstörte, »deshalb jedoch als ohnehin sehr guter Ritter noch beliebter blieb«.

Als alles vorbei war, suchte man nach den Toten. Man fand den Leichnam von Charles de Blois; man entblößte ihn und sah, dass er ein mit Stacheln bewehrtes Büßerhemd trug und dass sein Körper so eng mit einer Knotenschnur umgürtet war, dass sie ihm ins Fleisch schnitt. Er war ein schwacher, grausamer, devoter und abergläubischer Mensch. Er zitterte vor seiner Frau. Noch am Morgen der Schlacht hatte er den Seinen verboten, Gefangene zu machen, und als er eines Tages der Messe lauschte, anstatt zum Angriff zu schreiten, gab er dem Sire Aufroy de Montboucher, der ihn aus seiner frommen Trägheit aufscheuchen wollte, zur Antwort: »Messire Aufroy, Städte und Schlösser werden wir immer haben; aber wenn wir die Messe verpassen, ist das ein nicht wiedergutzumachender Verlust.« Dank dieser Art der Kriegsführung verbrachte er neun Jahre im Tower von London, und seine Söhne, die er als Geiseln dort ließ, blieben dort dreißig Jahre.

Wäre er nicht immerfort von Jeanne la Boiteuse angetrieben worden, hätte er seit langem Frieden geschlossen: er war diesen erbarmungslosen Krieg leid und ihn schreckten schaurige Vorahnungen. Er hatte im Traum einen Wanderfalken gesehen, der in Gesellschaft zahlreicher Sperber übers Meer kam; ein zwischen allen möglichen Vögeln im Himmel fliegender Adler stürzte sich auf ihn, streckte ihn nieder, hackte ihm mit dem Schnabel den Kopf auf und zog das Gehirn heraus. Umsonst erklärte man ihm, dass er der Falke sei und über seine Feinde triumphieren werde, die Angst hatte ihn gepackt und ihm war bang ums Herz. Genau am Tag seines Todes schickte ihm der Himmel einen weiteren letzten Wink: sein Hund, ein Windhund, den er sehr liebte, verließ ihn in dem

Moment, als das Schlachtgetümmel erdröhnte; er durchquerte den Bach, der die beiden Heere trennte, lief zu Jean de Montfort, um ihn zu liebkosen, und wich den ganzen Tag nicht mehr von seiner Seite.

Im Übrigen musste er sterben, da die Schlacht für ihn verloren war: eine von den beiden Kronanwärtern gelobte Klausel hatte festgelegt, dass der Besiegte sein Leben verlieren sollte, um diesen langen Händeln ein Ende zu setzen. Eine von Duguesclin verfasste Chronik versichert, dass Charles de Blois sich ergab und dass er kaltblütig von Jean de Montfort enthauptet wurde. Diese Klage, wahr oder falsch, wurde seither immer wieder von den Fürsten des Geschlechts de Penthièvre erhoben, und sie ist in allen Einzelheiten in den aufgeregten Briefen dargelegt, die der Seigneur de Bossac und Nicole de Bretagne, seine Frau, bezüglich ihrer Ansprüche auf das Herzogtum Bretagne an Louis XI sandten.

Wie dem auch sei, ob Charles de Blois im Kampf oder nach der Schlacht umkam, mit ihm starb der Krieg. Vergebens flehte Jeanne de Penthièvre Charles V an, vergebens hatte er ihr den Duc d'Anjou geschickt, um sie zu trösten, er befürchtete, Jean de Montfort werde sein Reich dem König von England zum Ehrengeschenk machen, und er zwang sie am 12. April 1365, den Vertrag von Guérande zu unterzeichnen, der Montfort unter dem Namen Jean IV als Duc de Bretagne anerkannte.

Jene Wiese, die in der Sonne grünt, ohne weiter an die Massaker zu denken, die sie einst mit Blut getränkt hatten, verließen wir auf einem übers Wasser geschlagenen Damm, der zu einer sich über den Hang eines karstigen und steilen Hügels windenden Straße führt. Unter ein paar Felsblöcken, die fast in Weißdorn, Ginster und Heckenrosen verschwunden sind, fließt der Fluss zwischen Gladiolen und Seerosen dahin, dreht das plätschernde Rad einer Mühle und hat auf seinen

Ufern alte Holzhütten, die ihren Fuß im Gras und ihren Kopf in den Bäumen verstecken.

Als wir die Anhöhe erklommen hatten, bogen wir in ein Netz verschlungener Wege ein; am Ende eines verborgenen Pfades, wo wir eine alte Frau unter einer Eiche knien und, das Gesicht ihr zugewandt, beten sahen, kamen wir schließlich auf eine flache Heide, hinter der sich ein paar schöne Baumgruppen formieren, die ihre grüne Wand vor die berühmte Kirche Sainte-Anne d'Auray ziehen.

Seit die Heilige im XVI. Jahrhundert von einem Landarbeiter namens Nicolazic in einem Weizenfeld gefunden wurde, hat sie so viele Wunder vollbracht, dass man beschloss, mitten in einem allseits von Zellengebäuden umstandenen großen Hof eine Kapelle erbärmlichen Stils für sie zu errichten. Die Innenwände der Kirche verschwinden unter einer unglaublichen Fülle von Exvotos jeglicher Art. Es ist mit ihnen wie mit dem Muskat von Boileau: man hat alles damit gewürzt. Es ist ein aufschlussreiches Museum für alle, die zu verstehen versuchen, bis zu welchem Punkt sich die menschliche Dummheit auswachsen kann. Auf von Glasern gemalten Bildern sieht man kranke Kinder, Frauen unter Wagenrädern, Müller in Mühlrädern, von Mördern angegriffene unschuldige Bürger, aus ihren Fenstern gestürzte Leute, kleine Knirpse, die von Hunden verschlungen werden, Familien, die unvorsichtigerweise Pilze essen, und alle aus dieser äußersten Gefahr vor dem sicheren Tod errettet durch die Fürsprache von Notre-Dame d'Auray, die leuchtend und über die Sonne schreitend in einer Ecke des Rahmens erscheint. O liebe Dame d'Auray, da Ihr so mächtig seid, erlöst uns doch von unseren Gläubigern, vom Magendrücken, von den Omnibussen und von den Feuilletons J.J.

Im Schatten der weißen Flügel der Heiligen lebt und wimmelt rund um die Kirche ein Volk tyrannischer Bettler, die ebenso rasch über die Reisenden herfallen wie das Elend über die Dichter.

Nach diesem Besuch stiegen wir wieder in den Wagen und erreichten Vannes recht früh fürs Diner und fürs danach wie tugendhafte Bürger Schlafengehen.

Am nächsten Tag hatten wir beim Déjeuner eine jener Begegnungen, die einen fast an eine höhere Macht glauben lassen. Wir erblickten Montmorency, unseren Montmorency mit seinem Kraushaar, seinem Gehabe, seinem Appetit. Er geruhte nicht, uns zu grüßen; aber wir freuten uns einfach daran, ihn wiedergesehen zu haben. Nach dieser schönen Fügung zogen wir wie glückliche Menschen zur Nachsicht geneigt los, und es war nicht wenig Nachsicht, die uns ergriffen hatte, denn man sieht unmöglich unangenehmere und dümmere Kirchen als die von Vannes: nur eines übersteigt ihre Hässlichkeit, und das ist ihr schlechter Geschmack. Wohl bekamen wir hier und da ein paar schöne Eindrücke von unter Efeu halb zerbröckelten Stadtmauern; aber es wären mehr vonnöten gewesen, um den Geschmack des Ärgers von unseren Lippen zu wischen, der uns in den »heiligen Hallen« überfallen hatte.

Von dem ganzen Château de l'Hermine, das einst eine von zwei Bergfrieden gestützte Garbe einer aus dem anderen aufschießender Geschütztürme war, bleibt nichts als der Turm des Kronfeldherrn. Das Verlies, in dem Clisson eingesperrt war, dient dem Gerichtspräsidenten von Vannes als Keller, und die Räume, in denen Jean IV seine Macht zeigte und Bazvalan zehntausend Gulden in Gold schenkte, weil er seine Befehle nicht ausgeführt hatte, sind von einem Tischler besetzt, der, dort provenzalische Rundtänze pfeifend, jeden Tag seine Bretter hobelt. Gegenüber grünt die Garenne, eine schattige Promenade, die einst nur ein karstiger Berg war, den man in irgendeiner 1750 aufgetretenen Hungersnot behauen und bepflanzen ließ, um den Armen Brot zu geben. Hier wurde

Sombreuil erschossen, der schönste der Vendeer von Quiberon.

Während wir unter den Linden entlangschlenderten, kam ein Herr an uns vorüber. Er hatte einen Gehrock aus Samt, eine geflickte Satinweste, ein fragwürdiges Hemd mit glänzenden Knöpfen, eine vergilbte weiße Krawatte, einen Hut aus schwarzem Korbgeflecht, einen Roman unter dem Arm, eine pickelige Nase, dicke Lippen, apoplektische Augen. Er blieb stehen und grüßte uns mit einem Lächeln.

»Nun, meine Herren! Was sagen Sie zu unserer Promenade? – wir nennen sie die Garenne – sie ist äußerst schön, nicht wahr? Sie sind Fremde; das sehe ich an Ihren großen Hüten. – Zweifellos Garenne, weil es hier früher Kaninchen gab. Verstehen Sie die Stadt, die sie nicht pflegen lässt? – Gassenjungen: denn es gibt hier Gassenjungen wie anderswo auch – der Pariser Gassenjunge ist es nicht – aber, kurz und gut, unsere Gassenjungen zerstören sie. Sie durchlöchern die Hecken und verwüsten den Boden – überall klettern sie hoch – ich warte auf eine Dame – sonst hätte ich Ihnen das ausführlicher erklärt. Müsste man nicht einen Aufseher für diese Promenade einsetzen, die einzigartig ist in ihrer Art – aber weit gefehlt! das fällt ihnen nicht ein. Man hätte einen alten Rentner dafür nehmen können – wie mich zum Beispiel, man hätte ihm dreihundert Francs im Jahr geben können: nicht dass ich sie zum Leben bräuchte. Man hätte ihn dort oben unterbringen können, im Hospital. – Kennen Sie das Hospital? Nein, seltsam. Ich würde es mir zur Aufgabe machen, Sie dort hinzuführen; aber ich warte auf eine Dame. Ich wundere mich sogar, dass sie noch nicht gekommen ist. Nun ja! Stattdessen lassen sie sie verfallen und kümmern sich nicht mehr darum als um einen Klumpen Mist. Früher gab es hier Kaninchen, deshalb nennt man sie die Garenne. – Die Mauer dort führt um den Garten des Präsidenten, eines sehr guten Menschen; seine Ehefrau wird hier sehr geliebt – aber ich bin sicher, dass er einen Aufseher einsetzen würde, wenn er wollte: im Grunde ist mir das egal: ich sage das nicht wegen mir. – Haben Sie die Stadt besichtigt? – Viel ist da nicht zu sehen; ich wäre froh, Sie herumzuführen, wie man so sagt, wenn ich nicht auf jemanden warten würde; aber ich warte auf eine Dame. – Es gibt die Kathedrale, die Rundbögen hat, wie in dem Stil, den man gotisch nennt. Ein schönes Bauwerk. Und dann das Grab des Erzbischofs. – Oh! das ist ein Kunstwerk! Das ist voller Leben, man möchte meinen, gleich sagt er was. Er liegt da mit einer Halskrause: man könnte schwören, es sei Spitze! Es wäre mir eine Freude, Sie dort hinzuführen, wenn ich nicht auf eine Dame warten würde! Schau an, sehen Sie, was ich Ihnen gesagt habe: sie sind unverbesserlich! Ich würde die Eltern zur Verantwortung ziehen! Dann gibt es noch den Marschallsturm; aber der ist zu alt: das mag ich nicht – es gibt eine andere Kirche; aber sie ist hässlich: sie ist zwar groß; aber Sie haben etliche andere auf Ihrer Reise gesehen: denn ich sehe genau, dass Sie Fremde sind. – Nun ja! können Sie sich vorstellen, meine Herren, dass sie nicht einmal die Wege fegen, wenn die Blätter fallen! Meine Herren, es ist, wie ich es Ihnen sage, sie fegen nicht einmal! Und ich bin sicher, dass die Promenade, die Garenne, wie wir sie nennen, viele Fremde herlocken würde, wenn sie gut in Stand wäre. Sie gehen da rechts hoch und folgen der Mauer des Präsidenten. Sie gehen bis nach oben und dann sehen Sie – oh! das ist mal ein Aussichtspunkt – der ein wenig gepflegt ist! nicht weil ich aus Vannes bin; aber das ist ein hübscher Aussichtspunkt. Und dann gibt es noch das Collège in der Stadt. Rings um seine Kapelle sind Nischen. Sie brauchen nur zu klingeln, der Pförtner wird Ihnen öffnen: Sie geben ihm einfach ein Trinkgeld. Schauen Sie, wenn sie einen Inspektor einsetzen würden, den sie mit dreihundert Francs im Jahr bezahlten, wäre das noch eine Ersparnis, ja, Monsieur, eine Ersparnis, und warum? warum? weil der Moment kommt, wo sie gezwungen sind, Reparaturen vorzunehmen, die sie sehr viel kosten werden: das ist ganz einfach; aber versuchen Sie mal, das denen zu erklären: das ist, als ob Sie mit Gehörlosen reden würden. Nun, meine Herren, ich bin entzückt, Ihre Bekanntschaft gemacht zu haben. Gehen Sie da hoch, nach rechts; ich begleite Sie nicht länger: denn ich warte auf eine Dame!«

Dann erbot er uns seinen Gruß. Wir nahmen den Weg, den er uns gezeigt hatte, und auf halber Höhe angekommen, drehten wir uns um. Er stand reglos da und sah uns nach. Als er merkte, dass wir zu ihm hinüberschauten, wedelte er mit den Armen und rief: »Gehen Sie dort hoch, richtig – Garenne – ganz oben – ja – da lang – nein – hier – nach rechts – genau – ich würde ja mitkommen; aber ich warte auf eine Dame!«

Nachdem wir die Stadt in ihrer ganzen Länge durchquert hatten, nachdem wir an einer Straßenecke zwei kolorierte Holzfiguren betrachtet hatten, die man Vannes und seine Frau nennt, marschierten wir aufs Land hinaus, um hinter einer Hecke zu rauchen, da wir den Schatten der Bäume dem Kneipendunst vorzogen. Auf dem Weg durch eine Straße blieben wir stehen, um ein Haus zu betrachten: es war ein ganz einfaches Haus, jedoch mit Ziegeln gedeckt und mit Kalk verputzt. An seinen Wänden hing ein Schiffsspant aus geschwärztem Holz, das als Treppe aus Brettern bis auf das grasumwucherte Straßenpflaster hinunterreichte, wo zwei oder drei zerlumpte kleine Knirpse spielten. Gegenüber, vor einer niedrigen weißen Mauer, schüttelte eine Akazie ihren luftigen Schopf; über unseren Köpfen war der Himmel ganz blau, und die Sonne, die die Kinder, den Baum und das Dach in ihr Licht tauchte, warf auf die Wand einen violetten Schatten, der an einer Biegung der Straße abbrach. Der Weg lag verlassen da. Ich hob unwillkürlich den Kopf, um zu sehen, ob nicht ein paar Störche durch die Lüfte flogen: ich glaubte, in Smyrna zu sein, im türkischen Viertel, neben der Pont des Caravanes.

Kurz danach nahmen wir unseren Rundgang wieder auf. Wir liefen an einem Bach entlang, der sich in Kaskaden über ein Mühlrad ergießt und unter einer Decke gelber Seerosen dahinströmt. Weiter hinten lachten, sangen und schwatzten Waschfrauen an einem Teich, wo die langen Blätter der wilden Iris aneinanderklatschten, wir stiegen über einen Zauntritt und legten uns auf einem weichen Grasteppich unter Eichen in eine von Blumen strotzende Wiese, wo smaragdgrüne Prachtkäfer umherschwirrten, die mich früher sehr glücklich gemacht hätten, als ich in der Sexta war und eine Insektensammlung anlegte, weil ich gut in Naturkunde war.

Ein paar Stunden später hockten wir auf der Bank einer Postkutsche und fuhren nach Lorient. Die Landstraße führte durch endlose Heideflächen und einige Wäldchen, welche die Sonne mit ihrem ersterbenden Schein purpurrot färbte. Mit der Abenddämmerung erhob sich ein kühler Wind, der herb nach Meer roch, und es war endgültig Nacht geworden, als wir in LORIENT ankamen, über das nichts zu sagen ist, außer dass es die albernste Stadt auf der Landkarte ist.

Und doch blieben wir dort fünf Tage, versuchten zu arbeiten, hörten uns die Musik an, die abends auf der Promenade gespielt wird, wir wagten sogar im Theater Platz zu nehmen, als mal eine Komödie von Monsieur Scribe gegeben wurde, verfolgten ein Mädchengesicht durch die Straßen, das uns eine Viertelstunde hinzubringen half, fragten alle nach dem Hafen, den wir überall aufzuspüren versuchten, ohne ihn entdecken zu können, brauchten unser Geplauder, unsere Tintenfässer und unsere Pfeifen auf und waren schließlich immer betäubter, erschöpfter, stumpfsinniger und besiegter von der langweiligen Atmosphäre, die uns umgab.

Und wie munter waren wir dann am Abreisetag, wie leicht waren die Rucksäcke auf unseren Schultern, wie fröhlich wanderten wir dahin und ließen den Straßenstaub mit den Füßen stieben. Wir sprangen in eine Wiese, um Rast zu machen, und in diesem Augenblick kam auf der Landstraße ein junger Mann vorüber, der mit Gipsfiguren handelte und, ein Genueser Lied singend, sein Brett auf dem Kopf trug. Ich wiederholte den Refrain, er blieb stehen und lauschte den Worten seiner Heimat; er sah sich überall um, entdeckte uns in unserem Alkoven aus frischem Heu liegend und kam zu uns herüber. Wir plauderten ein paar Minuten mit ihm. Er ist nicht mal sechzehn und kommt, seine netten Frauen und Pudel aus Gips verkaufend, aus Florenz. Er schläft auf Stroh und ist den ganzen Tag auf den Beinen. Oft besteht sein Diner aus einem in den Fluss getauchten Stück Brot; aber was macht das schon! er tat uns nicht leid: denn er ist glücklich, hundertmal glücklicher als die Herren vom Ministerium und von der Steuer: hat er nicht seine Jugend, seine Zigeunerfreiheit und irgendeine italienische Romanze, die er aus voller Kehle singt, wenn er barfuß die Wege entlangläuft.

Nach Hennebont kamen wir über eine Brücke, unter welcher der Blavet fließt, wo ein paar am Quai aufgereihte Boote schlafen. Die auf einen Hügel gruppierte Stadt erstreckt sich auf dieser Seite bis zu einem Ring alter Stadtmauern mit Pechnasen, deren vom Regen geschwärzte und von der Sonne verbrannte Steine hinter den Büscheln ihrer wilden Blumen die dicken Eisenringe verstecken, an denen einst die Schiffe festmachten. Überall tauchen in den Straßen zwischen den Häusern ein paar Reste der Bollwerke auf. Die Remise des Hotels, in dem wir abstiegen, ist ein Turm, dessen Mauern eine Dicke von fünfzehn Fuß haben.

Hennebont ist eine heitere Stadt, alt genug, um nicht zu dumm zu sein; neu genug, um nicht zu schmutzig zu sein. Sie hat alles, was man braucht: eine mit Ulmen bepflanzte Allee, wie man sie nur in der Bretagne sieht, eine würdevoll mit Glockentürmen, Dachreitern, Pinakeln, Strebemauern, Rosetten und Wasserspeiern besetzte, steinerne Kirche, die sich von weitem gut ausnimmt; doch ihr größter Reichtum ist eine mit jungen Linden bepflanzte Promenade, die über der Stadt liegt und an einem abschüssigen, steinigen und bemoosten Hang auf den Treidelweg am Blavet hinunterführt. Nicht weit davon stehen zwei geschwärzte alte Türme, vergittert, mit spitzen Dächern bedeckt, durch einen Mittelwall verbunden, von einem Tor durchbrochen, von den Schlachten durchlöchert, und dienen als Gefängnis.

Von der Höhe einer dieser Türme sah gewiss die bestürzt aufs Meer blickende Comtesse de Montfort, »Schiffe in Hülle und Fülle, große und kleine, gut bestückt auf Hennebont zusteuern«. Es war höchste Zeit, denn Louis d'Espagne, dieser heftige Plünderer, der so viele Städte in die Enge trieb, belagerte die Comtesse, »welche die Brust eines Mannes und das Herz eines Löwen besaß«, und setzte ihr zu. Vergebens ritt sie von Kopf bis Fuß gerüstet auf ihrem Schlachtross durch die Straßen und ging den Frauen mit gutem Beispiel voran, indem sie selbst Steine auf die Stadtmauern trug; vergebens hatte sie an der Spitze von dreihundert Reitern das gegnerische Feld in Flammen geschossen, man musste kapitulieren.

Es war ein Glück, dass Sire Gautier de Maury, gut gerüstet mit Männern, Waffen und geschickten Bogenschützen, aus England anrückte. Seine erste Sorge war, einen Ausfall zu bewerkstelligen und ein monströses Gerät zu zerstören, das Tag und Nacht die Mauern beschoss und riesige Steine auf den Platz schleuderte. Als er von diesem Feldzug zurückkehrte, kam ihm jeder mit Freudenschreien und Siegesgeheul entgegen: »Wer gesehen hat, wie die Comtesse ein großes Festmahl aufgefahren und Messire Gautier Maury und seine Gefährten einen nach dem anderen zwei oder drei Mal geküsst hat, konnte wohl behaupten, dass dies eine mutige Edelfrau ist!«, und es war richtig, ihn so zu umarmen: denn Louis d'Espagne war so entsetzt, dass er sich Charles de Blois anschloss, der gerade Auray belagerte. Jetzt ist alles ganz anders: die Stadt hallt nicht mehr wider vom Lärm der Waffen wie zu jenen guten alten Zeiten der Belagerungen und Gemetzel. An kriegerischen Reitern sahen wir zwei Gendarmen, die uns nach unseren Pässen fragten, und in einer an den Turm gebauten Bude sang ein Schuhflicker beim Nageln seiner Sohlen.

Es war kalt; es wehte ein scharfer, rauher Wind. Wir kamen unter einem Frauenkloster vorbei, wo traurig ein Klavier ertönte; wir umrundeten ein Buchengehölz, wo wir ins Land hinauskamen und, Pfade, Wege und Straßen einschlagend, aufs Geratewohl dahinwanderten, manchmal einer Wagenspur folgend, die uns in den Hof eines Bauernhauses verschlug, oder uns plötzlich auf einem Feld ohne Aussicht wiederfindend. Wir schauten uns nichts an, wir setzten einen Fuß vor den anderen, und das war uns genug. So erlebt man manchmal Augenblicke leidenschaftlicher Aktivität, wo die Beine ohne Grund und Ziel von selbst laufen: der ganze Mensch besteht dann nur noch aus einer Art unwillkürlicher Bewegung, der er sich nicht einmal bewusst ist. Diese mechanische Tour dauerte zwei Stunden, nach denen wir uns in unserem engen Wirtshauszimmer wiederfanden. Wir schliefen dort tief und fest, und am nächsten Morgen um 10 Uhr, als die Glocken zur Prozession läuteten, stiegen wir in die Postkutsche, die uns nach Ploermel bringen sollte.

Wir kamen noch einmal durch Vannes und fuhren kurz darauf in das endlose Heideland von Lanvaux, das so weit das Auge reicht das dunkle Grün seines Stechginsters ausbreitet. Wir rollten durch die einzige und kurvige Straße von Malestroit und langten gegen 9 Uhr abends in Ploermel an, dessen

Sehenswürdigkeiten in seiner Kirche versammelt sind, die aus einer schönen Zeit stammt und äußerst bedeutend ist.

Ihr Eingang besteht aus zwei Doppeltüren in gemäßigter Spitzbogenform, verbunden durch eine dünne, gewundene, kleine Säule und fortgesetzt in einem Rund, dessen in tausend bezaubernden Themen geschmückter Schwibbogen filigran wie eine Gipürespitze ist. An Früchten pickende Vögel, Engel mit Lockenköpfen, langen, faltigen Gewändern und ausgebreiteten Flügeln, Trauben, phantastische Tiergestalten, Einfälle aller Art hängen an der Arkade und krönen sie mit einem märchenhaften Diadem. An einem Strebepfeiler spielt eine Sau Dudelsack: sie sitzt friedlich auf ihrem Ringelschwanz; mit hängenden Ohren, den Kopf leicht nach links geneigt, bläst sie aus vollem Halse in ihr Instrument, das sie mit den beiden Vorderpfoten hält. Um sie herum winden sich Rankenornamente, die frappierende Ähnlichkeit mit denen der Renaissance haben. Weiter hinten steigt zwischen zwei Spitzbogenfenstern eine gerade Säule auf, die sich mit einem Kapitell schmückt, wo in Disteln, Kleeblattkreuzen und Vierpässen Engel ihre hübschen Gesichter zeigen. Darüber ragt neben einem zerbrochenen Wappen ein kleiner Baldachin mit dreipässigen Verjüngungen aus der Wand und schützt eine enthauptete Statue. Die Strebepfeiler, die die Kirche umgeben und, wie um sie zu stützen, an ihren Seiten aufragen, enden alle in mit Kreuzen und Rosetten bestückten Dachreitern. Die Traufen, die aus ihren grimassierenden Mäulern das Regenwassser spucken, haben unheimliche Köpfe, Hohlrücken, krause Mähnen, gebogene Schwänze und Beine so dünn wie die bizarrer Schafe. Der Granit ist zerfressen von Flechten, die sich wie eine Lepra daran geheftet haben und mit ihren Rottönen die öde Farbe des Steins beleben.

Das aus einem Hauptschiff und zwei Nebenschiffen bestehende Innere bietet nichts, was wir nicht auch anderswo gesehen hätten. Unter den zerbrochenen Fenstern, die das Licht in den Chorraum fluten lassen, entdecken wir einen wunderbaren Pilgererkopf, mit feinem blonden Kraushaar unter einem schwarzen Hut, und einem Blick, dessen Blau sich mit dem Rot seines Bartes paart. Den unvollständigen und trüben Resten dieses Kirchenfensters entnimmt man, dass sie einst den Kreuzweg darstellen sollten, umgeben von religiösen Themen.

Nördlich des rechten Seitenschiffs ruhen in einer Nische auf einem Grabmal aus schwarzen Marmor die Statuen von Jean II und Jean III, Herzöge der Bretagne.

Mit zusammengelegten Händen, den bloßen Kopf auf einem Kissen und die Füße auf einer Strebe, sind beide auf ihren Gräbern ausgestreckt. Ihre sanften und traurigen Gesichter werden von langem Haar umrahmt, das ihnen auf die Schultern fließt; neben ihnen liegt das mit den Zeichen königlicher Würde übersäte Schild und der lange Degen mit blumenverziertem Heft. Jean II trägt sein Kettenhemd, Gamaschen umhüllen seine Beine. Die Stirn von Jean III ist mit einem Band von Edelsteinen umschlungen, während er dort schläft, und sein Kettenhemd bedeckt ein schmaler, enger Panzer mit den Wappen der Bretagne; außerdem trägt er Beinschienen, Knieschützer, Gamaschen und einen an der rechten Seite hängenden Dolch.

Als wir diese Saint Ermel gewidmete Kirche ausgiebig besichtigt hatten, gingen wir durch ein paar schöne Alleen und eine hohe Wiese und setzten uns an den Rand des Étang au Duc. Er ist von hohen Bäumen umstanden; friedlich kräuselt er sich unter der leichten Brise und an seinen Ufern zeigt sich kein einziges Haus. Neben uns hängte eine Frau Wäsche auf, und auf dem Wasser schwammen ein paar Enten. Ich konnte nie eine Ente sehen, ohne mich an eines der größten Liebeserlebnisse meiner Kindheit zu erinnern.

Ich war, glaube ich, acht Jahre alt und wohnte vorübergehend in einer kleinen Provinzstadt. Eines Tages, als ich etwas Geld in der Tasche hatte, begegnete ich einer Bäuerin, die Enten in einem Korb trug. Dabei war eine, die den Kopf hob, mit den Flügeln schlug und verzweifelte Schreie ausstieß. Sie hatte, wie ich mich entsinne, ein feines weißes Federkleid am Hals, goldene Farbtöne auf dem Rücken und hübsch gelockte Federn am Schwanz. Ich kaufte sie: ich war überglücklich. Ich hielt meine Ente fest im Arm, ich bedeckte sie mit Küssen, und da ich in diesen unschuldigen Zeiten pausenlos die Werke von Monsieur de Florian las, nannte ich sie Numa Pompilius. Ich floh in mein Zimmer, ich setzte mich auf den Boden, ich legte Pompilius auf meine Knie, und da ich dachte, er habe vielleicht Hunger, gab ich ihm in Konfitüre getauchtes Brot zu essen, das ich ihm mit einem Stäbchen eintrichterte. Als er ordentlich vollgestopft war, füllte ich eine Waschschüssel mit Wasser und setzte ihn hinein, ganz davon überzeugt, dass er darin schwimmen werde. Er wehrte sich, sprang über den Rand des Gefäßes und fiel aufs Parkett. Ich stürzte herbei, ich hob ihn auf und wiegte ihn an meinem Herzen. Meine Ente, zweifellos erschöpft von der seltsamen Gymnastik, der ich sie unterzog, steckte den Kopf unter die Flügel und schlief ein: nun blieb ich stumm und betrachtete sie, ohne mich zu rühren, vor Angst, sie zu wecken. Das war ein Tag, wie mir seither, leider! wenige wiederbegegnet sind. Als es Nacht geworden war, setzte ich Pompilius auf ein warmes Daunenkissen; ich küsste ihn und legte mich mit dem Gedanken schlafen, dass mein Glück kein Traum war. Sobald mein Kindermädchen mich am nächsten Tag angekleidet hatte, nahm ich meine Ente und trug sie in den Hof, um sie frische Luft schöpfen zu lassen. Das war aber ein Hühnerhof voller Geflügel aller Art. Pompilius erblickte eine Entenschar, die in einem Mistklumpen herumstocherte, und watschelte auf sie zu. Er wurde mit Schnabelhieben empfangen. Als ich das sah, packte mich eine rasende Wut; ich nahm einen Stock und eilte herbei, um die Angreifer zu bestrafen: sie flohen, und wer vermöchte das zu glauben?, Pompilius folgte ihnen. Vergebens rief ich nach ihm mit den süßesten Worten, vergebens schrie ich: ich will dich nur verteidigen! Je näher ich ihm kam, desto weiter wich er zurück zu denen, die ihn so ungerecht empfangen hatten; als ich nun sah, dass ich weder meine Ente wieder packen noch ihre Feinde bestrafen konnte, wollte ich ein schreckliches Exempel statuieren, ich schleuderte mit aller Kraft meinen Stock: oh weh! meine Wut hatte ihn schlecht gelenkt: er drehte sich in der Luft und traf Pompilius. Das arme Tier fiel um, stieß einen kläglichen Schrei aus, streckte mit einer krampfartigen Bewegung die Füße und gab den Geist auf. Ich stürzte weinend herbei, an meine Brust gepresst trug ich es fort, ich warf mich in die Arme meiner Mutter, die meinen Schmerz nicht lindern konnte, und als ich den schon kalten Leichnam auf den Boden legte, schrie ich vor Entsetzen, da ich sah, dass meine Hände vom Blut des Unschuldigen befleckt waren. Bis zum Abend war ich untröstlich; doch die Kümmernisse von Kindern sind wie der Sommerregen. Zwei Tage darauf kam er in Soße schwimmend und von Oliven gekrönt auf den Tisch. Bei diesem Anblick begann ich wieder zu weinen und habe mich lange geweigert, Ente zu essen.

Diese Geschichte hat mich weit weggeführt, so weit, dass ich nicht weiß, wie ich wieder auf unsere Reise und in meinen Bericht kommen soll. Nachdem wir indes eine Zeitlang am Ufer des Sees die Gedanken hatten schweifen lassen, kehrten wir nach Ploermel zurück und machten uns auf den Weg nach Josselin.

Wo es zur Stadt hinausgeht, ist die Straße von schön gewachsenen Kastanienbäumen beschirmt; sie läuft an Wiesen und

Feldern entlang und verlässt sie bald, um ins Heideland zu schweifen. Nach ungefähr zwei Meilen führt sie links an einem kleinen Wald von Eiben und Zypressen vorüber, in dem ein Obelisk aufragt: hier fand einst die Schlacht der Dreißig statt, die so kühn und heftig war, dass sie lange sprichwörtlich blieb. Hier wurde damals der Sire de Tinténiac zum Tüchtigsten des Tages, und genau hier auf dieser Heide der Mi-Voie fiel vier Jahrhunderte später einer seiner Nachkommen, ein Tinténiac, an der Spitze einer Truppe von Chouans unter republikanischen Kugeln.

Noch zwei Meilen, und wir kamen nach Josselin. Hier steht das Schloss, wo der Konnetabel Olivier de Clisson aus dem Leben in den Tod schied. Von der Brücke aus gesehen, die den Fluss Oust überquert, bietet die auf ihrem Schieferfelsen thronende, auf zwei Bollwerke gestützte Festung, mit ihren drei dicken Türmen, ihrer Galerie mit Pechnasen, ihren spitzen Dächern und zinnenbewehrten hohen Fenstern, einen großartigen Anblick. Der senkrecht geschnittene, scharfkantige, von violetten Streifen geäderte Fels erinnert, ohne einen Zweig, ohne einen Halm, gerade, glatt, schrecklich, wie ein Wehr bis zum Ansatz der Mauern aufragend und sich mit ihnen verbindend, an jene furchtbaren Angriffe, die einst versucht haben, diesen unzugänglichen Block zu erklimmen: und so wird der alte Clisson, als er der Hexerei bezichtigt wurde und sich zu lebenslanger Haft und einer Geldstrafe von hunderttausend Francs verurteilt sah, denn auch gelacht haben bei der Vorstellung, dass der, der in seine schöne Zitadelle käme, um ihm sein Geld und seine Freiheit zu nehmen, sehr geschickt sein müsse.

Eine neu gezogene Straße führt am Fuß des Felsens entlang, der früher sicher im Wasser stand; wir folgen ihr, wir steigen ein paar Gassen hinauf, wir gehen durch ein schmales Tor, das sich zwischen zwei schartigen Mauern auftut: dies war sein erster Festungswall. Über dem Bogen hat inmitten eines zauberhaften Gewirrs von Brombeeren, Efeu und Brennnesseln ein mächtiger Holunder seine knorrigen Zweige getrieben und seine zum Schirm erweiterten weißen Blüten entfaltet. Vor uns öffnet sich ein bescheidenes Holzgatter und wir stehen im Ehrenhof vor der inneren Front des Schlosses.

Es ist niedrig, einstöckig und überragt von einem Dachstuhl, der höher ist als es selbst. Zehn Fenster lassen seine Fassade blitzen, zehn wunderbare Fenster mit sechs steinernen Sprossen, prismaförmigen Pfeilern, reizenden Dachreitern, durchbrochenen Pinakeln, die so hoch sind, dass sie den Dachfirst zu überragen scheinen. Eine Galerie verbindet all diese Fenster miteinander und verändert bei jedem ihre Gestalt: ineinander verschlungene Fabeltiere, Jagdszenen, eingekreiste Hirsche, bellende Hunde, oder manchmal sogar die Devise: *À plus!* in Großbuchstaben in den Stein gemeißelt. Elf Wasserspeier aus Granit kriechen über die Mauern und reichen bis nach unten; jeder endet im Kopf eines Ungeheuers: Chimäre, Elefant, Schlange, Rhinozeros, sogar ein ganzes Krokodil, das sein bewehrtes Maul öffnet, seinen Schwanz einrollt, mit den Schwimmfüßen schlägt und seine Schuppen schüttelt. Vier Türen öffnen sich unter Spitzbogenrippen, deren Anlauf sich auf Figuren in langen Gewändern stützt, die das Wappen mit Litzen in sieben durchbrochenen, goldenen Rauten in ihren Armen halten.

Gegenüber erhebt sich auf der anderen Seite des Gartens der enthauptete, rissige, verfallene Burgfried, ganz umhüllt von einem großen weißen Rosenstrauch, der ihn überwältigt, ihn verschlingt und ihn gewiss bald in den Staub werfen und sich wie eine steigende Flut über ihm ausbreiten wird.

Während wir diese Eleganz vergangener Zeiten betrachteten, die sich hinter den Bollwerken einer uneinnehmbaren Festung verbarg, wie jene Clorinden des *befreiten Jerusalem*, die

Helm und Rüstung trugen und unter ihrer schwarzen Schutzwehr ein entzückendes Gesicht und göttliche Reize versteckten, sprang in einer Ecke ein angebundener Affe umher und ließ seine Kette klirren, hüpfte auf seine Tonne, knabberte einen Apfel und vertilgte Grimassen schneidend Flöhe.

Kapitel VII

Eine halbe Meile von dem kleinen Dorf Baud entfernt steht, tief versteckt in einem Buchenwald, die Venus von Quinipily. Es ist eine sechs Fuß hohe Statue aus Granit, die eine nackte Frau darstellt, welche die Hände auf ihre Brust legt. Eine Art Stola, die um den Hals liegt, fällt ihr bis zum Bauch, wo sie wie die Hose eines Samojeden in einem Dreieck endet. Zwei schmale Bänder, die ihr welliges Haar zusammenhalten, laufen unter der Stola hindurch und sind unterm Rücken gekreuzt. Wenn man ihre fetten Schenkel, ihren feisten Hintern, ihre weich gebeugten Knie und den tief zwischen den Schultern steckenden, dicken Kopf im Profil sieht, scheint sie von einer zugleich barbarischen und raffinierten Sinnlichkeit zu sein. Das Gesicht ist flach, die Nase platt, die Augen liegen plan im Kopf, und der Mund ist wie die Zehen und die Finger nur durch einen einfachen Strich angedeutet. Auf der Brust hat man sich bemüht, Busen darzustellen.

Unter dem Sockel, auf dem sie steht, befindet sich aus dem gleichen Granit ein großer, rechteckiger Trog, der an einer seiner Schmalseiten in einem Halbkreis endet: er kann, wie man behauptet, sechzehn Tonnen Wasser fassen.

Man hielt sie für eine ägyptische Isis, wegen ihrer Bänder, oder für eine römische Venus, wegen der Inschriften auf ihrem Sockel. Wofür soll man sich indes entscheiden, wenn diese Inschriften, wie man versichert, erst im XVII. Jahrhundert durch den Comte Pierre de Lannion angebracht wurden? Müssen wir also zur Hypothese einer Isis zurückkehren? Aber heißt es nicht, wie Monsieur de Penhoët ständig von Ägypten besessen zu sein, wenn man in diesem unbeholfenen, ausladenden und lymphatischen Werk den vornehmen, schlanken, rhythmischen Stil der Ägypter erkennen will? Und liegt nicht andererseits eine zu grobe Respektlosigkeit in der Vermutung, die Römer, welche die schönen Frauen so liebten, seien je in der Lage gewesen, eine so hässliche erschaffen zu haben?

Man weiß nur, dass diese Statue bis zum XVII. Jahrhundert auf dem Berg von Castannec stand, wo die bretonischen Bauern sie wie ein Götzenbild anbeteten und ihr Opfergaben darbrachten. Sie heilte Kranke; die Wöchnerinnen badeten in ihrem Trog und heiratswillige junge Leute kamen in Scharen, um dort hineinzuspringen und sich dann unter den Augen der Göttin dem einsamen Zeitvertreib verliebter Melancholien zu widmen. Missionare, die sich 1671 in Baud aufhielten, waren, da sie offenbar andere Schwächen hatten, darüber empört und verpflichteten Comte de Lannion, den hiesigen Landesherrn, die Abgötterei durch die Zerstörung des Götzenbildes mit einem Schlage auszurotten. Der Graf begnügte sich damit, es umzustürzen und vom Berg in den an seinem Fuße fließenden Fluss hinunterzuwälzen; es gab eine Überschwemmung, die Bauern schrieben sie der Wut der Göttin zu, zogen sie wieder aus dem Wasser, brachten sie zurück an ihren Platz und begannen von neuem ihren Kult zu treiben, mit den gleichen Zeremonien, welche *ehrbare Leute*, wie man damals sagte, in Empörung versetzten. So dass ein gewisser Bischof von Vannes, Charles de Rosmadec, seinerseits den Comte de Lannion (den Sohn des vormaligen) inständig darum bat, die arme Statue nun endgültig zu zerschlagen. Der Graf tat nichts dergleichen, sondern schaffte das Ganze, Trog und Weibsbild, in den Hof seines Schlosses von Quinipily. Diese Entführung ging nicht ungestraft vonstatten. Die Soldaten des Landesherrn hielten die Bauern in Schach, die sie in ihrer Gegend behalten wollten.

Sicher hingen sie daran. War es für sie in diesem rauhen

und herben Land kein fruchtbares und freundliches Idol, kein stärkendes, erregendes und heilendes Idol, die Verkörperung von Gesundheit und Körperlichkeit und so etwas wie das eigentliche Symbol des Verlangens?

Sei es nun der Versuch einer erwachenden Kunst oder die faule Frucht einer untergegangenen Zivilisation, zu welchem Kult sie durch ihre Legende und ihre Formen auch immer gehören mag, von welchem Olymp sie auch herabsteigt, ist sie für uns nicht einfach eine der tausend Manifestationen jener ewigen Religion des menschlichen Innersten? ich meine die, welche, gestern sich ausbreitend, heute sich verbergend, überall zwischen allen anderen wieder aufkeimt, und ebenso wenig zugrunde gehen kann wie der Mensch selbst: denn dieser permanente Traum ist der ureigenste Traum seines Herzens; dieser Kult ist die Verehrung seines Seins, die Anbetung des Lebens in dem Prinzip, das es hervorbringt.

Das Schloss, das die Statue erhalten hat, ist verfallen, abgerissen, verschwunden. Die Venus steht mitten im Gestrüpp unter einer Kuppel von grünem Laub. Keine sakrale Umfriedung, keine Zeremonien, keine Anbetungen mehr – nur sie allein ist davon geblieben, das heißt, der Gott ohne Glaube: was wenig oder gar nichts ist. Hier haben wir also den Leichnam dessen, was vielleicht eine Religion war und was von der Gläubigkeit mehrerer Jahrhunderte am Ende übrig ist.

Das Idol ist jedoch nicht gestorben, ohne ein Röcheln von sich zu geben, das man immer noch hört. Über der christlichen Kapelle, die an der Stelle errichtet wurde, wo früher ihr Tempel stand, taucht, wie der Hohn einer Erinnerung, die man nicht loswird, wieder ihr Name auf. Diese Kapelle heißt *Prieuré de la Couarde**.

* Die Venus heißt hierzulande: die alte Couarde (Groah Goard).

Früher gab es in Quinipily zwei andere Statuen, die nach Locminé gebracht worden sind und deren Ausführung an die der Venus erinnert. Es sind stämmige, bärtige, dicht behaarte Männer, mit einer Mütze in Form eines Kegelstumpfs auf dem Hinterkopf. Ein Gürtel aus Blattwerk schlingt sich um ihren Körper; in der linken Hand hat jeder einen Knüppel. Ich kann nicht glauben, dass diese beiden von irgendeinem Dorfstümper gemeißelten Karyatidentypen je großen Wert oder große Bedeutung besessen haben; im Übrigen wirken sie selber irgendwie *pöbelhaft*, was den Verdacht bei mir weckt, dass sie nicht sehr alt sind. Möge man darin sehen, was man mag, gallische Herkulesse oder ägyptische Priester, »denn was den Bart und die Haare angeht, sagt Monsieur de Penhouët, so sind sie für mich *Indizien* genug, dass es sich um Priester des Sonnen- oder Serapiskultes handelt«, sie sind darum nicht weniger hässlich, abgrundhässlich und, schlimmer noch, gemein.

Eine Stunde, nachdem wir diese beiden scheußlichen Typen verlassen hatten, kamen wir nach Quimperlé, das, wenn es auch nichts Keltisches, Römisches oder Phönizisches zu bieten hat, trotzdem einer der erfreulichsten Glücksfälle ist, die uns auf unserer Reise begegnet sind.

Hier ist nichts mit dem Lineal gezogen, es gibt kein Trottoir und nicht die mindeste Art von Justizpalast, wenigstens unseres Wissens nicht; keine Börse in Form eines griechischen Tempels, keine einzige Kaserne, nicht einmal ein Rathaus, das seine von einem Trikolorefetzen zur Geltung gebrachte, alberne Fassade zeigt; sondern es sind schmale Gassen, die sich wie Pfade durch alte Mauern schlängeln, von denen ganze Büschel von Laubwerk und Trauben von Klematis hängen. Die Häuser sind aus Holz und haben spitze Dächer und schwarze Balkone, und wenn man an ihnen vorübergeht, hört man im Innern die Spinnräder schnurren oder das Zwitschern irgendeines in einem Käfig aus heller Weide ins Fenster gehängten

Vogels. Am Fuß der Anhöhen umgeben zwei Flüsse die Stadt wie ein silbernes Armband; sie vereinen sich, kreuzen sich, teilen sich, verschwinden, um wieder aufzutauchen, ohne dass man erkennt, von welcher Seite sie geflossen kommen, noch ob es mehrere oder einen einzigen gibt; so eilen sie zwischen den Häusern und Straßen davon, an ihren Ufern die unterste Treppenstufe der Gärten bespülend, und gurgeln über die grünen Steine ihres Bettes, wo sich gemeinsam lange, dünne Gräser biegen. Die Art von Quaimauern, die sie rahmen, bekommen unter den Wurzeln des Efeus lose Steine, die herauspurzeln; sie bleiben auf dem Grund liegen wie Felsen, und das dahinströmende Wasser zerreißt daran seinen glatten Teppich. Hier und da sehen diese Stellen im Wasser aus wie die weißen Fetzen eines gespannten großen Segels, in das der Wind fährt. Eine Brücke mit einem einzigen Bogen hat vom einen Ufer zum anderen seine flache Kurve gespannt, deren gespiegelte Silhouette auf dem Fluss zittert samt den an seinem Gewölbe hängenden Gras. Wie Haar fällt es bis ganz unten hinab und streift mit seinen Enden den vorübereilenden Wasserlauf. Durch den Spitzbogen dieses luftigen Grüns sieht man die Windungen des Flusses in der Ferne wieder in den Wiesen auftauchen, durch die er tollt, mit Pappelreihen im Gras, Baumgruppen hinter Tümpeln und hier und da an den Ufern zwei oder drei schiefen Hütten, die schräg ihre verblichenen Balken und ihren geschwärzten Putz spiegeln; und dahinter dann, ganz hinten, in einer sich immer mehr verjüngenden Perspektive, das verschwommene Bild sich im Dunst verlierender Hügel und Wälder.

Gegenüber steigt die Stadt stufenweise einen Hügel hinan. Mit dem Wasser, den Bäumen, den bemalten oder wurmstichigen Bohlen der Häuser, den Schindeldächern, eng nebeneinander oder in regelmäßigen Abständen durch die begrünte Linie irgendeiner Mauer getrennt, scheint Quimperlé nur auf die Welt gekommen zu sein, um das Sujet für ein Aquarell abzugeben.

Die Kirche Saint-Michel reckt die vier Dachreiter ihres Turmes und ihren Bogengang über die sich zu ihren Füßen ausbreitende Stadt. Wenn man bei ihr anlangt, ist man jedoch sehr überrascht, nur eine recht gewöhnliche Kirche vorzufinden, die als Haupteingang bloß ein Seitenportal hat, unterteilt in zwei Doppeltüren, deren Form hübsch wäre, wäre die allgemeine Ornamentik nicht zu plump. Auf die Strebepfeiler der Apsis haben zwei Nachbarhäuser ihre erste Etage gestützt, die, wenn man von der Stadt zur Kirche hinaufgeht, wie eine Brücke wirkt, welche über jede der Gassen gespannt ist. Die Fassade des einen, schwarz, unheimlich und von Schaben zerfressen, hat auf einem der äußeren Balken seines Fachwerks sehr amüsante, geschnitzte Figuren: Sie haben runde Mützen, ernste Mienen und lange Gewänder, welche ihnen ein Gürtel mit einer breiten Schnalle rund um die Taille in Falten legt; sie sind mit verschiedenen Arbeiten beschäftigt, die sehr wichtig zu sein scheinen: einer von ihnen hat einen Stößel in der Hand und zermalt irgendetwas in einem Mörser. Wahrscheinlich war dies das verehrte Heim eines einstigen pflanzenkundigen, braven Apothekers, in den alten Zeiten der Elixiere und Heiltrunke, als man bei ihm die orientalische Droge, die Kornradenarznei, das trinkbare Gold kaufte, welches das Leben verlängert, und schließlich auch das geheimnisvolle Mittel, das nachts in der Hinterstube zusammengemischt wurde, hinter den Destillierkolben und den Paketen mit Balsamkraut, der Trank gegen Epilepsie, bereitet aus geschabtem Menschenhirn und Blut von Geköpften, oder den Fruchtbarkeitssirup für alte Ehemänner. Derjenige, der dieses Haus hat bauen lassen, war, denke ich mir, irgendein damals wichtiger Bürger, der seinen Sitz im Hochchor und vor der Stadt seinen Pachthof hatte, Vorstand der Kirche war und irgendwo in ihr begraben sein muss.

Im Inneren von Saint-Michel gibt es rein gar nichts, und wir wollten gerade hinausgehen, als wir eine Statue aus Holz und ein Ölgemälde entdeckten. Die Statue ist eine Pietà, die, wette ich, niemand, wer es auch sei, zu beschreiben vermag. Die Jungfrau ist blau und rot; das Christkind ist gelb und grün: die Jungfrau sieht aus wie der Schauspieler Grassot, das Christkind wie Small, der Friseur. (Palais-Royal, Galerie Montpensier 7.)

Doch was soll man über das Bild sagen, dessen phantastische Poesie an die äußerst erhabenen Fresken von Nort erinnert (entfernt allerdings). Ein Bischof liegt in seinem Bett; er wird sterben, der arme Alte! Er hat jedoch sein rotes Käppchen auf dem Kopf behalten, damit man genau erkennt, dass er bis zum Schluss Bischof ist. Sein sich unter den Laken abzeichnender Körper gleicht der Rundung einer durch einen nassen Lappen gesehenen Leberwurst; zu seinen Seiten reicht ihm ein Priester im Chorhemd das Kreuz zum Kuss, während nicht weit davon seine Dienerin weinend die Augen am Saum ihrer Schürze trocknet. Am Betthaupt beugt sich ein befiederter Engel herab und flüstert Monseigneur gute Ratschläge zu – der ein wenig zögert, denn zu seinen Füßen versucht ein grüner Teufel mit einem Rabenschnabel und widerlich schlaffen Zitzen ihn mit seinen Verrenkungen zu betören. Das Gemach ist voller Rosenkränze, Weihrauchfässchen, Monstranzen, heiliger Sakramente, Reliquien und *Agnus Dei*-Medaillen. Direkt neben dem Sterbenden kniet im Vordergrund ein von hinten gesehener Chorknabe, der eine Kerze trägt. Die gelbe Sohle seiner derben Schuhe ist mit Nägeln bestückt, die ebenso furchterregend sind wie die Zähne des Teufels und einem mit einer Naivität entgegenstarren, die erheiternd ist, umso mehr als sie ihm durch eine Verkürzung der Beine natürlich bis ins Kreuz reichen. Indes ist die Hölle am Toben, der giftige Atem des grünen Dämons verbreitet sich in schwarzen Wolken; Unheil verkündende Vögel flattern umher, Schlangen winden sich um die Stuhlleisten; unter einem Tisch krümmt sich ein geifernder, brüllender Drache: man fürchtet, man brennt, man zittert für die Seele des Bischofs. Wie schade, wenn ein solcher Mann zur Hölle führe! Wird er? wird er nicht? Bewahrt er auch die Ruhe des Chorknaben, so kann der Betrachter doch nicht umhin, die Todesangst des göttlichen Stellvertreters und den Schmerz der Dienerin zu teilen.

Glücklicherweise wacht die Heilige Dreifaltigkeit über das Seelenheil des Bischofs. Ganz oben, als Papst gekleidet, der Ewige Vater; ein wenig darunter, in respektvollem Abstand, Christus mit seinem Kreuz und noch weiter unten, auf einem dritten Kissen, die Jungfrau Maria. Sie schicken dem Bischof hübsche Engel, die mit einer leuchtenden Lilie in der Hand durch die Luft schweben und, artig über Mastixwolken steigend, ihre dicken Waden schwellen lassen, wo die rosigen Bänder ihrer indigoblauen Kothurnen verschlungen sind.

O heilige katholische Religion, wenn du auch zu Meisterwerken inspiriert hast, was für Kleckseleien hast du doch auch verursacht!

Wenn man dieses entsetzliche Gemälde betrachtet und bedenkt, dass viele es sicher ohne zu lachen betrachtet haben, dass es anderen zweifellos schön vorkam, dass schließlich wieder andere davor auf die Knie gesunken sind und vielleicht höchste Erkenntnisse daraus gezogen haben, so überkam uns doch unwillkürlich eine grämliche Melancholie. Ja, was steckt denn im Herzen des Menschen, dass er sich immerfort und unentwegt auf alles stürzt und sich mit einem solchen Eifer ans Hässliche wie ans Schöne klammert, ans Lumpige wie ans Erhabene? Ach! ach! erinnern wir uns, um dem, der das verbrochen hat, und noch mehr denen, die es bewundern, zu verzeihen unserer krankhaften Schwächen und schwachsinnigen Ekstasen; denken wir an alles, was wir einst in unserer Vergangenheit an naiver Liebe für irgendeine hässliche Frau, an einfältiger Begeisterung für einen Nichtsnutz oder hingebungsvoller Freundschaft für einen gemeinen Kerl empfunden haben.

Als wir endlich aus der Kirche heraus waren, fanden wir die Sonne, den Himmel, die frische Luft, die grenzenlose Weite wieder! und wie ein Vogel, der entkommt, stieg etwas aus unserer Seele auf und sagte: das ist es! das ist es, was ich brauche! denn Gott ist hier und nirgends sonst.

Es wurde Abend. In den Glockentürmen läutete man zum Gebet. In die Stadt hinunter gingen wir in einem Gässchen mit hölzernen Stufen, das lang, schmal und voller Unkraut zwischen zwei hohen Mauern entlanglief. Ihre Oberkanten verschwanden unter Blattwerk; überall klammerte sich der Efeu fest; Taubnesseln verbargen ihre Basis, und sie sahen aus, als seien sie eigens dafür errichtet, diese zauberhafte Pflanzenwelt zu tragen: es war eine Sturzflut von Grün, die von der höchsten Höhe bis unten in die Stadt strömte. Wir stiegen langsam, Stufe für Stufe hinab, als wir auswichen, um einen jungen Mann vorbeizulassen, der in großen Sätzen hinuntersprang: er war stark und schön. Sein brünettes Haar, auf dem sein runder Hut aus schwarzem Filz saß, hing halb über seine blaue Jacke, flog bei jedem seiner Sprünge hoch und fiel wieder auf seine Schultern zurück. Seine kurze, aber äußerst biegsame Taille straffte sich kühn bei jeder Bewegung seiner locker in ihrem *bragow-brass* aus hellem Tuch spielenden Schenkel; seine in weißen Gamaschen steckende feste Wade trat kräftig hervor, und der mit derben Holzschuhen bekleidete Fuß war leicht wie der einer Gemse. Er blieb einige Schritte vor uns stehen, um die Schnalle seines Strumpfbands zu richten; von der Seite sahen wir sein blasses Gesicht, über das sein dichtes Haar in dieser Stellung wie ein Vorhang herabfiel und ihm bis zum Ellbogen hing. Als er fertig war, richtete er sich schnell wieder auf und wir blickten ihm nach, wie er da weiter von Stufe zu Stufe sprang und sich mit jedem Satz weiter entfernte.

Wir trafen ihn in der Kirche Sainte-Croix wieder, wo er kniend, die Stirn zum Himmel erhoben, die Litaneien an die Heilige Jungfrau sang. Er erkannte uns, sah mit dem ernsten Blick seiner dunklen Augen zu uns herüber und ließ ihn mit misstrauischer Neugier einen Moment auf uns ruhen; dann nahm er seine Haltung wieder ein und setzte sein Gebet fort.

Die Kirche Sainte-Croix ist eine schöne romanische Kirche aus dem XI. Jahrhundert, der ihr kreisförmiger Grundriss, ihr in Arkaden unterteiltes Gewölbe, ihre überhöhten Rundbögen und ihr in die Mitte gesetzter Chorraum, zu dem man auf zwei Treppen mit mehreren Stufen hinaufsteigt, etwas irgendwie Oströmisches und Galloromanisches verleihen. Das von oben durch lange, schmale Fenster hereinströmende Licht fällt nahezu senkrecht herab, wie die Taghelle von Ateliers, und überschüttet einen mit einer reinen, friedlichen Heiterkeit. Dies ist nicht das träumerische Christentum des Spitzbogens, mit dem mystischen Atem der gothischen Kathedralen, sie ist zurückhaltender, lateinischer, von einer primitiveren Theologie, einer wärmeren Poesie. Man denkt an das Kloster in Arles und die großen karolingischen Konzile.

Sie war voller Menschen. Alles betete: nur wir schauten zu. Die Menge sang in tiefer Freude, und aus den Seitenschiffen, aus der Vorhalle, von überall her antworteten kräftige Stimmen im Chor auf jede Fermate der dünnen Stimme des am Altar amtierenden Priesters; das kam wie aus einer Brust, ein gewaltiger Aufschrei der Liebe. Die an einem eigenen Platz knienden Frauen neigten den Kopf unter ihren weißen Hauben, ihr Gesicht war nicht zu sehen; doch man sah ihren gemeinsam gebeugten Rücken und die Reihe ihrer gefalteten Hände.

Die Männer standen, saßen, knieten überall, in jeder Richtung, wie sie gerade Platz gefunden oder wie es ihnen gerade gefallen hatte; sie schienen jedoch weder unter Druck noch zerstreut zu sein; man spürte im Gegenteil, dass sie dort gleichsam zu Hause waren, so wie sich jeder in die Einsamkeit seiner Andacht zurückzog oder an der Seele seiner Brüder entzündete; und die Haltungen ihrer Körper waren entspannt oder majestätisch, gewiss je nach Mattigkeit oder innerer Erhebung. Es waren ernste Gesichter unter langem brünettem Haar, strenge Blicke, glühender als die Heide, breite Brustkästen mit mächtigem Atem, nachdenkliche Häupter, bäuerliche und festliche Erscheinungen; doch diese gebräunten, entblößten Stirnen, diese kräftigen Schultern, die sich beugten, diese Hände, die grau waren wie der Griff der Pflugscharen und nun untätig blieben, und selbst dieses schwere Schuhwerk, welches die Ehrfurcht leicht machte, diese ganze in Anmut verwandelte Derbheit, diese unbewusst zu Sanftmut gewordene Kraft hatte etwas seltsam lieblich Erhabenes, das durch seine Naivität fast zu Tränen rührte. Sie waren schön, diese Menschen – schön, weil sie echt waren, sowohl in der Schlichtheit ihrer ihnen auf den Leib geschnittenen Tracht, tauglich für ihren durch ihr arbeitsreiches Leben gebeugten Körper, als auch in der Aufrichtigkeit ihres Glaubens, der in dieser für ihn geschaffenen Kirche freien Ausdruck fand. Als letzte Überreste eines Volkes, das ohne Metamorphosen und Übergänge verschwindet wie die Nadeln der Eibe, die abfallen, ohne gelb zu werden, zeigten sie mit ihrer altertümlichen Tracht, ihrem antiken Gesicht und dieser Religion ihrer Vorväter ein Bild früherer Generationen und schienen allein ihren ganzen Stamm zu repräsentieren. Vielleicht wirkten sie daher so erfüllt und schien jeder von ihnen mehr in sich zu tragen, als für gewöhnlich in einem Menschen steckt.

Unter der romanischen Kirche liegt die romanische Krypta. Dieses vierseitige Untergeschoss hat statt eines Gewölbes eine flache Decke, die wie der Boden aus Steinplatten gefügt ist und auf vier Säulenreihen ruht, zwei davon in Pfeilern aus vier fest verbundenen dünnen Säulen, die sich in den beiden oberen Dritteln teilen; sie haben alle schwere Kapitelle mit länglichem Blattschmuck und sind ununterbrochen durch hohe Bögen miteinander verbunden. Man tappt im Dunkeln umher und im Schein des einzigen Fensters im Hintergrund nimmt man zwei feuchte, grüne, düstere Grabmale wahr, zwei ehrwürdige Grabmale. Das erste trägt die liegende Statue eines Mönchs: man erkennt ihn an der breiten Tonsur, die seinen kahlen, alten, steinernen Schädel zeigt. Er hält ein Buch in der Hand; sein Gesicht hat sich zersetzt; wie bei dem der Toten verschwindet die Nase, und sein magerer Körper ist in lange Gewänder gehüllt, die in großen, geraden Falten zu seinen Füßen hinabfließen. Neben ihm, auf einer Steinplatte, auf dem Boden ausgestreckt, liegt ein Bischof mit seinem Krummstab und verschränkten Armen; zwei Hunde halten sein Wappen mit farblosen Querlätzen; seine in spitzen Schuhen steckenden Füße sind nirgends abgestützt; ein kleiner viereckiger Baldachin überdacht sein Haupt. Den ersten hält man für Saint Gurlot, der genau an diesem Ort gemartert wurde: daher ist auch sein Sarkophag mit einem Loch vesehen, in das Kranke an bestimmten Feiertagen den Arm stecken, um zu genesen; doch der zweite Tote hat seinen Namen nicht hinterlassen. Wir haben unsere Kerze über ihm hin und her bewegt und versucht sein Gesicht zu erkennen, als hätten wir ihn einst gekannt! Fühlt man sich nicht immer in neugieriger Unruhe zu diesen Dingen hingezogen, wie bei einem von weit her kommenden Reisenden oder einem versiegelten Brief?

So geht ein Reisetag dahin; mehr ist nicht nötig, um ihn auszufüllen: ein Fluss, Buschwerk, ein schönes Kind, Grabmale. Man genießt all das Grün, man lauscht dem Rauschen des Wassers, man schaut in Gesichter, man wandert zwischen verwitterten Steinen umher, man stützt sich auf Gräber; und am nächsten Tag begegnet man anderen Menschen, anderen Gegenden, anderen Ruinen, man stellt Gegensätze fest, man zieht Vergleiche: darin liegt das ganze Vergnügen; es wiegt manch anderes auf. In ROSPORDEN sahen wir zum Beispiel auf dem Friedhof eine betende Frau, welche uns an eine andere erinnerte, die wir in der Kathedrale von Nantes gesehen hatten. Sie lag auf Knien, starr, reglos, der Körper aufrecht, der Kopf gesenkt, und schaute mit forschendem Blick voller Wut und Traurigkeit zu Boden. Dieser Blick durchstieß die weiße Steinplatte, drang hinein, fuhr hinab und zog, was darunter war, zu sich herauf. Die von Nantes dagegen, deren Teint weiß war wie das Wachs der Kerzen, lehnte seitwärts auf einem Betstuhl, den Mund in Ekstase geöffnet, die Augen zum Himmel erhoben, über den Himmel hinaus und noch höher, war sie seelisch aus sich herausgetreten und schwebte nun in einer grenzenlosen Weite. Beide beteten in einer maßlosen Sehnsucht, und gewiss gab es für sie auf Erden nichts anderes mehr als den Gegenstand dieser Verzweiflung und dieser Hoffnung. Die Erste verbiss sich ins Nichts, die Zweite stieg auf zu Gott; was in der einen Vermissen war, war in der anderen Verlangen, und die Verzweiflung der einen war so bitter, dass sie daran Gefallen fand wie an einer verdorbenen Wollust, und das Verlangen der anderen war so stark, dass sie darunter litt wie an einer Qual. Beide, vom Leben gemartert, wünschten daraus zu scheiden: die, die auf dem Grab betete, um zu jenem zu gelangen, den sie verloren hatte; die, die vor der Heiligen Jungfrau betete, um mit jener eins zu werden, welche sie so leidenschaftlich liebte. Schmerz, Hoffnung, Gebete: der gleiche Traum, und was für ein Abgrund! Der eine drehte sich um eine Erinnerung, der andere kreiste der Ewigkeit entgegen.

In dem Dorf Rosporden sahen wir die Menschen wieder, die wir soeben in Quimperlé verlassen hatten: die gleiche Art, die gleiche Kleidung – großer Hut, große Weste, blaue oder weiße Jacke, breiter Ledergürtel, *bragow-brass*, Holzpantinen –, die gleichen Mienen, die gleichen Gestalten. Es war Markttag, der Ort war voller Bauern, Karren und Ochsen; man hörte die rauhen, keltischen Silben erklingen, vermischt mit dem Murren der Tiere und dem Klappern der Karren; doch kein Durcheinander, kein Aufruhr, weder Gelächter in den Gruppen noch Geschwätz auf der Schwelle der Schenken, kein einziger Betrunkener! kein fliegender Händler, kein Laden mit buntem Tuch für die Frauen oder mit Glasperlen für die Kinder, nichts Fröhliches, Aufsehenerregendes, Lebhaftes. Diejenigen, die verkaufen wollen, warten resigniert und ohne sich zu rühren auf den Kunden, der zu ihnen kommt. Ochsenpaare wandern auf dem Platz umher, mit irgendeinem Kind, das sie an den Hörnern hält, oder eine klapprige Mähre trottet durch die Menge, welche ohne zu fluchen oder sich zu beklagen auseinanderweicht; dann sieht man sich kurz an, man einigt sich auf den Preis und macht sich, ohne jeden weiteren Aufenthalt, wieder auf den Heimweg: und tatsächlich, das Dorf ist weit weg, die Heide ist groß, es wird Abend, zu Hause ist niemand, die Mutter ist in die Tamarinden gegangen, um Reisigbündel für den Winter zu schneiden, das Kind ist am Meer beim Sammeln von Tang oder beim Schafehüten; was den Knecht angeht, so gibt es meistens keinen: da jeder Landmann für gewöhnlich sein eigenes kleines Fleckchen Erde hat, das er schlecht und recht selbst bestellt und dessen Herr er ist – vielmehr dessen Sklave, weil er sich umsonst darauf abmüht, da der Mensch das Land nicht fruchtbarer machen kann – und das Land den Menschen nicht ernähren! Warum verlässt er es nicht? Warum verkauft er sich nicht wie der Schweizer? wandert nicht aus, wie der Elsässer? Warum bleibt er mit einer so hartnäckigen Liebe hier? Wer weiß? Weiß er es denn selbst?

Nirgends wird man wie bei uns jene reichen, dickwanstigen Bauern mit dem Säufergesicht und der vollgestopften Geldbörse finden, die auf die Vereinsmärkte ziehen und dort großes Aufsehen erregen, lange herumhandeln, sich lautstark streiten, mit der Hand einschlagen, beim Dominospiel in den Kneipen herumgrölen, sich den Bauch mit Fleisch und Schnaps füllen, am Tag bis zu dreißig kleine Tässchen schwarzen Kaffee trinken und sich erst spätabends auf den Heimweg machen, wobei sie einschlafen auf ihrem Klepper, der unbekümmert den Weg entlangtrottet, bis er von selbst am Hoftor stehenbleibt, wenn er den richtigen Stall erkennt, wo er Stroh bis zum Bauch hat. Der bretonische Bauer dagegen zieht nüchtern wieder von dannen: außer Haus zu speisen wäre zu teuer gewesen. Er wird wieder seinen Buchweizenfladen und seinen Napf mit vor acht Tagen gekochtem Maisbrei vorfinden, von dem er sich das ganze Jahr über ernährt, nebst den Schweinen, die unter dem Tisch herumlungern, und der Kuh, die dort hinten auf ihrem Misthaufen in einem Winkel desselben Raumes wiederkäut.

Warum sollte er auch fröhlich sein? Was hat ihm der Marktflecken eingebracht? Wenn er sein Pferd verkauft hat, muss jetzt er die Lasten tragen und selbst den Pflug ziehen: ein schöner Vorteil! Was nützt ihm das bisschen Geld, das er daraus gewonnen hat? Wird man es ihm nicht gleich, oder morgen, oder kommende Woche abverlangen, in einer Sprache, die er nicht versteht, nach einem Gesetz, von dem er nichts weiß? Lohnt es sich, es zu verdienen? und so arbeitet er wenig, schlecht, mit Verdruss und ohne sich darum zu sorgen, ob er es besser machen könnte.

Misstrauisch, eifersüchtig, verwirrt von allem, was er sieht, ohne es zu begreifen, macht er sich schnell wieder auf die Socken, um die Stadt, den Marktflecken zu verlassen und wieder in seine hinter dichten Bäumen, hinter der dicken Hecke versteckte Strohhütte zu kommen, und dort zieht er sich zurück in seine Familie, an seinen Herd, zu seinem Schöpfer, unter den Heiligen der Kirche, und darauf richtet er sein Herz, das, in sich selbst kondensiert, immer stärker wird. Von dem, was anderswo vor sich geht, weiß er nichts, wenn nicht sein Sohn mit zwanzig Jahren in den Krieg ziehen soll, weil es eine Stadt gibt, die Paris heißt, und der König von Frankreich Louis-Philippe ist, nach dem er einen fragt – mittels Dolmetscher – und wissen möchte, ob er noch lebt, ob wir ihn oft besuchen und ob wir zu ihm zum Diner gehen.

Wer er auch sei, der Fremde ist für sie immer etwas Außergewöhnliches, Unbegreifliches und Schillerndes, das sie sich gern erklären würden. Man bewundert ihn, man betrachtet ihn von Kopf bis Fuß, man fragt ihn nach der Uhrzeit, um seine schöne Taschenuhr zu sehen; man verschlingt ihn mit dem Blick – mit einem neugierigen Blick –, neidisch, hasserfüllt vielleicht, denn er ist reich, dieser Fremde, sehr reich, er wohnt in Paris, der fernen Stadt, der gigantischen, lärmenden Stadt.

Sobald man irgendwo auftaucht, fallen die Bettler über einen her und klammern sich an einen mit der Hartnäckigkeit des Hungers. Man gibt ihnen, sie bleiben; man gibt ihnen noch etwas, ihre Zahl wächst, bald ist es eine Menschenmenge, die einen belagert; vergeblich leert man seine Tasche bis zum letzten Heller, sie hängen einem nicht weniger an den Seiten, befasst mit dem Rezitieren ihrer Gebete, die unglücklicherweise sehr lang und glücklicherweise nicht zu verstehen sind. Bleibt man stehen, rühren sie sich nicht vom Fleck; geht man weiter, kommen sie hinter einem her; nichts kann dem abhelfen, weder Rede noch Pantomime: man möchte meinen, es gebe einen festen Entschluss, einen in Rage zu bringen; ihre Beharrlichkeit ist irritierend, erbarmungslos. Wie man da die netten, scherzhaften Unterwürfigkeiten des italienischen Bettlers zu vermissen beginnt, der vor dem Karren, in dem man sitzt, Rad schlägt, und einen mit Exzellenz anspricht und die liebenswürdig freche Bettelei des Pariser Bengels, der einen General nennt und einen um seinen Zigarrenstummel bittet, den er dann aus dem Rinnstein aufklaubt, während er einem ins Gesicht lacht.

Die Armut des Südens hat nichts, was traurig macht; sie zeigt sich einem pittoresk, bunt, lachend, sorglos, während sie unter freiem Himmel ihre Läuse wärmt und unterm Weinspalier schläft; doch die des Nordens, die Armut, die friert, die im Nebel vor Kälte schlottert und barfuß in der nassen Erde herumwatet, die erscheint immer nass von Tränen, stumpf, kläglich und böse wie ein krankes Tier. Sie sind so arm! Fleisch ist für sie ein seltener Luxus. Einer unserer Führer erklärte uns: »das ist mein größtes Glück: wie ich da zulange, wenn ich welches ergattern kann!« Brot isst man auch nicht alle Tage. Unser Postillon von Locminé hatte seit acht Monaten keines genossen: ein solches Dasein macht die Menschen nicht schöner. So begegnet man denn auch vielen Krüppeln, Einarmigen, von Geburt an Blinden, Buckligen, an Flechten und Rachitis Leidenden. Doch so wie bei den Eichen, bei denen die kümmerlichen in der Meeresbrise dahinsiechen und die kräftigen nur umso besser gedeihen und im Frost immer härter werden, wirken diejenigen, welche diese ganze Not unbeschadet durchgemacht haben, umso gesünder, aufrechter und widerstandsfähiger. Sie sind es, die man so unbeugsam und stark vor sich sieht, schweigsam unter ihrem langen Haar, wie ihr Land unter seinem dunklen Grün.

In den Städten verwischt sich das Wesen, obwohl die Sprache fortbesteht; zunächst wird die Nationaltracht seltener, denn sie wird aufs Land verdrängt durch den zunehmenden Vorstoß von Schneider und Modistin, deren ebenerdiger kleiner Laden irgendein verlockendes Modebild in seinem Schaufenster zeigt. Der Stadtbewohner sieht jeden Abend die

Postkutsche vor dem Kantor der Fuhrunternehmen halten: irgendetwas erfährt er schon daraus, sei es durch den Postillon, der mit dem Kutscher geplaudert hat, oder durch den Boten, der die Pakete bringt. Wenn der Tag zur Neige geht, hält er an seiner Tür ein Schwätzchen mit Amtsdiener, Stadtschreiber oder dem Angestellten der Unterpräfektur, welche Zeitung lesen und wissen, was los ist auf der Welt. Stück für Stück *entbretonisiert* er sich und rückt schließlich vom Bauern ab, den er mehr und mehr verachtet und der sich seinerseits umso mehr von ihm entfernt, je schlechter sie sich verstehen. Das Bretonischste in der Stadt sind noch die armen Mädchen, die man sich als Hausmägde holt. Mit wem sollten sie sich auch austauschen, um das Wesen ihrer Herkunft zu verlieren, so eingeschränkt wie sie in ihrem Dienst sind? Man sehe nur, wie sie auf der Straße bei dem Mann stehenbleiben, der jede Woche die Eier und die Butter bringt. Was er ihnen sagt? Er erzählt ihnen von ihrem Dorf, von ihren Verwandten. Ihr Bruder schickt ihnen als Hochzeitsgeschenk ein Paar schöne silberne Ohrringe: die müssen natürlich getragen werden. Bald gibt es eine Wallfahrt, da muss man hin. Sie machen sich also auf den Weg und schöpfen dort neue Kraft aus allem, was am meisten die Heimat ausmacht: die Sprache und die Tracht. Wenn sie wieder bei ihren Dienstherren sind, bleibt ihr Herz denn auch dort zurück, und davon reden sie, wenn sie, wie sonntags nach der Vesper, in Gruppen von zehn oder zwanzig auf den Plätzen und am Anfang der Landstraße herumspazieren. So erhält sich inmitten einer bereits vermischten Bevölkerung dieses kleine eigensinnige Volk, das in dem anderen kreist, ohne seinen Charakter zu verlieren. Beim Anblick der Dienstmagd in Quimper an der Gästetafel, eines breitschultrigen Mädchens mit hartem Gesicht und festem Auftreten, mit ihrer weißen Haube, ihren Ärmelschonern und ihrer eckigen Nackenschleife, die einem dicken Herrn mit Goldrandbrille, dem

Steuerinspektor, Schaumei servierte, sagte ich mir: da haben wir nun die beiden Welten Auge in Auge und den letzten Bezug vom einen zum anderen Jahrhundert; das alte Porträt demütigt sich vor der modernen Karikatur, worin ich folgendes Axiom erkannte: *Die Gegenwart lässt sich von der Vergangenheit die Stiefel putzen und dankt es ihr nicht einmal.*

QUIMPER, obwohl Zentrum der wahren Bretagne, ist anders als sie. Seine Ulmenpromenade am zwischen Kaimauern und Lastkähnen dahinströmenden Fluss macht es äußerst schmuck, und das große Stadtpalais der Präfektur, welches allein das kleine Delta des Odet einnimmt, gibt ihm eine vollends französische und administrative Gestalt. Man merkt, dass man in der Hauptstadt eines Départements ist, was einen sogleich an die Unterteilungen in Verwaltungsbezirke mit großen, mittleren und kleinen Gemeinden erinnert, an die Bildungskomitees, die Sparkassen, die Rathäuser und andere moderne Institutionen, die den damit versehenen Orten immer ein wenig Lokalkolorit nehmen, in den Augen des unbefangenen Reisenden, der davon träumt.

Nichts gegen die Leute, die den Namen Quimper-Corentin als Inbegriff von Lächerlichkeit und provinzieller Verdummung nennen, aber es ist ein bezaubernder kleiner Ort, der es mit etlichen anderen aufnehmen kann, die in höherem Ansehen stehen. Man findet hier freilich nicht die Ursprünglichkeit von Quimperlé, die Pracht seiner Pflanzen, das Feuerwerk seiner Farben; doch ich kenne Weniges, was so nett aussieht wie diese Allee, die sich endlos am Wasser hinzieht und auf die der fast senkrechte Hang eines nahegelegenen Berges den dunklen Schatten seines üppigen Grüns wirft.

Man braucht nicht lange, um in solchen Städten einmal die Runde zu machen und sie bis in ihre innersten Windungen kennenzulernen, und man entdeckt dort bisweilen Winkel, die einen verharren lassen und einem das Herz erfreuen. Kleine

Städte scheinen wie kleine Wohnungen zunächst wärmer und gemütlicher fürs Leben zu sein; doch man bleibe bei seiner Illusion: in Letzteren zieht es schlimmer als in einem Palast und in Ersteren ist es öder als in der Wüste.

Als wir auf einem jener freundlichen Pfade, wie wir sie lieben, zum Hotel zurückkehrten, einem jener Pfade, die steigen und fallen, sich drehen und wenden, mal an einer Mauer entlang, mal in einem Feld, und dann zwischen Buschwerk und auf Rasen, wobei sie abwechselnd voller Kiesel, Margeriten und Brennnesseln sind, wilde Pfade, wie gemacht für lose Gedanken und phantastische Plaudereien –, als wir also zur Stadt zurückkehrten, hörten wir unter dem Schieferdach eines mächtigen Gebäudes Stöhnen und klagendes Blöken hervordringen: es war das Schlachthaus.

Auf der Schwelle soff ein großer Hund aus einer Blutlache und zog langsam mit gefletschten Zähnen an dem blauen Strang der Eingeweide eines Ochsen, die man ihm gerade hingeworfen hatte. Die Tür der Koben stand offen; drinnen schufteten mit aufgekrempelten Ärmeln die Schlachter. Kopfüber aufgehängt und die Füße quer durch die Sehnen auf einen von der Decke baumelnden Stab gesteckt, war einem wie ein Schlauch aufgeblasenem und geblähtem Ochsen das Bauchfell in der Mitte aufgeschlitzt. Man sah, wie sich die Fettschicht darunter langsam löste und unter dem Schnitt des Messers im Innern immer deutlicher ein Haufen grüner, roter und schwarzer Dinge in prachtvollen Färbungen auftauchte. Die Eingeweide dampften, das Leben entwich daraus in einer warmen und ekelerregenden Dunstwolke, daneben starrte ein auf der Erde liegendes Kalb mit seinen großen, runden, entsetzten Augen auf das rinnende Blut und erbebte in Krämpfen, trotz der Fesseln, die ihm die Hufe zusammenschnürten. Seine Flanken wogten, seine Nüstern weiteten sich. Die anderen Koben waren erfüllt von fortgesetztem Röcheln, meckerndem

Blöken, heiserem Gebrüll. Man erkannte die Stimme derer, die man tötet, derer, die starben, derer, die gleich sterben sollten; es gab eigenartige Schreie, Töne tiefer Verzweiflung, die Worte auszusprechen schienen, die man fast hätte verstehen können. In diesem Moment kam mir die Idee einer schrecklichen und ungeheuer großen Stadt wie eines Babylons oder Babels von Kannibalen, die dort Schlachthäuser für Menschen hätten; und ich versuchte in diesem röhrenden und schluchzenden Abschlachten etwas von den menschlichen Todeskämpfen wiederzufinden. Ich dachte an jene Trupps von Sklaven, mit dem Strick um den Hals dort hingeführt und an Ringe gebunden, um Herrscher zu ernähren, welche sie an Tischen aus Elfenbein verspeisten und sich an purpurroten Tüchern die Lippen abwischten … Hätten sie niedergeschlagenere Haltungen, traurigere Blicke, herzzerreißendere Gebete?

Ein Bursche nahm einen Eisenhammer. Man schob das arme Kalb, das man soeben losgebunden hatte, vor ihn hin: er hob sein Werkzeug, mit dem er einen harten Schlag auf den Schädel zwischen den Augen niedergehen ließ. Es gab einen dumpfen Knall; das Tier fiel auf der Stelle tot um, mit Schaum auf den Lippen und zwischen den Zähnen eingeklemmter Zunge.

Man packte es, man schüttelte es, es rührte sich nicht. Man zog es mit der Winde hoch, um es zu zerlegen. Beim ersten Messerhieb erbebte es am ganzen Leibe, dann war es wieder wie tot. War es tot? Wer weiß das? Was wisst ihr darüber, ihr Philosophen und Physiologen? Seid ihr euch ganz sicher über das, was der Tod ist? Wer hat euch gesagt, dass die Seele kein Bewusstsein mehr hat, wenn sich nichts mehr regt, und dass sie nicht Tropfen für Tropfen, Atom für Atom den fortschreitenden Zerfall dieses Körpers spürt, den sie mit Leben erfüllte? Wer hat euch gesagt, dass der Leichnam nicht leidet bei jedem Biss all der Würmer, die ihn zerfressen, bis seine in etwas anderes übergegangenen Einzelteile dort wieder ein anderes Leben führen oder dasselbe fortsetzen, so dass eine Hälfte des Wesens Eingang in eine neue Existenz gefunden hätte, während die andere noch in der vorigen verhaftet wäre; etwa wie jenes Karnickel, bei dem ich erlebte, wie es quicklebendig von einer Neufundländerhündin verschlungen wurde und dessen Kopf hinuntergeschluckt war, während es noch mit den Hinterbeinen zappelte. Als wir fortgingen, sahen wir wieder die Dogge, die ihren Festschmaus fortsetzte. Ihr Gericht der rohen Eingeweide hatte sie fast aufgefressen; sie leckte sich die Lefzen, und soeben servierte man ihr zum Nachtisch das Bauchfell eines Hammels. Es ist sehr fett und sieht grausig aus.

Wir haben uns in Quimper auch die Kathedrale angeschaut, eine große Kirche des XV. Jahrhunderts, die uns keine Freude gemacht hat, obwohl ihre mächtigen Türme zwei riesige, wirklich sehr gut konstruierte Fensteröffnungen haben, obwohl ihre Apsis nach rechts geneigt ist, wie das Haupt des sterbenden Christus auf seine Schulter, und obwohl es dort außerdem eine recht nette Heilige Jungfrau von Ottin gibt, eine eher anmutige als elegante und eher weichliche als empfindsame Bildhauerarbeit.

Dann sahen wir in der Kirche Saint-Mathieu äußerst schöne Fenster, die wir aber nicht in aller Ruhe examinieren konnten, denn wir wurden aus dem Chorraum durch den Wahnsinn des Küsters vertrieben, der auf uns zukam und uns entrüstet entgegenbrüllte: »Verschwinden Sie aus dem Altarraum! Wollen Sie wohl aus dem Altarraum verschwinden! jetzt verschwinden Sie aber aus dem Altarraum!« Man hätte sich schlagen oder die Pranke dieses wilden Tieres ölen müssen, um dort zu bleiben, Mittel, die sowohl unserem Wesen als auch unserer Würde widerstrebten.

Was wollt ihr noch hören über Quimper? Was möchtet

ihr noch wissen? Vielleicht, woher der Name Quimper kommt? Quimper heißt Zusammenfluss, wegen des Zusammenflusses des Odet und des Steir*. Oder warum man Corentin hinzugefügt hat? Wegen Corentin, seinem ersten Bischof, »da er in seinem Leben zur Zeit von Gralon, König der Bretagne, sehr gläubig und rechtschaffen war«. Sind jetzt Daten gefragt? Man wisse also, dass der erste Stein der Kathedrale am 26. Juli 1424 vom Bischof Bernard Rosmadec gesetzt wurde und der letzte Anno 1501. An welchem Tag, weiß ich nicht, wie schade! Außerdem wurde die Stadt 1344 von Charles de Blois eingenommen, dann einmal 1344 vom Comte de Montfort belagert; 1594 schließlich zweimal, bevor sie sich dem Maréchal d'Aumont ergab: doch, o Leser, verlange nicht die Beschreibung der Belagerungen (ich vergesse immer, dass ich keinen Leser habe), so erspare ich mir gleichfalls den Bericht der lustigen Auftritte der Bischöfe von Cornouailles – die ihre Handschuhe und Hüte in der Priorei Locmaria und ihre Stiefel und Degen an der Tür der Kathedrale lassen sollten** – sowie den Bericht über den alten Brauch mit dem Glas Wein, das man am Abend vor Sainte-Cécile der Statue des König Gralon zeigte und das dann in einem Zug von den Glöcknern der Kirche geleert und in die Menge geworfen wurde, wo derjenige, der es unversehrt in den Kapitelsaal zurückbrachte, mit einem Louis d'or belohnt wurde. All diese Dinge, die so langweilig nachzuerzählen wie amüsant zu erfahren sind, offenbaren euch die Bücher, wenn ihr darauf neugierig seid, und nicht wir, die wir die Bücher nicht genug schätzen, um sie abzuschreiben, obwohl wir es fertigbringen, welche zu lesen, und sogar die Absicht haben, welche zu schreiben.

* Entsprechend Quimperlé Zufluss der Ellé.

** Es war das Eigentum des Seigneur de Guengot, der die Stiefel geholt hatte und sie, wie das Pferd, mitnahm.

Als wir in Quimper waren, haben wir eines Tages die Stadt auf der einen Seite verlassen und sind nach einer ungefähr achtstündigen Wanderung über Land auf der anderen wieder zurückgekehrt.

In der Vorhalle des Hotels wartete unser Führer auf uns. Er begann sogleich vor uns herzulaufen, und wir folgten ihm. Es war ein wackerer kleiner Kerl mit weißem Haar, einer Stoffmütze auf dem Kopf, löchrigen Schuhen an den Füßen und bekleidet mit einem zu großen, alten, braunen Überzieher, der ihm um den Körper flatterte. Er stotterte beim Sprechen, stieß sich beim Laufen die Knie und stolperte über sich selbst, trotzdem kam er schnell und mit gewaltiger, fast fieberhafter Zähigkeit voran. Nur dann und wann riss er ein Blatt von einem Baum und klebte es sich auf den Mund, um sich zu erfrischen. Es ist sein Metier, durch die Gegend zu laufen und Briefe auszutragen oder Besorgungen zu machen. So läuft er nach Douarnenez, nach Quimperlé, nach Brest und bis nach Rennes, was vierzig Meilen entfernt ist: eine Reise, die er, einschließlich Hin- und Rückweg, ein Mal in vier Tagen geschafft hat, »sein ganzer Ehrgeiz, sagte er, besteht darin, noch einmal in seinem Leben nach Rennes zu kommen«, und das nur mit dem Ziel, dahin zurückzukehren, um eine lange Strecke zu bewältigen und sich danach dessen rühmen zu können. Er kennt alle Wege; er kennt die Gemeinden mit ihren Kirchtürmen; er nimmt Abkürzungen quer übers Feld, öffnet Hoftore und wünscht den Besitzern, wenn er an den Häusern vorübergeht, einen guten Tag. Da er die Vögel singen hört, hat er gelernt, ihre Stimmen zu imitieren, und wenn er unter den Bäumen dahinmarschiert, pfeift er wie sie, um seine Einsamkeit zu vertreiben.

Eine Viertelmeile von der Stadt entfernt machten wir zunächst in Locmaria Halt, einer alten Priorei, die der Abtei von Fontevrault einst von Conan III geschenkt wurde. Die

Priorei ist nicht, wie die Abtei des armen Robert d'Abrissel, schändlich missbraucht worden: sie ist verlassen, aber unbefleckt. Ihr gotisches Portal hallt nicht wider von der Stimme der Gefängniswärter, und wenn auch nicht viel davon übrig ist, so ist das Gemüt zumindest weder empört noch angewidert. Als sehenswertes Detail gibt es in dieser kleinen Kapelle von strenger alter Romanik nur ein großes Weihwasserbecken ohne Sockel, das direkt auf dem Boden steht und dessen in einzelnen Feldern behauener Granit fast schwarz geworden ist; groß und tief stellt es wahrhaft das echt katholische Weihwasserbecken dar, dazu geschaffen, den Körper eines Kindes ganz hineinzutauchen und nicht jene dürftigen Schalen unserer Kirchen, in die man die Fingerspitze stippt. Mit seinem klaren Wasser, das die grünliche Schicht auf dem Grund noch durchsichtiger macht, mit der Vegetation, die in der frommen Stille der Jahrhunderte daraus hervorgequollen ist, mit seinen abgenutzten Ecken, mit seiner bronzefarbenen Massigkeit gleicht es einem dieser von selbst ausgehöhlten Felsen, in denen man Meerwasser findet.

Nachdem wir dort ausgiebig umhergestreift waren, stiegen wir wieder hinunter an den Fluss, den wir in einem Boot überquerten, und drangen tief ins Land vor.

Es ist verlassen und besonders leer: Bäume, Ginsterbüsche, Stechginster, Tamarinden an den Gräben, endlose Heide und nirgends Menschen. Der Himmel war bleich; ein feiner Regen durchnässte die Luft und legte über das Land gleichsam einen einfarbigen Schleier, der es in einen Grauton hüllte. Wir liefen auf Hohlwegen, die in grünen Laubengängen verschwanden, deren sich im Bogen über unseren Köpfen wölbendes Gezweig uns kaum erlaubte, aufrecht hindurchzugehen. Das durch das Laubwerk gedämpfte Licht war grünlich und schwach wie an einem Winterabend. Ganz am Ende sah man jedoch den hellen Tag blitzen, der auf den Rändern der

Blätter spielte und ihre Zacken erleuchtete. Schließlich stand man oben an irgendeinem ganz flach und ebenmäßig abfallenden trockenen Hang, ohne dass sich ein einziger Halm von seinem eintönigen Gelb abgesetzt hätte; manchmal erhob sich dagegen eine lange Buchenallee, deren schimmernde dicke Stämme unten mit Moos bedeckt waren; dort liefen Wagenspuren entlang, als sollten sie zu einem Schloss führen, das man zu sehen erwartete, doch plötzlich endete die Allee und dahinter erstreckte sich von neuem das platte Land. Zwischen zwei kleinen Tälern entfaltete es sein endloses Grün, in dunklen Hiebwunden gefurcht durch die eigenwilligen Linien der Hecken, hier und da gefleckt durch das Massiv eines Waldes, erleuchtet durch Büschel von Stechginster oder aufgehellt durch irgendein bestelltes Feld am Rand der Wiesen, die langsam zu den Hügeln anstiegen und sich im Horizont verloren. Über ihnen erschien, sehr weit weg hinter dem Dunst, in einer Öffnung im Himmel ein gewundenes blaues Band: das Meer.

Die Vögel schweigen oder sind fort; die Blätter sind dick, das Gras dämpft das Geräusch der Schritte, und die stumme Landschaft schaut einen an wie ein trauriges Gesicht; sie scheint eigens dazu geschaffen, ruinierte Existenzen, in ihr Schicksal ergebene Leiden aufzunehmen; bei diesem trägen Murmeln der Bäume und der Ginsterbüsche und unter diesem weinenden Himmel werden sie hier ganz allein ihre bitteren Gefühle nähren. Wenn in den Winternächten der Fuchs über das trockene Laub schnürt, wenn die Ziegel von den Taubenschlägen fallen, wenn das Ödland sein Schilf peitscht, wenn die Buchen sich biegen und der Wolf im Mondschein über den Schnee streunt – allein am verlöschenden Kamin, während man in den langen, hallenden Fluren den Wind heulen hört, da muss es süß sein, teuerste Verzweiflung und längst verflossene Liebe aus der Tiefe seines Herzens zu holen.

Wir sahen ein verfallenes altes Gemäuer, in das man

durch ein gotisches Portal trat; etwas weiter hinten erhob sich eine alte Wand, durchbrochen von einer spitzbogigen Tür; ein kahler Brombeerstrauch schwang dort im Wind. Im Hof ist der unebene Boden mit Heidekraut, Veilchen und kleinen Steinen bedeckt. Undeutlich erkennt man Reste von Wassergräben; man setzt ein paar Schritte in ein verschüttetes Kellergewölbe; man wandert darin umher; man sieht sich um und geht. Dieser Ort heißt *Tempel der falschen Götter* und war, vermutlich, eine Komturei von Tempelrittern.

Unser Führer ist uns vorausgeeilt: wir blieben ihm weiter auf den Fersen.

Ein Glockenturm schaute aus den Bäumen; wir überquerten ein brachliegendes Feld, kletterten den hohen Rand eines Grabens hinauf, zwei oder drei Häuser tauchten auf: es war das Dorf PLOMELIN. Ein Trampelpfad ist die Straße; ein paar Häuser, durch begrünte Höfe voneinander getrennt, bilden das Dorf. Was für eine Ruhe! vielmehr was für eine Verlassenheit! die Türschwellen sind leer, die Höfe sind wie ausgestorben.

Wo sind die Hausherren? Man möchte meinen, sie seien alle fort, fortgeeilt, um hinter die Ginsterbüsche geduckt auf den Fremdling zu lauern, der im Hohlweg vorüberkommen muss.

Die Kirche ist armselig und von beispielloser Nacktheit: keine buntbemalten, schönen Heiligen, keine Bilder an den Wänden und auch keine Lampe an der Decke, am Ende ihres langen, geraden Seils schwankend. In einer Ecke des Altarraums brennt ein Docht in einem mit Öl gefüllten Glas. Rundpfeiler tragen das Holzgewölbe, dessen Blau verblasst ist. Durch die Fenster mit klarem Glas kommt das helle Licht der Felder, grün getönt durch das übers Kirchendach hängende Laub der benachbarten Bäume. Die Tür (eine kleine Tür aus Holz, die mit einem Riegel zugesperrt wird) stand offen; ein Vogelschwarm schoss herein, flatternd, schwatzend, kreischend, an die Wände stoßend: sie wirbelten unter dem Gewölbe umher, trieben ihr Spiel rund um den Altar, zwei oder drei ließen sich auf dem Rand des Weihwasserbeckens nieder, tauchten ihre Schnäbel hinein und flitzten, so wie sie gekommen waren, schließlich alle zusammen wieder hinaus. Nicht selten sieht man sie so in der Bretagne in den Kirchen: etliche wohnen darin und kleben ihr Nest an die Steine im Kirchenschiff, dort lässt man sie in Ruhe. Wenn es regnet, eilen sie herbei; doch sobald die Sonne wieder durch die Scheiben strahlt und die Regenrinnen ablaufen, kehren sie auf die Felder zurück, so dass bei Gewitter oft zwei empfindliche Kreaturen zugleich in der gesegneten Bleibe einkehren: der Mensch, um dort sein Gebet zu sprechen und Schutz vor seinen Schrecken zu suchen, der Vogel, um dort zu warten, bis der Regen vorüber ist, und um die sprießenden Federn seiner kältestarren Kleinen wieder zu erwärmen.

Ein besonderer Zauber geht von diesen armen Kirchen aus. Es ist nicht ihr Elend, was einen erschüttert, denn selbst jetzt, da niemand hier ist, möchte man meinen, sie seien bewohnt. Ist es nicht vielmehr ihre Bescheidenheit, die einen entzückt? Denn mit ihrem niedrigen Glockenturm, ihrem sich unter den Bäumen versteckenden Dach scheinen sie sich zu ducken und unter Gottes hohem Himmel zu erniedrigen. Es ist wahrhaft kein stolzer Gedanke, der sie erbaut hat, noch der fromme Einfall irgendeines bedeutenden Mannes der zugrunde gehenden Erde; man spürt im Gegenteil, dass es der einfache Ausdruck eines Bedürfnisses, der naive Schrei eines Hungers ist, und gleichsam das aus trockenem Laub bereitete Lager des Hirten, die Hütte, welche die Seele sich bereitet hat, um sich in ihren Stunden der Erschöpfung dort auszustrecken. Mehr als die der Städte scheinen diese Dorfkirchen tatsächlich am Wesen des Landes, in dem sie stehen, festzuhalten und stärker teilzuhaben am Leben der Familien, die vom Vater bis zum Sohn an denselben Ort kommen, um dort auf derselben Steinplatte niederzuknien; sehen sie nicht jeden Sonntag, jeden Tag beim Ein- und Ausgehen wieder die Gräber ihrer Eltern, die sie auf diese Weise im Gebet bei sich haben wie in einem erweiterten Heim, in dem sie nicht völlig fehlen? Diese Kirchen, wo sich zwischen Taufkapelle und Friedhof das Leben jener Menschen erfüllt, haben also einen ausgleichenden Sinn. Anders als bei uns, die wir die Ewigkeit vor die Tore verbannen, unsere Toten in den Vorstädten ins Exil schicken, um sie im Viertel der Abdecker und Sodafabriken neben Speichern für Kotdung unterzubringen.

Gegen 3 Uhr nachmittags gelangten wir vor den Toren von Quimper zur Kapelle von KERFEUTEUM. Hinten hat sie ein schönes farbiges Kirchenfenster aus dem XVI. Jahrhundert, das den Stammbaum der Dreifaltigkeit darstellt. Jacob ist sein Stamm und das Kreuz von Christus die Spitze, überragt vom Ewigen Vater, der die Tiara auf der Stirn hat. Der dicke Glockenturm zeigt an jeder Seite ein Viereck, das wie eine Laterne mit einer langen geraden Öffnung durchbrochen ist. Er sitzt nicht direkt auf dem Dach, sondern hat eine schmalere Basis, deren vier enger stehende Ecken, sich nahezu berührend, einen stumpfen Winkel zum Dachfirst bilden. In der Bretagne haben fast alle Dorfkirchen solche Glockentürme.

Bevor wir in die Stadt zurückkehrten, machten wir einen Umweg, um die Kapelle der Muttergottes zu besichtigen. Wie gewohnt, ist sie abgeschlossen, unser Führer holte unterwegs den Pförtner, der den Schlüssel hat. Er begleitete uns und brachte an der Hand seine kleine Nichte mit, die auf dem ganzen Weg immer wieder stehenblieb, um Blumen zu pflücken. Er lief auf dem Pfad voraus. Sein biegsamer, etwas weichlicher, schmaler Jünglingskörper steckte in einer Jacke aus blauem Tuch, und auf seinem Rücken flatterten die drei Samtbänder seines kleinen, schwarzen Hutes, der, sorgfältig auf den Hinterkopf gesetzt, sein zum Knoten verschlungenes Haar zusammenhielt.

Am Ende einer Senke, eher eines Hohlwegs, verbirgt sich die Kirche der Muttergottes unter dem Laubwerk der Buchen. An diesem Ort, in der Stille dieses mächtigen Grüns, hat sie, gewiss durch ihr kleines gotisches Portal, welches aus dem XIII. Jahrhundert zu stammen scheint und aus dem XVI. ist, irgendetwas, das an jene verschwiegenen Kapellen alter Romane und Romanzen erinnert, wo man den Pagen zum Ritter rüstete, der dann eines Morgens, wenn die Sterne verblassten, beim Lied der Lerche ins Heilige Land aufbrach, während sich durchs Gittertor die weiße Hand der Schlossherrin schob, welche der Abschiedskuss sogleich mit tausend Tränen der Liebe netzte.

Wir gingen hinein; der junge Mann kniete nieder, indem er seinen Hut abnahm, und der gewundene dicke Strang seines blonden Haars löste und entfaltete sich mit einem Ruck und fiel über seinen ganzen Rücken. Einen Moment lang im rauhen Tuch seiner Jacke verhakt, behielt es die Spur der Falten, in denen es eben noch aufgewickelt war, dann sank es nach und nach herab, öffnete sich und breitete sich aus, hingegossen wie richtiges Frauenhaar.

Durch einen Mittelscheitel geteilt, floss es ihm in gleichmäßigen Strömen über beide Schultern und bedeckte seinen bloßen Hals. Auf dieser ganzen goldgetönten Flut wogten und schimmerten bei jeder Kopfbewegung, die er beim Beten machte, flüchtige Lichtreflexe. Neben ihm, auf Knien wie er, hatte das kleine Mädchen seinen Strauß zu Boden fallen lassen. Nun erst, und das zum ersten Mal, begriff ich die Schönheit des Haarschmucks beim Menschen und den Zauber, den er für darin eintauchende nackte Arme haben kann. Seltsamer Fortschritt, der darin besteht, überall den grandiosen Überfluss der Natur zu beschneiden, so dass wir, wenn wir ihn in seiner jungfräulichen Fülle entdecken, staunen, als habe sich ein Wunder aufgetan.

O Friseure! o Brennscheren! o Haarwasser mit Vanille oder Zitrone! Perückenmacher aller Länder! Bürsten aller Art! Pomaden jeglichen Gestanks! verschönt das Haar eurer Korkenzieher und eurer Zopfkränze, schert es ab, rollt es à la Perrinet-Leclerc, türmt es zur Birne auf, lasst es als Trauerweide offen herabhängen, gießt euren Festiger aus Fisch darüber, euren Quittensirup, euer Bartwachs und eure glänzenden Polituren: trimmt, schneidet, kräuselt es zu steifen Locken und pomadiert es fett ein, nie werdet ihr mir dadurch ein Haar von so großer Vornehmheit noch so wollüstiger Anmut zeigen wie dieses hier, das man sicher bloß mit einem groben Kamm aus hellem Horn kämmte und das allein der Regen des Himmels und der Tau mit klarem Wasser netzte.

Am nächsten Tag spannten sich mittags Kattuntücher über die Straßen von Quimper. Die Glocken läuteten. Man streute Rosen und Levkojen aufs Pflaster und an den Kreuzungen wurden Podien aufgestellt, dekoriert mit Säulen aus Grün, umwickelt mit Girlanden aus bunten Papierblumen. Es war irgendein Festsonntag und die Prozession sollte dort entlangführen.

Vor den Türen sah man die Dienstmägde in ihrer ländlichen Tracht mit bunten Stickereien auf den Ärmeln ihres Jäckchens und den Kopf umrahmt von ihren hohen Hauben mit aufgesteckten Zacken und dem steifgestärkten Kragen, der hinten wie eine Krause mit dicken Röhren aussieht. Ihr brauner Rock ist in enge Fältchen gelegt, schnurgerade wie die der *bragow-brass*, und ihre ausgeschnittenen Schuhe haben Silberschnallen über dem Spann. An den Fenstern wartete, wie auf den besten Logenplätzen, die bessere Gesellschaft auf das Schauspiel des Umzugs.

Die Glocken dröhnten lauter. Gesänge waren zu hören; es wurde getrommelt; man ließ Gewehrsalven krachen, und auf beiden Straßenseiten kamen zwei Reihen kleiner Bengel zum Vorschein. In der Mitte lief ein Priester im Chorhemd umher, der das Manöver mithilfe eines hölzernen Buches leitete, das er scharf zuklappte und das wie ein Waschholz klang. Die Knaben hatten über ihre Jacken geknöpfte Hosen, in der rechten Hand eine erloschene Kerze und schrien wie Esel. Nach ihnen kamen die kleinen Mädchen, alle in weißen Kleidern mit blauen Gürteln, und in der Mitte irgendein Kirchenmann, ebenfalls damit beschäftigt, von einer Reihe zur anderen zu gehen, um sie anzutreiben, zu bremsen, wieder losmarschieren, singen und verstummen zu lassen; schließlich kamen die Vorsänger und die Stiftsherren, die alle den Mund aufrissen, die Augen senkten und langsam dahinschritten, indem sie sich in ihren schönen Messgewändern würdevoll in die Brust warfen. Ich erinnere mich vor allem an eines, das aus goldbesticktem, violettem Samt war.

Es erstrahlte dort in einzigartiger Pracht und ließ alle anderen verblassen. Der Mann, den es bedeckte, trug es mit großem Genuss: er ergötzte sich daran; obwohl er sang, musste er unwillkürlich lächeln und sich in den Schultern wiegen, damit man die hintere Stoffbahn bewunderte, auf die ein heiliges Ziborium und darüber eine Sonne gestickt war. Wenn das Kapitel davon wirklich kein zweites besitzt, wenn es sechzig Leute gibt, die berechtigt sind, es zu tragen, und im Jahr nur sieben oder acht Prozessionen veranstaltet werden, dann hat er jetzt vielleicht zehn Jahre darauf gewartet, hat darauf gehofft, sich danach gesehnt, danach geschmachtet, denn man muss mit den Intrigen rechnen, mit den siegreichen Gemeinheiten der Rivalen, den ungerechten Bevorzugungen: er ist also gealtert, hat sich verzehrt danach vor Begierde. Heute hat er es endlich bekommen; auf seinem Rücken trägt er es durch die Straße, man sieht es, man sieht ihn darunter, und darüber das Gewand. Wie gut es ihm steht! er wittert es, er riecht es, er macht sich breit unter dem Futter, um es überall auszufüllen; er lässt seinen Blick darübergleiten, er betrachtet seine Stickereien, er weidet sich an den Borten. Es ist schwer, er schwitzt, es erdrückt ihn: umso besser! er freut sich darüber nur umso mehr, so spürt er es stärker auf seinen Schultern, und er bewegt sie eigens, um sich zu versichern, dass es da ist, dass es sitzt, dass er es nicht verloren hat. Ach! dass es nicht vermag, an ihm kleben zu bleiben, damit man es ihm nicht wieder wegnehmen kann, denn gleich muss er es zurückgeben, und wann wird er es wieder anlegen? Vielleicht nie wieder, mein Gott! zwei solche Tage hat dieses Leben nicht zu bieten. Wie er es liebt, wie er es verehrt, dieses Messgewand, dessen Schönheit seine Seele erfüllt, und mit ihr auch den guten, alten, katholischen Glauben, ohne den es das Messgewand nicht gäbe und zu dessen Ehren es erschaffen worden ist! Und wie er auch singt! mit wie viel Herz! mit wie viel Glauben! mit wie viel Stolz! Es gehört sich, dass ein so gekleideter Mensch eine riesige Stimme hat: und so übertönte die seine alles andere, sie donnerte mit priesterlicher Fülle, es war ein anhaltendes Gebrüll, das die Stimmen der Kinder, das Trampeln der Menge und das Dröhnen des Schlangenhorns überlagerte, dessen keuchender Bläser dabei immerhin blau vor Erschöpfung war.

Unter einem Baldachin aus Samt näherte sich noch ein anderes Messgewand. Ein Mann mit niedriger Stirn, blond wie ein russisches Zigarrenetui, der weiße Wimpern, rote Augenbrauen und perückenartig aufgerolltes Haar hatte, eines dieser Wesen mit einem Profil, das eher gemein als dumm war und das innerlich noch skrofulöser war als äußerlich, trug mit leerer und aufgeblasener Miene andächtig darunter das Allerheiligste aus Gold, das in seinen mit weißen Kattunhandschuhen bekleideten, verkrampften Händen zitterte. Rund um ihn her schwenkten die Chorknaben die Weihrauchfässchen, grölten die Vorsänger. Er lief über die Blumen, die man vor seine Schritte warf, und wenn er das glänzende Ding vor den Ruhealtaren in die Höhe hielt, sank alles auf die Knie, einschließlich der Soldaten, der Nationalgarden und der Gendarmen, die die Prozession eskortierten. Vier von dem Baldachin herabhängende Bänder aus Satin wurden von zwei kleinen Jungen in gelbem Nanking gehalten, der auf sämtlichen Nähten bestickt war, und von zwei winzigen Mädchen in blauen Kleidern, übersät mit silbernen Sternen, die nackten Arme geschmückt mit Armbändern, mit einer Krone auf dem Kopf und zwei rosaroten Flügeln auf dem Rücken.

Dann folgten die Bürger der Stadt, die Geige, Klapphorn oder Fagott spielten, dann ein Dutzend Gendarmen mit gezogenem Säbel, dann die Nationalgarde in zwei Zügen, dann eine Kompanie Soldaten, angeführt von einem Tambourmajor, der seinen Stock kreisen und seinen Federbusch wehen ließ.

Da wir nichts mehr in Quimper noch in der Umgebung zu tun hatten, begaben wir uns auf unsere Expedition zum Finistère, dessen gesamte Küstenstrecke wir bis nach Brest zu Fuß zurücklegen mussten: das war ein Marsch von achtzig Meilen. Wir ließen also nochmals einen Flicken auf unsere Sohlen setzen und zogen los. Unsere erste Etappe war CONCARNEAU, von dem wir recht wenig sahen, denn dort regnete es in Strömen. Breite Bäche flossen zu Füßen der Häuser entlang, verschwanden in den Lücken der Hafenbrüstung und ergossen sich über Schlickbänke, wo leere Boote auf der Seite lagen. Das Wasser rann darüber und durchnässte das Tuch ihrer Segel. Im Schlamm weggedämmert wie ein erschöpfter Reisender, werden sie sich dennoch bei der nächsten Flut wieder aufrichten, davonziehen und dabei den Seetang oder die Seepocke mitnehmen, die man an den Brettern am Kiel hängen sieht und die ihm in den Wellen überallhin folgt.

Das Meer war weit weg; der Blick schweifte über den Sand und verlor sich schnell im düsteren Ton des von tausend Regenstricheln vollgekritzelten Himmels.

Die Stadt ist von Festungsmauern umgeben, an deren Fuß bei Flut die Brandung schlägt. Die Pechnasen sind noch unversehrt wie zur Zeit von Königin Anne, und die steinerne Zackenlinie zieht sich in geringer Höhe schnurgerade am Bollwerk entlang und verschwindet im Dunst.

Zwischen zwei Wolkenbrüchen gingen wir durch die Tore und über die Zugbrücke, um eine Meile entfernt den Wackelstein von Trégunc zu besichtigen. Die von sprießenden Pflanzen gesäumte Straße hatte eine Kurve nach der anderen und etliche Bodenwellen. Es war weit und grün. Wie ein freies Fohlen galoppierte der Blick ins Land hinein und wälzte sich über das frische Gras.

Je weiter wir kamen, desto mehr nahmen die auf dem Boden verstreuten Steine an Zahl und Größe zu und zeichneten sich mit ihren unregelmäßigen Formen zwischen den gelben Stechginsterbüscheln ab. In ihrer Mitte erhebt sich auf einem fast dem Erdboden gleichen Felsvorsprung auf einer Höhe von elf Fuß ein umgedrehter Granitkegel. So sieht der berühmte Wackelstein von Trégunc aus, den einst die Ehemänner anstießen, um zu erfahren, woran sie mit der Sittsamkeit ihrer Gattinnen waren. Bewegte sich der Stein, bedeutete das: sie ist dein! und bewegte er sich nicht: komm morgen wieder! Verschiedene Autoren versichern, ihn in Bewegung versetzt zu haben; bei uns jedoch, die wir Junggesellen sind, blieb er nach all unseren Stößen mit der Schulter ebenso unerschütterlich, wie es die große Pyramide in Ägypten gewesen wäre.

Zwei Stunden später waren wir zurück in Concarneau. Der Regen hatte von neuem und noch stärker eingesetzt; unsere Wirtin machte uns die liebenswürdigsten Anträge zu bleiben. Das hatte freilich etwas, womit man Hunde beruhigen oder Tiger hätte betören können; und doch fragten wir gleich nach irgendeinem Vehikel, das uns noch am selben Abend nach Fouesnant, der Heimat der schönen Frauen, bringen könnte. Zuerst fand sich der Wagen, dann ein Mann, um uns zu kutschieren, dann das Pferd und schließlich Pferdegeschirr. Nachdem alles mit großer Mühe zueinandergefügt war, schwangen wir uns in den Klapperkasten, der, schon für uns beide zu klein, unseren Kutscher nicht aufnehmen konnte. Er ging also zu Fuß und nahm die lahme Mähre beim Halfter, die er so die Steigungen hinaufzog und bei Gefälle bremste. Als er müde war, setzte er sich hinten auf die Achse und das Gefährt lief ohne Pause weiter. Es fuhr im Zickzack, blieb an den Hecken hängen, stieß gegen Steine, rutschte in die Wagenspuren, blieb an den Wassergräben stehen und ließ sein gewölbtes Verdeck, das uns die Landschaft vorenthielt, immerfort vor unseren Augen tanzen. Wenn wir uns ab und zu hinausbeugten, erkannten wir etwas, eine Baumgruppe, eine Waldlichtung, ein Stück Weg, der eine Kurve machte, einen blühenden Dornbusch zwischen den Apfelbäumen, das Meer, das man durch die Zweige sah; doch bald ragten die Deichseln wegen des ansteigenden Hangs in die Luft und wir sahen bloß noch den Himmel über unseren Köpfen, oder wir rutschten, wenn es bergab ging, dem Pferd auf die Hacken und bekamen nur Licht durch den Spalt zwischen Verdeck und Spritzleder, die dazu neigten, sich über uns zu schließen, und bei holprigen Stellen zusammenschlugen.

Am Wald fuhren wir auf einen Damm, der die Straße im Wasser verlängert und dabei eine der reizendsten Buchten, die es dort gibt, in der Mitte teilt. Sie dringt weit ins Land vor, zwischen zwei bewaldeten Höhenzügen, deren bis unten stehende Bäume die Spitzen ihres in wolkigen Tuffs sanft gebogen herabhängenden Laubwerks in die Fluten tauchen, wie es an Flussufern die Weiden tun.

Eine Kirche erschien; wir ließen den Karren halten und gingen um sie herum. Ihr Turm, wie der von Kerfeunteun von Fenstern durchbrochen, wird von zwei Dachreitern flankiert, und über seinem kleinen Portal erhebt sich eine Zinne, aus der Frosch- und Hundeköpfe ragen. Gegenüber setzt einer dieser mit Blumen und Gestalten fein behauenen und gemeißelten schönen alten bretonischen Friedhöfe im Regen Grünspan an: ein Gesicht stellt die Heilige Jungfrau dar; ein anderes Jesus und die Apostel.

Was das Innere der Kirche angeht, so entsinne ich mich kaum daran, ich habe es, glaube ich, gar nicht gesehen, ebenso wenig wie das von FOUESNANT; ich erinnere mich nur noch an ein großes Weihwasserbecken, das in einen Pfeiler gemeißelt war, und an breite Steinplatten, die hochkant aufgestellt waren, um, wie ein improvisierter Zaun, den Eingang zum Friedhof abzusperren.

Fouesnant, dieser für die Wonnen, die er birgt, so gerühmte Ort, bot uns im Übrigen bloß ein abscheuliches Omelett, das wir trotzdem aßen, ein entsetzliches Bett, in dem wir nichtsdestoweniger schliefen, und einen unaufhörlichen Regen, der uns nicht daran hinderte, am nächsten Morgen weiterzuziehen, nachdem wir die Krempe unserer Hüte heruntergeschlagen und unsere *Waterproofs* übergezogen hatten.

Dieser Tag war der erste unserer heldenhaften Tage vom Finistère. Wir wurden vom Wind durchgekühlt, von der Sonne erhitzt; der Regen durchnässte uns bis in die letzte Faser, der Schweiß bis aufs letzte Haar. Wir aßen rohe Artischocken zum Déjeuner und verirrten uns.

Ohne dass es uns lang erschien, wanderten wir lange Zeit unter Bäumen dahin, auf ausgetretenen Wegen übers offene Land, über die Heide, durch Ackerfurchen, auf schmalen Pfaden, auf der Landstraße. Wenn wir müde waren, schnallten wir unsere Rucksäcke ab und sahen rauchend und plaudernd, unter einer Eiche am Rand eines Grabens ausgestreckt die Wolken ziehen und ließen die Stunden vergehen. In Bénodet setzten wir auf einer Fähre über den Fluss; in Combrit hatten wir uns verlaufen und wären wieder nach Quimper gelangt, wenn uns nicht ein Chausseewärter darauf aufmerksam gemacht hätte.

Um 5 Uhr nachmittags kamen wir nach PONT-L'ABBÉ, überzogen von einer beachtlichen Schicht von Staub und Dreck, die sich in so verheerendem Ausmaß von unserer Kleidung über das Parkett unserer Gästekammer verteilte, dass wir fast gedemütigt waren von diesem Schlamassel, den wir anrichteten, wenn wir uns bloß irgendwo niederließen.

Pont-l'Abbé ist eine auf ganzer Länge von einer breiten, gepflasterten Straße geteilte äußerst friedliche Stadt. Die ärmlichen Rentner, die sie bewohnen, können nicht unbedeutender, bescheidener und dümmer aussehen.

Für diejenigen, die sich unbedingt etwas anschauen möchten, gibt es die nichtssagenden Reste des Schlosses und der Kirche zu besichtigen, eine Kirche, die übrigens ganz annehmbar wäre, wäre sie nicht verkrustet von der dicksten Tünche, welche die Kirchenräte sich je erträumt hätten. Die Marienkapelle war voller Blumen. Sträuße von Jonquillen, Levkojen, Rosen, Stiefmütterchen, Geißblatt und Jasmin, in weiße Porzellanvasen oder blaue Gläser gesteckt, breiteten ihre Farben über dem Altar aus und reichten zwischen den großen Leuchtern bis zum Gesicht der Heiligen Jungfrau und über ihre silberne Krone, von der in langen Falten ein Musselinschleier hing, der sich in dem goldenen Stern des in ihren Armen liegenden Kindes verfing. Es roch nach Weihwasser und dem Duft der Blumen; es war ein geheimnisvoller, süßer, mit Wohlgeruch erfüllter, kleiner Winkel abseits der Kirche, eine liebevoll geschmückte, versteckte Klause, besonders geeignet für die Auslassungen mystischer Sehnsucht und die langen Ergüsse tränenreicher Gebete.

Hierher trägt der vom Wetter geplagte, vom Elend geschwächte Mensch die ganze Sinnlichkeit seines Herzens, er legt sie Maria zu Füßen, unter die Augen der himmlischen Frau, und während er ihn erregt, stillt er den unauslöschlichen Durst auf Lust und Liebe. Mag es zum Dach hereinregnen, mag es im Kirchenschiff weder Bänke noch Stühle geben, überall wird man dennoch diese strahlende, herausgeputzte und hübsche Marienkapelle mit frischen Blumen und brennenden Kerzen entdecken. Hier scheint sich die ganze religiöse Zärtlichkeit der Bretagne zu konzentrieren; dies ist die zarteste, geheimste Falte ihres Herzens; es ist ihre Schwäche, ihre Leidenschaft, ihr Schatz: in der Landschaft gibt es keine Blumen, aber es gibt welche in der Kirche: man ist arm, aber die Heilige Jungfrau ist reich; immerfort schön, lächelt sie für alle, und die betrübten Seelen wärmen sich auf Knien wie an einem Feuer, das nicht verlischt. Man staunt darüber, wie besessen dieses Volk an seinem Glauben hängt; aber weiß man denn, was er ihm alles an Genuss und Wollust schenkt, welche Freuden es alle aus ihm zieht? ist nicht die Askese ein höherer Epikurismus, das Fasten eine raffinierte Lust am Essen? Die Religion birgt fast körperliche Empfindungen: das Gebet hat seine Ausschweifungen, die Kasteiung ihren Rausch, und so bekommen die Männer, die abends vor dieser bekleideten Statue niederknien, dort Herzklopfen und dumpfe Taumel, während die Stadtjugend, wenn sie aus der Schule kommt, träumend und verwirrt auf der Straße stehenbleibt, um die heißblütige Frau, die ihnen schöne Augen gemacht hat, an ihrem Fenster zu betrachten.

Man muss erlebt haben, was sich hier ein Fest nennt, um sich von dem verschlossenen Wesen dieses Volkes zu überzeugen: es tanzt nicht, es kreist; es singt nicht, es pfeift. Noch an diesem Abend gingen wir zu einem nahegelegenen Dorf, um die Einweihung einer Dreschtenne zu sehen. Zwei auf eine

Mauer im Hof gestiegene Dudelsackspieler stießen unaufhörlich das schrille Pfeifen ihres Instruments aus, zu welchem Klang zwei sich schlängelnde und kreuzende lange Reihen von Männern und Frauen im Gänsemarsch dahintrotteten. In unregelmäßigen Abständen schlossen die Reihen sich zum Kreis, wendeten, durchschnitten und verbanden sich wieder. Unbesorgt über den Takt stampften die schweren Schritte auf den Boden, während die durchdringenden Töne der Musik in kreischender Eintönigkeit überstürzt dahinjagten. Diejenigen, die nicht mehr tanzen wollten, traten beiseite, ohne dass der Tanz davon gestört wurde, und kehrten kurz darauf, wenn sie verschnauft hatten, wieder zurück. Während fast einer Stunde, in der wir uns diese seltsame Übung anschauten, machte die Menge nur einmal Pause, da die Musiker ihr Spiel unterbrochen hatten, um ein Glas Cidre zu trinken; dann setzten sich die langen Schlangen erneut in Bewegung und begannen wieder umherzukreisen. Am Eingang zum Hof wurden an einem Tisch Nüsse verkauft; daneben war ein Krug mit Schnaps und auf dem Boden ein Fass Apfelwein; nicht weit davon entfernt stand ein Mensch mit Ledermütze und grünem Gehrock, neben ihm ein Mann mit kurzer Joppe und an einem weißen Wehrgehänge baumelndem Säbel: das war der Polizeikommissar von Pont-l'Abbé mit seinem Feldhüter.

Bald darauf zog der Herr Kommissar seine Uhr aus der Tasche und winkte dem Feldhüter, der ein paar Bauern ansprach, und die Gesellschaft löste sich auf.

Wir kehrten zu viert in die Stadt zurück und hatten auf diesem Weg Gelegenheit, nochmals in Ruhe eine jener harmonischen Fügungen des Schicksals zu bewundern, die den Polizeikommissar für den Feldhüter und den Feldhüter für den Polizeikommissar geschaffen hatte. Sie passten nahtlos zusammen, knüpften einer beim anderen an. Dieselbe Sache brachte sie auf den gleichen Gedanken; aus der gleichen Idee zogen sie parallele Schlüsse. Wenn der Kommissar lachte, lächelte der Feldhüter; bekam er ein ernstes Gesicht, machte der andere ein finsteres Gesicht; wenn der Gehrock sagte, »so muss es gemacht werden«, erwiderte die Joppe, »das habe ich mir auch gerade gedacht«; wenn er fortfuhr, »das muss sein«, setzte jener hinzu, »das ist unerlässlich«, und trotz dieser engen Verbindung blieben die Standes- und Autoritätsbezüge beiderseits klar und deutlich bestehen. Der Kommissar, höflich, wichtigtuerisch, schönrednerisch, überlegte, grübelte vor sich hin, redete mit sich selbst und schnalzte mit der Zunge; der Feldhüter war freundlich, aufmerksam, nachdenklich, stellte seine eigenen Beobachtungen an, machte sich in Ausrufen Luft und kratzte sich an der Nasenspitze. Unterwegs erkundigte er sich nach Neuigkeiten, fragte den anderen nach seiner Meinung, bat um seine Anordnungen, und der Kommissar stellte ihn zur Rede, philosophierte und erteilte Befehle.

Wir näherten uns den ersten Häusern der Stadt, als wir aus einem gellende Schreie hörten. Die Straße war erfüllt von einer erregten Menge, und Leute liefen dem Kommissar entgegen und riefen: »Kommen Sie, kommen Sie, Monsieur, sie schlagen sich!«

»Zwei Frauen wurden umgebracht!«

»Von wem?«

»Das weiß man nicht.«

»Warum?«

»Sie bluten.«

»Aber wie ist das passiert?«

»Mit einem Rechen.«

»Wo ist der Mörder?«

»Eine am Kopf, die andere am Arm. Kommen Sie herein, man wartet auf Sie; da sind sie.«

Der Kommissar ging also hinein, und wir hinterher. Es war ein Aufruhr von Schluchzern, Schreien, Gerede, eine sich schubsende und gegenseitig erdrückende, wogende Menschenmenge. Man trat sich auf die Füße, man rempelte sich an, man fluchte, man sah nichts.

Der Kommissar wurde langsam wütend; doch da er kein Bretonisch sprach, packte an seiner Stelle den Feldhüter die Wut, und er jagte das Publikum hinaus, indem er jeden bei den Schultern packte und zur Tür hinausschob.

Als nur noch ungefähr ein Dutzend Leute im Raum waren, sahen wir endlich in einer Ecke einen an einem Arm herunterhängenden Fleischfetzen und so etwas wie eine dunkle Haarmasse, über die Blutstropfen rannen: das waren die bei der Schlägerei verletzte alte Frau und das junge Mädchen. Die Alte, die ausgemergelt und hochgewachsen war und wie Pergament zerknitterte, schwarzbraune Haut hatte, stand mit dem linken Arm in ihrer rechten Hand da, stöhnte leise und schien nicht zu leiden; doch das junge Mädchen weinte. Mit offenem Mund, gesenktem Kopf und die Hände flach auf ihre Knie gelegt, saß sie krampfhaft zitternd da und schluchzte leise. Auf alle Fragen, die man ihnen stellte, antworteten sie nur mit Klagen, und da die Zeugenaussagen der Leute, die die Schläge gesehen hatten, nicht einmal übereinstimmten, konnte man überhaupt nicht herausfinden, wer geschlagen hatte noch warum geschlagen worden war. Die einen sagten, dass es ein Ehemann war, der seine Frau in einer horizontalen Position überrascht hatte; andere, dass es die Frauen waren, die sich gestritten hatten, und dass der Hausherr sie zusammenschlagen wollte, um sie zum Schweigen zu bringen. Genaues wusste man nicht, der Herr Kommissar war darüber äußerst bestürzt und der Feldhüter gänzlich sprachlos.

Da der Arzt nicht zu Hause war oder diese braven Leute seine Dienste nicht in Anspruch nehmen wollten, weil das teuer war, waren wir so dreist, »die Hilfe unserer bescheidenen Talente« anzubieten, und wir liefen los, um unser Reisenecessaire mit Pflaster, Verband und Scharpie zu holen, was wir alles für mögliche Unfälle unten in unsere Rucksäcke gestopft hatten.

Es war wahrhaft ein schönes Schauspiel für unsere Freunde, zu sehen, wie wir auf dem Tisch dieser Behausung pedantisch unser Operationsmesser, unsere Pinzetten und unsere drei Scheren ausbreiteten, eine davon mit vergoldetem Griff. Der Kommissar bewunderte also unsere Menschenliebe, die Klatschbasen sahen uns schweigend zu, die gelbe Kerze zerrann in ihrem eisernen Halter und bekam einen immer längeren Docht, den der Feldhüter mit den Fingern kürzte. Die gute Frau wurde als Erste verbunden; der Schlag war sorgfältig gesetzt worden: der entblößte Arm zeigte den Knochen, und ein dreieckiger Fleischfetzen hing wie eine Manschette herunter. Wir versuchten das Stück zurück an seinen Platz zu bringen, indem wir es genau an die Ränder der Wunde legten; dann verschlossen wir alles mit einem Verband. Es ist sehr gut möglich, dass dieser heftige Druck zu Wundbrand führte und dass die Patientin daran gestorben ist.

Was dem jungen Mädchen eigentlich fehlte, war nicht klar. In ihren Haaren floss das Blut, ohne dass man sehen konnte, woher es kam. Es gerann darauf zu öligen Placken und lief den Nacken herunter. Der Feldhüter, unser Dolmetscher, bat sie, das wollene Band abzunehmen, das sie im Haar trug, sie löste es mit einer einzigen Handbewegung und wie ein Wasserfall entfaltete sich ihre ganze matt tiefschwarze Haarpracht mit den rote Streifen der blutigen Rinnsale. Als wir dieses feuchte, schöne Haar, das weich, dicht und üppig war, vorsichtig teilten, sahen wir tatsächlich auf dem Hinterkopf eine dicke Beule von der Größe einer Nuss, durchbohrt von einem ovalen Loch. Wir rasierten überall ringsum die Haut; nachdem wir die Wunde gewaschen und trocken getupft hatten, ließen wir Talg auf Scharpie schmelzen und brachten sie mit

Hilfe von Diachylonstreifen auf der Verletzung an. Eine daraufgelegte Kompresse wurde mit dem Haarband befestigt und darüber kam die Haube.

Unterdessen erschien der Friedensrichter. Als Erstes fragte er nach dem Rechen, und seine einzige Sorge bestand darin, ihn sich anzusehen und von allen Seiten zu betrachten. Er packte ihn am Stiel und zählte seine Zinken, er schwang ihn und probierte ihn aus, indem er das Eisen klingen ließ und das Holz bog.

»Ist das wirklich die Tatwaffe? Jérôme, sind Sie davon überzeugt?«

»Man behauptet es, Monsieur.«

»Sie waren nicht zugegen, Herr Kommissar?«

»Nein, Herr Friedensrichter.«

»Ich möchte wissen, ob die Schläge mit einem Rechen ausgeführt wurden oder nicht vielmehr mit einem stumpfen Gegenstand? Wer ist der Übeltäter? Zunächst, war das sein Rechen? Oder gehörte er jemand anders? Wurden die Frauen wirklich damit verletzt; ich frage nochmals, geschah das nicht vielmehr mit einem stumpfen Gegenstand? Möchten sie klagen? In welchem Sinne soll ich meinen Bericht abfassen? Was meinen Sie dazu, Herr Kommissar?«

Die Unglücklichen erwiderten nichts, außer dass sie immer noch Schmerzen hatten. Und was die Inanspruchnahme der gesetzlichen Rache betraf, so ließ man ihnen eine Nacht Zeit, um darüber nachzudenken. Das junge Mädchen konnte kaum sprechen und die Alte hatte ebenfalls äußerst wirre Vorstellungen, da sie, den Nachbarn zufolge, betrunken war, was uns die Unempfindlichkeit erklärte, die sie gezeigt hatte, als wir sie verarzteten.

Nachdem sie uns nach Kräften gemustert hatten, um herauszufinden, wer wir waren, wünschten uns die Obrigkeiten von Pont-l'Abbé einen schönen Abend und dankten uns für

»die Dienste, die wir dem Land erwiesen hatten«. Wir steckten unser Reisenecessaire wieder ein, und der Kommissar zog mit seinem Feldhüter, der Feldhüter mit seinem Säbel und der Friedensrichter mit dem Rechen ab.

Kaum waren wir in unserem Zimmer, bekamen wir Besuch von zwei Gendarmen, die auf unseren Pässen unsere Namen, Vornamen, Wohnorte und Berufe zu lesen wünschten, um sie in aller Eile dem Kommissar und dem Friedensrichter zu vermelden, die zweifellos äußerst aufgeregt darauf warteten; da wir jedoch das besondere Glück genossen, kein einziges Metier auszuüben, mit keinerlei Titel bekleidet noch mit irgendeiner Legitimation versehen zu sein, mussten sie sich damit abfinden, zwei Namen zu erfahren, die in Pont-l'Abbé, wie sonst allerorten, völlig unbekannt waren.

Nie konnten sie aber glauben, dass wir Herren waren, die zu ihrer persönlichen Erholung zu Fuß durch die Lande zogen; das erschien ihnen unerhört, absurd; – wir wären Zeichner oder Kartographen, die mit dem Ehrgeiz reisten, es besser zu machen als die anderen und damit das Kreuz der Ehrenlegion zu erringen. Wir wären von der Regierung bezahlt, um die Landstraßen zu inspizieren und die Leuchtturmwärter zu überwachen; wir hätten einen geheimen Auftrag, eine heimliche Aufgabe, die wir nicht verraten wollten, um die Leute zu überraschen und groß herauszukommen. Etwas Unbegreifliches, Widersprüchliches, Geheimnisvolles steckte in uns, und wir erschreckten sie fast, so merkwürdig kamen wir ihnen vor.

Nein, Gott sei Dank! nichts von alledem treibt uns an; wir sind bloß humoristische Beobachter und literarische Träumer! Wir verbringen unser Leben damit, in die Sonne zu schauen und die großen Meister zu lesen. Wenn das nicht wie Talg-, Stiefel- oder Gesetzemachen den Beutel füllt, wenn die Gendarmen es auch kaum begreifen und die Bourgeois mitleidig darüber lachen, dann geschieht es eben, tausendmal besser, nur für uns, dass ihr eure Horizonte, Strände und Wiesen ausbreitet, durch die unsere Füße pflügen, und auch ihr seid für uns erschienen, ihr wunderbaren Dichter, an denen wir unsere Seelen ergötzen.

Und wir legten uns ins Bett und lachten über die große Verkommenheit, die aus dem menschlichen Leben das Hinterzimmer von Laden, Kanzlei oder Kontor macht, in dem Glauben, dass es von Gott nur erdacht wurde, um Aktenschränke zu füllen und Zahlen aufzulisten.

Dann schliefen wir trotz unserer Operationen tief und fest und brachen gleich im Morgenrot nach Penmarc'h auf, ohne uns nach dem Zustand unserer Kranken zu erkundigen.

Kapitel VIII

Auf der Landzunge, die sich zwischen Pont-l'Abbé und der Bucht von Audierne erstreckt, lag einst eine so große Stadt, dass sie sechs Kirchen besaß. Eine Mole von der Länge einer Viertelmeile schützte ihren Hafen, aus dem jedes Jahr ihre Schiffe nach Galizien und Asturien oder zum Hochseefang von Kabeljau aufbrachen. Man machte dort so schnell sein Glück, dass die Landleute der benachbarten Gegenden die Pflüge stehenließen und zuhauf erschienen, um dort Handel zu treiben, und sie strömten so zahlreich herbei, dass die Felder unbestellt blieben und es im ganzen Landstrich zu wenig Brot gab; man befürchtete Hungersnöte, und 1494 verfügte Jean V, diese gefährlichen Abwanderungen von Landwirten »beim Galgen« zu verbieten. Es gab die Rue des Marchands, die Rue des Cordiers, die Rue des Argentiers, die Grand-Rue und etliche andere. 1556 bewaffnete sie mehr als dreitausend Bogenschützen, und Henri III von Frankreich schenkte dem, der den Papegai herunterschösse, die Erlaubnis, frei von Zoll, Steuern und Zins fünfundvierzig Tonnen Wein zu verkaufen: ein ungeheueres Privileg, das nicht einmal die Städte Nantes und Rennes genossen: diese Stadt hieß Penmarc'h.

1500 entdeckte man Neufundland und seine unerschöpflichen Kabeljaubänke. Alle Fischer Europas zogen dorthin, und der blühende Handel von Pemarc'h nahm ab, schließlich kam die Liga, die ihr einen tödlichen Stoß versetzte. Die Stadt war nicht befestigt, Piraten, Engländer, Spanier fielen dort ein, plünderten, brandschatzten und verschwanden, um bald darauf wiederzukommen. Die Einwohner lebten in Angst und Schrecken vor diesen häufigen Angriffen; der Reiz des Gewinns hielt sie nicht mehr am Platz; sie gingen nach Brest oder Quimper. Schließlich wurde sie von Fontenelle angegriffen, eingenommen und geplündert, und die Beute, die er machte, war gewaltig. Von diesem Moment an wurde die Stadt nach und nach immer leerer, und jetzt hat man aus dem, was übrig ist, zwei Dörfer gemacht, die achtzig Häuser und dreihundert Einwohner umfassen. Eins heißt Kerity und das andere PENMARC'H: das erste am Meer, das zweite eine halbe Meile landeinwärts, in dem machten wir Halt.

Als wir die Kirche sahen, begriffen wir, was für eine reiche Stadt dort gebrodelt haben musste. Sie ist groß, hoch, ohne Querschiff, hat Haupt- und Nebenschiff und ist mit grauem Holz gedeckt. Trotz der Wappen ihrer Fenster und Steinplatten ist sie jetzt in einem erbärmlichen Zustand. Die Altäre sind fast ohne Schmuck, kein einziges Bild, kaum ein paar Holzstatuen. Überall herrschen Tod und Verlassenheit. Und doch entdeckten wir in einer Ecke unter einem herrlichen Spitzbogenfenster, dessen Streben drei in den harten Stein geschnittene Bourbonenlilien bilden, eine Holzfigurengruppe, die Saint Michel darstellt, wie er den Teufel niederstreckt. Der himmlische Krieger ist ein bunt bemalter Jüngling mit Kraushaarperücke, bewaffnet mit Streitlanze und in ein fischschuppiges Panzerhemd gezwängt; der Dämon, der zu seinen Füßen kriecht und verendet, ist ein schön erdachtes Ungeheuer: an seinem Hinterteil windet sich ein Drachenschwanz; sein Gesicht ist eine plattgedrückte Froschmaske, Papageienköpfe bilden seine Kniee, seine Bocksbeine geben unter ihm nach; seine Ellbogen sind zwei Geierschnäbel und am Ende seiner Affenfinger krümmen sich seine langen, harten und spitzen Krallen. Gegenüber scheinen drei stämmige, dralle, dickbäuchige Mönche betrübt zu sein über die hellgelbe Tünche, die man ihnen zugemutet hat. Über unseren Köpfen sangen und schwirrten Vögel, die sicher durch ein zerbrochenes Fenster hereingekommen waren, setzten sich auf die still dahängende Lampe oder tranken aus dem Weihwasserbecken.

Das Äußere der Kirche ist eine merkwürdige architektonische Mischung, die von sämtlichen katholischen Orden stammt und keinem angehört. Eine in einen Türsturz gesetzte Inschrift verkündet, dass sie 1508 erbaut und Saint Nona gewidmet wurde.

Das Portal öffnet sich unter einem viereckigen, großen Turm und seine beiden Fensternischen werden unterteilt durch einen prismaförmigen Pfosten, an dessen Fuß sich eine große steinerne Schale weitet, eine Art Waschbecken, dort angebracht als traditionelle Erinnerung an die einstigen Waschungen. Auf jeder Seite ragen hohe Stützmauern in eigenartigem Stil empor, von dem wir noch kein Beispiel gesehen hatten: sie sind fünfeckig und an allen Seiten voller gemeißelter Sujets. Diese verschiedenen Darstellungen scheinen, je höher sie zu den Dachreitern aufsteigen, einer Art Plan zu folgen; so sind es zunächst einmal Schiffe mit hohem Heck und bauchiger Mitte; dann Fische, Hühner, Lämmer; dann ein Pferd, das seinen halben Leib mitten aus dem Stein reckt und mit den Füßen ins Leere schlägt, und schließlich ein unsichtbar an der Wand aufgehängter gekrümmter Schwarzer. Die gleiche Art sehr eindrucksvoller Basreliefs findet sich auf den Pinakeln wieder, die außen jedes Fenster überragen; in der Mitte segelt eines dieser von mir erwähnten alten Schiffe auf einem Ozean schwach mit dem Meißel angedeuteter Wogen, und als Stütze einer Regenrinne schwingt sich an jeder Ecke ein Engel mit Flügeln und Spruchbändern auf.

Als Gegensatz zu diesem übertriebenen und gänzlich lokalen Stil sehen wir ein kleines Seitenportal von erlesenem Geschmack, der die verschiedensten Epochen vereint. Mit seinen leicht gewölbten, von Laubwerkgirlanden geschmückten Türen entstammt es der Renaissance, während ein Kapitell, auf dem ein Mönch verstohlen seine Hand unter den Rock einer Nonne schiebt, an die Gotik des XIV. Jahrhunderts erinnert. Das ganze Bauwerk wird nicht so sehr vor Alter, sondern vor Armut rissig; büschelweise wuchern Brennnesseln aus den Steinen, und wenn die Westwinde wehen, fliegen die Schieferziegel seines Daches davon. Ringsum erstreckt sich der Friedhof: dort steht das Gras hoch und die Gräber liegen eng nebeneinander. Jede Grabplatte ist am Ende herzförmig ausgehöhlt, um das Weihwasser aufzunehmen und zu halten. In einer Ecke stand früher ein Beinhaus, doch es gibt nur noch einen schwankenden Giebel und eine einst dreipässige Balustrade.

Als wir von dieser traurigen Kirche kamen, die nicht einmal die stille Größe des Todes und keine Lebenskraft mehr hat, wanderten wir zum Meer. Wir hatten unsere Mackintoshs angezogen und ihre Kapuzen hochgeschlagen, denn das Wetter war düster und über unseren Köpfen eilten graue Wolken dahin, die zerzaust und kurz davor waren, in Tränen auszubrechen.

Nichts regte sich auf der weiten Flur, weder Menschen noch Bäume noch Viehherden. Wir hörten nur das undeutliche Murmeln des Ozeans und das Pfeifen des Windes, der das Schilf niederbog. In der Ferne sahen wir die Wellen gegen eine Felsbank anrennen. Das Wasser lief auf und nahm uns in einem Labyrinth kleiner Bäche gefangen, dem wir erst entkamen, als wir wieder die feste Straße erreichten. Mit der Flut kam der Regen, ein feiner und alles durchdringender, kalter Regen, der uns ins Gesicht peitschte und vor Kälte erstarren ließ. Wir gingen nichtsdestotrotz mutig weiter und hielten auf eine Häusergruppe zu, die sich unter einen Kirchturm kauerte.

Wir langten dort an und fanden auch hier statt einer Kirche eine halb von Sand verschüttete Ruine. Es gibt weder Fensterscheiben noch Dach; der Altar steht in einer Ecke hinter einem Alkoven von Brombeeren; das mit feinem Staub gefüllte Weihwasserbecken ist in die Wand selbst gemeißelt. Der Boden hat sich aufgeworfen; man muss sich fast bücken, um durch die Tür zu gehen. In einem Raum, der sicher einst als Sakristei diente, breitet sich ein ganzes Feld von Brennnesseln, Levkojen und Farnen aus. Die Schlichtheit des Spitzbogens, die Reinheit der Gewölberippen, die Einfachheit der Kapitelle weisen auf das XIII. Jahrhundert hin und die allgemeine Anlage des Gebäudes zeigt, dass es den Templern gehörte. Tatsächlich hat die Kirche kein Querschiff und bloß ein niedriges Seitenschiff: eine bemerkenswerte Eigenheit, die sich fast immer in den Bauwerken des Ordens findet. Der Turm ist nichts weiter als ein befestigter, von Schießscharten durchlöcherter, hoher, dicker Geschützturm, der als Ausguck und Bollwerk zugleich dient, in einer als Galerie über dem Portal liegenden Plattform endet und sowohl zur Schlacht wie zur Vesper läuten kann. Diese Trümmer, kriegerisch und fromm wie ihre Erbauer, bieten ein hartes, strenges, trostloses Bild, das gut zur Erinnerung an diese furchtbaren Streiter des Templerordens passt, die von den Bauern immer noch die roten Mönche genannt werden. Von der Höhe des Turms sahen wir, wie sich das Meer unter dem bewölkten Himmel, tief, grün und fahl auf den schrecklich spitzen Klippen brach.

Durch eine zwischen niedrigen Hütten geschlagene Gasse kamen wir auf den Strand, wo ein paar Matrosen und ein Zöllner im Schutz einer Mauer auf den sein Ufer verschlingenden Ozean schauten. Nach und nach nimmt er das Land ein; langsam, aber auch gnadenlos kommt er voran. Heute trägt er eine Sanddüne fort, morgen ein Wachhaus, übermorgen wird es vielleicht das ganze Dorf sein. Jeden Tag weicht man zurück, und jeden Tag dringt er vor. Ein alter Mann aus der Gegend erzählte uns, während er uns ein Haus zeigte, das einst, als es gebaut wurde, was er selbst miterlebt hatte, fünfhundert

Schritt vom Ufer entfernt stand, nun schlägt die Flut an seine Mauern und erschüttert es bis in seine Fundamente. Wenn das Meer abgelaufen ist, sieht man Reste der Ufermauer und Steinquader auf den Tangschichten liegen. Bei den Äquinoktien rettet sich jeder vor der Überschwemmung der Sturmfluten – und sicher wird man eines Tages nichts mehr wiederfinden, der Ebbstrom wird alles in die See gerissen haben: Boote, Häuser, Kirchturm und Seeleute.

Indessen kehrten zwei Fischer in einem Kahn zurück. Sie hatten in den Klippen nach Krustentieren gesucht und brachten einen schönen Vorrat an Hummern und Langusten mit. Wir kauften zwei zur Verstärkung des Diners, das unser Wirt in Penmarc'h für uns zubereitete, und wir hatten gut daran getan, denn seine Küche war dürftig, so dürftig wie seine schlechten Betten. Und doch schliefen wir dort den tiefen Schlaf, den einem Müdigkeit, Wind und Regen schenken. Und so zogen wir gegen 10 Uhr am nächsten Tag, nachdem wir unsere Schuhe eingefettet und unsere Hüte unterm Kinn festgezurrt hatten, munter los.

Vor uns öffnete sich keine einzige Straße, kein einziger Pfad; wir liefen aufs Geratewohl über Felder und Strände und fanden, so gut wir konnten, unseren Weg, sprangen von Wiese zu Wiese, wanderten über sumpfige Gelände, wo unser Fuß einsank, zertraten das Schilf, das unter unseren Schritten knackte, und begegneten ein paar Herden magerer Kühe, geführt von zerlumpten Frauen, die neugierig zusahen, wie wir vorüberkamen.

In der Ferne hörten wir das dumpfe Brausen des Meeres; sein Rauschen zog uns an, dort strebten wir hin; bald wurde es lauter und wir kamen zu einem kleinen Vorgebirge, das mit Sand beginnt und in einem Riff endet. Einst stand dort eine Zollstation; doch der Wind hat daraus eine Ruine gemacht.

Ein Felsen, aufrecht wie ein Menhir, steht gerade, unerschütterlich über den zackigen Schichten der Gesteinshaufen, die zum Meer abfallen wie die Stufen einer Treppe für Riesen. Daneben zieht sich zwischen zwei Steinblöcken eine Spalte entlang, in die tosend das Wasser schießt; die aufgepeitschten Wellen wogten immer höher und schienen, am Riff angelangt, auszurollen. Dort brodelten sie schaumig, beleckten mit ihren scharfen Zungen die umgestürzten Blöcke, brachen sich in aufsteigenden Fontänen an ihrem Widerstand, breiteten sich zu blasigen Flächen aus, die nach und nach wieder durchsichtig wurden, und fielen in tausend silbrigen Kaskaden zurück ins Meer. Das Ganze heißt Pointe de la Torche, weil man diese schrecklichen Gestade dort früher beleuchtet hat, um sie den Seefahrern anzuzeigen.

Wir wollten dem Saum des Ozeans folgen, aber der Sand rutschte unter unseren Schritten weg und machte das Gehen mühselig und langsam. So stiegen wir wieder rechts hoch und kamen in ein riesiges, flaches, eintöniges Gelände, auf dem hier und da zwei oder drei vereinzelte Kirchtürme standen, grau überwuchert von fahlem Unkraut und vertrockneten Disteln.

Die Nase im Wind gingen wir direkt nach Nordwesten. Die hohe Kirche von Pen'march verschwand hinter uns im Horizont und wurde im fernen Dunst immer dunkler. Große Vögel, weiß und schwarz, segelten kreischend hin und her, landeten vor uns, scharrten mit Schnabel und Füßen im Boden, um Futter zu finden, schwangen sich wieder empor, wenn wir bei ihnen angelangt waren, und ließen sich weiter hinten nieder, um erneut aufzuflattern. Das Meer brandete heftig ans Ufer, das seine Senken vor uns verbarg, und stob längs der ganzen Küste auf wie ein Nebel.

Wir kamen an Notre-Dame de Tronouane vorüber, ohne sie zu besichtigen, die mitten in verlassenem Ödland verlorene, armselig aussehende Kapelle: sie blickt auf den Ozean, und recht hat sie, denn zu ihr, nur zu ihr flehen die Seeleute unter so vielen verschiedenen Namen. Wenn der Sturm die Schiffe beutelt, die Masten zerbricht und die Segel zerfetzt, ist sie es, der sie geloben, barfuß zur Kirche der Muttergottes hinaufzusteigen; wenn sich der Ozean wütend erhebt und die Schiffe im Hafen zerschlägt, wird sie von den Frauen der ausgefahrenen Männer beschworen; wenn er still daliegt und die Mädchen singend am Strand tanzen, ist sie es, an die sie sich wenden:

Vagues et goëlands
Rendez-nous nos maris, rendez-nous nos amants.

Wenn die Seeleute auf Fischfang sind, trinken sie nie, ohne dem Meer ihren ersten Schluck zu schenken: ein heiliges Trankopfer, das sie immer erfüllen und traditionsgemäß von ihren Vätern übernommen haben, ohne über den Sinn nachzudenken. Hatte der Ozean einen Seemann glücklich zurückgebracht, errichtete er früher einen Altar am Ufer, den er Neptun weihte; jetzt baut er eine Kirche und widmet sie dem Heiligen seines Dorfes: es ist immer das Gleiche in anderer Form. Diese Küste muss sehr schrecklich sein: denn in der Bucht von Audierne sind von der Pointe de Pen'march bis zur Pointe du Raz diese Kapellen, wo sich das Entsetzen zum Gebet einfindet, Exvoto von Dankbarkeit oder Hoffnung, ebenso zahlreich wie die Klippen: Saint-Père, Notre-Dame de la Joie, Saint-Guénolé, Notre-Dame de Tronouane, Saint-Viau, Notre-Dame de Penhors, Saint-Tugen, Notre-Dame de Bon Voyage, Saint-Yves, Saint-Theix und noch andere, die ich übersehe. Und wer mag sie aufsuchen? Alles ist verlassen, nichts regt sich in dieser trübseligen Gegend. Sind denn die Seeleute alle auf dem Meer, da keine Schiffe am Ufer liegen? Haben sie ihre Frauen und Kinder auf ihre weiten Fahrten mitgenommen, da keine Häuser an der Küste stehen, da kein Korn auf den Feldern wächst? Vergebens wundern wir uns über diese Einsamkeit, vergebens tauchen unsere Augen in die Tiefe des Horizonts, sie sehen nichts als diesen trügerischen Kirchturm von Plouvant, der sich immer weiter zurückzieht, je näher wir ihm kommen.

Wir machten Halt an einer Hütte, die den Jägern als Anstand dienen soll, wenn der Nordwind auf seinem eisigen Atem die Wildenten herträgt. Wir setzten uns dahinter und sahen, während wir rauchten, eine große dunkle Masse, die sich in einiger Entfernung bewegte. Es waren schwarze Schafe, die ein Kind in Lumpen hütete. Traurig einen Fuß vor den anderen setzend, dem Wind den Rücken kehrend und ein trockenes, mageres Gras weidend, das die Seeluft auf diesem kargen Boden ausdörrt, zogen sie voran. Einige sprangen über eine Hecke, das Kind stürzte herbei und schrie etwas in seiner unbekannten Sprache, bewaffnet mit einem Stock und seine erschrockenen Schafe vor sich herjagend; sie rannten eines gegen das andere, stießen sich beim Fliehen mit jener ihnen eigenen ruckartigen Kopfbewegung, blieben unvermittelt stehen, verharrten reglos ein paar Augenblicke mit erhobenem Maul und begannen wieder ruhig zu grasen, während sich das Kind an den Rand eines Grabens setzte und mit seinem Messer eine Gerte schnitzte. Dies waren neben den Vögeln die einzigen lebenden Wesen, die wir seit unserer Abreise aus Pen'march erblickt hatten.

In Richtung des Kirchturms, den wir in der Ferne sahen, brachen wir wieder auf. Als wir ungefähr eine Stunde gewandert waren, kamen wir an ein Hindernis, das wir nicht vorausgesehen hatten: plötzlich senkt sich das Gelände und öffnet sich zu einem Tal, das sich zwischen zwei Höhenzügen dahinschlängelt. Wie ein Fluss lief das Meer dort hinein. Bei Ebbe kommt man trockenen Fußes über die Untiefe; doch die Flut war kurz vor dem höchsten Stand. Auf der einen Seite hatten wir den Ozean, auf der anderen die endlosen Windungen dieses unerwarteten Flusses. Die Hoffnung, ihn zu umrunden, musste man aufgeben, denn noch am Horizont konnten wir ihn zwischen zwei Hügelketten erkennen. Wir hatten keine Zeit zu verlieren: das Meer stieg immer höher; wir fassten uns ein Herz, und nebeneinander, die Hand auf dem Karabinerhaken unserer Rucksäcke, das Terrain mit unseren Stöcken abtastend, stiegen wir bis zu den Knöcheln, bis zu den Knien, bis zum Bauch ins Wasser, gleichwie! und erreichten, in Gottes Namen, das andere Ufer.

Aber unsere Qualen waren nicht zu Ende: als wir uns Plouvan näherten, als wir endlich vor diesen magischen Kirchturm treten sollten, der seit dem Morgen vor uns floh, kamen wir an ein riesiges Feld, das mit Gladiolen bepflanzt war. Beim ersten Schritt, den wir taten, sanken unsere Füße ein. Das Feld war ein Sumpf und wir standen im Schlick. Und doch gingen wir bis zum halben Bein einsackend weiter, unter der Gefahr, in einem Fischotterloch zu verschwinden. Die langen Blätter der Iris schlugen hinter uns zusammen, wir stapften durch Kresse und Vergissmeinnicht, und die aufgeschreckten Bachstelzen flatterten davon, wenn wir näherkamen. Ich bückte mich bis zu den Knien in den Schlamm und pflückte eine schöne weiße Seerose; ich steckte sie mir an den Hut, und vertrocknet und verwelkt habe ich sie immer noch als Erinnerung an diesen schönen Tag.

Zehn Minuten später waren wir in PLOUVAN und traten ins Haus von Monsieur Bataille, Wirt und Tabakhändler, der sehr erschrak, als er erfuhr, dass wir ohne Führer durch den Sumpf gegangen waren, denn acht Tage zuvor hatte der Schlick einen ganzen Gendarmen verschlungen, samt Schnurrbart, Lederzeug und Dreispitz.

Als wir unsere schmutzige, tropfnasse Kleidung gewechselt hatten, schlugen wir unser Hauptquartier in der Küche auf. Madame Bataille, eine dicke, hochrote Frau, schnitt einem Hähnchen den Hals durch, und mit eintönigem Quietschen begann sich der Bratspieß zu drehen. Auf der Erde wuselten Kinder in Gesellschaft eines Hundes herum; von Küken eskortierte Hühner kamen zum Picken bis unter den Tisch; Qualm von frischem Holz ließ unsere Augen tränen, Monsieur Bataille nahm Fische aus; und so verließen wir das Haus und besichtigten die Kirche; wir machten eine Runde um den kleinen Flecken und kehrten zurück, als wir meinten, unser Diner sei fertig.

Es war kein Diner, es war eine Schlacht. Bevor das Hähnchen tranchiert wurde, musste es besiegt werden: es wehrte sich tapfer und wir hielten es für unbezwinglich. Als es tranchiert war, musste es verspeist werden, und da entwickelte sich in ihm eine sehnige Energie, die uns an den Stil des Vicomte d'Arlincourt erinnerte. Der Kampf war lang, der Sieg teuer erkauft, aber glorreich; und jetzt begreifen wir, dass es bei den Wilden Frauen gibt, die sich mit dem Dolch ernähren und Steine verspeisen.

Als wir das Diner bezwungen hatten, gingen wir ganz erschöpft von unserem Sieg hinunter in die Küche. Am Tisch saß der Dorflehrer. Es war ein fülliger junger Mann in einer dicken Jacke und festen Stiefeln. Schüchtern begrüßte er uns, als wir hereinkamen, und machte sich dann wieder über eine dicke Schale voller Brotsuppe her. Wir ließen indessen Grog bereiten und plauderten rauchend mit unserem Wirt.

Es war ein erstaunlicher Mann, dieser Monsieur Bataille; klein, lebhaft, unerschrocken hatte er in seinen Bewegungen eine jähe und sprunghafte Schnelligkeit, die seine sechzig Jahre noch nicht abgestumpft hatten. Er stammte aus Louviers; mit zwölf Jahren hatte er seine Heimatstadt verlassen, die er seither ebenso wenig wiedergesehen hat wie seine Familie. Zunächst war er Matrose auf dem Schiff einer Reederei; so fuhr er nach Indien, nach Japan, nach Kapstadt, schließlich auch nach Amerika und manchmal nach China. Plötzlich war Krieg, er verdingte sich auf einem Seeräuberschiff und tat beim Kapern der großen Handelsschiffe, beim Zerschlagen der Fässer, beim Einsacken der Guinnees und beim Erobern der Damen sein Bestes. Die Militärzeit war gekommen; man steckte ihn zur Marine, und schon ging es nach Trafalgar. Dort wird er geschnappt, nach Chatham geschickt, kommt auf die Gefängnisschiffe, wo er Englisch lernt, um die Langeweile zu vertreiben, und Strohhüte macht, um seinen Lebensunterhalt zu verdienen. Nach zwei Jahren kommt er wieder frei. Er wird zur Artillerie eingezogen; er macht den Russlandfeldzug mit, kämpft an der Moskwa, verbrennt fast in Moskau, erfriert fast an der Beresina und kehrt, immer noch gelassen, zäh und mutig, wohlbehalten zurück. Er macht den Frankreichfeldzug mit, erlebt Waterloo, und als das Kaiserreich zusammenbricht, wird er als Zöllner nach Plouvan berufen. Dort heiratet er; man macht ihn zum Brigadier; er hat seine dreißig Jahre gedient und lebt nun mit einer Rente von dreihundertfünfundsechzig Francs glücklich in den Armen seiner dicken Frau.

Ein solch buntes Leben hat man nicht geführt, ohne gut mit Geschichten versorgt zu sein, und so besitzt Monsieur Bataille denn auch in seinem Gedächtnisvorrat eine ganze Auswahl. »In Trafalgar«, erzählte er uns, »war ich Richtkanonier in der ersten Backbordbatterie des *Redoutable*. Es wurde ernst, das Eisen hagelte herein wie alle fünfhundert Teufel. Wir bekamen eine volle Breitseite; eine Kugel kommt angesaust und reißt den linken Arm eines Unterkanoniers meines Geschützstands weg. Der Rüpel bückt sich, hebt seinen Arm auf, steckt ihn in eine Kanone, die gerade geladen worden war: schick ihnen den, sagt er, der kann vielleicht jemand dahinten eins auf die Nase geben; und dann stürzt er zu Boden und man bringt ihn ins Lazarett: gestorben ist er nicht dran; das war ein wilder Kerl und ein richtiger Draufgänger.«

Als wir mit ihm über den Rückzug aus Russland sprachen, sagte er, indem er sich den Kopf kratzte und sein Polizistenkäppi zurechtrückte: »Damals ist mir eine tolle Sache passiert, das muss ich Ihnen erzählen: in der Patsche saßen wir nicht, es war nach dem Brand von Smolensk. Diese Schufte von Kosaken gerbten uns das Fell etwas hart, es lief nicht so, wie es sollte, und ich hatte die Nase voll davon. Eines Abends mache ich mein Feuer, ich lege mich daneben und versuche einzuschlafen, als da ein armer Teufel von Sergeant des Dreiundfünfzigsten zu mir kommt und mich um die Erlaubnis bittet, sich zu wärmen … Ach! hau ab, sagte ich zu ihm, steck ein Scheit an und verschwinde; aber ich möchte nicht, dass du hierbleibst. Er hatte ein ganz blaues Gesicht und geschwollene Hände. Es war trotzdem ein schöner Mann: er bittet mich, er fleht mich an und ich sagte immer noch nein: ich hatte mir das in den Kopf gesetzt, ich wollte nicht, und außerdem, wahrhaftig, jeder für sich, stimmt's? Mein verflixter Soldat, dem die Fingerspitzen erfroren, kam schließlich näher und sagte: Ich habe noch ein Stück Brot, lass mich hier sitzen und ich geb dir die Hälfte. – Ah! sagte ich, du hast Brot, das ist was anderes – setz dich da hin, ich hole Holz, und wenn Spaßvögel kommen, die sich an meinem Feuer vergreifen wollen, zieh ihnen eins mit dem Säbel über und lass es nicht ausgehen. Ich kam mit Reisig zurück, ich warf es in die Flamme, ich aß die Hälfte von seinem Brot und es kam mir verdammt gut vor, ich wusste ja schon gar nicht mehr, wie es schmeckt; danach legte ich mich hin und drehte mich mal auf die eine, mal auf die andere Seite, um nicht ganz zu erfrieren. Geschlafen zu haben war nicht alles, am nächsten Morgen mussten wir weiterziehen. Als ich aufwache, war es hell geworden, und ich sehe meinen Bettgenossen, der, den Kopf auf einem Schneehaufen, vor sich hin starrte. Ich geb ihm einen Tritt: komm, Alter, hoch mit dir, du musst aufstehen: er rührt sich nicht; ich rufe ihn beim Namen, ich ziehe an ihm, ich schüttele ihn, ich wende das Hähnchen; echt! er war erledigt! Als ich ihn noch rüttele, sehe ich, dass er eine Hose hat, die noch nicht allzu schlecht war: meine wurde schon zu Putzwolle. Meiner Treu, sage ich, wenn mir am Bauch warm ist, spare ich mir die Leibschmerzen, und um vor Gottvater zu treten, braucht er seine Hose nicht. Dann reiß ich sie ihm herunter; sie war voller Läuse, mit Verlaub. Da draußen nannten wir sie polnische Napoléons! Ah! was soll's, sage ich mir, das wird mich warm halten, und ich ziehe sie über meine Lumpen. Der arme Teufel war tot, ich konnte nichts dafür; aber egal, ich hatte ein gewaltiges Glück, dass er so eine gute Hose hatte.«

Mitunter kam Monsieur Bataille auf charmante Schnurren und Themen von erlesenem Geschmack. Während des Feldzugs in Frankreich, in Montereau, glaube ich, stürzt einer seiner Nebenmänner mit von einer Kugel zerschmettertem Kopf zu Boden, er dreht sich um und sagt zu ihm: »Verdammt, du kannst dich nicht beklagen, das ist gut bemessen; für ein Viertel hast du ein Pfund bekommen«, und da der arme Kerl litt und laut schrie, schießt er ihm eine Gewehrsalve in die Brust und macht ihm lachend, aus Menschlichkeit, den Garaus.

Das waren seine Jugendstreiche: lustige Geschichten, wie er selbst sagte. All diese alten Erinnerungen, die er zu unserem Nutzen wachrief, hatten ihn unbeschreiblich in Fahrt gebracht. Er schäumte, fuhr auf, gestikulierte und blickte mit so funkelnden Augen um sich, dass sie einem Angst machten. Seine heisere Stimme schnarrte in der Tiefe seiner ausgetrockneten Kehle, und im Eifer seiner Erzählung ließ er seine Pfeife alle Augenblicke ausgehen und zündete sie wieder an. Er war so aufgeregt, so animiert, so in Fahrt, dass er an jenem Abend die Welt erobert hätte. Er hat ja nicht oft die Gelegenheit, sein früheres Leben auf diese Weise noch einmal durchgehen zu können, denn jetzt, da er friedlich und verträglich geworden ist, macht er seine Frau glücklich und lebt in gutem Einvernehmen mit dem Schulmeister, obwohl er sich nicht immer mit ihm einigen kann: so findet er die bretonische Sprache sehr reich und der Lehrer findet sie äußerst arm; doch diese Unstimmigkeiten gehen nie sehr weit: denn der Schulfuchs gibt seine Meinung schnell auf, wenn sein Wirt sie nicht teilt. Im Übrigen erklärten sie uns einhellig, dass die bretonischen jungen Mädchen gerne hinter den Hecken und auf den Strohballen Gott Amor ihr Opfer brächten und dass sie bei den Volksfesten zusammenlegten, um den Burschen den Schnaps zu bezahlen, damit es ihnen nicht an Tänzern fehlt. Man vertraue also voll und ganz der bretonischen Tugendhaftigkeit, gefeiert in Monsieur Gustave Lemoines Romanzen und vertont von Mademoiselle Loisa Puget.

Unsere langen Gespräche mit Monsieur Bataille hatten uns einen ergebenen Freund beschert, und so fettete er denn am nächsten Morgen, als wir aufbrechen wollten, unsere Schuhe mit dem selbstgewonnenen Tran eines Schweinswals ein, den er eigenhändig geschlachtet hatte. Er begleitete uns kurz und zeigte uns unsere Orientierungspunkte an der Küste; wir drückten ihm die Hand, sagten ihm Adieu und machten uns auf den Weg nach Audierne oder Goyen, wie die Niederbretonisch sprechenden Bretonen sagen.

An jenem Tag liefen wir wiederum nur durch eine weite Einöde ohne Behausungen und ohne bestellte Felder. Wir folgten einem Pfad, der sich an der Steilküste danhinschlängelte und hoch über dem Meer lag, wo in der Ferne ein paar Schiffe vorüberzogen. Bei jedem Schritt trafen wir auf weite Kuhlen, die in den Boden gegraben und voller kalzinierter Steine waren. Dort wird der Tang verbrannt, wenn er in Regen und Sonne verrottet ist, um Soda daraus zu machen: dies ist das einzige Gewerbe der Bewohner dieser rauhen Gegend. Sie treiben keinen Ackerbau; sie treiben keinen Fischfang; sie gehen mit ihren Frauen und Kindern ans Meer hinunter; man bringt einen von abgezehrten Ochsen gezogenen Karren mit, und die ganze Familie schwärmt über die Klippen und reißt, immer weiter zurückweichend, je höher die Flut steigt, die Algen aus. Wir sahen, wie sie, die Füße im Wasser, mit einem Bootshaken in den Felsen herumstocherten und dem Stein seinen schimmernden Schmuck aus Seegras nahmen. Die Mädchen laden sich schwere Packen davon auf den Kopf und ziehen, die Faust in die Hüfte gestemmt, los, um sie auf den Sand zu werfen. Dort leiden die armen Pflanzen, kräuseln sich, verdorren, verhärten und würden zu Staub, wenn man sie nicht zu Asche machte. Ach! warum lässt man diese schönen Wiesen des Ozeans nicht in Ruhe grünen?

Unser schmaler Weg führte uns an dem Dolmen von Poulhan vorüber, den wir sahen, ohne ihn anzuschauen, dann fiel er zum Meer ab und verließ uns an einem weißen sandigen Ufer, wo wir mit dem ganzen Gewicht unserer Rucksäcke und unserer Müdigkeit einsanken. Als es nach einer halben Stunde dieser schweren Mühsal hinter uns lag, ließen wir uns erschöpft, keuchend und entmutigt fallen; glücklicherweise waren wir fast in Audierne. Wir stiegen einen kleinen Hügel hinauf, wo sich eine Windmühle dreht, und erblickten den Marktflecken, der mit einer Promenade versehen ist und sich ordentlich am Quai seiner Bucht entlangzieht, die wir in einer Fähre überquerten. Von Audierne habe ich nichts zu erzählen, außer dass wir abends hinter dem Hafen über einen so feinen Sand gegangen sind, dass wir nur mit Bedauern den Fuß darauf setzten, und dass violette Wolken mit scharlachrotem Saum vom Wind fortgetragen zum Meer eilten.

Wir hatten uns sehr schnell daran gewöhnt, am Ozean entlangzulaufen, und so waren wir denn auch ganz überrascht, uns am nächsten Tag wieder auf einer Straße zu befinden. Als wir sie entlangwanderten, trabte ein Reiter auf seinem kleinen Pferd an uns vorüber; er musterte uns ein paar Sekunden und fragte uns ohne Umstände, wohin wir wollten; als wir ihm geantwortet hatten, bat er uns dringend, unsere Richtung zu ändern und einen Abstecher von einer Viertelmeile ins Land hinein zu machen, um die Wallfahrt von SAINT-TUGEN zu sehen.

Wir folgten seinem Rat; wir nahmen einen Hohlweg und näherten uns bald dem hohen quadratischen Turm, der der Kirche als Glockenturm dient. Am Eingang des Dorfes stand auf einem Tisch mitten auf der Straße eine hölzerne Statue der Heiligen Jungfrau, in Rauschgold gekleidet und mit Orangenblüten gekrönt. Zu ihren Füßen hatte man eine Untertasse gestellt. Auf der einen Seite rezitierte ein Greis Litaneien und auf der anderen schwenkte ein Kind ein Glöckchen. Wir warfen einen Sou in die Schale und gingen weiter.

Um die Kirche, die nichts Bemerkenswertes hat als ein längs ihrer Mauern auf dem Boden liegendes Regiment enthaupteter Heiliger, erstreckt sich ein grasbewachsener und mit Bäumen bepflanzter Friedhof. Plaudernde und rauchende Männer und Frauen lagern auf den Gräbern und Kinder klettern spielend in den dreipässigen Galerien eines Beinhauses umher. Über alledem strahlt das Sonnenlicht und zittert mit dem Schatten der flirrenden Blätter im Verein.

Unter einem Gässchen, das einen steinigen Hang hinunterpurzelt, fließt ein klarer Quell, der in einem viereckigen Becken aufgefangen und von einer Mauernische überdacht wird: es ist ein Zauberbrunnen, aus dem alle trinken müssen, die von tollwütigen Hunden gebissen wurden, und sogleich sind sie geheilt. Man glaube es nur und trinke das Wasser!

Zweifellos hatte die Wasserscheu bei den Bretonen, die zu der Feier gekommen waren, ihr letztes Stadium erreicht, denn trotz seiner phantastischen Tugenden ließen sie das Rinnsal ganz allein zwischen den beiden alten Frauen, die es hüteten, und wie die Trinker von Rabelais wollten sie sich nichts von dem Bach genehmigen. Auf dem Platz vor der Kirche bildete ein über zwei gekreuzte Stangen geworfenes Segel annähernd ein Zelt: dort hatten sie sich versammelt und ließen ihre Gläser klingen, gefüllt mit einem starken Schnaps oder mit einfachen Bordeauxweinen, die die Küstenschiffer an diese Ufer bringen. Ein über zwei Klötze gelegtes langes Brett aus Fichtenholz diente als Bank, und leere Fässer waren die Tische. In einer Ecke röstete über ein paar Kohlen ein Schweinerücken, dessen Fett prasselnd ins Feuer tropfte. Wir gingen hinein und nahmen Platz neben zwei oder drei Niederbretonen, welche uns eine Handvoll Tabak zu Freunden machte. Sie sprachen einigermaßen Französisch, jedoch mit sehr starkem englischem Akzent. Sie erkundigten sich nach uns, nach unserer heimatlichen Gegend, nach unseren Lebensgewohnheiten und nach dem Grund, der uns zu ihnen geführt hatte. Sie staunten über unsere Hüte, über unsere Kleidung, über unsere Messer und unsere Pfeifen. Sie hielten die Wehrpflicht für eine ungerechte Sache und klagten sehr über die Armut. Während wir so plauderten, kam ein großes Mädchen herein: sie hatte schöne braune Augen, kastanienbraunes Haar, hervortretende Wangenknochen, einen frechen Mund und eine feine, rosige Haut; sie hatte einen herausfordernden und entschiedenen Blick, und wenn sie ging, schwenkte sie herrlich die Hüften. Von allen Bretoninnen, die wir sahen, war das die Einzige, die uns etwas Flair zu haben schien, eine Wirtshausbedienung aus Ploermel nehme ich davon aus; aber von der rede ich nicht, um mir demütigende Erinnerungen zu ersparen.

Da diese berühmte Wallfahrt insgesamt nur ein Haufen von Männern war, die nicht einmal den Vorzug hatten, anständig betrunken zu sein, setzten wir unseren Weg fort. Nachdem wir durch eine enge Bucht gekommen waren, in der das Meer rauscht, erreichten wir querfeldein einen kleinen Flecken, der mit seinem Kirchturm und seinem Laubwerk einen Hügel krönt. Es waren glitschige und feuchte Gässchen. Der Dunst des in der Sonne erhitzten Misthaufens dampfte wie ein Nebel; die Kinder flohen bei unserem Anblick, und heulend fielen bissige Hunde über uns her. Wir meinten, in Plougoff angelangt zu sein, und suchten nach einer Herberge, einer Schenke, einem Wirtshaus; die Türen wurden uns vor der Nase wieder zugeschlagen, niemand verstand unsere Fragen, und die, mit denen wir sprachen, lachten, wenn sie keine Angst hatten. Wir umkreisten die Kapelle, in der Hoffnung, ein Pfarrhaus und in dem Pfarrhaus einen Geistlichen zu finden, doch die Kirche war geschlossen, vereinsamt, und wir hatten schon an alle Häuser in ihrer Nachbarschaft geklopft. Da standen wir nun und sahen uns halb lachend, halb wütend an, unverstandener und verlorener als bei den Lappen oder den Algonkins. Schließlich hatte ein Mann, der einen Karren flickte, uns ausreichend verstanden, um uns zu antworten; er erklärte uns fast deutlich unseren Weg, und eine halbe Stunde, nachdem wir diesen wilden Weiler verlassen hatten, zogen wir in PLOUGOFF ein.

Wir nahmen uns nur die Zeit, unsere Rucksäcke zu deponieren, und liefen schnell wieder los, mit klopfendem Herzen, denn wir sollten jene Pointe du Raz sehen, »die niemand ohne Angst oder Unglück überquert hat«.

Die Dörfer, durch die wir kamen, sind traurig, düster, feucht, armselig und stumm. Das Quietschen eines Spinnrads, das Gebell eines Hundes sind die einzigen Geräusche ihres Schweigens; Kinder in Lumpen wimmeln vor den Türen, und dürre Mädchen knien vor einer Mistgrube und kneten Kuhfladen. Keine Weinstöcke an den Häusern, keine Blumen an den Fenstern, kein krähender und seine Federn schüttelnder Hahn, keine gurrenden Tauben auf den Dächern, wie in den anderen Gegenden Frankreichs. Da ist alles trübselig, nichts lacht, weder Mensch noch Natur. Wenn die Jahre schlecht sind, isst man nur Wurzeln. Es gibt Leute, die noch nie Brot gekostet haben, und wie abgezehrt sie auch sind, wie langsam sie gehen, in welch erbärmlichem Ton sie reden: ihre Stimme klingt immer wie die Klage eines Bettlers.

Die natürliche Vegetation, jene, die Gott mit vollen Händen am Rande der Landstraßen und über den weiten Heideflächen aussät, scheint dort nur widerwillig zu wachsen, als sei sie noch vor dem Keimen zum Tode verurteilt. Das häufige Brombeergestrüpp, wo die Landspinnen ihre Netze ziehen, wo die Raupen ihre Nester bauen, sahen wir nicht; selbst die Schilfrohre, die überall große Gewächse und in der Bretagne nahezu Bäume sind, werden immer niedriger, je mehr sie sich der Pointe nähern. Dann sinken sie um, legen sich flach auf den Boden und heften sich schließlich daran wie Flechten. Und doch weideten schwarze Schafe darauf, magerer als das Kraut, das sie abgrasten, wobei sie blitzschnell das Erdreich mit ihren Zähnen bloßlegten, während sie ein paar in der Ebene verstreute Hälmchen Quendel suchten. Ein Kind hütete sie. Es kam auf uns zu und zeigte uns seinen in einem hässlichen Stummel endenden Arm. Wir gaben ihm ein paar Sous, es folgte uns; ein kleiner Hund lief neben ihm her.

Ein Zöllner, mit dem wir ein paar Minuten plauderten, befahl ihm, uns als Führer zu dienen, und bevor wir den Weg zur Pointe du Raz einschlugen, sahen wir uns um. Links schweifte unser Blick über die ganze Küste bis nach Kérity, das uns im Nebel der Ferne versunken zu sein schien. Rechts, leuchtend blau und tief, diese schreckliche Bucht, die so viele Tote verschlungen hat, dass man sie die Baie des Trépassés nennt; schließlich, gerötet vom Schein der untergehenden

Sonne und durchbrochen von großen violetten Schatten, die Steilküste, die stufenweise immer mehr abfiel, bis sie sich zum Meer senkte, dabei nach und nach ihre Gestalt und ihre Farben verlor und nur noch ein blasses Grau besaß, ähnlich dem Flaum aus Asche, der auf erloschenen Kohlen liegt; hinter uns das öde Heideland mit dem weißen Turm des jeden Abend aufflammenden Leuchtfeuers.

Als wir all das ausgiebig betrachtet hatten, als wir lange die Poesie dieser großen Einsamkeit aufgesogen hatten, die so göttlich schön ist, dass der Anblick eines Menschen dort als unharmonischer Widersinn erscheint und schockiert wie eine falsche Note in einer Symphonie, folgten wir dem Kind, das uns mit den Augen rief. Es begann vor uns herzulaufen, in Begleitung seines Hundes, der mit dem Schwanz wedelte und fröhlich kläffte.

Wir kamen an einem Bollwerk von Felsen entlang, die sich, umgestürzt und wirr, übereinanderschieben und in einem furchtbaren zackigen, bedrohlichen und zerklüfteten Höhenrücken enden. Wir gingen nicht mehr, wir krochen, uns mit Händen und Füßen anklammernd, stiegen auf Knien über die zertrümmerten Klippen und rutschten auf dem Bauch in die Gesteinsspalten. Wenn der Weg unmöglich wurde, stemmte das Kind seinen Arm gegen den Fels; und so fanden wir Platz für unseren Fuß und kamen hinüber. Neben uns öffnete sich, jäh, senkrecht, entsetzlich, der Abgrund, wo fünfhundert Fuß unter uns das Meer brüllte. Wenn einer von uns dort hinunterschauen wollte, legte er sich der Länge nach auf den Boden; der andere packte seine Beine und hielt ihn mit der ganzen Kraft seiner Arme fest; und er tat gut daran, denn für den, der hinuntergestürzt wäre, gab es keine Hoffnung, jeder Vorsprung hätte ihm ein Glied zerschlagen, einen Fetzen aufgespießt bei seinem Sturz, und er wäre nur noch als blutiger Matsch unten angekommen.

Manchmal öffnete sich der Fels und zeigte unverhüllt seine grün geflammten, mächtigen schwarzen Eingeweide; er vertiefte sich zu hallenden Höhlen, schwang sich empor wie ein Brückenbogen, ragte auf wie ein monströser Monolith oder zog sich, wie die Sitzreihen eines römischen Amphitheaters, immer weiter in sich selbst zurück. Zu seinen Füßen brandete das Meer, mal in Garben von Schaum aufschießend, mal so durchsichtig, dass es die Felsblöcke zeigte, die reglos, bleich, perlmuttglänzend und ins Blaue gehend unter einem zitternden Schopf von Tang, Seegras und Algen auf dem Sand ruhten. Während ich so schaute, hoben mit rauschenden Flügeln zwei Kormorane ab. Unser junger Führer sah sie und schwenkte ihnen nachblickend die Arme. Sein verstümmeltes Handgelenk zu Hilfe nehmend, mit seinem Hund springend, sich über den gähnenden Abgrund beugend, Steine werfend und Schreie ausstoßend, um die Vögel zum Auffliegen zu bringen, lief er immer noch voraus. Für uns war er stumm, denn wir wussten nichts von seiner Sprache. Schweigsam ging er weiter und weiter, blieb stehen, wo wir stehenblieben, und musterte uns mit einem klugen, fragenden Blick, der versuchte, den Sinn unserer ihm unverständlichen Worte zu ergründen. Seine nackten Füße sprangen über die steilsten Abhänge; eine Felsspitze reichte ihm, um sich weiterzuschwingen; er schien fester und stärker an den Klippen zu hängen als jene verkrampften, steinernen Gnome an den Seiten der Kathedralen; er fühlte sich dort ebenso wohl wie auf der weiten Heide, wo seine Schafe grasen. Er führte uns voller Fröhlichkeit und zeigte uns jede Schlucht, als sei er der Gastgeber dieser entsetzlichen Stätten.

So kamen wir ans äußerste Ende der Pointe, ans Finistère selbst. Dort rundet sich ein kleines Plateau, groß genug, damit man ordentlich seine beiden Füße daraufstellen kann. Darunter klaffen, spreizen, verbinden und mischen sich die Klippen in allen nur möglichen Formen, Stellungen und Gestalten und scheinen riesige Kristallisationen vorsintflutlicher Welten zu sein.

Von dort aus sahen wir jene gewaltigen Strömungen, die wie eine breite Ölspur auf dem Meer glänzen und so gefürchtet sind, dass die Seeleute sie nur auf Knien durchqueren. Gegenüber ruhte ungefähr zwei Meilen entfernt die Île de Sein auf den Fluten, Vellédas Druidinneninsel, umgeben von Klippen, flach, finster, schwarz und gleichsam in Trauer über all die Leichen, die die Schiffsuntergänge an ihre Ufer gespült haben. Dahinter, in weiter Ferne, ging ganz am Ende die Sonne unter und ihre letzten Strahlen legten sich über den Horizont wie eine goldene Schärpe. Mit den Masten ihrer Schiffe und dem Rauch ihrer Dächer trat die unheimliche Insel aus dem Licht hervor und zeichnete sich darin ab wie die Silhouette eines wunderbaren chinesischen Schattenbilds.

Auf der anderen Seite der Pointe kehrten wir aufs feste Land zurück. Die Felsen haben weniger schreckliche Formen; in einem flachen Hang, in einem grünlichen Grau, auf dem kein Sonnenlicht lag, fallen sie zum Ozean ab. Ein hartes, scharfes Gras knirschte unter unseren Füßen, und in der Ferne sahen wir die weißen Dünen leuchten, wo wir am Vorabend nach Luft geschnappt hatten.

Als unsere schreckliche Wanderung zu Ende war, setzten wir uns in den Schatten einer Böschung über der Baie des Trépassés. Dort ragte hoch und einsam ein Felsen auf, der unter den unzähligen Seevögeln verschwand, die ihn bedeckten: Kormorane, Silbermöwen, Enten, Lach- und Sturmmöwen, Brachvögel, Graugänse und Trauerenten flatterten um ihn her, ließen sich darauf nieder, strichen über die Wellen zu seinen Füßen, liefen über seine rissigen Flanken und kreischten mit durchdringenden Schreien. Ein Boot erschien, besetzt mit vier Männern, die die Ruder schwangen. Es fuhr genau unter uns vorüber und kam uns vor wie eine von Ameisen gelenkte Nussschale.

Ohne ein Wort, erschöpft, abwesend und fast bestürzt saßen wir lange einer neben dem anderen. Wir fühlten uns leer im Kopf; die Gedanken zogen uns vage durchs Hirn; ohne etwas zu sehen, starrten wir vor uns hin; wir hatten eine Art Schwindel des Verstandes, der uns räderte; wir standen unter dem Eindruck einer phantastischen Wirklichkeit, die wir in zu großen Schlucken getrunken hatten; uns war klar, dass wir soeben entsetzliche Dinge gesehen hatten; doch wir konnten sie uns nicht erklären; das Gedächtnis hatten wir verloren, doch das Gefühl behalten, so wie jene, die schweißnass von einem Nachtmahr zitternd erwachen und ihren Traum bereits vergessen haben.

Denn hier zu leben ist der Mensch nicht geschaffen: für seine Schwachheit ist die Natur hier zu stark. Solange er sieht, kommt er voran; sobald das Schauspiel zu Ende ist, stürzt er. Wenn er durch diese Pracht wandert, die Gott nur selten bietet, damit er nicht den Verstand verliert, geht sein ganzes Wesen im Blick auf und lebt nur noch durch die Augen. Manchmal jedoch wird er aufgeregt und traurig und verflucht die Unvollkommenheit der Natur, die ihm die Vielfalt der Eindrücke verwehrt; er bedauert, nur ein Mensch zu sein, er wollte, er hätte die Flossen der Goldbrassen, um zwischen den Seealgen durchs Wasser zu ziehen, rund um diese vom Meer liebkosten Felsen, über diesen weißen Sand, wo die Muscheln blinken; er wollte, er hätte die Flügel der Mantelmöwen, um in diese feuchten Gewölbe zu fliegen, welche silberne Tränen weinen, und um sich in den Sturmwind zu schwingen, wenn er die Schiffe an den Klippen zertrümmert; und doch behielte er auch gerne seinen Verstand, seine Kraft und seine Liebe, um die offenkundige Harmonie dieser Gegensätze zu bewundern, um in der großen Synthese seines Pantheismus die Stimme des Ozeans mit den Farben des Ufergestades zu vermählen, die Form mit der Erscheinung, das fremdartig redende, verkrüppelte Kind mit diesen schrecklichen Klippen, die so viel Hoffnung zerstört haben, den Ebbstrom mit der kommenden Flut, die Wolke, die vorüberzieht, mit dem Felsen, der bleibt.

Wir kehrten indes in unsere Unterkunft zurück, denn die Nacht brach herein. Der Tisch war gedeckt, man bereitete uns ein Omelett; wir baten darum, dass es zumindest mit Speck sein möge, denn das war unser ganzer Festschmaus; doch unsere Wirtin weigerte sich hartnäckig, weil Samstag war und der Herr Pfarrer verboten hatte, Fleisch zu essen.

Als wir gespeist hatten, mussten wir schlafen gehen und das war keine einfache Angelegenheit; wir hatten nur ein Bett und, die Damen mögen entschuldigen! wir lagen gern allein unter unseren Laken. Wir losten; ich bekam die Matratze und die Decken; mein Gefährte gewann den Strohsack; voll angekleidet, in Stiefeln und Krawatte, den Kopf auf seinem Rucksack, legte er sich darauf, und er war es nicht, der am schlechtesten schlief!

Welch ein Glück, dass ein Tag dem anderen folgt und keiner gleich ist, denn am nächsten hatten wir nach einem Weg von vier Meilen ein Déjeuner mit Rinderfilets, Lammkoteletts, geschmorten Nieren, Salat und Champagner in der kleinen Stadt Pont-Croix: das ist die einzige Erinnerung, die mir von ihr geblieben ist.

Um nach Douarnenez zu kommen, wo wir übernachten sollten, nahmen wir einen Karren, der nicht gefedert war, leider! und in dem jeder Stoß hart in uns nachhallte. Unser Kutscher hielt in der einen Hand seine Zügel und in der anderen seine Peitsche, und sie pfiff, schlängelte durch die Luft, knallte, wand sich und ging in langen blutigen Spuren auf dem Pferd nieder, das uns zog. Nass und schnaubend war der elende Klepper stets im Galopp, bergauf ebenso eifrig wie bergab.

Wie Lenhor hinter dem unheimlichen Wilhelm fühlten wir uns in einer Art Höllenfahrt davongetragen. Wir fuhren gerne schnell, doch diesmal waren wir empört über die Brutalität unseres Kutschers, und die erste Anhöhe, die sich vor uns erhob, wollten wir im Schritt hinauffahren.

Während wir sie langsam hochzockelten und der Schweiß unseres Pferdes Tropfen für Tropfen in den Staub rann, hörten wir einen gellenden Klageton hinter uns hereilen. Wir drehten uns um und sahen ein Kind, das uns um ein Almosen bat. Ob Mädchen oder Junge, konnten wir nicht erkennen, denn seine Kleidung besteht aus Löchern und verschiedenen Stofffetzen, die nur noch die Einheitsfarbe von Schmutz und Abnutzung haben. Beim Laufen schüttelt es sich und reibt die Schultern an seinen Lumpen; es streckt nicht die Hand aus, wie die anderen Bettler, denn seine in den struppigen, langen, schwarzen Haaren verschwundenen zehn Finger kratzen den verlausten Kopf; das Ungeziefer frisst es bei lebendigem Leibe; die Flöhe vernichten es, die Läuse verschlingen es; würde man gut hinhören, könnte man ihr Gewimmel wahrnehmen; doch wir hatten dazu keine Zeit, denn unser Kutscher hatte schon wieder seine Peitsche gepackt. Die Straße verschwand, ganz zerzaust flogen die Bäume an uns vorüber, und wie ein Sturm fuhren wir in Douarnenez ein, mitten zwischen die erschrockenen Bewohner, denn es war Sonntag und jeder spazierte durch die Straßen. So waren auch die Seeleute nicht beim Fischen und die abgetakelten Boote schaukelten im Hafen. Das Meer war still und grün unter einem wolkigen Himmel; von Zeit zu Zeit fiel ein feiner Regen, der die Natur in Grau färbte: ein paar Matrosen in roten Mützen saßen mit baumelnden Beinen auf der Brüstung des Quais; die Masten der Boote berührten fast die Dächer der direkt am Wasser stehenden Häuser, und die Steilküste, wo sich über einer Grotte ein paar Halme festklammerten, trug zwei oder drei unter Bäumen schlafende Gemäuer. All das machte den kalten und nebligen Eindruck eines holländischen Seehafens im Oktober; es fehlte bloß die hölzerne Mühle, die ihre Flügel am Meeresufer dreht.

In aller Eile durchquerten wir die schmutzige und einen widerlichen Trangeruch verströmende Stadt, um die andere Seite der Landspitze zu erreichen, auf der sie steht, und so kamen wir an einen mit nackten, dicken Felsen übersäten weißen Strand. Gegenüber liegt hundert Schritt entfernt hinter einer engen Fahrrinne eine einsame, schmale Insel ohne Grün und nur bewohnt von einem Pächter, dessen Frau man über dunkle, steinige Felder gebeugt sieht. Diese Insel ist die Île Tristan und dies ist der Ort, an dem Fontenelle lebte, nicht Bernard le Bovier de Fontenelle, der hundertjährig starb und

fut le pédant le plus joli du monde

war, sondern Gui Eder, Baron de Fontenelle aus der Familie von Beaumanoir Eder de Quintin.

Das war ein Mordsbandit für die Liga, einer dieser feurigen Plünderer, die weder Glaube noch Gesetz noch Gott noch Heimat kennen, wie das Lied von Jehan du Moulin sagt. Er war von diesem bretonischen Stamm, diesem starken Volk, das der Gegend gleicht, die es bewohnt, und wie sie eigensinnig, widerstandsfähig und hart ist.

Er hielt zur Liga, weil er von ihr profitierte: denn im Grunde scherte er sich wenig um den Valois, den Bourbonen, Mercoeur, die Spanier und die Engländer, vorausgesetzt er konnte töten, stehlen, Ausschweifung und Schlemmerei frönen, alles andere war ihm ziemlich gleich. Er liebte den Faustschlag und ergötzte sich an Degenhieben.

Man hatte ihn ins Collège nach Paris geschickt; als er es satthatte, nur seine Kameraden verprügeln zu können, verkaufte er seine Kleidung und seine Bücher, kaufte einen Dolch und zog nach Orléans, um sich einer Truppe von Ligisten anzuschließen. Einige Marodeure der Garnison von Étampes raubten ihn aus und er wurde gewaltsam zurück in sein Collège gebracht; aber er blieb dort nicht lange. Das Gerücht, dass der Krieg in der Bretagne in vollem Gange war, drang bis zu ihm. Er flieht ein zweites Mal, erreicht ungehindert seine Heimat, wirbt Diener, Knechte, Bettler und Deserteure an und bildet daraus eine große Truppe, die ihn als Anführer anerkennt, obwohl er erst sechzehn Jahre alt ist. Dann gibt er sich den Titel Baron de Fontenelle, erklärt, dass er für die Liga kämpft, überfällt Reisende, brandschatzt Städte und Marktflecken und teilt die Beute brüderlich mit seinen Gefährten. Diese großzügigen Manieren ziehen rings um ihn her Taschendiebe und Söhne ehrbarer Familien an, die das ruhige Leben leid sind und das Abenteuer suchen. Als er ein starkes Bataillon hinter sich weiß, will er Guingamp erobern; doch die Beute war zu schön, sie schlüpfte ihm durch die Finger. Nun macht er sich ans Belagern und nimmt nicht weit von Lannion das Château de Coat-Frec ein; von dort aus zieht er durch die Umgebung und verwüstet Lannion, Paimpol und Landerneau, die er der Plünderung preisgibt; die Garnison von Tréguier war entsetzt über diesen fürchterlichen Nachbarn; sie belagerte ihn und zwang ihn zu kapitulieren. Er gab Coat-Frec zurück, und unter dem Versprechen, das Bistum von Tréguier zu verschonen, zog er mit Waffen und Gepäck dort aus.

Kaum verunsichert durch den Misserfolg, den er gerade erlitten hatte, fiel er über Cornouailles her, rückte auf Carhaix vor, eroberte die Kirche von Saint-Tromeur, verschanzte sich darin und verwüstete dermaßen die umliegenden Landstriche, dass der Duc de Mercoeur ihn auf dringende Bitten der Einwohner festnehmen ließ. Zweifellos sollte Fontenelle gehängt werden, als die Royalisten Craon angriffen; die Stadt war kurz davor zu kapitulieren, Mercoeur hatte wenig Soldaten, er ließ Fontenelle unter der Bedingung frei, dass er ihm mit seinen Haudegen helfen würde, die Armee des Königs zu schlagen. Fontenelle versprach und hielt Wort: er kämpfte als guter Hauptmann und war einer der verdienstvollsten Männer des Tages.

Von nun an meinte er, sich alles erlauben zu können, und überall ein wenig mordend, sich heftig betrinkend und maßlos schändend begann er wieder mit seinem Partisanenleben. Doch er langweilte sich in seiner Kirche von Saint-Tromeur, er träumte von einer Burg, und da er nicht wagte, die der Royalisten herauszufordern, erstürmte er in einem Überraschungsangriff das Château du Granec, eine Festung, die dem Sire Bellanger de Pretmaria gehörte, ein Edelmann der Liga und sein Freund. Pretmaria beschwerte sich, war empört und berief sich auf die Treue, die man sich unter Leuten derselben Partei schuldig ist, er wurde durch Schläge mit Hellebardenstangen hinausgeworfen, und Fontenelle ließ sich häuslich bei ihm nieder und sorgte dafür, dass er weder sein Silber noch seine Möbel mitnehmen konnte.

Die über diese Raubzüge entrüsteten Bauern der Umgebung beschlossen ihn anzugreifen, ihn um jeden Preis festzunehmen und kurz und knapp an einem Baum aufzuknüpfen. Sie profitierten davon, dass er unterwegs war, um Granec auszustatten. Die Garnison hielt die Stellung, der gewarnte Fontenelle kehrte in aller Eile zurück, fiel eines Nachts über die schlafenden Bauern her und brachte mehr als achthundert davon um, und da er ein Exempel statuieren wollte, wie er sagte, verbot er, sie zu begraben; denen, die sich über den Gestank beschwerten, welchen die verwesten Leichen verbreiteten, antwortete er wie Vitellius: »der Leichnam eines Feindes riecht immer gut«: was beweist, dass er wenigstens sein Latein gelernt hatte.

Kurz darauf eroberte er das Château de Corlay von den Truppen des Königs, setzte einen seiner Posten hinein, hielt damit Cornouailles nieder und plünderte ringsum. Es gelang ihm sogar, im Léon bei der Plünderung von Roscoff eine riesige Beute zu machen. Indessen kampierte der Maréchal unter den Mauern von Corlay und ließ Fontenelle sagen, dass weder er noch die Seinen die geringste Gnade von ihm zu erwarten hätten, wenn er es wagte, gegen die von einem Maréchal de France befehligten Truppen des Königs Widerstand zu leisten. Fontenelle war klug genug, sich den Umständen zu beugen; er begriff, dass er nicht der Stärkste war, und ergab sich in die Kapitulation.

Da er befürchtete, in Granec belästigt zu werden, zog er sich daraus zurück und fiel wie ein Blitz über Douarnenez her, eroberte die Île Tristan und verschanzte sich uneinnehmbar darauf. Dort frönte er mit Vergnügen den Launen seiner seltsamen Phantasie. Wenn seine Kerker zu voll waren, warf man eine Hundertschaft von Gefangenen ins Meer, um anderen Platz zu machen. Manchmal zwang er diese Unglücklichen, auf glühenden Eisenstangen zu tanzen, oder er ließ sie in vollen Wassertonnen verfaulen; einmal ließ er einen Mann verhungern und einen anderen durch übermäßiges Essen sterben, um zu sehen, wer am meisten litt. Er wurde nur noch Monseigneur genannt und war in einen mit Hermelin besetzten Mantel aus goldenem Tuch gekleidet, geschlossen mit einer Spange aus einem so kostbaren Edelstein, dass ein König ihn kaum bei seiner Krönung zu tragen gewagt hätte.

Die Bauern erhoben sich gegen ihn; er trotzte ihnen, massakrierte zweitausend Mann und versetzte sie dauerhaft in Angst und Schrecken. Er erhob Steuern wie ein Landesherr und hatte eine Flotte von sieben Schiffen, die über die Handelskreuzer herfielen, wobei er unter der Flagge von Frankreich, England und Irland fuhr. Hatte man einen gekapert, warf man die Männer ins Meer, raubte die Waren und jagte ihn in die Luft.

Bei einem neuen Feldzug in der Gegend von Léon kehrte er in der Ritterburg Mésarnou bei einem seiner Verwandten ein. Man empfing ihn mit solchem Prunk, dass er beim Anblick des Silberzeugs, das man aufgedeckt hatte, in Versuchung geriet. Als er am nächsten Tag loszog, ließ er es von seinen Leuten wegtragen und nahm auch die Tochter des Seigneur de Mésarnou mit. Sie war erst zehn Jahre alt, und er heiratete sie, sobald er auf die Île Tristan zurückgekehrt war.

Und doch war Fontenelle keineswegs zufrieden. Auf der anderen Landzunge von Cornouaille blühte damals eine reiche und berühmte Stadt: das war Pen'march; sie reizte ihn mit dem ganzen Zauber ihres Reichtums; doch er fürchtete eine Niederlage; er wusste, dass ihr Volk rauher Seeleute auf der Hut war und zur Verteidigung bereitstand; er wollte sie selbst auskundschaften, und eines Sonntags zog er los, gefolgt von fünf oder sechs wie er als Bauern verkleideten Lümmeln. Die Einwohner spielten und tranken, Fontenelle spielte und trank mit ihnen und merkte sich jede Straße, jedes Haus, jede Abzweigung. Man erkannte ihn, doch sein Glücksstern war ihm treu. Die Matrosen überlegten, ob sie ihn töten sollten: sie fürchteten, durch diesen Mord die Rache der Haudegen von der Île Tristan auf sich zu ziehen, und ließen ihn laufen; sie taten schlecht daran, denn er ließ mit seiner Rückkehr nicht lange auf sich warten.

Diesmal kam er an der Spitze einer großen Truppe anmarschiert; sie umzingelte die Kirche, in der sich die Einwohner verschanzt hatten. Von dort schossen sie scharf auf die Soldaten, die sich, von unsichtbaren Händen getroffen, zurückzuziehen begannen. Nun bat Fontenelle um Verhandlung: die naiven und vertrauensvollen Seeleute verließen ihre Posten und versammelten sich auf der Plattform des Kirchturms, um die schlichtenden Worte zu hören. Währenddessen lief ein Trupp um die Kirche, stieß eine Tür ein, die die Wächter verlassen hatten, um sich ihren Gefährten anzuschließen, stürzte ins Kirchenschiff, stieg die Treppe hinauf, schwärmte in die Kapelle und brachte alle um, denen er begegnete. Die in den Häusern gebliebenen anderen Einwohner warfen rasch die Waffen weg und baten nur um das nackte Leben; Fontenelle gewährte es ihnen; dann nahm er sich dreihundert Schiffe im Hafen, belud sie mit seiner Beute, steckte die Stadt in Brand und zog ab.

Überall herrschte Entsetzen; man verließ die Felder, die Marktflecken, die Dörfer; im Umkreis von zwanzig Meilen hatte er das Land zur Einöde gemacht. Capitaine Dupré, der Gouverneur von Quimper, war seine Verwüstungen leid, griff ihn mit einem tausend Mann starken Korps an und forderte ihn zu einem Entscheidungskampf heraus. Fontenelle willigte ein, zog an der Spitze der Seinen los, tötete Dupré, schlug seine Truppe, plünderte die Toten und kehrte auf seine Insel zurück.

Indessen wollte Sourdéac, der Hauptmann von Brest, mit diesem unfassbaren Räuber auf einen Schlag ein Ende machen, und er errichtete vor der Île Tristan einen gewaltigen Belagerungsring. Sechs Wochen lang beschoss man den Ort mit Kanonen, ohne eine Bresche schlagen zu können. Bei jedem Vorstoß von Fontenelle verlor Sourdéac die Besten seiner Truppe; als er sah, dass er in diese unverwundbare Festung kein Loch reißen konnte, verlor er den Mut. Er entließ seine Mannen und zog sich in dem Augenblick zurück, als Fontenelle, besiegt vom Hunger, ohne Wasser, Munition und Lebensmittel, im Begriff war zu kapitulieren.

Berauscht von seinem Erfolg, außer sich vor Freude, das königliche Heer zu einem Rückzug gezwungen zu haben, beschloss er Quimper zu erobern. Um seine Haufen dafür zu begeistern, versprach er die Plünderung und schwor, alle Einwohner über die Klinge springen zu lassen, ausgenommen die Frauen, die noch jung und einigermaßen hübsch wären.

Ein gewisser Capitaine Duclou, mit dem er sich zusammengetan hatte, versprach, ihm eins der Tore zu öffnen; er wurde jedoch bei der Intrige auf frischer Tat ertappt und sollte auf Befehl von Seigneur de Saint-Luc, des Stadtkommandanten, gehängt werden, als er sich anbot, Fontenelle auszuliefern, wenn man ihn begnadigte. Man schlug in den Handel ein. Er versteckte fünfzig Schützen hinter Büschen und wartete auf Fontenelle, mit dem er sich verabredet hatte, um letzte Vorkehrungen mit ihm zu treffen. Fontenelle erschien. Kaum war er vom Pferd gestiegen, als sich die im Hinterhalt liegenden Männer auf ihn stürzten, ihn gründlich knebelten und in Quimper dem Sire de Saint-Luc auslieferten.

Sourdéac gab Befehl, ihn unverzüglich töten. Das Parlament von Rennes erhob Einspruch und wollte ein ordentliches Gerichtsverfahren einleiten. Fontenelle profitierte von den Verzögerungen dieses Zwischenstreits, und da er wusste, dass Geld alle verschlossenen Türen öffnet und offene Augen schließt, zahlte er dem Sieur de Saint-Luc vierzehntausend Goldtaler und gewann seine Freiheit zurück.

Nun stürmte er los und verwüstete und verheerte Cornouaille mit der ganzen Wut der Angst, die er gehabt hatte. Sein Zorn galt vor allem Quimper. Er versuchte die Stadt zu überrumpeln; doch er wurde entdeckt und hart in die Enge getrieben. Als er sah, dass seine Ränke stets zum Schlechten ausschlugen, gebrauchte er offene Gewalt und marschierte wie ein Kaiser an der Spitze seiner Truppe unter Trommelwirbeln, schallenden Trompeten und flatternden Fahnen auf. Die Karren, die er zum Transport der Beute vorgesehen hatte, brachten nur die Verwundeten zurück, denn seine Haudegen wurden so heftig gebeutelt, dass sie geradewegs bis in ihre Höhle flohen.

Der wütende Fontenelle sah sich um, worüber er nun mit seiner Wut herfallen sollte, er erblickte Point-Croix und rückte vor. In aller Eile hatte man die Stadt mit Palisaden und Gräben umgeben und die Einwohner hatten sich zum größten Teil unter der Führung des Sire de Ville-Rouault in die Kirche zurückgezogen. Rasch überwand Fontenelle die Verschanzung der Stadt. Vor der Kirche angekommen, pflanzte er die weiße Fahne auf und schlug Ville-Rouault eine Kapitulation in Ehren vor. Dieser Hauptmann verlangte das unversehrte Leben der Seinen und die Erlaubnis, von ihren Reichtümern mitzunehmen, was sie könnten. Fontenelle gewährte alles, versprach es bei seiner Ehre und schwor auf den Heiland. Sobald sich die Tür des Kirchturms öffnete, ließ er den Sire de Ville-Rouault ergreifen. Man band ihn an einen Pfeiler der Kirche, und als sich seine junge und schöne Frau weinend in seine Arme warf, ließ Fontenelle sie von seinen Soldaten vergewaltigen, unter den Augen ihres Mannes, der danach neben einem Mönch gehängt wurde, damit er Gelegenheit hatte, beim Sterben seine Beichte abzulegen.

Nach dieser Unternehmung, die den Berichten zufolge die Empörung der ganzen Bretagne erregte, kehrte Sourdéac nochmals zurück, um ihn auf seiner Insel festzusetzen; er trieb die Belagerung energisch voran, als er gezwungen war, sie plötzlich aufzuheben, um dem von der Armee der Liga angegriffenen Quimper zu Hilfe zu kommen.

Henri IV hatte dem Protestantismus abgeschworen. Die Heerführer der Liga hatten sich einer nach dem anderen unter das Banner des Königs gestellt. Selbst der Duc de Mercoeur hatte sich ergeben; nur Fontenelle leistete noch Widerstand. Man ließ ihm sagen, dass man ihm vierzehn Tage ließe, um die Waffen zu strecken, und dass es, wenn er sich weigere, kein

Mitleid für ihn geben werde. Diesmal sah er wohl, dass eine endgültige Entscheidung getroffen werden musste, und er erkannte die Macht des Königs an.

Er wurde in die allgemeine Amnestie einbezogen, die man allen Kriegstätern gewährte, und sogar zum Gouverneur von Douarnenez ernannt. Er hätte dort in Frieden leben können, reich durch seine Raubzüge und stark durch seinen Ruf; doch er war unverbesserlich und beteiligte sich an der Verschwörung des Maréchal de Biron. Die Beweise waren nicht überzeugend: er hätte gerettet werden können; aber man war sehr froh, einen so harten Spieler loszuwerden, außerdem wurde er erbittert von der Familie der Dame de Ville-Rouault verfolgt, die behauptete, dass die Vergewaltigung und Ermordung dieser Unglücklichen nicht als Kriegstat betrachtet werden dürften, da eine beeidigte Kapitulation vorgelegen hatte. Man hatte darüber Klage vor dem Parlament in Paris erhoben, das ihn dazu verurteilte, bei lebendigem Leibe gerädert zu werden. Das Urteil wurde am 27. September 1602 auf der Place de Grève vollstreckt. Fontenelle war damals ungefähr neunundzwanzig Jahre alt.

Als wir uns die Insel gründlich angesehen und vergeblich nach Spuren der Festungsanlagen gesucht hatten, die Fontenelle einst hier errichten ließ, gingen wir zum Déjeuner und stiegen dann in eine Art Cabriolet, das uns nach Crozon bringen sollte. Kaum saßen wir in dieser Kiste, als wir auch schon unter Morpheus' schwarzem Stab melancholisch den Kopf senkten.

Als wir eine Anhöhe hinunterfuhren, weckte uns ein Stoß, wir öffneten die Augen und sahen Folgendes: zwei Männer zu Pferde ritten im gestreckten Galopp vorüber, wobei jeder ein auf der Kruppe festgebundenes Kalb trug, das traurig röhrte. Hinter dem Pferd galoppierte atemlos, keuchend, mit hängender Zunge und vor Erschöpfung starrem Schwanz eine Kuh.

Hinter der Kuh rannten schreiend Männer und Frauen her. Wir schlossen die Lider und entschlummerten wieder in jenem tiefen Schlaf, der dem Gerechten vorbehalten ist, welcher eine schlechte Nacht verbracht hat.

In Crozon stiegen wir bei Madame Renoult ab, die wir beim Erbsenpalen antrafen. Durch die halbgeöffnete Küchentür wehte uns ein lieblicher Bratenduft entgegen, der unser Herz höher schlagen ließ; wir prophezeiten uns Gutes über die Herberge und begaben uns eilig zu Tisch, sobald wir dazugebeten wurden; und das war, bitte schön, keine Gästetafel, das war die Tischrunde der Familie, nur wurden alle Fremden dazugebeten, die an jenem Tag aus dem Colonel de Saint-Amour, seiner Nichte und uns zwei Exzellenzen bestanden.

Die Familie war vertreten durch Monsieur und Madame Renoult, durch Monsieur Pierre, ihren zwanzigjährigen Sohn, durch Monsieur Grard, ihren Schwiegersohn, und schließlich durch seine Frau. In dieser ganzen Runde schien die freundlichste Vertrautheit zu herrschen, denn das Diner begann mit von Fausthieben begleitetem Scherzen, von denen wir nichts begriffen, außer dass man bei dem Kampf einen Teller zerschlagen hatte, was Madame Renoult sehr verdross: davon abgesehen kommen wir zur Darstellung der Personen.

Monsieur de Saint-Amour machte eine gute Figur mit seinem freundlichen gebräunten, glattrasierten und von einem dicken weißen Schnauzbart geschmückten Gesicht. Einst hatte er als Husar Krieg und Liebe gemacht, und nachdem er seine Pension als Oberst erhalten hatte, ging er mit einer Picke und einem Hammer bewaffnet nach Kanada, in den Senegal, in die Rocky Mountains, um Mineralien zu suchen und Insekten aufzuspießen. Noch jetzt ist er immerfort unterwegs, und er reist einzig getrieben von einer unerschöpflichen Begierde auf Naturgeschichte. Er ist gutmütig, gastfreundlich, gesprächig, nachsichtig und schwatzhaft wie ein alter Soldat. Noch am selben Morgen hatte er ein Mineral entdeckt, das ihm große Sorgen machte, denn er wusste nicht, ob es Tellurium oder Talkum war. Mein Gefährte stimmte für Tellurium und ich entschied mich für Talkum: stets hat er seine Nichte im Schlepptau, die vertrocknet, runzlig, knochig und für eine alte Jungfer einigermaßen nett ist.

Madame Renoult, die den Vorsitz der versammelten Gesellschaft führte und das Fleisch aufschnitt, war eine auf die fünfzig zugehende lustige Mama mit roten Wangen und üppigen Reizen; gleich neben ihr thronte Monsieur Renoult, dessen scheinbare Dummheit die Schläue verbarg und der als Pater familias genau wie der Bauer, der er war, in Hemdsärmeln beim Diner saß. Monsieur Pierre lachte sehr laut, aß viel und trank häufig. Monsieur Grard schien uns ein unangenehmer Mensch zu sein, der es verdiente, das Unheil des Ehelebens auf sich zu ziehen, und sei es nur, um ihm beizubringen, dass man mit einem pockennarbigen Gesicht, roten Händen, einer Kohlnase, schlechten Zähnen, dicken Brillengläsern und einer dummen, gemeinen Art keine richtig nette, rundliche, blühende, verführerische und wohlgeratene Frau heiraten darf: aber ist es möglich, grässlichen Frauen zu begegnen, wenn man Steuereinnehmer ist?

Am Horizont ihrer Ehe ging kaum das erste Viertel des Honigmonds auf, denn sie waren noch im Hochbetrieb der Hochzeitsfeierlichkeiten – und so erlebten wir am nächsten Tag den Aufmarsch der Familie, als sie zum Diner beim Notar gingen, der den Ehevertrag aufgesetzt hatte. Madame Grard war schlicht und passend angezogen in einem Kleid aus flohbraunem Taft, und ihr Gesicht strahlte vor Freude unter ihrem Kapotthut aus weißem Satin. Ihre Mutter hatte sich mit einem französischen Kaschmirschal, einem gelben Hut mit blassen Blumen und einem Kleid aus frostig schillerndem glänzendem Seidenzeug fein gemacht. Sie trug Handschuhe, die gelb waren wie ein Zeisig: für Festtage vorbehaltene, aufsehenerregende Handschuhe, mit Vorbedacht aus dem hintersten Winkel des Schrankes geholt, bedeutungsvoll und ernst angelegt wie ein ungewohnter Schmuck, nach der Rückkehr von der Feier gründlich gereckt und, einmal abgelegt, sorgfältig aufgeblasen, damit sie keine hässliche Falte behielten. Von Monsieur Renoults ganzem Anzug habe ich nur den Überrock gesehen. Er war einst blau gewesen, verblasste an den Nähten und hatte zu langen Manschetten und einen zu hohen Kragen. Er stand von allein, fest, hart, steifer als der, in den oben auf der Säule Napoléon gehüllt ist. Er war darin gerüstet wie in einem Panzer aus dreifachem Erz. Wer auf dem Kopf den Hut von Plouharnel, im Bauch das Hähnchen des alten Bataille und auf dem Rücken den Überzieher von Monsieur Renoult hätte, würde wie der von Delille erwähnte Fels mit seiner Unverwundbarkeit die Zeit anhalten. Aber wie farblos sie alle gegen den Schwiegersohn waren. Sich in die Brust werfend, stolz auf seine Lackstiefel, mit erhobenem Kopf und frechem Blick hinter seiner Brille, arrogant und wichtigtuerisch, begrüßte er niemanden; sein Aufzug war ihm zu Kopfe gestiegen; er war berauscht von seinem Frack. Ganz in Schwarz, so wie es sich für ein Diner in der Stadt gehört: von Schnallen, Schnüren und Bändern eingezwängt, kurz vor dem Platzen, stand er unter der vereinten Spannung seiner Hosenstege und Hosenträger so stramm wie möglich. Die mit einer Doppelnadel besetzte lange Krawatte fiel ihm ganz über die Brust, wobei sie geschickt sein weißes Hemd zeigte und in einer weit ausgeschnittenen Weste verschwand. Aus seiner hochgeschobenen Manschette kam seine dicke Hand, bekleidet mit einem weißen Handschuh, der unter seinem Knopf zu platzen drohte. Er war so schön, dass niemand ihn anzusprechen wagte. Seine Frau betrachtete ihn mit Liebe, seine Schwiegermutter voller Stolz und wir mit Entsetzen. Im strahlenden

Glanz dieser Gestirne kreiste ein zehnjähriger Bengel, das letzte Produkt des alten Renoult. Er hatte es eilig, denn man wartete nur noch auf ihn. Er war noch im Hemd und rannte mit der Hose in der Hand hin und her, auf der Suche nach einem Winkel, um sie anzuziehen. Er wurde nacheinander aus Küche, Wohnzimmer und Flur verjagt; man schrie, man rief nach ihm, man drohte, ihn zu Hause zu lassen. Gegen alle Möbel rempelnd, an alle Beine stoßend, auf alle Füße tretend, fasste er verzweifelt einen letzten Entschluss, floh in den Hof, fuhr siegreich in seine graue Hose, schlüpfte schnell in Weste und Jacke und besänftigte endlich den über ihn hereinbrechenden Sturm der Ungeduld. Nun wurde abgezählt; man stellte fest, dass man vollzählig versammelt war, dann setzte sich der Zug in Bewegung und verließ langsam das Haus, und wir blieben allein mit dem Colonel de Saint-Amour, der ein glänzendes Stück Quarz unter der Lupe betrachtete.

In Crozon gab es jedoch nicht nur die Familie Renoult zu sehen, und so gingen wir am Tag nach unserer Ankunft hinunter zum Dorf MORGAT, das seine Boote auf den Sand zieht und seine Netze an den Häusern trocknen lässt. Gekräuselt von der Brise und gesprenkelt von den Booten der Sardinenfischer erstreckte sich vor uns die Bucht von Douarnenez. Wir liefen eine Weile an der Steilküste entlang und stiefelten dabei über den Strand, wo der Abdruck unserer Schritte zurückblieb, und so kamen wir zu den drei kleinen Grotten, die man bei Ebbe zu Fuß besichtigen kann.

Sie sind nicht sehr tief und werden gestützt von Felsbrocken, die wie riesige Pfeiler auf dem Boden stehen. Sie sind seltsam erfüllt vom Tageslicht, das sich an den Ecken bricht und die feuchten Wände mit einem grünlichen Schein erhellt, wo sich von Dunkelrot bis Silberblau die lieblichsten Farbtöne vermählen. Von den Gezeiten zurückgelassen, fließt ein glasklares Wasser langsam aus den natürlichen Becken des Steins und gräbt kleine Bäche in den Sand, über den piepend die Strandläufer eilen.

Um die größte zu besichtigen, stiegen wir in ein Boot. Unsere beiden Ruderer machten ein paar Schläge; wir glitten über die Fluten, die uns kaum schaukelten, und mit einer Welle gelangten wir in einen wunderbaren unterseeischen Palast im Schoß der Steilküste.

Das Gewölbe ist hoch und gezackt von in tausend Farben schillernden Stalaktiten; es fällt steil nach hinten ab und taucht ins Dunkel. Der leiseste Ruf hallt unheimlich nach, prallt auf die Echos und fällt wieder zurück in die Brust, die ihn ausgestoßen hat. In der Mitte reckt ein kleiner Felsen seinen Kopf aus dem Meer, das ihn umspült und enge Kreise um ihn zieht. Die Farbnuancen sind vielfältig und bunt und wechseln übergangslos von einer Gesteinsschicht in die andere; blutrote Spuren, feuerrote Zungen, ins Weiße gehende, azurblaue Strahlen, aschgraue Flecken, Adern in einem blassen Grün wie Malachit, weinrote Einschüsse und Netze, hellgelb wie gedroschenes Stroh. Von einer unsichtbaren Macht getrieben kam die Welle langsam voran und plätscherte sanft wie das Murmeln eines fernen Herzens. Das erst durchsichtige Wasser verdüsterte sich und wurde violett; die Felsen trieften von einem schimmernden Tau und die Brise brachte uns den guten Duft salziger Pflanzen.

In leidenschaftlicher, regloser, schweigender Betrachtung versunken glichen wir in unserer Barke jenen fahrenden Rittern, die der Sturm in den geheimnisvollen Wohnsitz der Geister und Nymphen geführt hat. Dort hinten im tiefen Dunkel öffnet sich vielleicht das diamantene Tor, das in die perlmuttglänzenden Reiche der Zauberinnen führt; gewiss bläst gleich hinter uns der mit Schellen behängte Zwerg in sein Horn aus Elfenbein und bald kommen die grässlichen Ungeheuer, die uns den Eingang verwehren sollen, und spucken mit rasselndem Schuppenpanzer Feuer: denn dort suchen sie Schutz und die Kühle des Wassers, diese zauberhaften Göttinnen, wenn die Sonne heiß auf die Natur niederbrennt; dort küssen die Wogen ihre schönen nackten Busen; dort singt Urgèle ihre Balladen, erzählt Morgane ihre Liebeslegenden, windet die Schilfgraselfe sich Girlanden und spinnt die Fee Mignonne den auf ihrer goldenen Spindel gehaspelten Flachs.

Wir sahen indes keine einzige von ihnen und erfüllt von der Traurigkeit, die das Schauspiel schöner Dinge bereitet, gingen wir fort. Wir stiegen die Steilküste hinauf und liefen dabei über die Felder, über die Wiesen, über die Trampelpfade, vorbei an Bauernhöfen, wo die Hunde bellten, und durch Eichenwälder, wo die Vögel sangen. So wanderten wir dahin und erreichten ein von großen Nussbäumen beschattetes Pachtgut. Hinten im Hof stützten ein paar unter Efeu und Brombeeren verschwundene Mauern eine Laubhütte, die einen Karren und Arbeitsgeräte verbarg; ein blühender Holunder und eine junge Esche breiteten ihre Zweige aus und warfen ihren Schatten auf diese Ruine, die ehemals die Burg von Landouadec war.

Weiter hinten trafen wir auf ein keltisches Denkmal. Bei seinem Anblick wurden wir von einem unwiderstehlichen Anfall von Archäologie gepackt, und wir wollten Grabungen machen, um Medaillen, Gebeine, druidische Streitäxte, keltische Gerätschaften, Urnen und Sarkophage zu entdecken. Wir suchten uns einen Trupp mit Picken und Schaufeln bewaffneter Bauern; wir schickten sie rund um einen Dolmen, wobei ich wie mein Onkel Tobie die Ausgrabung leitete und mitunter die Hacke zur Hand nahm. All das führte nur zu einem heftigen Streit mit dem Eigentümer des Feldes, der so unverschämt Schadenersatz verlangte, dass er ihn nicht bekam, und den wir zum Friedensrichter schickten, wobei wir schon hofften, unsere Sache vor dem Volk von Crozon vertreten zu können;

aber es wurde nichts daraus, zu unserem großen Bedauern, denn wir hatten unser Plädoyer und vernichtende Einwände schon vorbereitet.

Nach dieser Unternehmung, die nicht dazu angetan war, uns mit der Keltenkunde zu versöhnen, begaben wir uns zu der flachen Bucht von Dinan. Wie uns berichtet worden war, hatte vor sieben Jahren ein Sturm den Sand weggeblasen und einen ganzen Friedhof freigelegt, den dort niemand vermutet hatte. Die Toten lagen mit den Füßen zum Meer, den Kopf auf zwei flachen Steinen und die Arme am Körper ausgestreckt. Sie waren sehr zahlreich und dicht gedrängt. Wenn man im Boden gräbt, findet man immer noch welche. Wir waren gekommen, weil wir damit rechneten, irgendeinen blanken Schädel zu finden, den wir uns nach der Rückkehr zwischen Pendüle und Leuchtern auf den Kamin stellen könnten, doch wir hatten einen Pechtag und fanden bloß vom Alter zerfallene Oberschenkelknochen, zerbrochene Rippen und Finger- und Zehenglieder, die sich unter unseren Fingern in Staub auflösten; aber dafür sahen wir das Meer, auf dessen Dunkelblau ein paar weiße Wellen blitzten.

Wir kehrten zurück ins Quartier, und als wir am nächsten Tag abreisten, hatte das Haus wieder seine gewohnte Ruhe angenommen. Der Oberst machte Versuche mit einem Kupferpyrit. Madame Renoult hatte ihre Handschuhe weggeschlossen, Monsieur Renoult war wieder in sein Kittelhemd geschlüpft und der Schwiegersohn war traurig: er hatte nämlich am Vorabend beim Notar viel Curaçao getrunken, und da er keinen zu sich nehmen kann, ohne davon krank zu werden, hatte er dunkle Ringe um die Augen, eine dicke Zunge und hielt den Mund, während seine Frau damit beschäftigt war, ihm Gläser mit Zuckerwasser zu bereiten.

Kapitel IX

Auf geht's! der Himmel ist blau, die Sonne strahlt, und unsere Füße drängt es, über Gras zu laufen.

Von Crozon bis Landévennec liegt das Land ohne Bäume noch Häuser offen da; wie abgenutzter alter Samt dehnt sich, so weit das Auge reicht, auf flachem Boden ein rötliches Moos. Manchmal stehen Felder mit reifem Weizen zwischen verkrüppeltem Stechginster. Der Ginster blüht nicht mehr, schon sieht er wieder wie vor dem Frühling aus.

Tiefe Wagenspuren, an ihren Rändern mit einem Wulst von trockenem Schlamm gesäumt, tauchen, regellos eine aus der anderen hervorgehend, vor einem auf, laufen lange weiter, biegen ab und geraten einem aus den Augen. Zwischen diesen ausgefahrenen Furchen sprießt in großen Flecken das Gras.

Der Wind pfeift über die Heide. Wir kommen gut voran. Es weht eine muntere Brise, sie trocknet mit ihren Stößen den Schweiß, der uns auf den Wangen perlt, und wenn wir Halt machen, hören wir sie trotz unserer pochenden Adern über das Moos streichen.

Von Zeit zu Zeit taucht eine Mühle auf, um uns den Weg zu weisen, und lässt ihre großen Flügel rasch durch die Luft kreisen; stöhnend knarrt das Holz ihrer Sparren; sie sausen herab, fliegen über den Boden und steigen wieder empor; der Müller steht in seiner offenen Dachluke und sieht zu, wie wir vorüberziehen.

Wir setzen unseren Weg fort; wir gehen weiter; als wir an einer Ulmenhecke entlangkamen, die sicher ein Dorf verbirgt, sahen wir flüchtig einen Mann, der in einen Baum geklettert war; unten stand eine Frau, die in ihrer blauen Schürze die

Pflaumen auffing, die er ihr von oben herunterwarf. Ich erinnere mich an dichtes, schwarzes Haar, das ihr über die Schultern flutete, an zwei in die Luft gereckte Arme, einen zurückgebogenen Hals und ein volles Lachen, das mir durch das Gezweig der Hecke entgegenschallte.

Der Pfad, dem wir folgen, wird schmaler; plötzlich verschwindet die Heide und wir stehen auf dem Kamm eines sich über dem Meer erhebenden Kaps; nach Brest hin scheint es kein Ende zu nehmen, während es sich zur anderen Seite zwischen mit Dickicht bedeckten Böschungen ins Land hineinwindet. Jede Bucht liegt eng zwischen zwei Bergrücken; jeder Bergrücken hat neben sich zwei Buchten, und nichts ist so schön wie diese großen, grünen Hänge, die fast senkrecht über der Weite des Meeres stehen. Auf ihrer Höhe wölben sich die Hügel, werden unten breiter, laufen am Horizont noch weiter ausladend bis auf die Hochebene und gehen mit dem anmutigen Schwung eines maurischen Rundbogens ineinander über, bei jedem aufs Neue ihr Grün und die Bewegung ihres Terrains fortsetzend. Zu ihren Füßen drängten sich die Falten der vom Seewind herangetriebenen Wellen. Die darauffallende Sonne ließ ihren Schaum leuchten; unter ihren Strahlen blitzten die Wogen in silbrigen Sternen und alles Übrige war eine gewaltige Fläche, an deren Azurblau man sich nicht sattsehen konnte.

Man sah die Strahlen der Sonne über die kleinen Täler streifen; eines, von ihr schon verlassen, verschwamm mit seiner Waldesmasse zu einem unschärferen Bild und über einem anderen rückte ein breiter dunkler Schattenbalken vor.

Je weiter wir den Pfad hinunterstiegen und uns so dem Ufer näherten, desto höher schienen die Bergrücken, desto tiefer die Buchten zu werden, vor denen wir eben noch gestanden hatten; das Meer wurde immer größer. Wir ließen unsere Blicke schweifen und achteten nicht auf unsere Schritte;

und die losen Steine kollerten vor uns her und verschwanden im buschigen Gestrüpp am Wegrand.

In LANDÉVENNEC angekommen gingen wir, um unsere Rucksäcke abzustellen, in eine mehr als einfache Wirtschaft, wo man sich auf Fässer setzte anstelle einer Bank. Nachdem wir dort aus einem jener landesüblichen Fayencebecher, rosafarben und blau gestreift wie eine Hose für den Maskenball, einen Schluck üblen Schnaps getrunken hatten, machten wir uns gleich zur Abtei auf.

Nur ein Portal mit drei Bögen ist davon geblieben: der mittlere, niedriger als die beiden anderen, ist als einziger offen. Neben einem von ihnen erweitert sich hinter einer Strebemauer ein schmales, langes Bogenfenster nach innen, wie bei den Schießscharten einer Festung. Im mittleren Bogen haben die das Gesims tragenden kurzen Säulen mit kompliziertem Flechtwerk bedeckte Kapitelle.

Wenn man durch diese Mauer geht, sei es durch die Bresche, die zum Innenhof führt, sei es durch das Portal, dessen Zutritt einem eine quer davorgelegte Leiter verwehrt, tauchen im Hintergrund die Ruinen des Chorraums und der Apsis auf, deren helles Spitzenwerk vor dem Blau des Himmels steht. Sie bilden einen sternförmigen Platz, umgeben von außen mit Strebemauern versehenen, runden Seitenkapellen mit Bogenfenstern, meist getragen von Säulen, die auf quadratischen Sockeln stehen.

Der Boden im Innenhof ist wellig, hat Buckel und Dellen; ein unebenes, holpriges Gelände, begrünt von Brombeergestrüpp und Efeu mit ihren unterschiedlichen Bordüren. In den Seitenkapellen sieht man durch die Fensterlöcher in der Ferne das Meer, am Horizont einer Wiese, in der sich die runden Häupter der Apfelbäume zu grünen Kuppeln wölben und die sich wie ein Bild in den Rahmen des verwitterten romanischen Rundbogenfensters fügt.

An der Wand lehnt die Statue eines Abts. Ein dicker Ring am Mittelfinger der rechten Hand, ein langes Kinn, hohe Wangenknochen, vorstehende Augen, leicht gekräuseltes Haar, ein mit langen Fransen besetzter Chorrock und ein Wappenschild in dreiteiliger Hermelinprägung mit drei Bändern, darüber ein Turnierkragen mit drei Lätzen, gekrönt vom Krummstab: ist das, warum nicht? Saint Guénolé, der erste Abt des Klosters, gestorben 448, derselbe, der König Gralon riet, die Stadt Ys zu verlassen, bevor der Herr sie vernichte, und der, als der König mit der schönen Dragut, seiner Tochter, im Galopp über den Strand floh, als die Wellen schon an die Fesseln seines Pferdes brandeten, ihm aus einer Wolke zurief, sich von dem Dämon zu befreien, den er auf der Kruppe mitnahm? Gralon warf sie in die Fluten; die Wogen verschlangen sie, hielten inne, und der König setzte seinen Ritt fort.

Um diese Figur in Ruhe zu betrachten, hatten wir uns auf eine andere Statue gesetzt, die auf dem Boden lag. Diese stellt einen Bischof dar. Er hat den Krummstab, den mit Borten aus Rosen und Oliven besetzten Chorrock, den Ring auf dem Daumen und unter dem linken Arm den Hirtenstab. Sein Arm steckt in einem engen Ärmel, geschlossen mit einem dicken Knopf, der seinerseits aus einem sehr weiten Ärmel kommt. Seine Hände sind gefaltet; zwei Engel stützen das Kissen, auf dem er ruht. Sein Hund liegt zu seinen Füßen und überragt ein Wappenschild, bestehend aus neun Rauten, in Dreierreihen unter den Turnierkragen mit drei Lätzen gesetzt und zur Rechten gehalten von einem Löwen mit Flammenzunge, zur Linken von einem Windspiel.

Während wir damit beschäftigt waren, diese nichtigen Dinge zu deuten, spazierte ein junges Kalb mit einer Blesse am Kopf neben uns umher. Es schwankte auf seinen langen unsicheren Beinen, und um die weißen Nüstern, noch nass von der Milch seiner Mutter, summten die Fliegen. Hinter dem Portal wiegten sich am Fuße des Berges, den sie beschirmen, die Wipfel der hohen Buchen, die Sonne brannte auf die alten Gemäuer; ein warmer Hauch strich vorüber; alle Arten von Pflanzen und Gesträuch, Brennnesseln, Margeriten, Engelwurz, Holunder, Heidekraut und Frauenminze schufen ein Gemisch süßer Düfte. Etwas Zärtliches, Erregendes, Herzzerreißendes, Jammervolles senkte sich auf einen nieder; man fühlte sich von einer Schwäche befallen, ganz voller stumpfem Kitzel und durchströmt von Begehrlichkeiten.

Und als wir dort im Gras lagen, erschien plötzlich vor uns ein hochgewachsenes junges Mädchen, hell und blond, das barfuß durch die Brombeersträucher lief, bekleidet bloß mit einem Rock aus rotem Tuch, dessen Bund ihr das Hemd aus dicker, gelber Leinwand eng um die Taille schnürte. Sie hielt ein oben abgebrochenes Schilfrohr in der Hand und stand vor uns, um uns wortlos zu betrachten.

Sie ging fort und tauchte dann wieder auf; sie lachte, als sie angesprochen wurde, und verließ einen gleich wieder.

Schließlich erhoben wir uns, griffen wieder nach unseren Wanderstöcken und zogen los. Als wir über die Mauer stiegen, polterten ein paar Steine herab und der Mörtel zerbröckelte zwischen unseren Händen.

Tragen auch wir zur Zerstörung bei? Und was weder die Zeit, die Menschen, der gute Geschmack noch die Industrie umstürzen konnten, das vernichtet nun, ohne es zu merken, gerade beim Ausleben seiner bewundernden Neugier, der einfältige Betrachter.

In zwanzig Minuten hatte uns ein Boot auf die andere Seite der Reede gebracht und in schroffen Klippen auf Steinplatten voller Tang abgesetzt, wo wir einige Zeit umherglitschten, bevor wir festen Boden erreichten. Als wir an Land waren, gerieten wir in Verlegenheit: wir wollten in Daoulas übernachten, wussten aber nicht, wohin es ging.

Die Wege verliefen an dichten Hecken, die undurchdringlicher waren als Mauern; wir zogen bergauf und bergab; die Pfade füllten sich indessen mit Dunkelheit, und schon entschlummerten Feld und Flur in der schönen Stille der Sommernächte.

Kurz, wir trafen niemanden, der uns den richtigen Weg zeigen konnte, und als uns zwei oder drei Bauern, an die wir uns gewandt hatten, nur mit unverständlichen Rufen geantwortet hatten, holten wir unsere Karte heraus, angelten nach unserem Kompass und beschlossen, uns nach dem Sonnenuntergang zu richten und Daoulas in Luftlinie anzusteuern. Gleich kehrte die Kraft wieder in unsere Glieder zurück, und wir stürmten in den Feldern durch Hecken und über Gräben, alles heruntertrampelnd, umwerfend, durcheinanderbringend und niederreißend, ohne die geringste Sorge über die offen stehen bleibenden Gatter und die beschädigten Ernten.

Oben auf einer Anhöhe sahen wir das Dorf Hôpital liegen, in Wiesen, durch die ein Fluss lief. Eine Brücke führt darüber hinweg. Auf der Brücke dreht sich eine Mühle; nach den Wiesen steigt wieder ein Hügel an; wir stiefelten munter hinauf, als wir im Schimmer des letzten Tageslichts, an der Böschung eines hohen Walls, unter einer grünen Hecke, einen schönen, schwarzgelben Salamander sahen, der auf seinen gezackten Pfoten daherkam und den in den Wellenbewegungen der gefleckten Korsage zuckenden langen, dünnen Schwanz durch den Staub zog. Dies war seine Stunde; er kam aus seiner Höhle, die hinter irgendeinem dicken Stein tief unter dem Moos verborgen ist, und zog auf die Jagd nach Insekten im modrigen Stumpf alter Eichen.

Ein holpriges Pflaster hallte unter unseren Schritten; vor uns tat sich eine Straße auf: wir waren in DAOULAS. Es war noch hell genug, um an einem der Häuser ein viereckiges Schild zu erkennen, das an seiner in die Mauer eingelassenen Eisenstange hing; übrigens hätten wir das Wirtshaus auch ohne Schild erkannt, da Häusern wie Menschen ihr Metier ins Gesicht geschrieben steht. Völlig ausgehungert gingen wir also hinein und baten vor allem darum, uns nicht lange schmachten zu lassen.

Als wir an der Tür auf unser Diner warteten, trat ein zerlumptes kleines Mädchen mit einem Korb Erdbeeren auf dem Kopf ins Wirtshaus. Bald kam sie wieder heraus und hatte stattdessen ein dickes Brot, das sie in beiden Händen gepackt hielt; sie flüchtete mit der Blitzartigkeit einer Katze, wobei sie spitze Schreie aussstieß. Grau vor Staub wehte ihr zerzauster Kinderschopf um ihr mageres Gesicht, und die fest auf den Boden stampfenden nackten Füßchen verschwanden beim Rennen unter den zerfetzten Lumpen, die ihr um die Knie flatterten.

Nach unserem Mahl, das außer dem unvermeidlichen Omelett und dem unseligen Kalbfleisch weitgehend aus den Erdbeeren der Kleinen bestand, gingen wir hinauf in unsere Schlafstatt.

Die Wendeltreppe mit wurmstichigen Stufen ächzte und krachte unter unseren Schritten wie die Seele einer empfindsamen Frau unter einer neuen Enttäuschung. Oben fand sich eine Kammer, deren Tür, wie die der Scheunen, mit einem Haken geschlossen wurde, den man von außen einhing. Dort war unsere Unterkunft. Der ehemals gelb bemalte Putz der Wände fiel in Placken herunter; die Deckenbalken bogen sich unter der Last der Dachziegel und auf den Scheiben des Schiebefensters dämpfte eine gräuliche Dreckschicht wie Mattglas das Licht. Die aus vier schlecht zusammengefügten Nussbaumbrettern bestehenden Betten hatten von Motten starrende, vor Trockenheit ganz rissige dicke, runde Füße; auf jedem lag ein Strohsack und eine Matratze, bedeckt mit einer von Mäusezähnen durchlöcherten, grünen Decke, deren Saum aus zerfransten Fäden bestand. Ein in seinem verblichenen Rahmen zerbrochenes Stück Spiegel, eine an einen Nagel gehängte Jagdtasche und daneben eine alte Seidenkrawatte, der man die Falten des Knotens ansah, zeigten, dass dieser Platz von jemandem bewohnt war und dass man dort sicher jeden Abend zu Bett ging.

Unter einem der Kopfkissen aus rotem Kattun kam etwas Gräßliches zum Vorschein, nämlich eine Mütze in der gleichen Farbe wie die Bettdecken, deren Gewebe aber unter einer Fettschicht nicht zu erkennen war, abgetragen, ausgeleiert, formlos, fettig, sich kalt anfühlend. Ich bin überzeugt, dass ihr Besitzer sehr daran hängt und dass er sie wärmer findet als jede andere. Das Leben eines Menschen, der Schweiß einer ganzen Existenz hat sich da in dieser Schicht ranzig gewordenen Talgs verfestigt. Wie viele Nächte es wohl gebraucht hat, bis sie so dick war! Wie viel Albdrücken darunter gegärt hat! Wie viele Träume darin verflogen sind! und vielleicht schöne. Warum nicht?

Übertriebenes Taktgefühl hielt uns davon ab, diesen Müll aus dem Fenster zu werfen, und wir begnügten uns damit, ihn mit dem Fuß unters Bett zu stoßen. Was wäre gewesen, wenn wir dort die zur Mütze passenden Pantoffeln gefunden hätten? Und welch schönen Bericht hätten dann diejenigen schreiben müssen, die unsere Autopsie gemacht hätten!

O Komfort! sagte ich mir, als ich zaghaft in meine Laken schlüpfte, *o Komfort!* Ideal des modernen Glücks, wie weit bist du davon entfernt, bis nach Daoulas vorgedrungen zu sein! wie deine Annehmlichkeiten hier verkannt werden! Dabei gibt es hier Leute, die von deinen Stores, deinen Teppichen, deinen Portieren, deinen Etageren, deinen Heizungen nichts wissen! Was für eine Verachtung des *englischen Chic*! Was für ein Schlendrian bei der Bedienung! Was für schlecht gewaschene Wäsche! Was für traurige Messer! Was für ungeputztes Silber!

Im ganzen Land fände man keinen einzigen Bimsstein; sie haben nicht die geringste Ahnung, wie man Tee zubereitet, und gewiss hat keines dieser Häuser ein anständiges *water-closet.*

Wir schliefen vierzehn Stunden hintereinander, und am nächsten Tag schnarchten wir noch beim Besichtigen der Kirche. Über ihre Entstehung erzählt man eine schöne Legende, in der ein Drache mit seinen Jungen, zwei Heilige und ein wutentbrannter Edelmann auftreten; doch ich habe die Legenden satt und die Kirchen nicht weniger; davon abgesehen, dass ich übrigens keinen sehr ausgeprägten Nerv für Archäologie habe, ist es doch wirklich öde, mindestens einmal täglich ein Kirchenschiff, ein Portal, Seitenschiffe, Kapitelle, Arkaden, Säulen, Pfeiler, Tonnengewölbe und Spitzbögen zu ertragen: im Überfluss vorhanden werden die reizendsten Dinge abscheulich. Mein Leben lang werde ich nicht den Hass auf die Wasserfälle vergessen, zu dem mich die Pyrenäen gebracht haben. Ich hatte so viele davon bewundert, dass ich sie maßlos verabscheute. Wenn man sich umdrehen sollte, um einen neuen zu betrachten, wurde mir schlecht: ihr Rauschen, ihr Schaum, ihr Tosen empörten mich; danach sehnte ich mich nur nach den trockensten Ebenen: am liebsten hätte ich in einer Mergelgrube gelebt.

Unter dem Vordach gibt es zwölf hagere Apostel mit recht naiven Mienen und das Innere, obwohl romanisch (aber leider weißer getüncht als das Antlitz von Pierrot!), hat nichts als dicke Straußeneier, die als Exvoto an der Marienstatue hängen und an die erinnern, welche die Moslems in ihre Moscheen bringen. Wenn einen das für eine Minute fesselt und die Poesie der Vergleiche einen lächeln lässt, wird man bald dafür bestraft durch den Anblick eines fürchterlichen Beinhauses unerträglichster Art.

Aus Angst uns zu verirren und weil wir rechtzeitig in Brest sein wollten, erkundigten wir uns nach einem Führer.

»Da ist ein Herr, der Sie mitnehmen kann, er ist selbst auf dem Rückweg dorthin«, erklärte uns unsere Wirtin und zeigte auf einen Bourgeois, der am Küchentisch saß und mit einem Hufschmied anstieß.

Als die Flasche geleert war, erhob sich der Herr, nahm eine Prise aus seiner Tabaksdose aus Schildpatt und wandte sich an uns:

»Sie gehen nach Brest, meine Herren?«

»Ja.«

»Ich auch. Wir haben also denselben Weg und können plaudern, das wird uns ablenken.«

Er war klein und setzte Bauch an; sein hinten kurz geschnittenes, schwarzes Haar kräuselte sich an der linken Schläfe zu einer Locke, die bis zum Augenwinkel reichte, und sein aufs rechte Ohr rutschender Hut entblößte eine flache Stirn, die durch seine langen Kinnladen noch fliehender wirkte. Trotz seiner Hängebacken war sein Gesicht hager; er zwinkerte oft und lächelte unentwegt. Ein zu kurzer Gehrock aus Lasting bedeckte seinen krummen Rücken, und aus den zu kleinen Ärmeln ragten zwei große, rote Hände, untätige, eher dicke als kräftige Hände, deren Haut feucht wirkte. Unter einer schwarzen Satinweste mit Umschlagkragen, bestickt mit Bouquets in zartem Grün, prangte ein steif gestärktes Hemd aus blütenweißem Kattun, über das sich die beiden blonden Bänder einer Kette aus Haar zogen, die in einer breiten Uhrentasche seine schöne goldene Uhr sicherten. Über seiner gelockerten Krawatte drehte sein kurzer Hals sich bequem hin und her, und seine Hose mit großer Klappe, fadenscheinig an den Knopflöchern und ausgebeult an den Knien, endete im halben Bein über dem Schaft eines dicken Stiefels aus festem Leder.

Er ging schnellen Schrittes, schaute dabei zu Boden, senkte den Kopf und hob die rechte Achsel, unter der ein aus

Tropenholz gemachter gewaltiger Knüppel steckte, der auf ganzer Länge mit spitzen Stacheln garniert war.

Und er plauderte! er plauderte! er redete immerfort und erzählte uns Anekdoten von Unbekannten, gab ganze Dialoge zum Besten, unterhielt uns mit seinen politischen Ansichten, mit seinen Lieblingsgerichten, mit seiner Gesundheit, seinem Geschäft, seinen Bekanntschaften, mit dem Lebensmittelpreis, seinem Haus, seiner Frau, seinem Schwiegervater, seinem kleinen Hund, seinem Ofen, der qualmt … Er heißt Monsieur Genès. Er ist ansässig in Brest; er macht Geschäfte in Höhe von sechzigtausend Francs im Jahr; er war nacheinander Waffenhändler, Soldat, Spion, Sittenpolizist, Klinikpförtner und ist jetzt etabliert, verheiratet, Geschäftsmann und Agent, das heißt Menschenhändler, »wie sie das in der Bretagne nennen«.

Man möchte meinen, dass eine solche Existenz ihre Rückstände bei dem hinterlassen hätte, der sie durchlebt hat, und dass einem das Vergnügen zuteilwerde, sie mit der Kelle abzuschöpfen; doch nein! nichts ist platter, nichtssagender, farbloser und geistloser als Monsieur Genès: er ist dumm wie ein Richter und ebenso nervtötend wie die *Biographie des hommes utiles*. Ohne sich im Mindesten über die Schmutzigkeit seines Gewerbes im Klaren zu sein, hält er sich für einen äußerst ehrenwerten Mann, denn er lässt alle Verträge, die er abschließt, notariell beglaubigen.

Er ist sittsam in seinen Reden und weiß sich zu benehmen; sein einziges Interesse ist das Geld; seine einzige Schwäche der Wein, und zweifellos hat er von dessen regelmäßigem Genuss diese verschlafene und nachlässige Art, deren oberflächliche Gutmütigkeit die List seiner kleinen grauen Augen und die Härte seiner dünnen Lippen mildert.

Er hat keine Laster: das Spiel hält er für gefährlich und die Frauen für schädlich: »Man weiß nicht, wohin einen das führt, dagegen legt man mit einer gut gelagerten Flasche ein Päuschen ein, wo man will.« Er ist ein Mann der Ordnung, aktiv, schlau, vorsichtig, und er hat Angst vor Dieben. Die Beachtung, die man ihm schenkt, scheint ihm zu schmeicheln. Er hat großen Respekt vor dem Gesetz und verehrt das Juristenvolk, Notare, Anwälte und Gerichtsdiener. Er hat einen Dolch bei sich und legt nie den Hut ab.

Unterwegs sprach er junge Leute an, die ihm begegneten, und schlug ihnen vor, sich zu verdingen. Für ihn ist der Stellvertreter der vollendete Soldat, weil er vor nichts Angst hat, an nichts hängt, für ein paar hundert Francs seine Haut hergibt, mit einem Wort, »weil der Stellvertreter wie ein Sträfling ist«: eine Definition, mit der die tugendhaften Verteidiger unserer Soldatenehre nicht sehr zufrieden wären.

Monsieur Genès hat keine Freude am Theater; das ist unter anderen einer der Gründe, weshalb er die Polizei verlassen hat: es langweilte ihn sehr, jeden Abend ins Theater gehen zu müssen. Und dann bekam er auch zu hören: »Monsieur Genès, Sie sind am falschen Platz; ein Mann wie Sie muss nicht im Polizeidienst sein.« Ebenso ungern geht er indes zur Kirche, er erklärte uns, keine drei Mal in seinem Leben den Fuß hineingesetzt zu haben: er ist übrigens Anhänger von Voltaire und ein Freund des Fortschritts, aber eher jedenfalls immer noch ein Freund der Regierung. Er sehnt den Krieg herbei: »Das wird die Geschäfte in Schwung bringen.«

In Plougastel machte er jedoch wie wir Halt, damit wir uns den Kalvarienberg anschauen konnten, ein viereckiges kleines Monument aus Granit, bei dem jede Seite ein Bild aus dem Leben Jesu zeigt und an dessen vier Ecken die Evangelisten in ihren Wirkungskreisen stehen. Die ein wenig klobigen Gestalten sind trotzdem voller Bewegung, lebendig und amüsant. Die Männer, die Christus gefangen haben, binden ihn mit aller Kraft und zum Zerreißen gespannten Muskeln; einer, der ihm ins Gesicht grinst und dabei die Zunge herausstreckt, schneidet eine so lustige Grimasse, dass man lachen muss. Der Esel, der unseren Herrn nach Jerusalem hineinträgt, hat ein richtig gutmütiges und friedfertiges Eselsgesicht; den Soldaten, die ins Horn blasen und die Trommel schlagen, während sie ihn auf den Kalvarienberg bringen, reitet ein Offizier voran, der mit herrlicher Arroganz in die Luft schaut. Am Fuß des Kreuzes breitet die weinende Magdalena ihr schönes, geflochtenes Haar aus. Man gebe all diesen Gestalten die Tracht der Bilder von Téniers, die runden, kleinen Hüte mit hochgeschlagener Krempe, die schönen Westen über dicken Bäuchen, die weiten Ärmel, Kniehosen, breiten Gesichter, großen Augen, und hat ein äußerst phantasievolles Ganzes, etwas sehr Naives, sehr Erhabenes von gänzlich mittelalterlicher Poesie, obwohl das Monument erst 1602 zur Erfüllung eines Gelübdes erbaut wurde, das vier Jahre zuvor anlässlich irgendeiner die Niederbretagne verwüstenden Epidemie abgelegt worden war.

All das ging an Monsieur Genès im Übrigen völlig vorbei; er hatte nicht einmal eine Ahnung, was es bedeuten sollte. Beim Betrachten des Abendmahls hielt er die Teller für Karten und die Becher für Würfel und er sagte völlig verdutzt: »Sie spielen; das ist ja witzig.«

Von Plougastel geht es mitten im Wald am Meer entlang bergab nach Brest, auf einem steilen Hang, von dem man einen Teil der Reede sieht, zumindest den, der sich von Brest bis zum Fluss von Landerneau erstreckt. Rechts und links ragt neben einem eine Steilküste aus weißem Fels auf, quergestreift durch Schichten von Feuerstein, am Wasser senkrecht und kahl, doch auf der Hochebene dahinter voller Eichen und Buchen mit gewaltigen Kronen, und wenn man das kleine Tal hinuntergeht, das sich in ihrer Flanke auftut, sieht sie prachtvoll aus.

Hier nimmt man das Schiff und erspart sich, wie in Landévennec, den langen Weg um die Bucht, die unregelmäßigen Einschnitte der in tausend eigenwilligen Meerbusen tief ins Land eindringenden Reede, für die man manchmal einen ganzen Tag braucht, um sie zu umrunden.

Bevor er in See stach, hatte Monsieur Genès Durst und lud uns in eine ihm bekannte Schenke ein; als er fand, dass man ihn nicht schnell genug bediente, holte er selbst den Wein aus dem Keller und nahm die Gläser aus dem Schanktisch. Da wir stark befürchteten, dass er zahlen würde, denn die Gegeneinladung wäre unvermeidlich gewesen, beeilten wir uns die Rechnung zu begleichen, das Glas hinunterzukippen und uns so schnell wie möglich aus dem Staub zu machen. Monsieur Genès dagegen wollte sich setzen, es sich am Tisch bequem machen, sich erholen; er bestellte Erdbeeren und fragte, ob es Kaffee gäbe. Indes wartete der Fährmann auf uns, es war Flut, man musste los.

Die Wellen hüpften über das Pflaster der Landungsstelle, an der das Boot mit dem Kiel anstoßend auf und nieder sprang. Ihr Schaum spritzte auf die Passagiere, die an Bord gingen. Eine Mütze fiel ins Wasser und Monsieur Genès bekam nasse Stiefel.

Das Meer stieg; der Wind war stark. Von den Fluten hin- und hergeworfen und gebeutelt von einem Nordwest, der uns tief in die Bucht drückte, kam die schwere Schaluppe kaum voran. Wenn die Ruder eingeholt wurden, stieg sie am Bug und drehte sich auf der Spitze der Wellen um sich selbst; sie hatten einen weißen Kamm und eine grüne Wölbung, rauschten brausend in großer Zahl heran und drängten sich mit ausgelassenem Tosen eine über die andere. Eine Brick, die vor uns kreuzte, fuhr mit geblähten, vollen Segeln, zeigte ihren runden Bauch, schnitt durch das gegen ihren Kiel klatschende Wasser und zog langsam davon. Am Horizont sah Brest wie ein grauer Punkt aus; ringsum lag in einem zwanzig Meilen großen Kreis aus weißem Fels das Meer. In der Schaluppe stand hinten auf dem Boden ein Vogelkäfig mit einer am Morgen gefangenen Amsel, die in die Stadt gebracht wurde. Sie kreischte vor Angst, als sie das Getöse der Wellen hörte.

Neben dem Käfig, ebenfalls auf dem Boden, krümmte sich verzweifelt eine junge Frau und verbarg das Gesicht in den Händen. Sie schluchzte, sie betete zu Gott, sie flehte alle an, sie zu retten, sie schwor, nie wieder nach Plougastel zurückzukehren, sie rief, sie werde sterben. Es war eine brünette kleine Frau, dick, schmutzig, ungekämmt, schlecht gekleidet, deren große Füße mit blauen Strümpfen in Schuhen ohne Schnürsenkel steckten und die über ihrem von einer fortgeschrittenen Schwangerschaft gerundeten Bauch eine verschlissene schwarze Schürze trug. Je weiter wir uns vom Ufer entfernten, desto größer wurde ihr Entsetzen, und sie rückte näher und näher an mich heran, um sich an jemanden zu klammern, um sich an etwas festzuhalten; beim Schwung einer stärkeren Welle warf sie sich über meine Füße und umschlang meine Hüften, sie steckte den Kopf zwischen meine Schenkel und wollte nicht mehr heraus. Ihre Ohrringe streiften meine Hände. Ich spürte ihre Brust auf meinen Knien um Luft ringen und ihren ganzen vor Entsetzen zitternden Körper, der sich an den meinen presste.

Ich hatte meine Freude daran, aber warum? Weil wir mehr lieben, wenn wir uns stärker fühlen als andere? Oder nicht eher, weil in dieser schlichten Berührung die ganze Beziehung vom einen Geschlecht zum anderen lag und sie sich gleichsam ihr Wesen mitteilten, indem die Männlichkeit des Mannes, ergänzt durch die Schwäche der Frau, noch eitler wurde und ihren Appetit daran aufstachelte? Wie dem auch sei, das hatte durchaus seinen Reiz, und ich wünschte, die Überfahrt wäre länger gewesen … Und sie hatte sich nicht einmal die Augen gewaschen!

Wir passten den Moment der Landung ab, um vor allen anderen hinauszuspringen, damit wir Monsieur Genès abhängen konnten, dessen Gesellschaft uns absolut unerträglich geworden war. Anstatt eine weitere Viertelstunde mit ihm zusammenzubleiben, hätten wir eher auf Brest verzichtet und es vorgezogen, unter freiem Himmel zu schlafen: das Maß war voll, wir waren darüber außer uns, fassungslos. Er war jedoch als Erster aus dem Boot heraus, und da es am Ufer ein Wirtshaus gab, wollte er unsere Zuvorkommenheit erwidern und bot uns gleich seine ewige Flasche Wein an.

»Danke, es ist zu heiß.«

»Also ein bisschen Bier?«

»Das macht zu voll, das behindert einen beim Laufen.«

»Einen kleinen Schnaps?«

»Wir trinken nie welchen.«

»Anislikör?«

»Tausend Dank, wir sind in Eile.«

»Einen Kaffee! kommen Sie! einen Kaffee!«

»Nein, nein, nein, wirklich nicht. Adieu.«

Er blieb stehen, zögerte einen Moment und sagte dann mit einer herrlichen Geste: »Na gut! ich trinke trotzdem einen. Gehen Sie nur! Ich hole Sie wieder ein.«

Wie schnell wir davonsausten! das war kein Laufen, das war Fliegen. Leichter als eine Feder zog uns die Angst vor Genès und die Freude, ihn los zu sein, voran wie einen von einer doppelten Lokomotive gezogenen Wagon. Jeden Augenblick glaubten wir, ihn hinter uns zu hören, und wir wagten nicht, uns umzudrehen, aus Angst, seinen Hut zu entdecken.

Und doch tauchte Brest nicht auf; wir konnten noch so sehr schwitzen und hetzen, die Landstraße zog sich immer länger hin, die Küste stieg endlos an. Man begegnete vielen Spaziergängern: Seeleuten, Soldaten, Kindern in den Armen ihrer Kindermädchen, Bourgeois, die Luft schöpften oder in ihrer kleinen Familienkutsche zum Diner in ihr Landhaus fuhren; immerhin kündete alles vom Nahen einer Stadt, doch die Stadt wich zurück. Als wir schließlich nicht mehr konnten, gingen wir in ein Kornfeld, wo wir uns erschöpft wie müde Klepper fallen ließen.

Eine Wolke, die über uns platzte, zwang uns bald wieder nach dem Rucksack zu greifen, und eine Viertelstunde später zeigte BREST, dem Himmel sei Dank, seine Dächer. Der erste Mensch, den wir sahen, als wir hineinkamen, war Monsieur Genès! Gewiss hatte er uns überholt, während wir Pause machten, und er plauderte mit einem Gendarmen; doch diesmal fürchteten wir ihn nicht mehr: wir waren angekommen; wenigstens annähernd, denn bevor man an den Toren von Brest ist, muss man noch durch einen Vorort, eine lange Straße in Verlängerung der Landstraße, am Rande hier und da bestanden mit Fleischerläden und Weinschenken, deren patriotische Schilder neben verkommenen Lokalen glänzen, die Versammlungsräume für hundert Gedecke haben, nebst gemalten Girlanden an allen Stockwerken.

Man blieb stehen, um uns anzuschauen: wir waren es wert. Mit bloßer Brust und sich im Winde blähendem Hemd, die Krawatte um die Hüften, den Rucksack über der Schulter, weiß von Staub, gebräunt von der Sonne, hatten wir mit unserer zerrissenen Kleidung, unseren abgetragenen, geflickten Schuhen richtigen Vagabundenchic, frech und voller Stolz. Das Eisen unserer Schuhe klapperte auf dem Pflaster; auf unseren Rücken schlugen die Rucksäcke den Takt, unsere Wanderstöcke waren im Einklang, und unter unseren Hutkrempen drang der Rauch unserer Pfeifen hervor und bog sich wie ein Federbusch.

Verblüfft über diesen Aufzug betrachteten uns die Herren Offiziere mit dummem Gesicht; ein paar Straßenjungen folgten uns von weitem, und man hielt uns an, um unsere Pässe zu verlangen.

Im Hotel angekommen fanden wir es gleichwohl sehr angenehm, uns mit warmem Wasser zu waschen, endlich in einem sauberen Bett zu schlafen und uns in einen Sessel zu setzen. Wir stürzten uns in alle Wonnen der Zivilisation; wir nahmen ein Bad und aßen keineswegs Kalbfleisch.

Wenn man nicht Ingenieur, Baumeister oder Schmied ist, hat Brest einem nicht viel Erfreuliches zu bieten. Der Hafen ist schön, das muss ich zugeben; möglicherweise großartig; gigantisch, wenn man unbedingt will: er imponiert, wie man so sagt, und *das vermittelt die Vorstellung einer grande nation.* Doch all diese Stapel von Kanonen, Kugeln, Ankern, die Endlosigkeit dieser Hafenmauern, die ein regloses, gefahrloses Meer umschließen, ein bezwungenes Meer, das den Galeeren zu gehören scheint, und diese schnurgraden großen Werkhallen, wo die Maschinen kreischen, das unausgesetzte Kettengeklirr der Sträflinge, die in Reih und Glied vorüberziehen und schweigend arbeiten, dieser ganze finstere, gnadenlose, zwanghafte Mechanismus, diese Anhäufung so rasch ausgestalteten Argwohns liegt einem schwer auf der Seele und zermürbt den Blick. Gelangweilt schweift er über Pflastersteine, über Haubitzen, über die Klippen, in die der Hafen gehauen ist, über die Haufen von Eisen, über bereifte Planken, über das nackte Gerippe der Schiffe in den Trockendocks und stößt sich ständig an den grauen Mauern des Zuchthauses, wo sich ein Mann aus den Fenstern lehnt und die Eingipsung der Gitterstäbe prüft, indem er sie mit dem Hammer zum Dröhnen bringt.

Die Natur ist hier nicht vorhanden, verbannt wie nirgends sonst auf Erden; es ist ihre Negation, der beharrliche Hass auf sie, sowohl mit der Brechstange, die den Fels sprengt, wie mit dem Säbel des Aufsehers, der die Sträflinge vor sich hertreibt.

Außer dem Zeughaus und dem Zuchthaus gibt es nur noch Kasernen, Wachen, Festungsmauern, Gräben, Uniformen,

Bajonette, Säbel und Trommeln. Von morgens bis abends erschallt unter einem vor den Fenstern die Militärmusik, die Soldaten ziehen durch die Straßen, ziehen nochmals vorüber, verschwinden, kehren zurück, machen ihre Manöver, ständig tönt die Trompete und die Truppe folgt. Danach begreift man, dass die wahre Stadt das Zeughaus ist, dass die übrige nur von ihm lebt, dass es sie überwältigt. In jeder Form, an jedem Ort, an allen Ecken und Enden erscheint immer wieder die Amtsgewalt, die Disziplin, das linierte Papier, der Rahmen, die Regel. Gleichmaß und idiotische Reinlichkeit wird über alles geliebt. Im Marinehospital sind zum Beispiel die Säle so gebohnert, dass ein Genesender, der auf seinem wieder gerichteten Bein zu laufen versucht, sich beim Ausrutschen das andere brechen muss; doch es ist schön, es glänzt, man kann sich darin spiegeln. Zwischen jedem Saal liegt ein Hof, in den aber nie die Sonne kommt und wo sorgsam jeder Halm ausgerissen wird. Die Küchen sind großartig, aber so abgelegen, dass im Winter alles eiskalt die Kranken erreichen wird. Dabei geht es sehr wohl um sie! Sind die Töpfe nicht etwa blitzblank? Wir sahen einen Mann, der sich beim Sturz aus einer Fregatte den Schädel gebrochen und seit achtzehn Stunden noch keine Hilfe bekommen hatte; aber seine Laken waren schneeweiß, denn man hält sehr auf die Wäsche.

Im Hospital des Zuchthauses war ich ergriffen wie ein Kind, als ich auf dem Bett eines Sträflings einen Wurf kleiner Katzen sah, die auf seinen Knien spielten. Er drehte ihnen Kügelchen aus Papier, und sie rannten auf der Decke hinter ihnen her und hielten sich mit ihren spitzen Krallen an den Rändern fest; dann drehte er sie auf den Rücken, streichelte sie, küsste sie, steckte sie in sein Hemd. Wenn er wieder zur Arbeit zurückgeschickt ist, wird er sicher mehr als einmal bei großer Traurigkeit und Erschöpfung auf seiner Sträflingsbank von diesen stillen Stunden träumen, die er mit ihnen allein verbracht hat und dabei ihren zarten Flaum in seinen groben Händen gespürt und gefühlt hat, wie ihre warmen, kleinen Körper auf seinem Herzen kauerten.

Indes möchte ich meinen, dass die Vorschrift solchen Zeitvertreib untersagt und dass dies zweifellos eine barmherzige Regung der Nonne war.

Im Übrigen kennt die Regel wie überall keine Ausnahme, außer dass der Standesunterschied zunächst nicht verschwindet, was man auch sagen mag, da selbst im Zuchthaus die Gleichheit eine Lüge ist. Denn aus der nummerierten Mütze kommt bisweilen manch fein parfümiertes Haar, wie auch aus dem Saum des roten Hemdes oft ein Stück Manschette ragt, das eine weiße Hand umgibt; außerdem gibt es besondere Vergünstigungen für bestimmte Berufe, für bestimmte Männer. Wie konnten sie, dem Gesetz und der Eifersucht ihrer Kameraden zum Trotz, diese Sonderstellung ergattern, die nahezu Amateursträflinge aus ihnen macht und die sie dennoch behalten wie etwas Feststehendes, ohne dass jemand sie ihnen streitig macht? Am Eingang zum Zimmerplatz, wo die Boote gebaut werden, findet sich der Tisch eines Dentisten, bestückt mit sämtlichen professionellen Utensilien. An der Wand reihen sich in einem hübschen Glasrahmen halbgeöffnete Gebisse, neben denen der Künstler steht und einem sein Werbesprüchlein sagt, wenn man vorüberkommt. Den ganzen Tag bleibt er dort in seinem Etablissement damit beschäftigt, seine Werkzeuge zu polieren und seine Backenzähne aufzureihen; weit entfernt von jedem Wachposten kann er dort in Ruhe mit den Spaziergängern plaudern, Neuigkeiten aus der Welt der Medizin erfahren und wie ein patentierter Mann sein Gewerbe ausüben. Heutzutage muss er mit Äther betäuben; es fehlte nicht viel, und er hätte Schüler und würde Vorlesungen halten. Doch der am besten gestellte Mann war der Pfarrer Lacolonge. Als Vermittler zwischen dem Aufseher und der

Sträflingsbank nutzt ihn die Regierung dazu, auf die Sträflinge einzuwirken, welche sich ihrerseits an ihn wenden, um Vergünstigungen zu erhalten. Er wohnt für sich in einem sehr sauberen kleinen Zimmer, hat einen Diener, der für ihn sorgt, verspeist große Schüsseln mit Erdbeeren aus Plougastel, trinkt seinen Kaffee und liest die Zeitungen. Die Herren Geistlichen erfreuen sich im Übrigen ganz besonderer Rücksichten: sie versammeln sich, führen Konferenzen zu Glaubensfragen, lesen die Messe, nehmen die Beichte ab, würden gerne die Kommunion erteilen. Es ist ein kleines Priesterseminar, ein Amtssitz eines Geistlichen.

Wenn Lacolonge der Kopf des Zuchthauses ist, so ist Ambroise sein Arm.

Ambroise ist ein prachtvoller Schwarzer mit einer Größe von nahezu sechs Fuß und hätte für einen Edelmann im XVI. Jahrhundert einen wunderbaren gedungenen Mörder abgegeben. Heliogabale wird sich irgendeinen Kerl dieser Art gehalten haben, um sich beim Souper daran zu erfreuen, wie er mit bloßer Hand einen Löwen aus Numidien erwürgt oder mit der Faust Gladiatoren niederstreckt. Er hat eine glänzende Haut in einheitlichem Schwarz mit einem stahlblauen Schimmer, eine schlanke Taille, kraftvoll wie die eines Tigers, und so weiße Zähne, dass sie fast Angst machen.

Durchs Faustrecht König des Zuchthauses, wird er gefürchtet und bewundert. Sein Ruf als Herkules verpflichtet ihn dazu, die Ankömmlinge zu *prüfen*, und bis jetzt sind all diese Versuche zu seinem Ruhm ausgegangen. Er biegt Eisenstangen über dem Knie, hebt drei Männer mit einer Faust, legt acht um, wenn er nur die Arme ausbreitet, und speist täglich die dreifache Ration, denn er hat einen ungeheuren Appetit, Gelüste jeder Art, eine heldenhafte Konstitution. Sein Geliebter ist ein junger Araber, auf den er wahnsinnig eifersüchtig ist und der ihm aus Angst, zu sterben, treu bleibt.

Wir sahen ihn im botanischen Garten beim Gießen der Pflanzen. Dort ist er immer zu finden, in seinem Gewächshaus, hinter den Aloen und den Zwergpalmen damit beschäftigt, den Kompost umzugraben oder die Mistbeetfenster zu putzen. Donnerstags, wenn die Öffentlichkeit Zutritt hat, empfängt Ambroise seine Mätressen hinter den Orangenbaumkübeln und er hat etliche, mehr als ihm lieb ist. Und er weiß sie sich natürlich zu beschaffen, sei es durch seine Reize, durch seine Stärke oder durch sein Geld, von dem er für gewöhnlich viel bei sich hat und mit dem er königlich um sich wirft, sobald es darum geht, seine schwarze Haut zu erfreuen. So ist er denn sehr gefragt bei einer gewissen Kategorie von Damen, und vielleicht sind die Leute, die ihn dort hineingesteckt haben, nie so heiß geliebt worden.

In der Mitte des Gartens gibt es in einem Bassin mit klarem Wasser, am Rand voller Pflanzen und beschattet von einer Trauerweide, einen Schwan; er rudert dort umher, durchquert es mit einem Schlag, schwimmt hundertmal darauf im Kreis und denkt nicht daran herauszukommen. Zum Zeitvertreib amüsiert er sich damit, sich die Goldfische zu schnappen.

Weiter hinten hat man ein paar Käfige gebaut, um die aus Übersee eingetroffenen seltenen Tiere aufzunehmen, die für das Museum von Paris bestimmt sind. Die meisten waren leer. Vor einem dressierte ein mit feinen Stiefeln angetaner Sträfling in einem vergitterten schmalen Hof eine kleine Tigerkatze und brachte ihr wie einem Hund bei, aufs Wort zu gehorchen. Der hat also nicht genug von der Knechtschaft! Er überträgt sie auf einen anderen. Die Stockschläge, mit denen man ihm droht, gibt er der Tigerkatze, die sich zweifellos eines schönen Tages damit rächen wird, über ihr Käfiggitter zu springen und dem Schwan die Kehle durchzubeißen.

Eines Abends, als der Mond auf das Pflaster schien und die braven Bürger von Brest in den Armen ihrer Gattinnen oder ihrer Dienstmädchen schliefen, schickten wir uns an, durch die sogenannten *schmutzigen* Gassen zu spazieren: sie sind zahlreich. Die Truppe, die Marine, die Artillerie haben jeder die ihre, nicht gerechnet das Zuchthaus, das allein ein ganzes Stadtviertel hat. Sieben hinter seinen Mauern endende parallele Gässchen bilden das, was Keravel genannt wird und ausschließlich voller Mätressen der Aufseher und der Sträflinge ist. Es sind eines ans andere gepferchte alte Häuser aus Holz, die all ihre Türen zugesperrt, ihre Fenster fest verriegelt und ihre Läden geschlossen haben. Dort ist nichts zu hören, niemand zu sehen, kein einziges Licht in den Dachfenstern. Bloß am Ende jedes Gässchens eine Laterne, die im Wind schwankend ihre langen gelben Strahlen über das Pflaster zittern lässt. Ringsum ist es nur umso dunkler. Diese stummen Häuser mit schiefen Dächern warfen im Mondschein sonderbare Schatten.

Wann öffnen sie sich? Zu unbekannten Stunden, im stillsten Augenblick der dunkelsten Nächte. Dann geht der Aufseher hinein, der sich von seinem Posten wegschleicht, oder der Sträfling, der seiner Bank entwischt, oftmals beide zusammen, sich helfend, sich unterstützend; wenn es dann wieder hell wird, klettert der Sträfling über die Mauer, der Aufseher schaut weg und niemand hat etwas gesehen.

Im Matrosenviertel dagegen zeigt und präsentiert sich alles. Es glitzert, es summt. Wenn man vorbeigeht, offenbaren einem die Freudenhäuser ihr Stimmengewirr und ihre Lichter. Man schreit, man tanzt, man streitet, man hat Spaß. In großen, niedrigen Sälen im Erdgeschoss sitzen Frauen im Nachtjäckchen auf Bänken entlang der geweißten Wand, wo eine Öllampe hängt. Andere stehen auf der Türschwelle und rufen einen heran, und ihre munteren Köpfe heben sich deutlich von dem Hintergrund der erleuchteten Spelunke ab, wo unter den derben Zärtlichkeiten des Volkes die Schnapsgläser klingen. Man hört das Schmatzen dicker Küsse auf molligen Schultern und Lachen vor Lust im Arm irgendeines braungebrannten Seemanns, der sie auf seinen Knien hält, die rothaarige gute Dirne, welcher der bloße Busen aus dem Hemd quillt wie das Haar aus der Haube. Die Straße ist voll, die Spelunke ist voll, die Tür steht offen, man tritt ein. Wer draußen ist, schaut durch die Fenster herein oder plaudert leise mit irgendeinem halbnackten Flittchen, das sich zu einem hinunterbeugt. Ganze Gruppen bleiben stehen, sie warten; man macht keine Umstände und tut, was einem beliebt.

Als gewissenhafte Reisende, welche die Dinge aus der Nähe studieren möchten, gingen wir hinein.

Aber das tut und sagt man doch nicht! aber das gehört sich doch nicht! Das ist ja ein widerliches Buch! Wie? zu den Nutten gehen und auch noch darüber schreiben! Wo kommen wir da hin? Was für eine empörende Literatur! Schamloser geht es nicht, das ist ja von einem Zynismus, von einer Unsittlichkeit! wie soll man da nicht rot werden …

Einer hinter dem anderen betraten wir eines dieser Etablissements, welche die Vorsehung als *übelriechende, aber nützliche Kloaken* in den Städten eingerichtet hat, wie die Nationalökonomen sagen.

In einem Salon mit roten Tapeten saßen drei oder vier junge Damen um einen runden Tisch, und ein Verehrer mit Käppi, der auf dem Sofa seine Pfeife rauchte, begrüßte uns höflich, als wir hereinkamen. Sie waren bescheiden zurechtgemacht und trugen Pariser Kleider. Die Möbel aus Mahagoni waren mit Utrechter Samt bedeckt, die Fliesen gebohnert und die Wände geschmückt mit Schlachten des Empire. O Tugend, du bist schön, denn das Laster ist so dumm! Da ich neben mir eine Frau hatte, deren Hände genügt hätten, die stärkste Satyriasis zu bezwingen, und wir also nicht wussten, was wir tun sollten, gaben wir eine Runde für die Gesellschaft aus. Dann zündete ich mir eine Zigarre an, streckte mich in einer Ecke aus, und während die heiseren Stimmen der weiblichen Wesen kreischten und die Schnapsgläser sich leerten, fragte ich mich tieftraurig und zu Tode betrübt:

Wo ist sie? Wo ist sie? Ist sie aus der Welt verschwunden und werden die Männer sie nicht mehr wiedersehen?

Einst war sie schön, als sie am bergigen Meeresufer das Peristyl der Tempel hinaufschritt, als der goldene Saum ihrer Tunika über ihren rosigen Fuß streifte oder wenn sie auf persischen Kissen sitzend mit den Gelehrten plauderte, während sie ihr Kameenkollier zwischen den Fingern drehte.

Sie war schön, als sie nackt auf der Schwelle ihrer *cella* in ihrer Gasse der Suburra stand, unter der Fackel aus Baumharz, die Funken sprühte in der Nacht, wenn sie langsam ihr kampanisches Klagelied sang und man über dem Tiber endlose Gesänge von Orgien hörte.

Schön war sie auch in ihrem alten Haus in der Cité, hinter ihrem Butzenfenster, zwischen lärmenden Studenten und auf Abwege geratenen Mönchen, wenn die großen Zinnkrüge ohne Furcht vor den Polizeidienern auf die Eichentische geknallt wurden und die wurmstichigen Betten unter den schweren Leibern zerkrachten.

Schön war sie, auf grünen Filz gestützt und nach dem Gold der Provinziale schielend, mit ihren hohen Absätzen, ihrer Wespentaille, ihrer schneeweißen Perücke, deren duftender Puder ihr auf die Schultern fiel, mit einer seitlich ins Haar gesteckten Rose, und einem Schönheitspflästerchen auf der Wange.

Noch immer schön war sie zwischen den Ziegenfellen der Kosaken und den englischen Uniformen, wie sie sich durch die Menge der Männer schob und auf der Schwelle der Kasinos, unter der Auslage der Goldschmiede, im Licht der Cafés, zwischen Hunger und Geld ihre Brust leuchten ließ.

Wem weinen wir nach? Der Monarchie? Dem Glauben? Dem Adel oder dem Priester? Ich beweine das Freudenmädchen!

Eines Abends sah ich sie noch auf dem Boulevard unter der Gaslaterne vorüberkommen, lebhaft, stumm, mit aufreizendem Blick und lässig über das Trottoir schleifendem Schritt. Ich sah ihr blasses Gesicht an den Straßenecken und sah den Regen auf die Blumen in ihrem Haar fallen, wenn ihre sanfte Stimme die Männer heranrief und ihr nacktes Fleisch unter dem Saum des schwarzen Satins vor Kälte zitterte.

Das war ihr letzter Tag. Am nächsten tauchte sie nicht wieder auf.

Keine Angst, dass sie zurückkehrt, denn nun ist sie tot, wirklich tot! ihr Kleid ist hochgeschlossen, sie hat Anstand, sie erschrickt vor groben Worten und trägt die paar Sous, die sie verdient, zur Sparkasse.

Die von ihrer Gegenwart gereinigte Straße hat die einzige ihr noch verbliebene Poesie verloren. Man hat die Gosse gefiltert, den Unrat gesiebt: das ist es, was ich mir auf dem Sofa dieser Damen sagte, während ich auf meiner erloschenen Zigarre kaute. Sonst tat ich nichts dort, und als wir fortgingen, beklagten wir innerlich diese untergegangene Gestalt, deren platte Karikatur uns vor Langeweile hatte umkommen lassen. Früher hatte man beim Spazierengehen auch das Glück, Bären zu begegnen, Taschenspielern, Schellentrommeln, rotgekleideten Affen, die auf dem Rücken eines Dromedars tanzten; aber all das ist verschwunden, ist ebenfalls verjagt worden, ist unwiederbringlich abgeschafft; die Guillotine ist vor die Stadttore verbannt und arbeitet im Verborgenen, die Sträflinge fahren in geschlossenen Wagen und die Prozessionen sind verboten!

In einiger Zeit werden auch die Gaukler verschwunden sein, um Magnetismussitzungen und Reformistenbanketten

Platz zu machen, und die in ihrem Paillettenkostüm und ihrem großen Balancierstab in die Luft springende Seiltänzerin wird ebenso weit von uns entfernt sein wie die Bajadere vom Ganges.

Von dieser ganzen schönen bunten Welt, rauschend wie die Phantasie selbst, so melancholisch und so klangvoll, so bitter und so ausgelassen, voll tiefer Leidenschaft und blitzender Ironien, wo das Elend warm und die Anmut traurig war, letzter Aufschrei eines vergangenen Zeitalters, fernes Volk, das vermeintlich vom anderen Ende der Erde kam und uns im Klang seiner Schellen gleichsam die vage Rückerinnerung und das ersterbende Echo närrischer Freuden brachte, gibt es nur noch irgendeinen Packwagen, der über die Landstraße zieht und aufgerollte Planen auf seinem Dach und dreckige Hunde unter seiner Lade hat, einen Mann in gelber Joppe, der Hokuspokus mit Blechbechern macht, die armseligen Marionetten von den Champs-Élysées und die Gitarrenspieler in den Vorstadtkneipen: das ist alles, was davon geblieben ist.

Freilich sind uns dafür viele Possen von pikanterer Komik zuteilgeworden; aber wiegt das neue Groteske das alte auf? Sieht man lieber Tom Pouce oder das Museum von Versailles?

Auf einem Holzpodium, das den Vorbau eines viereckigen Zeltes aus grauer Leinwand bildete, schlug ein Mann im Kittelhemd die Trommel; hinter ihm stand eine große bemalte Tafel, die ein Schaf, eine Kuh, Damen, Herren und Soldaten zeigte: es waren die beiden jungen Naturwunder aus Guérande, *mit einem Arm und vier Schultern.* Ihr Schausteller oder Impresario schrie sich die Lungen aus der Kehle und kündigte außer diesen beiden schönen Dingen Kämpfe wilder Tiere an, die sogleich beginnen sollten. Unter dem Podium sah man einen Esel; daneben dösten drei Bären, und Hundegebell aus dem Inneren der Jahrmarktsbude mischte sich mit dem dumpfen Klang der Trommel, dem abgehackten

Geschrei des Besitzers der jungen Naturwunder und dem eines anderen Kerls, nicht stämmig, breitschultrig, heiter und vergnügt wie er, sondern groß und hager mit finsterer Visage und bekleidet mit einem zerschlissenen Umhang: sein Geschäftspartner. Sie haben sich unterwegs getroffen und ihr Gewerbe zusammengelegt. Der eine hat die Bären, den Esel und die Hunde mitgebracht, der andere die beiden Naturwunder und einen grauen Filzhut, der bei den Vorstellungen von Nutzen ist.

Die Wand des Freilufttheaters ist die graue Zeltplane, die im Winde flattert und ohne die Pfähle, die sie halten, davonfliegen würde. Eine Balustrade, welche die Zuschauer im Zaum hält, thront zu beiden Seiten über der Kampfbahn, wo wir tatsächlich, abseits in einem Winkel, an einem offenen Heuballen knabbernd, die beiden jungen Naturwunder unter ihrem prachtvollen Überwurf entdeckten; in der Mitte ist ein langer Pfahl in die Erde gerammt, und hier und dort sind an anderen kleineren Holzpflöcken mit Schnüren Hunde gebunden und toben und reißen bellend daran. Die Trommel dröhnt immerfort, auf dem Podium wird gebrüllt, die Bären brummen, die Menge strömt herbei.

Schließlich führte man einen zu drei Vierteln gelähmten, armen Bären herein, der recht gelangweilt schien. Mit einem Maulkorb versehen, hatte er außerdem ein Halsband, von dem eine Eisenkette hing, einen Strick durch die Nase, damit er folgsam war, und auf dem Kopf eine Art Lederkappe, die seine Ohren schützte. Man band ihn an den Mast in der Mitte, und nun gab es noch lauteres, scharfes, heiseres, wildes Gebell. Die Hunde stellten sich mit gesträubtem Fell auf die Hinterbeine, kratzten den Boden auf, mit erhobenem Hinterteil, gesenkter Schnauze und breit gestellten Pfoten, und in einer Ecke, einander gegenüber, brüllten die beiden Besitzer wie sie, um sie noch mehr anzufeuern. Zuerst ließ man drei Doggen los, sie stürzten sich auf den Bären, der um den Pfosten zu kreisen begann, und sich schubsend und jaulend rasten die Hunde hinterher, wurden mal umgeworfen und halb zermalmt unter seinen Tatzen und kamen dann gleich wieder hoch und hängten sich mit einem Satz an seinen Kopf, den er vergeblich schüttelte, ohne sich von diesem Kranz vom Teufel besessener Leiber befreien zu können, die sich dort wanden und festbissen. Die beiden Besitzer ließen sie nicht aus den Augen und lauerten auf genau den Moment, in dem der Bär erdrosselt werden würde: dann stürzten sie herbei, rissen sie fort, zogen sie am Hals und bissen ihnen in den Schwanz, damit sie wieder losließen. Sie jaulten vor Schmerz, gaben jedoch nicht nach. Der Bär schlug unter den Hunden um sich, die Hunde bissen den Bären, die Männer die Hunde. Eine junge, weiße Bulldogge tat sich unter den anderen mit ihrem Blutdurst hervor. Die Fangzähne in die Kette des Bären verbissen, konnte man ihr noch so sehr den Schwanz zerquetschen, ihn abknicken, ihr in die Hoden kneifen, ihr die Ohren zerreißen, sie ließ nicht locker, und man war gezwungen einen Spaten zu holen, um ihr die Zähne auseinanderzuhebeln. Als man alle getrennt hatte, begab sich jeder zur Ruhe, der Bär legte sich hin, die Hunde hechelten mit hängender Zunge, die Männer zogen sich die Hundehaare aus den Zähnen, die immer noch dazwischensteckten, und der durch das Getümmel aufgewirbelte Staub zerstob und senkte sich ringsum auf die Köpfe des Publikums.

Man führte nacheinander zwei weitere Bären herein, von denen einer den Gärtner mimte, auf die Jagd ging, Walzer tanzte, sich einen Hut aufsetzte, der Gesellschaft zuwinkte und sich tot stellte. Nach ihm kam der Esel an die Reihe: er verteidigte sich wacker; wenn er ausschlug, flogen die Hunde weg wie Bälle; mit eingezogenem Schwanz, gesenkten Ohren und vorgestreckter Schnauze raste er dahin und versuchte ständig, sie unter seine Vorderhufe zu bringen, während sie ihn umkreisten und ihm an die Kehle sprangen. Er wurde dennoch ganz außer Atem weggezogen, zitternd vor Angst und bedeckt von Blutstropfen, welche ihm die von den Narben seiner Verletzungen räudig gewordenen Beine herunterrannen und samt dem Schweiß das abgewetzte Horn seiner Hufe nässten.

Am schönsten war jedoch der allgemeine Kampf der Hunde untereinander, alle waren daran beteiligt: große, kleine, Wolfshunde, Bulldoggen, die schwarzen, die weißen, die gefleckten und die rötlichen. Eine gute Viertelstunde verging zuvor damit, sie gegeneinander aufzuhetzen. Die Besitzer hielten sie zwischen ihren Beinen fest, drehten ihren Kopf zu ihrem Gegner und stießen ihn heftig dagegen. Besonders der hagere Mann war hingebungsvoll bei der Arbeit; brutal stieß er aus tiefster Kehle einen rauhen, krächzenden, wilden Schrei aus, der die ganze aufgereizte Bande in Wut brachte. Mit dem Ernst eines Dirigenten an seinem Pult griff er diesen Missklang auf, dirigierte und verstärkte ihn; doch als die Doggen losgekettet waren und sie sich gegenseitig unter großem Geheul zerfleischten, überkam ihn die Begeisterung, er ergötzte sich daran, war außer sich, bellte, applaudierte, wand sich, stampfte mit dem Fuß, bewegte sich wie ein angreifender Hund, warf wie sie den Körper nach vorn, schüttelte wie sie den Kopf; auch er hätte gern zugebissen, wäre gern gebissen worden, wäre gern ein Hund gewesen, hätte gern eine Schnauze gehabt, um sich in Staub, Schreien und Blut zu wälzen, um seine Fangzänge in die behaarte Haut, ins warme Fleisch dringen zu fühlen, um voll und ganz in diesem Strudel mitzuschwimmen, um sich mit dem ganzen Körper zu balgen.

Es gab einen kritischen Moment: als sich alle Hunde, einer über dem anderen, ein wimmelnder Haufen von Pfoten, Rücken, Schwänzen und Ohren, der in einem Knäuel durch die Arena wogte, gegen die Balustrade warfen, sie zu zerbrechen und die beiden jungen Naturwunder in ihrer Ecke zu verletzen drohten, wurde ihr Besitzer blass, machte einen Satz und der Geschäftspartner stürzte herbei: nun wurde sehr schnell in die Schwänze gebissen! wie man da mit der Faust zuschlug! was für Fußtritte man da gab! wie man sich da beeilte, wie man da in Fahrt war! Die Hunde wurden irgendwo mit den Fäusten gepackt, aus der Gruppe gerissen und über die Schulter geworfen und flogen durch die Luft wie Heuballen, die in der Scheune eingelagert werden. Es war nur eine blitzartige Vision, aber ich sah kommen, dass die beiden jungen Naturwunder als Beefsteak verzehrt werden würden, und ich zitterte um den Arm, den sie auf dem Rücken tragen.

Zweifellos in heller Aufregung über diese Szene, wollten sie sich nicht zeigen. Die Kuh wich zurück, das Schaf stieß mit den Hörnern. Schließlich wurde ihr Überwurf mit den grünen Fransen gelüftet; ihr Auswuchs wurde zur Schau gestellt, und damit war die Vorstellung zu Ende.

Diese Art von Literatur (immerhin ebenso literarisch wie viele andere) wird in Brest sehr geschätzt. Als wir zum zweiten Mal hingingen, hatte ein Bürger der Stadt seinen Hund zu dem Wettstreit mitgebracht und ein Artillerist bot sich an, gegen die drei Bären zu kämpfen. Unglücklicherweise kam ein Polizist vorbei, der ihn in die Kaserne zurückschickte. Das Publikum war empört, und wir auch.

Was soll man noch anschauen in Brest, und was gibt es da? äußerst dumme Häuser, ein Theater, wo nicht gespielt wird (und wenn man dort spielte?), erbärmliche Kirchen, einen gediegenen Paradeplatz, dann allerdings eine äußerst schöne Promenade mit Blick aufs Meer und bepflanzt mit großen Bäumen, wo sich allerdings abends die ortsansässige gute Gesellschaft versammelt.

Auf der anderen Seite des Hafens liegt das alte Viertel Recouvrance. Man steigt eine gerade Straße hinauf, in deren

Mitte eine Reihe von Krambuden, Trödlern und Eisenwarenhändlern steht, und kommt schließlich auf die Esplanade der äußeren Festungsmauern. An jenem Tag war der Himmel wolkenlos, ganz blau, das Meer auch. An der Einfahrt zur Reede blies der Seewind gegen die Klippen und zog eine lange, weiße Linie über diese ganze Seite des Horizonts. Die vor Anker liegenden Schiffe regten sich nicht. Neben uns lehnte ein Seemann in einer Schießscharte und schaute durch ein Fernrohr. Ein Mann aus dem Volk, in Hemdsärmeln, zog ein kleines Kind in einer Karre. Die Straßenjungen spielten in den Gräben. Die Brennnesseln grünten am Fuß der Mauern und die Sonne glänzte auf dem mit Messing beschlagenen Lederzeug der Schildwachen.

Das Land rings um Brest hat nicht die stille Wildheit der Umgebungen von Crozon und Landévennec; aber die Bäume sind zahlreicher, grüner, fast schwarz. Bis Conquet schwimmt die Landstraße gleichsam im Grün, steigt auf und ab, windet sich um die Hügelflanken, teilt Wiesen oder zieht sich durch hohen Ginster. In Lockrist braucht man sich nicht weiter aufzuhalten, um das Grab von Michel Nobletz zu sehen, denn die Kirche ist abscheulich, das Grab dumm und Michel Nobletz ähnelt Saint Vincent de Paul, der kein schöner Mann war. Le Conquet selbst, ein friedlicher Marktflecken, aus dem die Einwohner verschwunden zu sein scheinen, wäre den Weg zu seiner Besichtigung nicht wert, läge nicht in der Nähe die zerstörte Abtei von Saint-Mathieu. Unter offenem Himmel empfängt das verlassene Kirchenschiff den Regen, und statt der Steinplatten ist zwischen den Säulen, wo sich ornamentale Körper um die Kapitelle winden, dichtes Gras gewachsen. Die kahlen Wände haben eine Farbe von Ruß und Bronze, deren wechselnde Töne ineinander übergehen oder sich wie die unterschiedlichen Fetzen einer zerrissenen Tapete eigenwillig über den Stein ziehen. An anderen Stellen laufen von ganz oben aus der Kirche dünne Streifen von Grün herab und scheinen wie dicke Tränen zu fließen. Der Seewind, dessen Wellen an die Grundfesten des Bauwerks schlagen, fährt durch die Spitzbögen der scheibenlosen Fenster, auf deren Sims die Brachvögel hocken. Sie hat nur ein Seitenschiff und auf der anderen Seite zwei niedrigere Nebenschiffe. Eckige Pfeiler und runde Säulen wechseln einander ab. Das Hauptgewölbe liegt auf Bündeln dünner Säulen. Neben dem Leuchtturm, den man dort gebaut hat, wächst in einem umgitterten Hof Kohl, Hanf und Lauch.

Hier endet die alte Welt: dies ist ihr letzter Punkt, ihre äußerste Grenze; hinter einem liegt das ganze Europa, das ganze Asien; vor einem liegt das Meer, und zwar das ganze Meer. So groß die Entfernungen in unseren Augen auch sein mögen, sind sie nicht immer begrenzt, sobald wir ihr Ende kennen? Sieht man nicht jenseits des Ärmelkanals die Trottoirs von Brighton und erfasst man nicht in den Landhäusern der Provence mit einem Blick das ganze Mittelmeer wie ein riesiges, azurblaues Bassin in einer Felsmuschel, deren Ränder von herabstürzenden, marmorbedeckten Vorgebirgen, gelben Stränden, gebeugten Palmen und sich weitenden Buchten ziseliert werden? Doch hier hält einen nichts mehr auf; schnell wie der Wind kann der Gedanke davoneilen, und sich ausbreitend, umherschweifend, sich verlierend, trifft er nur auf Wellen, Wellen; am Ende dann allerdings, ganz am Ende, am Horizont der Träume, das vage Amerika, vielleicht namenlose Inseln, irgendwelche Länder mit roten Früchten, Kolibris und Wilden, oder die stumme Dämmerung der Pole mit dem Wasserstrahl, den die Wale blasen, oder die durch buntes Glas erleuchteten großen Städte, Japan mit Dächern aus Porzellan, China mit seinen Treppen aus durchsichtigem Schnitzwerk, in Pagoden mit goldenen Glöckchen.

So bevölkert und belebt der Geist unentwegt diese ihn

ermüdende Unendlichkeit, um sie einzuschränken: von der Wüste träumt man nicht ohne Karawanen, vom Ozean nicht ohne Schiffe, vom Schoß der Erde nicht ohne die Schätze, die man darin vermutet.

Wir kehrten an der Steilküste nach Conquet zurück. Die Wellen brandeten an ihren Fuß; von der offenen See heraneilend prallten sie dagegen und bedeckten dann die großen reglosen Blöcke mit ihrem wogenden Tuch. In unserem leichten Wagen von zwei fast wilden Pferden gezogen, waren wir eine halbe Stunde später wieder in Brest, von wo wir mit Freuden am übernächsten Tag abreisten.

Wenn man sich von der Küste entfernt und sich wieder zum Ärmelkanal hinaufbegibt, bekommt die Landschaft ein anderes Gesicht; sie wird weniger rauh, weniger keltisch, die Dolmen werden seltener, die Heide tritt zurück, je mehr sich die Weizenfelder ausbreiten, und so kommt man nach und nach in jenes fruchtbare und flache Land von Léon, das, wie Monsieur Pitre Chevalier es so liebenswürdig gesagt hat, »das Attika der Bretagne ist«.

Landerneau ist ein Ort, wo es eine Ulmenpromenade am Flussufer gibt und wo wir einen entsetzten Hund, der einen an seinem Schwanz festgebundenen Topf hinter sich herzog, durch die Straßen rennen sahen.

Um zum Château de la Joyeuse-Garde zu kommen, muss man zunächst dem Ufer des Elorn folgen und dann auf einem Hohlweg, wo niemand vorüberkommt, lange durch einen Wald laufen. Manchmal lichtete sich das Unterholz und dann erschienen zwischen den Zweigen die Wiesen oder das Segel irgendeines Schiffes, das den Fluss hinauffuhr. Unser Führer lief vor uns her, weit voraus, in großem Abstand. Allein zogen wir gemeinsam durch diesen schönen Waldesgrund, wo im zarten Gras zwischen abgefallenen Blättern die buschige violette Heide wächst. Es duftete nach Erdbeeren, Himbeeren und Veilchen. Hoher Farn breitete seine schlanken Wedel über die Baumstämme. Es war schwül, das Moos war weich. Unter dem Laub verborgen ließ der Kuckuck seinen langen Ruf erschallen; auf den Lichtungen summten mit schwirrenden Flügeln die Mücken.

Ruhigen Gemütes und vom Gehen gewiegt ließen wir unseren geschwätzigen Phantasien, die sich wie Flüsse aus breiten Mündungen ergossen, nach Herzenslust freien Lauf und plauderten über die Geräusche, die Farben, sprachen über die großen Meister, über ihre Werke, über die Freuden der Phantasie; wir sinnierten über stilistische Wendungen, über einzelne Stellen von Bildern, über Kopfhaltungen, über Gewänder und ihren Faltenwurf; wir sagten uns irgendeinen gewaltigen großen Vers, für andere eine unbekannte Schönheit, die uns endlos entzückte, und wir wiederholten seinen Rhythmus, wir ergründeten seine Worte, indem wir sie so stark phrasierten, dass es wie gesungen klang. Dann waren es ferne Landschaften, die sich entfalteten, irgendeine nahende prachtvolle Gestalt, verliebte Ergriffenheit für einen sich in Kuppeln spiegelnden Vollmond in Asien, gerührte Bewunderung bei einem klangvollen Namen oder der naive Genuss irgendeines in einem alten Buch gefundenen markanten Satzes.

Und im Hof von Joyeuse-Garde, neben dem verschütteten Kellergewölbe, unter dem Rundbogen seiner einzigen, efeuüberwucherten Arkade ausgestreckt, redeten wir über Shakespeare und fragten uns, ob es Bewohner in den Sternen gäbe.

Dann zogen wir los, nachdem wir kaum einen Blick auf die zerstörte Wohnstatt von Lancelot geworfen hatten, der seiner Mutter von einer Fee geraubt wurde, die ihn auf dem Grund eines Sees in einem Palast aus Edelsteinen großzog. Die Zauberzwerge sind verschwunden; die Zugbrücke hat sich verflüchtigt, und wo die schöne Genoveva wandelte und von ihrem Liebhaber träumte, der nach Trapezunt aufgebrochen war, um die Riesen zu bekämpfen, kriecht die Eidechse.

Wir kehrten auf denselben Wegen im Wald zurück. Die Schatten wurden länger, Buschwerk und Blumen hoben sich nicht mehr voneinander ab und die gegenüberliegenden Berge ließen ihre bläulichen Gipfel immer höher in den bleicher werdenden Himmel ragen. Jenseits der Stadt fließt der Fluss eine halbe Meile durch künstliche Ufer, eilt dann, wie er will, davon und ergießt sich frei über die Wiesen, die er durchquert; in der Ferne dehnte sich seine lange Biegung, und die von der untergehenden Sonne gefärbten Wasserlachen sahen aus wie auf dem Gras vergessene große, goldene Platten.

Bis nach La Roche-Morice schlängelt sich der Elorn an der Landstraße entlang, die sich am Fuß der felsigen Hügel windet, deren verschiedene Kuppen ins Tal vordringen. Wir passierten es in langsamem Trab in einem friedlichen Einspänner, den ein auf seiner Deichsel sitzendes Kind lenkte. Sein bänderloser Hut flog im Wind davon, und wenn angehalten werden musste, um auszusteigen und ihn wieder aufzuheben, hatten wir ausreichend Zeit, die Landschaft zu bewundern.

Das Château de la Roche-Morice war eine richtige Ritterburg, ein Geierhorst auf einem Berggipfel. Man erreicht es über einen fast senkrechten Hang, auf dem bis oben Blöcke von zerbrochenem Mauerwerk als Stufen dienen. Ganz oben sieht man durch eine Wand aus aufeinandergesetzten, glatten Quadern, wo weite Fensterbögen noch instand sind, das ganze Land: Wälder, Felder, den Fluss, der zum Meer strömt, das weiße Band der langen Straße, die Berge mit der Zackenlinie ihrer unregelmäßigen Kämme und dazwischen die sich mittendrin ausbreitenden weiten Wiesen.

Das Fragment einer Treppe führt zu einem zerstörten Turm. Hier und da ragen Steine aus dem Gras, und zwischen den Steinen zeigt sich der Fels. Manchmal sieht es so aus, als habe er selber künstliche Formen, und die Ruine dagegen scheint, je mehr sie einstürzt, natürliche Gestalt anzunehmen und wieder in die Natur einzugehen.

Von unten wächst an einem großen Mauerstück ein Efeu herauf; an seiner Wurzel ganz schmal, steigt er als umgekehrte Pyramide empor, und je höher er sich erhebt, desto dunkler wird sein Grün, das unten hell und ganz oben schwarz ist. Durch eine Öffnung, deren Ränder sich unter dem Blattwerk versteckten, drang das Blau des Himmels.

Diese Gegenden waren es, in denen der berühmte Drache lebte, einst getötet von Derrien, der mit seinem Freund Neventer aus dem Heiligen Land zurückkehrte. Er griff ihn unverzüglich an, jedenfalls sobald er den unglücklichen Elorn aus dem Wasser gezogen hatte, der sich nach der allmählichen Freilassung seiner Sklaven, seiner Vasallen und seiner Diener (ihm blieb nur noch seine Frau und sein Sohn) soeben von der Spitze seines Turms kopfüber in den Fluss gestürzt hatte; doch auf seine Order ertränkte sich das tödlich verletzte und mit der Schärpe seines Überwinders gefesselte Ungeheuer im Meer von Poulbeunzual*, so wie vordem auf Befehl von Saint Pol de Léon das Krokodil der Île de Batz, das mit der Stola des heiligen Bretonen gefesselt worden war, wie später das Untier von Rouen mit der des Heiligen Romanus.

Wie schön sie doch waren, diese schrecklichen alten Drachen, mit Zähnen bis in den Schlund, Flammen speiend, von Schuppen bedeckt, mit dem Schwanz einer Schlange, den Flügeln einer Fledermaus, den Pranken eines Löwen, dem Leib eines Pferdes, dem Kopf eines Hahns, ähnlich *dem Basilisken*; und auch der Ritter, der gegen sie kämpfte, war ein Mordsedel-

---

* Durch Zusammenziehung von Poulbeuzanneval, der Sumpf, wo das Untier ertränkt wurde.

mann! Zunächst bäumte sich sein Pferd auf und scheute, die Lanze brach an den Schuppen des Tiers in Stücke, und der Rauch seiner Nüstern machte ihn blind. Schließlich stieg er ab, und nach einem ganzen langen Tag traf er es am Bauch, mit einem ordentlichen Hieb seines Degens, der bis zum Blatt darin stecken blieb. Schwarzes Blut quoll in dicken Blasen heraus, und im Triumph geleitete das Volk den Ritter zurück, der dann König des Landes wurde und eine schöne Edelfrau heiratete.

Doch wo kamen sie her? Wer hat sie erschaffen? War es die vage Erinnerung an die Ungeheuer vor der Sintflut? Wurden sie einst über den Gerippen von Ichthyosauriern und Pteropoden ersonnen, vernahm das Grauen der Menschen nachts im hohen Schilf das Knacken ihrer Schritte und, wenn sich der Wind in den Höhlen verfing, ihr Gebrüll? Sind wir nicht überdies im Land der Tafelrunde von König Artus, in der Gegend der Feen, in der Heimat Merlins, an der mythologischen Wiege verschwundener Heldengedichte? Zweifellos offenbarten sie uns diese unwirklich gewordenen alten Welten, erklärten sie uns etwas über die untergegangenen Städte. Ys, Herbadilla, prachtvolle und wilde Orte voller Liebesgeschichten bezaubernder Königinnen, die das Meer, das darüber hingegangen ist, und die Religion, die ihr Gedenken verflucht hat, für immer doppelt ausgelöscht haben.

Darüber wäre viel zu sagen: über was alles lässt sich nicht tatsächlich etwas sagen? Außer über Landivisiau, wo sich der Weitschweifigste kurzfassen muss, da es an Stoff fehlt.

Ich stelle fest, dass die *schönen Gegenden* im Allgemeinen die hässlichsten sind; sie gleichen tugendhaften Frauen: man schätzt sie, geht aber an ihnen vorüber, um andere zu finden. Dies ist gewiss die fruchtbarste Ecke der Bretagne: die Bauern sind weniger arm, die Felder besser bestellt, der Raps herrlich, die Straßen in gutem Zustand, und es ist sterbenslangweilig.

Kohl, Rüben, viel Rote Bete und maßlos viel Kartoffeln,

alles ordentlich von Gräben eingefasst, bedecken das Land von Saint-Pol-de-Léon bis Roscoff. Man schickt alles nach Brest, nach Rennes, ja bis nach Le Havre: es ist das hiesige Gewerbe. Daraus entwickelt sich ein ansehnlicher Handel; aber was interessiert mich das? Glaubt man, das mache mir Freude?

In ROSCOFF entblößt das Meer vor den Häusern seinen schlammigen Strand, krümmt sich dann zu einer engen Bucht, und weit draußen auf See ist alles gefleckt von schwarzen kleinen Inseln, gewölbt wie Schildkrötenpanzer.

Die Landschaft der Umgebung von Saint-Pol ist von kalter Tristesse. Der trübselige Ton der leicht gewellten Äcker verschmilzt übergangslos mit der Blässe des Himmels, und die kurze Perspektive hat in ihren Proportionen weder große Linien noch am Rande abwechslungsreiche Farben. Wenn man über die Felder geht, trifft man hier und da hinter einer grauen Steinmauer irgendeinen stillen Bauernhof: eine verlassene Behausung, deren Hausherren sich nicht blicken lassen. Auf dem Misthaufen im Hof schlafen die Schweine, die Hühner picken den Hafer zwischen den losen Platten unter dem Rundbogen am Eingang, dessen ziseliertes Wappen verwittert ist. In den leeren Räumen, die als Speicher dienen, bröckelt von den Decken der Putz, zusammen mit den Resten von Malereien, verschleiert vom Netz der Spinnen, die man über die Stützbalken laufen sieht. Wilde Reseda ist vor der Tür von Kersalion gewachsen, wo neben dem Türmchen noch ein Fenster mit Pinakel steht, flankiert von einem Löwen und einem Herkules, die wie Wasserspeier aus der Wand ragen. In Kerland stolperte ich auf der großen Wendeltreppe über eine Wolfsfalle. Pflugscharen, verrostete Schaufelblätter und trockene Körner in Kürbisflaschen lagern, wie es der Zufall will, auf dem Parkett der Zimmer oder häufen sich auf großen steinernen Sitzen in den Fensternischen.

Kérouseré hat seine drei Türmchen mit Pechnasen behalten, und im Hof erkennt man noch die breite Spur der Wassergräben, die, sich langsam füllend, das ursprüngliche Niveau erreicht, so wie die Furche eines Schiffes sich auflöst, indem sie zerfließt. Von der Plattform einer der Türme gesehen, haben die anderen spitze Dächer, am Ende eines Feldes zwischen zwei niedrigen von Wald bedeckten Hügeln entdeckt man das Meer. Die Fenster der ersten Etage, halb zugenagelt, damit es nicht hineinregnet, liegen über einem von großen Mauern umgebenen Garten; die Distel wuchert über den Rasen und in den von Rosensträuchern gesäumten Beeten hat man Weizen gesät.

Zwischen einem Feld, wo sich gemeinsam die reifen Köpfe der Ähren neigen, und einer auf die hohe Kante eines Grabens gepflanzten Ulmenreihe lief ein schmaler langer Pfad durchs Gebüsch. Der Mohn prangte im Weizen; aus der hohen Böschung hingen Blumen und Dorngestrüpp; Brennnesseln, Heckenrosen, mit Stacheln bewehrte Stängel, große Blätter mit glänzender Haut, reife Brombeeren, purpurroter Fingerhut zeigten, ihre Farben vereinend, ihre Zweige verflechtend, ihr unterschiedliches Laub, präsentierten ihre unregelmäßigen Verästelungen und kreuzten ihre Schatten auf dem grauen Staub wie die Maschen eines Netzes.

Wenn man eine Wiese durchquert hat, wo sich, vom Schilfrohr behindert, das Rad einer alten Mühle dreht, an deren Mauer man auf dicken Steinen entlang muss, die als Brücke ins Wasser gelegt wurden, dann steht man bald wieder auf der Landstraße nach Saint-Pol, an deren Ende der an allen Ecken eingekerbte Helm des Kirchturms von Kreisker aufragt. Schlank, hoch aufschießend und auf einem Turm ruhend, der von einer Balustrade gekrönt ist, macht er von weitem den besten Eindruck der Welt; doch je näher man kommt, desto unbedeutender und hässlicher wird er, und schließlich findet man bloß eine Kirche wie alle Kirchen mit einem leeren Portal, dessen Statuen verschwunden sind. Auch die Kathedrale ist von schwerfälliger Gotik, überladen von Ornamenten und verbrämt mit Zierrat; doch es gibt noch etwas Schlimmeres in Saint-Pol, und das ist die Gästetafel seines Wirtshauses.

Serviert wurde dort indessen von einer zuvorkommenden Mamsell, die mit ihren goldenen Ohrringen über dem weißen Dekolleté, ihrer Haube mit hochgeschlagenen Flügeln wie bei den Kammerzofen von Molière und vor allem mit ihren lebhaften blauen Augen einem wohl Lust gemacht hätte, sie um anderes als um Essen zu bitten; aber die Gäste! was für Gäste! alles Stammgäste! Das obere Tafelende wurde von einem Menschen in Samtjacke und Kaschmirweste eingenommen. Er liebte es, seine Serviette um angebrochene Flaschen zu binden, um sie wiederzuerkennen. Er ist es, der die Suppe ausschenkt. Zu seiner Linken speiste, den Hut auf dem Kopf, ein Herr im hellgrauen Überzieher, an den Ärmelaufschlägen und am Kragen besetzt mit einer wie Pelz gekräuselten Wolle, und er ist Musiklehrer im Gymnasium der Stadt; doch die Musik macht ihn krank, er hat sie satt, er möchte eine Anstellung finden, ganz gleich welche, für achthundert bis tausend Francs, nicht mehr; aus Geld macht er sich nicht viel, eher aus Ansehen, er wünscht sich bloß eine gute Stellung. Da er stets erschien, wenn das Essen begonnen hatte, ließ er sich nochmals die Platten reichen, schickte sie wieder zurück, dann nieste er stark, spuckte in hohem Bogen aus, schaukelte auf seinem Stuhl, sang leise vor sich hin, legte sich auf dem Tisch schlafen und klapperte mit seinem Zahnstocher.

Die ganze Gesellschaft respektiert ihn, die Kellnerin hört ihn voller Bewunderung reden und ist, da bin ich sicher, in ihn verliebt. Die gute Meinung, die er von sich selber hat, dringt aus seinem Lächeln, aus seinen Worten, aus seinem Schweigen, aus seinen Gesten, aus seiner Frisur und rinnt wie Schweiß über seine ganze Person.

Uns gegenüber saß ein ergrauender, kraushaariger, rundlicher und stämmiger Mensch mit roten Pfoten, dicken und feuchten Lippen, dessen Stimme noch kreischte, während er sein Essen kaute, und er glotzte uns derart an, dass wir uns sehr zurückhalten mussten, ihm nicht die Karaffen an den Kopf zu werfen. Die Übrigen bildeten die Galerie und trugen zum Ganzen bei.

Eines Abends drehte sich die Unterhaltung um eine Dame aus der Gegend, die einst zu Hause ausgerissen war und sich mit ihrem Geliebten nach Amerika abgesetzt hatte, und nun war sie letzte Woche auf dem Weg zurück in ihren Heimatort durch Saint-Pol gekommen und war im Wirtshaus eingekehrt. Man staunte über diese Dreistigkeit und verlieh ihrem Namen alle möglichen Attribute. Man ging ihr ganzes Leben durch, man lachte verächtlich, man beschimpfte sie, trotz ihrer Abwesenheit, man ereiferte sich, man hätte sie hier festhalten mögen, »um ihr ein wenig die Meinung zu sagen, um zu sehen, was sie darauf erwidert hätte«. Hochtrabende Reden gegen Ausschweifung und Tugendskandale, Hass auf großartige Aufmachung und Moralisieren, Doppeldeutigkeiten und Schulterzucken, alles wurde um die Wette eingesetzt, um diese Frau zu vernichten, die, wie man dagegen aus der Erbitterung dieser Tölpel schließen konnte, sicher sehr elegante Umgangsformen und ein feines Wesen, zarte Nerven und zweifellos ein hübsches Gesicht hatte. Unwillkürlich schlug uns das Herz vor Wut bis zum Halse, und hätten wir ein weiteres Mal in Saint-Pol diniert, wäre uns fraglos etwas Unangenehmes widerfahren.

Kapitel x

Im Louvre prangt zwischen einem Rembrandt und einem Netscher ein köstliches Gemälde von Gabriel Metzu, das den Gemüsemarkt von Amsterdam darstellt. Im Vordergrund Gemüsehändlerinnen in schwarzem Kleid und weißer Haube, die frech die Faust in die Hüfte stemmen und den Preis der auf den Tischen aufgehäuften Kohlpyramiden und Zwiebelbunde verteidigen. Jenseits davon fließt unter ein paar hohen Bäumen ein Kanal, wo zwei oder drei große Boote ihre gesetzten Segel vor den Masten blähen; dahinter erheben sich schließlich Fachwerkhäuser; hohe Giebel ragen über die Straße, und die durch Sprossen in kleine Scheiben unterteilten Fenster sind gerahmt von Bohlen mit Schnitzwerk. Man spürt, dass hinter diesen hölzernen Wänden, in diesen Zimmern mit rotschimmernden Steinböden, an einem auf glänzenden Kupferböcken brennenden Feuer das Leben warm und genussvoll sein muss, voller langer Diners und derber Liebe, gekrönt von zahlreichen Kindern.

Dieses Bild gleicht Morlaix: denn Morlaix ist eine weitere schöne Stadt des XVII. Jahrhunderts. Als wir ankamen, hatte sich der Markt über den Platz ausgebreitet; Bauern in kurzer Joppe und bunten Hosen plauderten mit lauter Stimme und schlugen mit der Hand ein, Frauen, geschmückt mit Goldkreuz am Hals und Körben am Arm, auf dem Kopf alle möglichen Hauben, festlich in schöne Röcke gekleidet, feilschten um Scheren und kauften Bänder. Hier und da häuften sich Stapel von Schuhen mit Holzsohlen, Nagelstiefeln, bemalten Tellern und jenen mit roten Blumengirlanden verzierten großen Steingutterrinen, auf welche die guten Hausfrauen so versessen sind. Ochsen wanderten langsam durch die Menge, verscheuchten mit ihren Schwanzquasten die Fliegen, blieben vor jedem Hindernis stehen, reckten den Hals und brüllten. Wir bestaunten das alles und hofften, jeden Augenblick den dickbauchigen Schultheiß auftauchen zu sehen, mit seinem schwarzen Filzhut, besetzt mit einer Feder, seinem steifen Kragen, seinem Stock mit Elfenbeinknauf und seinem samtenen Rock mit Satinschlitzen; doch ein Schiff, das am Quai des als Hafen dienenden schmalen Flusses vertäut war, zeigte uns, dass Morlaix nur ein teilweiser Anachronismus war, und erinnerte uns daran, dass es jetzt keine Schultheiße und auch keine Schöffen mehr gibt, sondern nur Bürgermeister, Abgeordnete und Unterpräfekten.

Von der Sonne durchglüht lag die Hauptstraße lärmend zwischen den beiden Reihen ihrer antiken Häuser. Im Erdgeschoss haben sie von Pfeilern gestützte weite Nischen und bilden Galerien, wo Tuchhändler ohne Auslage und Schaufenster ihren Laden führen. Auf Höhe der ersten Etage stehen auf vom Alter rissigen, grauen Balken verstümmelte Holzfiguren: Pilger, Edelfrauen, Mönche, Ritter, Heilige sämtlicher Paradiese, seit Jahrhunderten reglos in ihren steifen Kleidern und unwandelbar mit ihren kantig geschnitzten Gesichtern. An den herausstehenden Enden der Bohlen hängen lange Stoffbänder in allen Farben, die langsam über den Laternen hin und her schaukeln. Die Türen sind niedrig, überwölbt, auf zwei Stufen gesetzt und haben dicke, glänzende Nägel. Im Inneren steigen schmale Wendeltreppen bis zum First; Engel aus altem Eichenholz knien auf den Balustraden; Fratzen schneidende Ungeheuer krümmen sich an der Nabe der Stufen und Schlangen winden sich um das verzierte Geländer. Über dem Glasdach, das von oben Licht spendet, haben die Spinnen ihr ganz von Staub ergrautes Netz gespannt. Unter dem vorspringenden Dach seines Giebels hat jedes Haus ein schmales

Fenster, auf dessen Fensterbank ein paar Töpfe mit Duftalyssum oder Levkojen blühen. Ich liebe es, diese dunklen und geheimnisvollen Fensterchen zu sehen, nicht um ihrer selbst willen, aber weil ich mich erinnere, dass ich früher in anderen Ländern, hinter dem gezackten Weinlaub über den Scheiben, einen brünetten Kopf auftauchen sah, auf einem muskulösen Hals, der aus einem weißen Hemd kam, welches in einen roten Rock gesteckt war.

Wir verließen die Hauptstraße, wo wir unserer Phantasie lange gestattet hatten, sich an alles Vorüberkommende zu heften, und stiegen hinauf in die schönste Kneipe der Stadt. Dort tranken wir Bier und schauten einem fünf- oder sechsjährigen jungen Schelm zu, der Fechtübungen mit einem Billardqueue machte und beinahe allen die Augen ausgestochen hätte; dann begaben wir uns zur Tabakmanufaktur, wo wir sämtliche Arten von Tabak sahen, geschnitten, zerstoßen, gedreht, verpackt, verschnürt, und gelbliche, bleiche, dünne Männer, die von der betäubenden Atmosphäre, in der sie leben, ausgezehrt werden.

Um einen Eindruck von meinem Wissen zu vermitteln, spräche ich gerne ein wenig über die Geschichte von Morlaix; doch damit böte ich ein trauriges Vergnügen. Wozu auch erzählen, dass die Engländer es erobert, verloren, zurückerobert, verbrannt und nochmals verloren haben. Ich verrate nur, dass Königin Anne, als sie dort Einzug hielt, unter einem Triumphbogen empfangen wurde, der Père Albert zufolge ihren Stammbaum zeigte. »Und ganz oben stand ein schönes Mädchen, das Ihre Majestät darstellte, die ihr, als sie vorüberkam, eine schöne Rede hielt. Die Stadt schenkte ihr ein goldenes Schiff, besetzt mit Edelsteinen, und einen schneeweißen, zahmen Hermelin, der ein kostbares Halsband trug. Als die Königin es entgegengenommen hatte, sprang ihr dieses Tierchen vom Arm auf den Busen, was sie ein wenig erschreckte; doch der neben ihr stehende Seigneur de Rohan sagte: Madame, was befürchten Sie? das sind doch Ihre Waffen.«

Am nächsten Tag stopften wir frühmorgens unsere Rucksäcke und unsere Wenigkeit in ein traurig aussehendes Cabriolet neben einen sein Pferd peitschenden Kutscher und zogen los. Es war ein Sonntag und wir begegneten Bauern, die in Gruppen einherkamen und zur Messe gingen. Dies sind nicht mehr die harten, starken Männer von Rosporden und Quimperlé; dies sind keine typisch bretonischen Bretonen mehr, fast sind es Dörfler: keine mit Tressen besetzten Jacken, keine glänzenden Knöpfe, keine Bänder am Hut wie bei jenen Wilden der Niederbretagne, kein traurig über die Schultern hängendes Haar; sondern das, was sich für zivilisierte Leute gehört: kurzes Haar, bequeme Kleidung aus schwarzem Tuch und lange Hosen wie in den Städten. Die Kinder sind sauber, die Frauen weniger hässlich und besser frisiert: kurz, alles entfernt sich spürbar von der Barbarei, alles, bis zu den runder und sanfter werdenden Gesichtszügen.

An den Markttagen gehen die Bauern gern ins Café, um ein Geschäft abzuschließen; etwas weiter, in Rennes, füllen sie die Schenken, und das muss folgenden Grund haben: das Land ist wirklich reich, und es ist leicht, Absatz zu finden. Warum sollten die Gesichter blass und restlos verzweifelt sein? ist der Mensch etwa gezwungen, die Erde aufzubrechen, um sich davon zu überzeugen, dass sie hart ist und ihm nichts einbringt? oder reißt die See ihn, sein Boot und seine Netze in ihre tiefsten Tiefen? Nein, hier ist der Himmel freundlich, es ist eine Freude zu leben, denn im nächsten Feld gedeiht mühelos das Korn, und wenn die Nächte kalt sind, hat man schnell ein Bündel Reisig von den Bäumen des benachbarten Waldes gerupft.

Die Straße schwand unter den Rädern unseres Wagens

dahin; die Sonne war heiß; wir plauderten und fragten uns: Ist die Liebe nicht bloß Neugier?

Vor uns öffnete sich weites Heideland ohne Buschwerk, ohne Häuser, ohne Schafe, ein paar graue Felsen versahen es mit Zacken und gaben ihm im Kleinen den Anschein der spanischen Sierras; es waren die Berge von Arrée.

Wir fuhren einen steilen Hang hinunter; wir kamen durch das Dorf Berrien, wo ein paar sonntäglich gekleidete Bauern unter den Bäumen vor der Kirche Boule spielten, und dann war HUELGOAT in Sicht.

Es war ein großes Tal zwischen zwei rauschenden, lichten Waldeshöhen; der Marktflecken lag mitten darin, mit seinen Türmen und seinen beiden Kirchen, seinem Teich, der weiß von Seerosen war, mit seiner Mühle, seinem trockenen Bach und der von riesigen silbrig glänzenden Felsen übersäten weiten Heide.

Auf dem Marktplatz stiegen wir am Wirtshaus vom Château d'argent aus, dessen Wirt immerfort lachte und eine Tuchkappe trug, und ohne uns weiter um die Klagelieder unseres Kutschers zu kümmern, der laut darüber jammerte, das Trittbrett seines Karrens zerbrochen zu haben, nahmen wir einen Führer, der uns zum Wackelstein brachte.

Er wackelte! allerdings erst nachdem wir lange mit Hebelkraft und dem Einsatz unserer sechs Arme seinen Schwingungspunkt gesucht hatten; doch immerhin wackelte er und zu guter Letzt verloren wir die Vorstellung von der Unerschütterlichkeit der Wackelsteine oder der Steine, die wackeln, wie in einem vorherigen Kapitel erklärt wurde.

Einst stand das Chorpult der Kirche von Huelgoat auf einer Gruppe von Holzfiguren, bestehend aus einem jungen Mann und einer Bacchantin in gälischer Tracht. Diese Skulpturen hatten die Phantasie der Antiquare befeuert, die scharf daraus schlossen, dass die Druiden den Bacchuskult mit dem von Kirk und Tarann vermischt hatten, dem Gott der Venus und des Donners; doch die Gruppe ist verschwunden, wie so viele andere Reliquien, und hat vielleicht im Kamin des örtlichen Pfarrers als Stützscheit gedient.

Da es also im Städtchen nichts mehr zu sehen gab, verließen wir es durch ein Beet heimischer Kohlköpfe, die friedlich beidseits eines schmalen Weges sprießten, wir stiegen über eine Leiter und kamen an einen kanalisierten kleinen Bach, der durch große Wiesen floss. Wir folgten ihm. Heuhaufen erfüllten die Luft mit ihrem Geruch, grüne Libellen flogen über das Wasser, man hörte das Rascheln der Mistkäfer im Gras; es war lieblich und warm; wir wanderten einer vor dem anderen her, schweigend und wie durchdrungen von der Zärtlichkeit, die die Natur verströmte.

Ein Wald tat sich vor uns auf; wir gingen hinein, und einmal darinnen, wollten wir nicht mehr hinaus.

Vergoldet vom Moos und vergittert von Brombeeren und Lianen hob und senkte sich der Boden. Es gab nur lang aufgeschossene, schlanke junge Buchen mit dichtem grünem Laub. Ihre leuchtenden Blätter zitterten an ihren Stängeln; Vögel sangen und waren das einzige Geräusch der Natur. Auf dem Sand des Weges sah man die Hufspur eines Maultiers; der Bach murmelte zwischen seinen grasbewachsenen Böschungen, kräuselte seine Fluten an den dicken Steinen, umschiffte das Kap der alten Wurzeln, riss, hier verschwindend, dort wieder auftauchend, an seinen Ufern und nahm ein paar Farnkräuter mit, die er mit silbernen Tröpfchen verzierte. Die Sonne schien durch das Blätterdach und erhellte mit ihren Lichtflecken die Bäume, den Wasserlauf, die Wiesen und den Weg; es war ein Unterholz, wie Diaz sie oft gemalt hat.

Vor uns ragten plötzlich Felsen auf, sie türmten sich einer über den anderen und thronten über einer Schlucht, in dem ein kleiner Tümpel lag. Es ist ein schrecklicher Ort, denn hier stand eine furchtbare Burg, und von der Höhe ihrer Zinnen ließ Car-Ahes, von anderen Dahut genannt, die verfluchte Tochter König Gralons, ihre erschöpften Liebhaber in den Abgrund stürzen. Manchmal hört man in Gewitternächten ihre Stimmen, die unheimlich heulen und um ein Begräbnis in gesegneter Erde bitten. Man erzählte uns auch, dass vor zehn Jahren ein Hund in diesen Abgrund fiel, acht Tage darin blieb und stark abgemagert wieder herauskam.

Dahinter grünt eine saftige, hohe Wiese; sie fällt über einen Hang ab, der zu einem kleinen Teich führt, hinter dem stufenweise ein paar Häuser stehen. Wir legten uns ins hohe Gras, lauschten dem monotonen Klappern einer Walkmühle und schauten in die im Himmel schwebenden weißen Wolken. Ich weiß nicht warum, aber während ich so auf dem Rücken lag, fiel mir die Pointe du Raz ein, ich sah die fahlen Grotten und die vom Meer umbrandeten, spitzen Klippen wieder vor mir und nahm doch weiterhin die mich umgebende liebliche Natur genau wahr, und ich fragte mich, wer der mächtige Schöpfer sei, der diese ganze Mannigfaltigkeit hervorgebracht hatte.

Indes sank die Sonne und wurde rot. Wir brachen auf, um nach Huelgoat zurückzukehren. Wir irrten lange umher, ohne unseren Weg finden zu können; wir folgten Trampelpfaden und kamen immer auf irgendeine offene Lichtung mitten im Wald. Wie aus dem Collège ausgerissene Schüler sprangen wir über den Bach; beim Laufen rezitierten wir Gedichte; niemand kam vorüber; mit bloßem Hals und den Haaren im Wind zogen wir sorglos dahin. Ach! wie gut es tut, solche Reisen zu machen; aber wie traurig es ist, davon zurück zu sein! Seit zwei Stunden waren wir unterwegs, ohne zu wissen, wo es langging; und wie die auf einsamen Inseln gestrandeten Robinsons kletterten wir auf Felsen, um unser Ziel ausfindig zu machen; wir waren dicht davor, noch ein Unterholz, eine Hecke, ein Feld mit Heidekraut und wir hatten den Kirchturm erreicht; wir trafen ein, nachdem wir uns oft umgedreht hatten, um noch einmal diesen Wald zu sehen, in dem alles von uns abgefallen war.

Am nächsten Tag, gegen 6 Uhr morgens, kamen wir dort nochmals vorüber. Die Luft war kühl und duftete; doch diesmal waren wir nicht mehr allein, ein Führer lief vor uns her. Es war ein in dünnen Galoschen dahinspringender kleiner Mann, taub, langweilig, schwatzhaft, der mit einer schrillen Stimme sprach, die kreischte wie die eines wütenden Kastraten.

Er führte uns zum Bergwerk; wir wären gerne ein wenig ins Innere der Erde gestiegen, um in den langen feuchten Fluren die Lampen brennen zu sehen; doch da der Herr Inspektor am Vorabend zum Tanzen auf der Wallfahrt von Poublaouen gewesen und noch nicht zurück war und wir keine Zeit hatten, auf seine Heimkehr zu warten, blieben wir an der frischen Luft, und der Himmel war so schön, dass wir nicht böse darum waren. Wir schauten uns jedoch Frauen an, die unter großen Schutzdächern einen gelblichen Matsch schlämmten, aus dem man das Silber klaubt, und einen violetten Staub siebten, der zu Blei wird. Wir wurden von einem Werkmeister begleitet, der sehr gelehrt war und nach Schnaps stank. Er erzählte uns vom Kupferoxyd, vom Tetraedrit, vom kubischen Pyrit, vom Klinoklas, vom Schwefelkupfer, vom Bezeline, vom arseniksauren Salz, vom Nickel, und wir begriffen nichts.

Zwei Stunden später waren wir im Begriff, nach Carhaix aufzubrechen, und auf den richtigen Weg schickte uns der Wirt persönlich, der zum Abschied seine Tuchkappe schwenkte.

Vorwärts! Vorwärts! die Sonne sengt, unsere Stöcke liegen uns leicht in der Hand, der Schweiß durchnässt uns die Kleider, der Staub wirbelt unter unseren Schritten auf; die Buchen, die ihren Schatten über die Straße breiten, neigen sich, ohne dass sich ein Blatt regt. Dort hinten am Horizont sieht man große, dunkle Striche, die Wälder darstellen, und weite, gelbe Flächen, die Weizenfelder sind. Wir erklimmen die Hügel und steigen sie wieder hinab, ein Bach fließt vorüber, wir tauchen unsere brennenden Füße hinein, wir stecken uns Geißblatt an den Hut und ein junger Mann läuft barfuß hinter uns her, um die Lieder zu hören, die wir unterwegs singen.

Als wir so fünf Meilen zurückgelegt hatten, kamen wir mit am Rucksack hängender Jacke nach CARHAIX.

»Stolzer als ein Admiral!«

erschreckten wir mit unserer hochtrabenden Art die Bürger. Nachdem wir an der Statue von Latour-d'Auvergne vorübergekommen waren, die Place de Latour-d'Auvergne, die Rue Latour-d'Auvergne, den Boulevard Latour-d'Auvergne, die Sackgasse Latour-d'Auvergne hinter uns hatten, nachdem wir das Haus betrachtet hatten, wo Latour-d'Auvergne geboren wurde, und nicht in die Auberge de Latour-d'Auvergne gegangen waren, standen wir vor irgendeinem Hotel gegenüber vom Cours Latour-d'Auvergne.

Die Statue dieses Herrn, der, wie die Geschichte sagt, ein vorzüglicher Archäologe und Elitesoldat der rechten Flügelkompagnie gewesen war und beim Kampf um Oberhausen durch eine Lanze fiel, entstammt dem Meißel Marochettis, des großen Schwindlers unserer Zeit, desselben, der sich Philibert-Emmanuels in Zylindern ausgedacht hat, nebst schwangeren Madeleines, zweifellos um zu beweisen, dass sie erst nach ihren Fehltritten bereuten und trotz ihrer Zerknirschung immer noch die Last ihrer Sünden trugen. Der Krieger presst begeistert seinen Säbel an die Brust, wo der Stern der Ehre glänzt. Sein Haar weicht über der Stirn zurück und vereint sich zu einem Schwänzchen, das steif über den Nacken hängt;

die Stoffbahnen seines bronzenen Fracks stützen sich schwer auf halb entrollte Manuskripte, woraus wir schließen, dass er die Andacht der Künste mit ins Feld nahm und seine von der harten Fron Bellonas polierte Stirn in den klaren Fluten der Quellen von Hippokrene kühlte: kurz, all das ist traurig, emphatisch und dumm; und wir verbrachten mehr Zeit mit der Betrachtung einer schäbigen groben Holzfigur, die verlassen auf einer Truhe in der Kirche von Saint-Tromeur stand.

Es ist eine Madeleine in einem rosafarbenen Kleid, klein, stämmig, dick, kräftig koloriert, verängstigt aus Kugelaugen unter zusammengezogenen Brauen blickend und am Ende ihrer weiten Ärmel riesige Hände öffnend; ihr welliges, rotes Haar fällt rund um sie her, umhüllt sie bis zu den Füßen und schenkt ihr einen Mantel, von dem man meinen könnte, er sei Löwenmähnen geraubt: es riecht nach wildem Tier. Das besitzt eine monströse und heidnische Sinnlichkeit, die, ich weiß nicht warum, an die Frauen der Eskimos erinnert, die rohe Fische essen und das geölte Haar über ihre Kleider hängen lassen, welche aus Seehundsfell sind.

Vor der Kirche breitet sich der Friedhof aus. Am dichten Gras war zu sehen, dass es dort Tote im Überfluss gibt. Wir lasen drei Epithaphe, drei beachtliche Epitaphe: alle drei waren gute Gatten, gute Väter, gute Bürger gewesen und wurden von ihren Freunden beweint. Wir sahen dort zum ersten Mal die Verwendung der für Gräber gemalten Trauerlandschaft: jedes Grab ziert ein schwarzes Kreuz, und am Schnittpunkt seiner beiden Arme rundet sich ein kleiner Rahmen: das Sinnbild untröstlichen Schmerzes. Über einem ungewöhnlich grünen Boden wölbt sich eine zerzauste Trauerweide und schluchzt über einem tragisch-klassischen Mausoleum. Ein paar untröstliche Vögel flattern in lachsfarbenen Wolken, und der Horizont ist, wie das Herz einer empfindsamen Frau, durch öde Berge verschlossen.

O meine Freunde! Nehmt, wenn ich sterbe, meinen Leichnam, fahrt aufs offene Meer und lasst ihn dort langsam über das Dahlbord eures Schiffes gleiten, bis er in den Fluten verschwindet; möge er in die unterseeischen Paläste sinken, um von den großen Fischen mit blauen Flossen gefressen zu werden, oder werft ihn, ich beschwöre euch, auf den Schindanger, damit er von den Hunden verschlungen wird; doch lasst niemals zu, dass er in eine Kiste gesperrt, unter der Erde zerquetscht, mit Marmor versiegelt und von einem Epitaph gequält wird.

Bevor wir gingen, sahen wir ein im Gras versunkenes Grab; die Inschrift verschwand unter dem Moos; das Alter hatte den Stein zersetzt und eine große Heckenrose hatte sich darüber ausgebreitet; wir betrachteten es lange, um uns über den Anblick der anderen hinwegzutrösten.

Danach gab es nichts mehr in Carhaix! ich irre mich, es gab noch einen Wagen, eine Art gelbes Cabriolet, ungefedert und überdacht mit einem Verdeck aus geteerter Leinwand. Wir sahen ihn uns an und waren so unvorsichtig, ihn zu mieten, damit er uns anderntags nach Guingamp brächte.

Als es so weit war, kletterten wir mit großer Mühe hinein; der Fuhrmann, ein munterer und gut gekleideter Schelm, setzte sich auf ein steifes Spritzleder, das uns in die Schenkel schnitt; wir waren übel dran; seit zehn Minuten rollten wir holpernd dahin, als der Wagen hielt; aus einem Graben tauchte eine Frau auf und nahm neben dem Kutscher Platz: es war die Besitzerin der Kiste.

Wir mussten neun Meilen fahren; wir waren acht Stunden unterwegs und stets hatten wir sie vor uns, auf unseren Füßen und mit dem ganzen Gewicht, an dem Stück Leder zerrend, das gegen unsere Knie drückte. Der Weg war nur Berg und Tal: das Pferd ging immerfort im Schritt, bergab, weil es seinen Beinen misstraute, bergauf, weil die Last zu schwer war. Oh!

wie wir uns nach dem rasenden Karren sehnten, der uns von Pont-Croix nach Douarnenez gebracht hatte. Die Bürgersfrau und ihr Kerl plauderten leise, aßen Nüsse und merkten nichts von unserem Fluch. Es schien ihnen zusammen sehr gut zu gehen. Sie war Witwe, er kräftig gebaut, und ich habe gehört, es sei wohltuend, die Witwenschaft mitunter auf dem Altar eines muskulösen und nach Mann riechenden Liebhabers zu opfern. Wie dem auch sei, endlich waren wir da und krochen krumm, gerädert und zerschlagen aus diesem furchtbaren Ding, erschossener als hätten wir die dreifache Strecke mit doppelt so viel auf dem Rücken zu Fuß zurückgelegt.

In Guingamp hatte eine Wallfahrt stattgefunden; die Stadt war in Feststimmung, und die Hoteliers waren höflich. Es hatte Prozessionen gegeben; man hatte unter den Bäumen getanzt, in den Schenken getrunken, beim Klang der Glocken zu Gott gebetet, und wir kamen gerade rechtzeitig, um noch die Reste des Festmahls vorzufinden, das alle genossen hatten. Die fahrenden Schmuckhändler standen noch unter dem Dach ihrer Leinwandzelte, und die Kirche hatte ihre Vorhalle mit allen Herrlichkeiten geschmückt.

Vom Schlussstein des Spitzbogengewölbes hing eine am Ende ihrer Kette flackernde silberne Lampe. An beiden Seitenwänden standen, einer der anderen gegenüber, aufrecht und steif im Faltenwurf ihrer Gewänder, gewachst, poliert, gefirnisst und gebräunt durch eine seltsame mahagoniholzfarbene Tünche, zwölf steinerne Apostel. Das durch ein hochgelegenes Fenster eindringende Tageslicht fiel senkrecht auf ihre Schädel und ließ sie glänzen; Zypressenzweige umgaben ihre Köpfe; kniende Menschen rezitierten Gebete und auf dem Steinpflaster lagen überall verwelkte Blumen verstreut. Zwischen den beiden Eingangstüren der Kirche grünte ein Altar aus Laubwerk; darüber strahlte im Kerzenlicht in einer aus Buchsbaum und Schilfrohr geflochtenen Nische eine Madonna, die hundertmal weltlicher war als die Taroa von Tahiti. Ein Diadem aus Rauschgold blitzte auf ihrer Stirn; um ihren Hals waren Ketten aus Glasperlen geschlungen und dicke Sträuße an ihre Brust gesteckt; aus ihrem kupferfarben schimmernden, braunen Antlitz schauten, reglos und fast erschreckend starr, große Emailleaugen; lange Ohrgehänge liebkosten ihre Wangen; ihre von Ringen überladene rechte Hand hielt eine mit blauem Seidenband umwundene Spindel, Silbergerät mit Messingkreuz und ein mit roten Troddeln verunstaltetes Straußenei; ihr silbern durchwirktes und mit rosafarbenen Bändern geschürztes, weißes Kleid war eine einzige Wolke von Spitze und wurde konisch breiter wie ein umgedrehter Fächer; im linken Arm, von dem ein purpurroter Manipel mit goldenen Fransen hing, lag das wie seine Mutter gekleidete Bambino, verschwand unter den Falten einer riesigen Schärpe und hatte einen Blumenstrauß in der Hand, der mit einem Rosenkranz aus dicken Kugeln zusammengehalten wurde. Die Krone war zu groß für seinen kleinen Kopf und sackte ihm auf die Augen. All das saß flach auf der Wand; nur die beiden Köpfe waren erhaben.

Ein einziges Mal hatten wir in der Bretagne, in der Kirche von Josselin, ein ähnliches Götzenbild der Heiligen Jungfrau gesehen: es war die Miniaturausgabe von dem in Guingamp und stellte Notre-Dame du Roncier dar. Wie die hiesige war sie voller falschem Schmuck, Bändern und über ihrem Rock aus rotem Taft verstreuten Blumen: allein ihr Anblick genügte, um vom Dämon der Tollwut besessene Leute zu heilen, die feinen Damen der Stadt stickten ihr jedes Jahr ein neues Gewand.

In einer Kirche von Guingamp hatte man einst den Leichnam von Charles de Blois beigesetzt. Dies war zunächst nur ein vorläufiges Grab. Urbain V hatte den Bischof von Bayeux und die Äbte von Marmoutier und Saint-Aubin d'Angers damit beauftragt, die Heiligsprechung zu prüfen, und der neue Märtyrer sollte eine Kapelle bekommen; doch Grégoire XI unterschlug das Gutachten auf Bitten von Jean IV, der fürchtete, man werde den Besieger eines Heiligen als Usurpator betrachten. Wir waren im Begriff, ins Kirchenschiff zu gehen, um dieses nun endgültige Grab zu suchen, als wir auf dem Platz ein Getöse von Trommeln, Pauken und Becken hörten. Rasch gingen wir hinaus, verzichteten auf Charles de Blois, die Jungfrau und die Heiligen, und eilten zu dem Lärm.

Zwei große Zelte aus weißem Drell mit blauen Streifen nahmen den hinteren Teil des Platzes ein; vor jedem erstreckte sich ein Podium, wo qualmende Lampions brannten. Auf dem einen tobte ein grotesker Teufel, umringt von zehn Kunstreitern, die als polnische Ulanen gekleidet waren. Es war ein Zirkus. Bilder zeigten durch Papierreifen springende Pferde und Frauen mit drallen Armen und Herzmund, die im Galopp im Sattel davongetragen wurden und Blumensträuße warfen. Dort stand die Menge, jeder schaute zu, war begeistert und freute sich im Voraus über das Glück, das man genießen würde.

Auf dem anderen agierte, in ein rosafarbenes Trikot gezwängt, ein kräftiger Kerl, der eine silberne Medaille am Hals, Schnürstiefel an den Füßen und eine mit Pailletten besetzte Kappe auf dem Kopf trug und in ein Klapphorn blies. Bisweilen unterbrach er seine Musik, um in üblem, von Italienisch durchsetztem Französisch schreiend irgendwelche Ansprachen zu halten; neben ihm stand ein dummer August, ein richtiger dummer August mit grauem Hut und roter Perücke, schluckte Feuer und zog Grimassen. Eine Frau schlug die Pauke und ein Kind klingelte mit der Triangel: das waren die Seiltänzer und Zauberkünstler.

Vor denen blieben wir stehen. Es war Nacht geworden. Der Himmel, violett wie ein Dom aus Amethyst, glänzte von Sternen; der Wind rüttelte an den Bäumen, die von den an ihren Stricken schwankenden Laternen beschienen wurden; aus dem Schoß der Menge kam ein dumpfes Stimmengewirr; die Musiker ließen immer noch ihr Getöse erschallen, das die Stimme des *Padrone* übertönte, der sein Spektakel ankündigte. Plötzlich öffnete sich die Zeltwand und ein junges Mädchen erschien. Sie stieg langsam die Holztreppe empor und nahm auf dem Podium Platz.

Ein silbern bestickter Spencer aus schwarzem Samt saß ihr eng um die Taille und ging über in einen Rock aus weißer Gaze mit blauen Blumensträußen, der ihr bis zum Knie reichte. Ihr kräftiges, wohlgestaltes, schlankes Bein steckte prall in den gespannten Maschen eines Seidenstrumpfs, und ihr dünner Fuß wirkte in ihrem Schuh aus schwarzem Satin winzig klein. Sie stemmte die Faust in die Hüften und ließ die Muskeln ihrer halbnackten braunen Arme spielen; sie sah sich unerschrocken um, und als sie sah, dass man sie bemerkt hatte, richtete sie sich auf wie ein Florett. Mitunter bog sich ihr gelenkiger Hals nach hinten und schüttelte die schwarzen Zöpfe ihres hochgesteckten und von einem silbernen Kamm gehaltenen Haars.

Im Hindustan lebte einst ein sehr reicher und sehr glücklicher König. Als er sich eines Tages auf einer Wiese am Ufer des Ganges erging, sah er eine Bajadere, die mit den Fingern schnalzend tanzte. Er ging zu ihr, nahm sie bei der Hand und sagte: »Komm, wir sind allein, das Gras ist hoch, ich bin der König, und ich schenke dir Perlenketten, um sie dir um den Hals zu legen.« Die Bajadere weigerte sich, weil sie einen jungen Brahmanen liebte. »Ah!, versetzte der König, sei doch nicht grausam! Ich mache aus deiner Hütte einen Palast mit Balken aus Zedernholz und Türen aus Sandelholz und schicke dir Sklaven, die unter Goldbarren fast zusammenbrechen.« Die Bajadere erwiderte: »Nein!« – »Möchtest du meine Elefanten, die sich auf die Tigerjagd verstehen? Möchtest du meine weißen Rebhühner, deren Augen sich röten, wenn sie Gift riechen? Möchtest du mein Schlachtross, das sich von Lotus ernährt und ein Horn aus Elfenbein auf der Stirn trägt?« – »Nein«, sagte sie immer noch. »Wünschst du dir die Blume des Talipaht, die alle hundert Jahre erblüht, oder so große Smaragde, dass du Schalen daraus machen kannst, um deine Vögel zu tränken?« Sie schüttelte den Kopf und wollte gehen. – »Nun denn! Möchtest du mein Königreich, das sich vom Land der Fünf Flüsse bis zum Fluss Araouaddi erstreckt?« Die Bajadere antwortete: »Sohn Indras, das hätte ich gerne«; und sie verschwanden in der Wiese und setzten sich zusammen in den Schatten des Bambus. Am nächsten Tag war sie Königin, und der König verließ sein Heim, bekleidet mit dem gelben Mantel, in der Hand den Ahornstock und die Schnabeltasse der asketischen Bettler. Er ging in die Wälder, um dort zu leben, und bedauerte nie, alles hingegeben zu haben, um eine Stunde in den Armen der Bajadere zu schlafen.

Ach! so wie er, so wie er hätte ich alles versprochen, alles hingegeben, um sie zu gewinnen, diese da auf den Brettern stehende halbe Wilde, um das Beben ihrer jungen Brust und die Zuckungen ihres Körpers zu spüren. Sie war bezaubernd mit ihren halb verschleierten Mandelaugen, die um Liebe warben. Sie hatte etwas sehr Herbes, das einem mitten ins Herz drang. Sie lachte mit Hanswurstgrimassen und zeigte feine, dicht stehende, weiße, spitze Zähne, gleich denen, die wohl im Mittelalter die jungen Ägypterinnen hatten, welche das Blut neugeborener Kinder aussaugten. Auf ihrer unter den glänzenden Haarsträhnen halb verschwundenen schmalen Stirn saßen zwei unruhige und bewegliche Brauen; die gerade, leichte Stupsnase, die schmalen roten Lippen, das ovale Kinn gaben ihrem Gesicht den Ausdruck von frechem Stolz, der ihre freie Haltung noch betonte.

Ich ging zu ihr, um mit ihr zu plaudern; zur großen Verwunderung der Bürger von Guingamp sprach ich sie auf Italienisch an. Ihre Stimme ist weich und klangvoll. Sie stammt aus Bergamasko, heißt Marietta und ist vierzehn Jahre alt. Ihr Vater ist aus Venedig, ihre Mutter aus Mailand, ihr Bruder aus Padua, ihre Schwestern aus Sienna, Montefiascone und Ferrara. Vor drei Jahren haben sie die Heimat verlassen; seither sind sie unterwegs. Gefällt ihnen die Stadt, durch die sie kommen, machen sie Halt, bitten die Obrigkeit um die Erlaubnis, ihre kleinen Talente zu entfalten, und wenn sie sie erhalten haben, stellen sie das große Zelt auf; sie kleiden sich wieder in die hautfarbenen Trikots und die Röcke aus Baumwollsamt; sie zünden den Docht der Lampen an; sie schlagen die Pauke, verkünden, dass die Vorstellung bald beginnt, machen ihre Werbeschau, zweifellos immer die gleiche, und wenn sich abends die Menge verlaufen hat, schlägt man die Leinwandtüren herunter, zählt die Einnahmen und speist zur Nacht mit einem Stück Brot und Speck; vollständig angekleidet schläft man auf dem Teppich, über den man eben noch auf Händen gelaufen ist und Menschenpyramiden getragen hat; und anderntags faltet man im Morgengrauen das fahrende Haus zusammen, lädt das Gepäck auf den Karren, der Mann hat sein Kittelhemd angezogen; die Frauen sind in Kleider aus Kattun und Schottenstoff mit großen Karos gehüllt; in einem Winkel schlafen auf Stroh die Kinder; die Mutter stillt das Jüngste, das schreit, weil es friert; der Hund mit seinem von Nägeln starrenden Halsband läuft kläffend um die Räder; der dumme August sitzt traurig rauchend auf einer Deichsel; der Patron wirft einen kurzen Blick, um zu sehen, ob nichts verloren gegangen ist; dann schwingt er die Peitsche über dem kleinen Pferd, das am Vorabend auf einer

Trommel die Uhrzeit hergezählt hat und jetzt die ganze Familie zieht. Hü! Hott! und weg sind sie.

Die Werbeschau war zu Ende. Wir gingen hinein. Auf Holzbänken saßen an die zwanzig Zuschauer. Marietta tanzte auf dem Seil; mit Leichtigkeit handhabte sie ihre schwere Balancierstange; ihr Fuß krümmte sich, um die Unebenheiten zu spüren, und sprang im Takt zum Lärmen der väterlichen Musik. Mitunter ließ sie sich fallen, saß auf dem Seil, dessen Rückprall sie wieder zum Stehen brachte, reglos; dann wurde applaudiert und das charmante Mädchen grüßte lächelnd. Nach ihr kam der Vater; er trug Gewichte mit den Zähnen und wirbelte seinen jüngsten Sohn um sich herum. Marietta kam zurück; sie tanzte eine Cachucha. Ihre dünnen Finger schlugen die Kastagnetten, ihre Taille bog sich wie eine vom Wind gepeitschte Pappel und ihr Kopf bewegte sich voll sinnlicher Reize. Sie warf sich nach hinten, beugte die Knie, und nun war zu sehen, wie sich ihre kaum entwickelte Brust hob. In ihrer Nähe bemerkte man einen scharfen und durchdringenden Geruch. Als sie geendet hatte, nahm sie eine große Schere und beschnitt die verkohlten Dochte der Lampions; nach mehreren Glanzstücken wurde eine Art belanglose Pantomime gespielt. Marietta erschien nochmals als Mann verkleidet: sie war nicht mehr so schön, so heftig faszinierend, und doch hatte sie, als sie in ihrer schwarzen Samthose daherkam, einen ordentlichen Hüftschwung.

Wir gingen hinaus. Die Menge quoll aus dem Zirkus, dessen Vorstellung zu Ende war. Oh, ist das traurig! der Kunstreiter hat den Gaukler verdrängt; der Clown hat die Seiltänzerin umgebracht: sie sind verschwunden und kehren nicht zurück, diese bunten Scharen von Jongleuren und Zigeunern, die wir als Kinder so geliebt haben und jetzt so bitter vermissen. Was ist aus jenen Basken geworden, die beim Ton einer Querpfeife und einer Trommel auf hohen Stelzen durch unsere Straßen gingen? Wo sind jene indischen Jongleure, den Arm voller Ringe, das Haar zusammengebunden mit einem goldenen Band, die große Dolche und Messingkugeln aus ihren unsichtbaren Händen aufwirbeln ließen? und das wilde Weib, das rohe Hähnchen verspeiste und mit der Kraft ihrer Kinnladen den auf einem Stuhl sitzenden Herrn Soldat fortzog? Und die rundum von Rauschgold strahlende, überall von Flitter glänzende Königin von Golkonda, die Jeannot so saftige Ohrfeigen gab? und Saint Antoine, gefolgt von Legionen von Teufeln und verführerischen Frauen. Dieser arme Heilige, den man erstechen wollte und dessen treuer Begleiter so schön mit dem Hintern knallte? Aus und vorbei! für immer aus und vorbei! Der Zirkus und die Athleten haben alles vernichtet. Man wird Pferde unter der Peitsche bei Posaunenklang im Kreis laufen sehen und Männer, die riesige Gewichte auf dem Rücken tragen; doch für den Gaukler, den richtigen Gaukler, interessiert sich niemand mehr: jeden Tag rückt er in weitere Ferne, bald ist er tot, und das wird nur noch eine Erinnerung sein!

Wie dem auch sei, voller Bitterkeit kehrten wir ins Hotel zurück, und ich bete zu Gott, Mariettas Gewissen nicht die Sünde zur Last zu legen, die ich vor dem Einschlafen beging.

Als wir am nächsten Tag aufbrachen, war der Platz leer und das Zelt stumm und verschlossen. Ich sah mich überall um, in der Hoffnung, sie noch einmal zu Gesicht zu bekommen; aber ich fand sie nicht, und ein paar Stunden später waren wir in SAINT-BRIEUC.

Die Bezirkshauptstadt Saint-Brieuc ist zweihundertfünfzig Kilometer von Paris entfernt. Ihre Bibliothek besitzt achtzigtausend Bände und in ihrem modernen Rathaus liegen die Archive des Départements: das ist alles, was ich über Saint-Brieuc weiß, und noch dazu habe ich es gerade aus *La France pittoresque* abgeschrieben.

Die Kirche ist ziemlich hässlich, obwohl sie aus dem XII. Jahrhundert stammt, und doch sahen wir hinter Gitterstäben die an mehreren Stellen zerbrochene Statue irgendeines Saint Guillaume liegen, der in dieser Gegend sehr verehrt wird. Sein Gesicht, das die Zeit stumpfnasig gemacht hat, schließt die Augen und lächelt unmerklich. Über dem zur Tonsur geschnittenen Haar ragt ein hoher Bischofshut voller Perlen, Rauten und Rosetten auf, den Mitren der Brahmanen vergleichbar; ein Engel, dessen Flügel verschwunden sind, stützt seine in Sandalen steckenden Füße, und seine Hand, dicht besetzt von in Stein gemeißelten dicken Ringen, hält den Hirtenstab. Vor ihm lag eine brave Frau auf Knien und ließ betend einen Rosenkranz durch die Finger gleiten.

Wir waren kaum eine Stunde in Saint-Brieuc, als wir es auch schon satthatten; zum Glück wussten wir, dass das Meer nicht weit war, und wir zogen los, um es zu sehen. Die Straße, der wir folgten, war ein Vizinalweg, wie es in amtlichem Französisch heißt; er führt über eine Brücke, steigt einen Hügel empor, läuft an Feldern entlang, durchquert ein Dorf und verliert sich auf der Klippe. Der Himmel war blau, das Meer ruhig und der Strand gelb wie Honig.

Am äußersten Ende des Kaps, über dem Abgrund und mit Blick auf den Horizont steht die Ruine eines Turms: er ist zur Hälfte geschleift; in seinen fünfzehn Fuß dicken Mauern öffnen sich Rundbogenfenster, neben denen steinerne Bänke stehen; Fragmente ausgetretener Stufen kommen aus der Wand; bis oben sieht man die Spur der zerstörten Kamine; dicke Nägel, an die einst die Rüstungen gehängt wurden, sind zwischen die Steinschichten getrieben und ihr vom Rost zerfressenes Eisen löst sich in Schuppen auf, die unter dem Finger zu Staub zerfallen. Ganze Blöcke von Mauerwerk liegen auf der Erde im Gras; oben segeln Schwalben zwitschernd um diese alten Trümmer, die der Nordwind noch nicht umwerfen konnte.

Wenn man die Bauern fragt, von wem dieser Turm stammt, sagen sie einem, dass er von Cäsar errichtet wurde; befragt man die Geschichte, erfährt man, dass Jean IV ihn 1395 erbaut hat und der Maréchal de Brissac ihn 1598 schleifen ließ. Ich habe keine Ahnung, wie es sich damit verhält, aber ich weiß, dass er Rot- und Grautöne hat, die mehr taugen als alle historischen Mutmaßungen.

Wir stiegen auf einem an der Klippe angelegten Pfad zum Meeresufer hinunter; senkrecht rutschten wir über glänzendes kurzes Gras. Nicht lange nach dem Tod des Heilands kletterte an genau dieser Küste, auf der wir bei jedem Schritt zu fallen drohten, die Jungfrau Maria empor. Der Schweiß perlte über ihr göttliches Antlitz; die Erschöpfung lähmte ihre Glieder; ihr weißer Stock zerbrach unter ihrer Hand; da blieb sie stehen und drehte sich zu Saint Symphorien um, der sie begleitete: wir sind hoch genug gestiegen, sagte sie, machen wir Rast! und so heißt denn der Flecken, der sich an den Fuß des Berges kauert, *Cesson*.

Wir kamen dort vorüber, nachdem wir den kleinen Fluss Gouet überquert hatten, der ein paar Fischerboote auf seiner Strömung wiegt. Vor der Tür der Häuser liegen neben dem Misthaufen, in dem die Hühner picken, haufenweise Jakobsmuscheln, umsummt von durch die Sonne vergoldeten Fliegen. Die Küste macht eine Kurve, und wir stehen auf dem Strand. Felder mit Gerste senken sich bis auf den Sand; doch die Ähren sind mager, spärlich und verbrannt durch den zehrenden Atem von Thetis, der strengen Mutter der grünen Okeaniden. Der Wind jagte Fasern von trockenem Tang vor uns her; von drei keuchenden Mähren gezogen, knirschte ein schwerer Karren im Sand, die Ebbe ließ das Meer zurückweichen und hinter einem Felsen badeten lachend und in den Wellen springend ein paar junge Frauen.

Dort sind wir lange geblieben und haben den Strand mit

unseren Stöcken durchlöchert; dann sind wir wieder zum Land hinaufgestiegen; wir haben einen von Hecken gesäumten schmalen Weg genommen; wir kamen zum Friedhof von Plérin; das Tor stand offen und wir sind hineingegangen.

Ein Mann mit Strohhut, barfuß und ohne Jacke schärfte eine Sense, mit der er das saftige Gras schnitt, das über den Toten wächst. Er betrachtete uns, während seine Hand rasch mit dem kreischenden Stein über den Stahl fuhr und wir ein großes Grabmal aus weißem Marmor erforschten, auf dem mit zusammengelegten Händen in seiner Rüstung ausgestreckt ein Krieger des späten XVI. Jahrhunderts ruht. Seine Füße stemmen sich gegen einen zerbrochenen Hund; ein Kissen stützt seinen Kopf; sein langes, hinten gelocktes Haar ist kurz, kraus, über der Stirn geschnörkelt und wie eine Krone aus Rosen arrangiert. Von der Sonne gebleicht, vom Regen gewaschen liegt er da und ist hundertmal glücklicher dran als die, die wir anderntags in Notre-Dame de Lamballe sahen. Die sind feucht, schimmmelig, von einem dürftigen Gitter kaum geschützt und in einer Mauernische fast nicht zu sehen; sie sind beinahe kniehoch, und man setzt sich respektlos darauf, um die Messe zu hören. Wer sind sie? Niemand konnte uns das sagen; sicher ein Graf und eine Gräfin aus Penthièvre: die Kleidung weist eindeutig auf die zweite Hälfte des XII. Jahrhunderts hin. Das sind keine Skulpturen wie in Plérin; es ist ein grob gemeißeltes, schlichtes Bildnis, das den Steinrand, der den Rahmen der Grabplatte bildet, nicht überragt.

Der Ritter ist mit einem Panzerhemd angetan, an der Seite gerafft durch das Gehenk eines langen Degens, dessen Stichblatt den Ellbogen berührt, während die Scheide unter den beiden Schenkeln hindurchführt, um sich auf den Sporn des rechten Fußes zu stützen. Die in Schienen und Gamaschen steckenden Beine sind gespreizt und im Knie leicht gebeugt; die stark nach außen gedrehten Füße ruhen auf einem verwitterten und unkenntlich gewordenen Tier; das Schild hängt an der rechten Seite; der Hals liegt frei und das Haar flutet über die Schultern.

Sie, die auf dem anderen Grab ausgestreckt ist, war wahrscheinlich früher eine große Dame, für die man an bestimmten Tagen vor dem Altar das Weihrauchfass schwenkte und die im Schilf der Sümpfe auf einem weißen Zelter saß und ihren Gierfalken auf die Reiher mit den lang herabhängenden Beinen losließ. Sie ist von Kopf bis Fuß in ein eng anliegendes, langes Kleid gehüllt; ihr Körper ist kurz und schmal mit breiten Hüften und umgürtet von einer dünnen Kordel, die einen Geldbeutel hält. Der hoch angesetzte Busen ist kaum angedeutet; der lange Hals trägt einen feinen Kopf, der von einer aus verschlungenen Bändern geformten eckigen Frisur umhüllt wird; ihr Mantel ist auf der Brust mit einem Haken geschlossen und bleibt bis zum Knie offen. Dort verbindet er seine beiden Kanten und verbirgt mit seinen steifen, geraden Falten die Füße; aus seinen herabhängenden weiten Ärmeln kommen ihre wie zum Gebet gefalteten Hände. Die Zeit hat dermaßen an den Grabplatten genagt, dass die Gesichtszüge kaum wahrnehmbar sind, man erkennt nur, dass beide sicher jung waren.

Die Kirche Notre-Dame, in der sich diese beiden Gräber verstecken, ist die alte Kapelle des Château de Lamballe, das 1626 auf Befehl von Richelieu zerstört wurde, zur Strafe für den Aufstand des Seigneur de Penthièvre, dessen Grafschaft 1569 als Pairsherzogtum gegründet worden war. Obwohl sie ziemlich seltsam aus verschiedenen Teilen des X., XI. und XVI. Jahrhunderts zusammengesetzt ist, wäre diese heute ganz verdorbene Kirche immer noch schön, hätte man sie nicht lächerlich gemacht. Die Spitzbögen und die Kapitelle sind furchtbar entehrt durch eine ganz dunkle, eisengraue Tünche, während die Wände zartgelb sind und das hölzerne

Gewölbe über dem Kirchenschiff mit einem grellen und verschossenen Himmelblau angepinselt ist. Es ist schwer, den verstörenden Eindruck wiederzugeben, den der Anblick der monströsen Farbgebung hervorruft, welche kostbare Details verbirgt: immerhin kann man hier und da noch ein schönes Gewirr von Weinlaub und Disteln erkennen, ein paar warm gekleidete, naive Figuren und über dem Chor eine bezaubernde Balustrade, die das Triforium schützt.

Von der Höhe des Hügels, den die Kapelle krönt, schauten wir auf blauende weite Horizonte, in der Ebene verteilte hübsche, dichte Wälder und den gewundenen Lauf eines unter Weiden verborgenen Flusses. Zu unseren Füßen wimmelte die Stadt; es war Markttag; das Stimmengewirr drang bis zu uns herauf.

Bei einem der Stadttore sahen wir ein mit Schindeln gedecktes, schlichtes, großes weißes Gebäude: es war die Zuchthengststation. Als wir hineingingen, war der Hof voller Bauern und Reitknechte in roten Westen. Der Zahlmeister gab seine Anweisungen, und bis zum Bauch verdreckte friedliche Stuten waren an Pfähle gebunden.

Man suchte den heißesten Hengst; er beschnupperte eine nach der anderen jede Stute, und nachdem er sie so geprüft und diejenigen herausgefunden hatte, die sich den Zärtlichkeiten nicht verweigern würden, erlaubte man ihm, der Venus der Pferde zu opfern.

Wenn eine Zuchtstute vorgeführt wurde, nannte der Rechnungsführer einen Namen: Hercule, Diomède, Fortunato oder irgendeinen anderen, und ein Jockey führte den besagten Zuchthengst herbei. Er erschien in der schönen Gestalt eines unversehrten Pferdes, das nicht durch die Angst des Menschen entehrt worden war. Mit großen Schlägen seines kräftigen Schweifs verjagte er die Bremsen, die ihn ins glänzende Fell bissen. Er wieherte, als er das Weibchen roch, und bisweilen die beiden Vorderbeine streckend, den Hals reckend und mächtig witternd, legte er die Nüstern in Falten und zeigte sein rosiges Zahnfleisch. Er krümmte den Rist, vollführte eine Wendung und schien zu tanzen, um zu versuchen, noch schöner zu sein; dann stellte er sich schließlich auf die Hinterbeine, bäumte sich in seiner ganzen Höhe auf, gerade, steil, herrlich vor Kraft und Liebe; mit bezaubernder Behutsamkeit nahm er sanft die Stute mit den flachen Seiten seiner Hufe bei den Hüften, bog den Hals, neigte den Kopf, und man sah, wie sein Auge brach und erstarb. Einer der beiden stieß eine Art klagendes Wimmern aus, und ein gelblicher Schaum netzte seine Lippen.

Mitunter schiebt sich die Stute langsam zurück auf den eindringenden Hengst, um ihn tiefer in sich zu spüren; doch oft steht sie reglos und völlig passiv da. »Je heißer sie ist, sagte uns ein alter Reitknecht, desto weniger bewegt sie sich.« Das arme Tier ist mit ganzem Herzen dabei; die Schmerzen des Gebärens sieht es nicht voraus; so schlau wie die Frau ist es nicht.

Nam mulier prohibet se concipere, atque repugnat
Clunibus ipsa veri venerem si laeta retractet;
Eicit enim fulci recta regione viaque
Vomerem atque locis, avertit seminis ictum.

Während wir dabei waren, uns die Melancholie dieser prachtvollen Umarmungen anzusehen, kam aus dem Stall ein riesiges Getöse. Man hörte die Rufe der Bediensteten, das wütende Gewieher und das Lärmen der Pferde, die mit den Hufen gegen ihre Futterkrippen schlugen. Die braven Zuchthengste witterten den Geruch ihrer Weibchen, und sie schrien vor Schmerz und Lust. Die Peitsche beschwichtigte das Durcheinander schlecht und recht, und als wir gingen, träumten wir von fremden Ländern, wo wir monströse Paarungen sehen würden.

Nach Lamballe kommt Jugon, von dem man einst sagte:

Qui a Bretagne sans Jugon
A chappe sans chaperon

und das jetzt ein verstreuter Flecken an einem Teich ist. Es gibt noch ein paar Überreste seiner Festung, die Jean V 1420 zerstört hat. Sie dienen einer Brigade der Gendarmerie als Kaserne.

Nachdem die Straße ihren Staub in farblosen Landschaften verwirbelt hat, steigt sie langsam zu einer Stadt an, die sich, von spitzen Türmen überragt, auf einem Hügel zusammendrängt und vor der lärmende Vorstädte und Festungswälle liegen, DINAN. Wir werden ihr vorhalten, Schindluder mit Duguesclin getrieben zu haben, wie Carhaix Schindluder mit Latour d'Auvergne getrieben und den großen Mann der Stadt missbraucht hat, wie die Provinz es in ihrem beschränkten Familienstolz immer tut. Kein Ruhm ist vor solchen Zurschaustellungen gefeit, und über jeden dieser armen Helden lässt sich sagen, was in Paris auf den öffentlichen Brunnen geschrieben steht:

Quantos effundit in usus!

Auf dem Marktplatz, genau an der Stelle, wo das Duell von Thomas Canterbury und Duguesclin stattfand, hat man sein Standbild errichtet. Die Chroniken sagen, dass dieses harte Truppenoberhaupt, dessen Seele »stark, gestählt und unter Palmen gefestigt« war, eine gedrungene Statur, ein braunes Antlitz, eine platte Nase, grüne Augen, krumme Schultern und große Hände hatte; er war sehr hässlich: das will ich glauben; doch niemals, schwöre ich euch, war er so hässlich wie sein Standbild.

Am Ende dieses mit Linden bepflanzten Platzes schlängelt sich eine Gasse durch Häuser mit ordentlich dicker gelber Tünche und mündet vor der Kirche Saint-Sauveur. Dort muss man sich Zeit nehmen; das Portal ist von erstaunlicher Pracht; es ist mehr als romanisch, es ist merowingisch. Bei seinem Anblick fallen einem unversehens jene mit weißen Gewändern angetanen Könige ein, die langes Haar und einen gelockten Bart tragen und in einem dröhnenden Wagen fuhren. Der vom Alter gebleichte, verwitterte graue Stein hat einen ruhigen, einheitlichen Ton, der den Tonnengewölben und stämmigen Kapitellen noch mehr Größe verleiht; unglücklicherweise hat man auf all das einen großen gemauerten Pinakel gesetzt, durchbrochen von einem Spitzbogenfenster: was weder harmonisch ist noch schön aussieht.

In der Mitte öffnet sich ein großes Tor unter einem mit reich gewandeten, heiligen Männern und Frauen geschmückten Schwibbogen; auf jeder Seite rundet sich, gestützt von gewundenen Säulen, ein plastisch erhabener blinder Bogen, in dem zwei verstümmelte, unkenntliche, flache, zerbrochene Statuen stehen. Neben der einen erkennt man ein gerades Schwert, die Spitze in der Luft; ihre Arme sind nur noch Stümpfe und ihre gesichtslosen Häupter sind bedeckt von den Überresten einer über ihrer Stirn hängenden Mitra; ihre Füße stützen sich auf große Tiere: zweifellos Löwen, Hunde oder Drachen? Wer waren diese Gestalten? Könige, Heilige, Bischöfe, Apostel? nichts kann es mehr verraten. Über der Tür ragt ein struppiges Haupt hervor, bärtig und von barbarischem Aussehen. Aus den Schlusssteinen der Gewölbebögen treten, senkrecht auf der Heiligen Schrift, die Embleme der Evangelisten, und nebenbei sei hier erwähnt, dass jedes der Attribute der Geschichtsschreiber des Heilands den Cherubin der Hebräer entlehnt ist: schreckliche symbolische Wesen, vorgesehen zum Schutz unbezwingbarer, göttlicher Orte, zu gleichen Teilen zusammengesetzt aus Stier, Mensch, Adler und Löwe.

Doch wie in allen Kirchen der Übergangszeit muss man die Phantasie, den Einfallsreichtum des Künstlers an den Kapitellen suchen. Einige sind einfach mit Schlangen oder Ungeheuern gestaltet; andere sind voller *Sujets*. Hier ist es ein Storch, der sich auf seinen Krallen hoch aufgerichtet hat und seinen langen, spitzen Schnabel in ein tiefes Gefäß steckt; anderswo ist es ein Frau, die von einem Teufel gemartert wird: eine um ihre Beine gewundene Schlange beißt ihr in die Füße; eine Kröte zernagt ihren Bauch; sie wirft den Kopf nach hinten und verzieht das Gesicht vor Schmerzen: gewiss handelt es sich da um irgendeine damals aufgekommene Irrlehre, die der Heilige Vater verbannte, dieser Greis mit dem weißen Bart, der in einem Kasten steckt, dessen Deckel er bisweilen hebt, um zu fragen, ob das Ende der Welt bevorsteht, wie die Kinder des Islams glauben. Auf dem dritten schließlich ist ein alter Mann mit kahlem Schädel und ausgemergelten, aber kräftigen Gliedmaßen, über der Schulter einen Stock mit einem daranhängenden Krug, halb auf die Knie gesunken und scheint aufmerksam ein phantastisches Tier zu betrachten, eine Sphinx, eine Chimäre, deren verwelkte Brüste ihr bis auf die Pranken hängen. Ist das einfach die Geschichte von Ödipus, oder sollte es nicht vielmehr das Symbol des Glaubens sein, der auf seinem Weg von den tausend Formen des Zweifels aufgehalten wird?

Unter den Kapitellen im Inneren der Kirche fiel uns nur dasjenige auf, das eine halb unter den Holztäfelungen des Chorgehäuses verborgene Säule krönt. Es zeigt zwei Dromedare, stehend und mit gerecktem Hals; es ist das einzige dieser Art, das mir je begegnet ist. Um mit den Skulpturen abzuschließen, erwähne ich noch, dass wir an der Wand einer Seitenkapelle ein köstliches Bild aus Stein gefunden haben, das in seinen Details und seinem Stil an die Jagd von Saint Hubert de la chapelle d'Amboise erinnert. Ein alter Mann in einem gefältelten Kaftan, verschnürt und umschlungen von einem breiten jüdischen Gürtel aus Goldplättchen, haarig, bärtig und kräftig, wandert mit nackten Füßen und zusammengelegten Händen mitten über die Meeresfluten. Neben ihm werden Kinder mit langem Lockenhaar fortgetragen, vielleicht gerettet, von Löwen oder Hunden mit riesigen Köpfen, die den Rachen aufreißen und spitze Zähne zeigen; auf den Klippen, die das Meer säumen, schießen wie Pilze kleine biblische Bäume aus der Erde, und darüber schweben dicke Wolken, aus denen drei wie für einen Segen vereinte Finger ragen.

Die Kirche hat Hauptschiff und Seitenschiffe. Nur ein Seitenschiff ist romanisch, der Rest besteht aus schönen, scharf geschnittenen, hohen, schmalen Spitzbögen. Der Chorraum, um den sich die dreipässigen Frauenemporen ziehen, neigt sich mit der Krone seiner Kapelle leicht nach links: wie der sterbend auf die Schulter sinkende Kopf des Heilands unter der Dornenkrone.

Auf der linken Seite des Querschiffs steht das Mausoleum, das das Herz von Bertrand Duguesclin und das von Tiphaine Raquenel, seiner ersten Frau, hütet. Der Stein ist schwarzer Granit, der in goldenen Lettern eine folgendermaßen verfasste Inschrift trägt:

Cy: gist: le: cueur: de
Messire: Bertran: Du: Gucaquĩ
En: son: vivãt: coñestable: de
Frãce: qui: trepassa: le: XIII
Jour: du: Juillet: l'an: mil: III
iiii: dont: son: corps: repose
avecques: ceulx: des: Roys
a Saint: Denis: en: France

Darunter ist ein Herz und das Wappen der Familie Duguesclin eingemeißelt, silbern, mit dem goldgekrönten schwarzen Adler mit ausgebreiteten Schwingen.

Doch das interessanteste Objekt dieser sehenswerten Kirche ist ihr Weihwasserbecken. Wie gewöhnlich befindet es sich neben dem Eingang. Es ist eine weite Schale aus Granit mit dem Durchmesser von drei Fuß, getragen von vier Figuren, denen das Gefäß auf Höhe der Lippen den Kopf abschneidet. Ihr Geschlecht erkennt man an der Kleidung: die der Männer ist eine Art in Kniehöhe nach oben geschlagene und mit einer Kordel an den Hüften befestigte Tunika; die Frauen tragen dagegen ein in reichen Falten wogendes langes Kleid, das ihnen bis auf die Knöchel fällt und in der Taille mit einem breiten, verzierten Gürtel zusammengehalten wird. Diese Skulptur ist in ihrer Ausführung und Naivität so seltsam, dass man die Stellung des Körpers nur daran erkennt, wohin die Füße zeigen: so tragen die Männer das Weihwasserbecken auf dem Rücken und die Frauen auf der Brust: Erstere stützen die Hände gegen den Bauch des riesigen Gefäßes, Letztere haben sie an den Rand gelegt.

Innen stand ein wenig Wasser, das auf einem grünlichen Boden schwamm und zwei in den Stein gemeißelte Fische zur Hälfte bedeckte. Um zu erklären, mit welcher Absicht sie dort hingesetzt worden waren, müsste man das genaue Alter dieses Patriarchen der Weihwasserbecken kennen. Vielleicht sind sie bloß ein *lokales* Ornament, das in einem Becken für das Wasser der heiligen Waschung typischerweise vorkommt? Vielleicht sollen sie den Geist auf die Taufe lenken, die der Herr Jesus im Jordan empfing? Tatsächlich zeigte man ihn in Gestalt eines Lammes, eines Phönix, eines Hirten und am häufigsten in der eines Fisches, bevor das 692 in Konstantinopel abgehaltene Konzil Quinisextum beschloss, die Wirklichkeit der Allegorie vorzuziehen, und befahl, Christus mit allen Instrumenten der Leidensgeschichte in Holz darzustellen. Die Gestalt des Fisches wählte man am liebsten, weil das Wort »ἰχθὺς« die fünf Anfangsbuchstaben der Worte »Ἰησοῦς χϱιστὸς Θεοῦ υἱὸς σωήϱ« enthält. Im Übrigen ist es sehr gut möglich, dass die Fische des Weihwasserbeckens von Saint-Sauveur einfach eine unüberlegte Laune des Künstlers sind, der sie dort platziert hat, um sich ein wenig über die zukünftigen Archäologen lustig zu machen.

Saint-Sauveur ist das älteste Gebäude von Dinan, die Stadtmauern sind wesentlich moderner und gut genug erhalten, um ihren Komplex erfassen zu können. Eine Girlande maurischer Pechnasen trägt die Brustwehr des Walls. Alle sind in Efeu, Moos und Brombeeren gekleidet. Wie in Guérande sind auf den Bastionen Bäume gewachsen; die Wurzeln haben die Steine gelockert, und wie immer verschönt dort die Natur die Ruine. Wir besichtigten den Gefängnisturm, eine Art hohen Bergfried, geschmückt durch einen Anstrich in warmem Ton, durchlöchert von Schießscharten und vollendet durch eine Esplanade, wo ein paar Topfblumen sich im Wind bogen. Man hörte fröhliche Stimmen hinter den Mauern hervordringen: das waren die Gefangenen, die sangen. Unten läuft der Rundweg im Kreis, mit Sand bestreut, sauber, nett und unterteilt von den Schatten seiner jungen Bäume. Dahinter liegt das freie Land, halb Ebene, halb Wald; das Wetter war sehr schön und man sah die weißen Häuser in der Sonne leuchten.

Am anderen Ende der Stadt, nach Norden, ist der Stadtwall auf einen unzugänglichen und riesigen, steilen Felsen geklettert: bis zu den Toren reichende lange Treppen winden sich diese gewaltige Masse hinab und führen auf eine Straße, wo Karren vorüberkamen, gezogen von Pferden, die mit dicken Stricken aus blauem Vlies angeschirrt waren. Ein Stück weiter schlängelt sich die Rance, ein von einer Hängebrücke kasteiter, halb kanalisierter, hässlicher Fluss. Ein Dampfer verbreitete einen Gestank, den der Wind bis zu uns trug. Am Fuß der Stadtmauern lagen Küchengärten im Rahmen geschnittenen Buchsbaums; neben uns spazierten zwei Gendarmen mit Polizeikappen unter den Linden entlang; auf dem Quai leitete ein Aufseher vom Brücken- und Straßenbau Arbeiten am Uferdamm.

Irgendwo hatten wir gelesen, dass man in Corseul Überreste römischer Amphitheater, Auqädukte und Tempel sehen könne; angelockt von diesen schönen Versprechungen brachen wir auf, und als wir dort ankamen, sahen wir nichts außer einem Weihwasserbecken, das ungefähr dem von Saint-Sauveur gleicht. Es ist kleiner und urtümlicher; die Figuren sind nur schwach ausgemeißelt und es thront in einer modern gebauten Kirche von märchenhaftem Stil, auf welche die Gemeinde sehr stolz ist. In einiger Entfernung steht am Ende zweier oder dreier schattiger Wege mitten in einem von gelben Blumen verbrämten grasbewachsenen Feld eine Ruine, die hierzulande prunkvoll *Fanum Martis* genannt wird, der Tempel des Mars. Es ist ein achteckiges Gemäuer, erbaut aus rautenförmigen Steinen und versehen mit vier Dachluken; ein unentwirrbares Brombeerdickicht nagt an seinen Grundfesten und das trockene Skelett des Efeus verzweigt sich über seinen Seitenwänden: möglicherweise ist es römisch; doch höchstwahrscheinlich ist es das nicht.

Als wir von unserem Ausflug zu diesen nicht vorhandenen Monumenten zurückkehrten, liefen wir nur durch Dinan, um nach Léhon zu kommen, eine Art Flecken, der wie ein Vorort durch eine hässliche, kurvige Straße mit der Stadt verbunden ist. Wenn man ihr folgt, gelangt man zu einem von mächtigen Buchen gekrönten hohen Hügel; ein Pfad zieht sich mühsam unter der Kühle der Bäume durchs Gestein. Wir stiegen ihn hinauf, und als wir oben angekommen waren, entdeckten wir eine in Trümmern liegende Festung. Ohne Zweifel waren wir bei dem alten Château de Léhon, demselben, das 1169 nach einem Abkommen zwischen Louis le Jeune und Henry II von England zerstört wurde, das wieder aufgebaut und unter Louis XIII nochmals geschleift wurde und heute nur noch eine durch ganze Wände von Grün verhüllte Ruine ist. Man erkennt noch den Standort von zwölf kleinen Türmen, die die Festungsmauer verbanden. Die Überlieferung spricht ihr riesige unterirdische Gänge zu, die bis zum Stadtwall von Dinan reichen sollen; doch es reizte uns nicht, ihnen nachzugehen.

In Léhon, dessen Häuser sich um einen Fluss gruppieren, wo das plätschernde Rad einer Gerberei rauscht, sahen wir ein ehemaliges Benediktinerkloster. Das in großen Gipsplacken abblätternde Anwesen des Ordens ist verlassen und verfallen, und eine friedliche Kuh weidete sein fettes Gras. Das Spitzbogengewölbe des Refektoriums wird von zwei schön angeordneten Reihen kleiner Säulen getragen; eine in Drei- und Fünfpässen durchbrochene Balustrade führt zu einer wunderbaren Kanzel: von dort wurden während der Mahlzeiten die Evangelien gelesen; ja, es steht nur das Haus; die Bewohner sind verschwunden und an Stelle der langen Tafeln, an die sie sich schweigend setzten, hat man quer durcheinander Webstühle gestellt. Oh XIX. Jahrhundert, das sind deine Streiche!

Daneben erhebt sich, ohne Steinplatten, ungepflastert, nackt und bloß, ein riesige, dunkle Kapelle. Ihre hohen Wände von einem fast schwarzen Grün gehen über in die Gewölberippen, um die gewiss die Fledermäuse flattern. Es ist kalt, man spürt, dass sich das Leben daraus zurückgezogen hat. Zwei Stränge kleiner Säulen, braun wie eine antike Bronzeskulptur, stützen eine halb zerstörte Tür. Ein paar umgestürzte Steine sind alles, was von dem Hauptaltar übrig ist. Darüber öffnet sich ein feines, dreipässiges Doppelfenster; durch seine scheibenlose, weite Öffnung sah man ein Stück schönen blauen

Himmels und ein paar von der Sonne umrissene und vergoldete Platanenblätter: dies war die Kapelle der Beaumanoir. Hier lagen einst ihre Gräber; doch der Stadtrat von Dinan, der die Stadt mit einem Museum bereichern wollte, hat sie abtransportieren lassen. Wir sahen sie im Rathaus, sauber, gewaschen, gebürstet, gereinigt, poliert und herzlich dumm in einem großen Sack, der voller amerikanischer und chinesischer Dinge war. Wir konnten dort ebenfalls die Patronentasche von Latour d'Auvergne, eine Haarsträhne von Napoléon, das Porträt von Broussais, das von Louis-Philippe und mehrere Straußeneier bewundern.

O Beaumanoir, wenn du deiner Devise treu bist: ich liebe den, der mich liebt!, dann musst du mit all deinem Hass die Dummheit dieser grausamen Bourgois verabscheuen, die dein Grab aus der Klause gerissen haben, die du dafür gewählt hattest, um es in ein Vorzimmer ihres Gemeindehauses umzuschaufeln. Ach! gut, dass du tot bist; denn während wir die widerlichen Inszenierungen ertragen, die man uns täglich zumutet, während wir die Reden von Monsieur Ledru-Rollin hören und die Bilder von Monsieur Steuben sehen, bedauern wir, nicht an deiner Seite gekämpft zu haben, um bei der Schlacht der Dreißig umzukommen.

Kapitel XI

Am Meer erbaut und von Festungsmauern umschlossen scheint Saint-Malo, wenn man dort ankommt, eine auf die Meeresfluten gesetzte steinerne Krone zu sein, deren Schmuck die Pechnasen bilden. Die Wellen branden gegen die Wände oder brechen sich bei Ebbe unter ihnen auf dem Sand. Mit Tang bedeckte niedrige Klippen sehen auf dem Boden dieser hellen Fläche wie schwarze Flecken aus. Die größten tragen auf ihren in Reih und Glied senkrecht vereinten, zerklüfteten Höhen die Grundfesten des Bollwerks, verlängern so das Grau und machen es noch höher.

Über dieser einheitlichen Festungslinie, die hier und da von Türmen ausgebaucht und anderswo vom scharfen Spitzbogen der Tore durchbrochen wird, sieht man eins ans andere gedrängt die Dächer der Häuser mit ihren Schindeln und Schieferplatten, ihren kleinen offenen Luken, ihren sich drehenden Wetterfahnen und roten Backsteinschloten, deren bläuliche Rauchschwaden in der Luft verfliegen.

Auf dem Meer ringsum erheben sich karge kleine Inseln ohne Bäume noch Gras, wo man von weitem ein paar von Schießscharten durchbrochene, zerfallene Mauern erkennt, von denen jeder Sturm große Brocken wegreißt.

Durch eine den Hafen vom Meer trennende lange Mole ans feste Land angeschlossen liegt auf der anderen Seite des Beckens gegenüber der Stadt das Viertel Saint-Servan, leer, weit, nahezu ausgestorben und ganz bequem in eine modrige große Wiese gebettet. Am Eingang ragen die vier Türme des Château de Solidor auf, durch Mittelwälle miteinander verbunden und von oben bis unten schwarz: das allein entschädigt uns für den langen Bogen, den wir am Ufer gemacht haben, in praller Julisonne zwischen Schiffswerften, brodelnden Teerkesseln und Spanfeuern, mit denen der Rumpf der Schiffe kalfatert wurde.

Der Weg um die Stadt auf den Festungsmauern ist einer der schönsten Spaziergänge, die es dort gibt. Da lässt sich niemand blicken. Die Füße über dem Abgrund setzt man sich in die Schießscharten. Vor sich hat man die Mündung der Rance, die sich wie ein flaches Tal zwischen zwei grünen Hügeln ergießt, und dahinter die Küstenlinien, die Klippen, die kleinen Inseln und überall das Meer. Hinter einem geht die Schildwache auf und ab, deren regelmäßiger Schritt auf den Steinplatten widerhallt.

Eines Abends blieben wir dort lange. Die Nacht war mild, eine schöne Sommernacht, ohne Mond, aber funkelnd vom Feuerwerk des Himmels, duftend vom Seewind. Die Stadt schlief; die Lichter verschwanden eines nach dem anderen aus den Fenstern; die weiter entfernten Leuchttürme glühten als rote Flecken im Dunkel, das über unseren Köpfen blau und an tausend Stellen von den zitternden, glänzenden Sternen besetzt war. Das Meer war nicht zu sehen, man hörte es, man roch es, und die gegen die Festungsmauern klatschenden Wellen sandten uns durch die weiten Löcher der Pechnasen Tropfen ihres Schaums.

An einer Stelle zwischen den Häusern der Stadt und der Mauer sind in einem Graben ohne Grün ganze Haufen von Kanonenkugeln aufgereiht.

Von dort kann man an der zweiten Etage eines Hauses lesen: »Hier wurde Châteaubriand geboren.«

Etwas weiter endet die Mauer am Bauch eines dicken Turms; das ist der Quiquengrogne; wie sein Geschwister, der Générale, ist er breit und hoch, dick, gewaltig, in der Mitte ausgebaucht wie eine Hyperbel und er steht immer noch felsenfest.

Sie sind noch intakt und fast wie neu, doch wären sie zweifellos mehr wert, wenn die Steine ihrer Zinnen ins Meer bröckelten und auf ihrer Spitze dunkles Blattwerk, der Freund der Ruinen, im Wind erschauerte. Werden nicht Bauwerke, wie Menschen und Leidenschaften, tatsächlich größer durch die Erinnerung, vervollkommnen sie sich nicht durch den Tod?

Wir traten ins Schloss. Der verlassene Hof, wo kümmerliche Linden ihren runden Schatten auf den Boden werfen, war still wie der eines Klosters. Die Frau des Pförtners holte die Schlüssel beim Kommandanten; sie kehrte in Gesellschaft eines schönen kleinen Mädchens zurück, das gern die Fremden sehen wollte. Sie hatte nackte Arme und hielt einen dicken Strauß in den Händen. Ihr schwarzes naturgelocktes Haar quoll aus ihrem süßen Kapotthut und der Spitzensaum ihrer langen Unterhose strich über ihre kleinen Schuhe aus Ziegenleder, die ihr mit schwarzen Bändern an den Knöcheln befestigt waren. Sie lief auf der Treppe vor uns her und rief nach uns.

Der Aufstieg ist lang, denn der Turm ist hoch. Das helle Tageslicht in den Schießscharten fällt wie ein Pfeil durch die Wand. Steckt man den Kopf durch ihren Spalt, sieht man das scheinbar immer tiefer sinkende Meer und das grelle Blau des immer höher werdenden Himmels, so dass man fürchtet, sich darin zu verlieren. Die Schiffe sehen wie Schaluppen aus und ihre Masten wie Spazierstöckchen. Die Adler werden meinen, dass wir so groß wie Ameisen sind. Sehen sie uns überhaupt? Wissen sie, dass wir Städte, Triumphbögen und Kirchtürme haben?

Auf der Plattform angekommen reicht einem zwar die Zinne bis zur Brust, und doch kann man sich nicht jenes Gefühls erwehren, das einen auf allen hochgelegenen Punkten ergreift: ein wollüstiger Schwindel, gemischt aus Furcht und

Freude, Stolz und Schrecken, der Kampf zwischen dem genießenden Geist und den leidenden Nerven; man ist merkwürdig glücklich; man möchte abheben, sich hinabstürzen, fliegen, sich in der Luft auslassen, von den Winden getragen werden, und die Knie zittern und man wagt nicht an den Rand zu treten.

Und doch sind dort eines Nachts Männer mit einem Seil hinaufgeklettert, aber vor langer Zeit! in diesem wunderbaren XVI. Jahrhundert, der Epoche wilder Überzeugungen und rasender Liebestaumel. Wie das menschliche Instrument da mit all seinen Saiten vibriert hat, wie kühn, erfüllt, reich der Mensch da war! Lässt sich nicht über dieses Zeitalter der Satz von Fénélon sagen: »Ein zur Augenweide geschaffenes Schauspiel«? denn – ohne vom Vordergründigen zu sprechen, den religiösen Überzeugungen, die wie einstürzende Gebirge in ihren Grundfesten krachen, den neuen Welten, die entdeckt werden, den untergegangenen Welten, die man ausgräbt, Michelangelo unter seiner Kuppel und Rabelais, der lacht, und Shakespeare, der schaut, und Montaigne, der träumt – wo sonst lassen sich ausgeprägtere Leidenschaften, heftigere Wagnisse, gierigere Wünsche finden, letztlich ein größeres Ausmaß an Freiheit, die mit allen natürlichen Fatalitäten kämpft und ringt; und wie plastisch die Episode aus der Geschichte hervortritt und wie herrlich sie dennoch wieder in sie eingeht, um ihre Farbigkeit zum Leuchten zu bringen und ihre Horizonte zu vertiefen! Gestalten ziehen vor einem vorüber, voller Leben, in drei Zeilen; man begegnet ihnen nur ein einziges Mal, doch lange träumt man von ihnen und müht sich, ihr Bild zu vervollständigen, um sie besser erfassen zu können. Waren sie nicht schön und schrecklich, diese alten Haudegen, deren Spezies ungefähr gegen 1598 verschwand, beim Frieden von Vervins, so wie Lamouche, Heurtaud de Saint-Offange, La Tremblaye, die mit dem Kopf ihrer Feinde in der Faust heimkehrten, oder jener La Fontenelle, von dem schon die Rede war; Männer aus Eisen, deren Herzen ebenso wenig nachgaben wie die Degen und die mit ihrer Kraft tausend gegensätzliche Kräfte anzogen und anführten und ganze Städte weckten, wenn sie des Nachts im Galopp in ihre Mauern drangen, Kaperschiffe rüsteten, das Land in Brand steckten, Männer, mit denen man verhandelte wie mit Königen! Wer hat schon daran gedacht, diese wilden Provinzgouverneure darzustellen, die direkt in die Menge sprengten, die Frauen vergewaltigten und das Gold wegschleppten wie d'Épernon, grausiger Tyrann in der Provence und parfümierter Liebling im Louvre, wie Montluc, der eigenhändig die Hugenotten erwürgte, oder wie Baligni, jener König aus Cambrai, der Macchiavelli las, um es dem Valentinois gleichzutun, und dessen Frau behelmt und gepanzert auf die Bresche ritt.

Einer der am stärksten in Vergessenheit geratenen Männer dieser Zeit, zumindest einer derjenigen, bei denen sich die meisten Historiker damit begnügen, seinen Namen zu nennen, ist der Duc de Mercoeur, der unerschrockene Feind von Henri IV, der ihm länger Widerstand bot als Mayenne, viel länger als die Liga und Philippe II. Schließlich entwaffnet, das heißt besiegt, beschwichtigt (zu Bedingungen, die so geartet warten, dass man dreiundzwanzig Paragraphen des Vertrags geheim hielt), wusste er nicht, was er tun sollte, und diente in Ungarn, kämpfte gegen die Türken, griff eines Tages eine ganze Armee mit fünftausend Mann an, kehrte, dadurch nochmals besiegt, nach Frankreich zurück und starb mit vierundvierzig Jahren in Nürnberg in seinem Bett am Fieber.

Saint-Malo hat mich an ihn erinnert. Er lag ständig mit der Stadt im Streit und konnte sie weder unterwerfen noch sich mit ihr verbünden. Sie hatten tatsächlich die Absicht, auf eigene Rechnung Krieg zu führen, aus eigenen Kräften Handel zu treiben, und obwohl eigentlich Ligisten, lehnten sie den Duc ab, wobei sie auch von dem Béarner nichts wissen wollten.

Als ihnen der Sieur de Fontaines, der Gouverneur der Stadt, den Tod von Henri III mitteilte, weigerten sie sich, den König von Navarra anzuerkennen. Man griff zu den Waffen, man baute Barrikaden. Fontaines zog sich ins Schloss zurück und jeder blieb in der Defensive. Nach und nach maßten sie sich Rechte an. Zunächst forderten sie von Fontaines, dass er ihnen ihre Abgabenfreiheit erhalten sollte. Fontaines gab nach, in der Hoffnung, Zeit zu gewinnen. Im folgenden Jahr (1589) wählten sie vier vom Gouverneur unabhängige Generäle. Im Jahr danach (1590) erhielten sie die Erlaubnis, Ketten zu spannen. Fontaines stimmte nochmals zu; der König war in Laval, er erwartete ihn; der Augenblick sollte kommen, in dem er sich mit einem Schlag für all die Demütigungen, die er erlitten hatte, für all die Zugeständnisse, die er gemacht hatte, rächen würde; doch er hatte es zu eilig und verriet sich; als ihn die Leute aus Saint-Malo an seine Versprechen erinnerten, erwiderte er, er werde dem König, wenn er erschiene, die Tore öffnen. Da fasste man einen Entschluss.

Das Schloss hatte vier Türme. Der höchste (der Générale), auf den sich Fontaines am meisten verließ, war der Turm, den sie zu erklimmen versuchten. Solche Kühnheiten waren damals nicht selten, wie die Ersteigung der Steilküste von Fécamp durch Blois-Rosé und der Angriff auf das Château de Blein durch Goebriant beweisen.

Man beriet sich, man versammelte sich mehrere Abende nacheinander bei einem gewissen Frotet, Sieur de la Landelle, man traf sich mit einem ortsansässigen schottischen Kanonier, und in einer Nebelnacht zogen alle bewaffnet los, begaben sich unter die Stadtmauern, seilten sich außen ab und liefen zum Fuß des Générale.

Dort warteten sie. Auf der Mauer war plötzlich ein Scharren zu hören. Ein Tauknäuel fiel herab; schnell knüpften sie ihre Strickleiter daran, die den Turm hinaufgezogen und oben vom Kanonier am Ende einer Feldschlange befestigt wurde, die schussbereit auf der Leibung einer Schießscharte lag. Michel Frotet stieg als Erster hinauf, dann Charles Ancelin, La Blinais und die anderen. Die Nacht war dunkel, der Wind pfiff; langsam, den Dolch zwischen den Zähnen, mit den Füßen die Sprossen ertastend und die Hände ausstreckend, kletterten sie hinauf. Plötzlich (sie waren bereits in der Mitte) merken sie, wie sie hinabgleiten, das Seil löst sich. Kein Schrei, sie verharrten reglos: es war das Gewicht all der Leiber, welches die Feldschlange ins Wanken gebracht hatte; an der Leibung der Schießscharte kam sie zum Stehen, dann kletterten sie weiter und alle erreichten einer nach dem anderen die Plattform des Turms.

Die dösenden Wachposten hatten keine Zeit, Alarm zu schlagen. Auf den Trommeln wurde gewürfelt, die Garnison schlief. Von Entsetzen gepackt, floh sie in den Bergfried; die Verschworenen verfolgten sie: man kämpfte auf den Treppen, in den Gängen, in den Zimmern; man streckte einander unter den Türen nieder, man tötete, man erwürgte sich. Die Einwohner der Stadt kamen zur Verstärkung; andere stellten Leitern an den Quiquengrogne, gelangten ohne Widerstand hinein und begannen mit der Plünderung. Als La Peraudière, der Statthalter des Schlosses, La Blinais erblickte, sagte er zu ihm: »Eine üble Nacht, Monsieur.« Doch La Blinais gab ihm zu verstehen, dass für lange Reden keine Zeit war. Den Comte de Fontaines hatte man noch nicht gesehen. Man lief zu seinem Zimmer, man fand ihn tot auf der Schwelle, getroffen vom Schuss einer Büchse, den einer der Einwohner auf ihn abgegeben hatte, als er, eine Fackel vor sich hertragen lassend, herauskam. »Statt der Gefahr zu begegnen, sagt der Autor des Berichts*, hatte er sich gemächlich angekleidet, als ginge es auf ein Fest, ohne dass irgendeine Achselschnur gefehlt hätte.«

Dieser Überfall von Saint-Malo, der dem König so schadete, half dem Duc de Mercoeur nicht das Geringste. Er wünschte sehr, dass die Leute aus Saint-Malo einen Gouverneur aus seiner Hand akzeptierten, seinen Sohn zum Beispiel, ein Kind, das heißt ihn selbst; doch hartnäckig wollten sie von niemandem etwas wissen. Er schickte ihnen Truppen, um sie zu schützen; sie lehnten sie ab und die Truppen waren gezwungen, sich außerhalb der Stadt niederzulassen.

Indessen wurden sie darum nicht royalistischer; denn als sie einige Zeit darauf den Marquis de la Moussaie und den Vicomte de Denoual eingesperrt hatten, kostete es den Marquis zwölftausend und den Vicomte zweitausend Écus, aus dem Gefängnis freizukommen.

Und als sie fürchteten, Pont-Briant würde den Handel mit Dinan und den anderen Städten der Liga unterbinden, bemächtigten sie sich seiner.

In der Annahme ihr Bischof, zeitweilig Herr der Stadt, könne sie ihrer eben erworbenen Freiheit berauben, steckten sie ihn ins Gefängnis und ließen ihn erst nach einem Jahr wieder frei.

Am Ende erfährt man, unter welchen Bedingungen sie Henri IV akzeptierten: sie sollten ihre eigene Wache haben, keine Garnison bekommen, sechs Jahre von Steuern befreit sein etc.

---

* Josselin Frotet, Sieur de la Landelle, bei dem sich die Verschwörer vor dem Versuch der Ersteigung verabredet hatten. Siehe Sammlung der Benediktiner Dom Tallandier, Band II, *Hist.Civ.et eccles.de Bretagne*, S. 386ff.

Zwischen die Bretagne und die Normandie platziert scheint dieses kleine Volk die Hartnäckigkeit, den granitenen Widerstand Ersterer und zugleich das Feuer und den Schwung Letzterer zu besitzen. Ob Seefahrer oder Schriftsteller, ob Reisende aller Ozeane, es ist vor allem die Kühnheit, die sie auszeichnet; wilde Männernaturen, poetisch in ihrer Brutalität, oft auch engstirnig in ihrem Eigensinn. Die beiden Söhne von Saint-Malo, Lamennais und Broussais, ähneln sich darin, dass sie stets den gleichen extremen Plänen folgten und mit der gleichen glühenden Überzeugung die zweite Hälfte ihres Lebens dazu verwandten, das zu bekämpfen, was sie in der ersten verteidigt hatten.

Im Inneren der Stadt geht man zwischen hohen Häusern durch krumme Gassen an schmutzigen Seglerläden oder Geschäften mit Stockfisch entlang. Kein einziger Wagen, nicht der geringste Luxus; es ist schwarz und stinkig wie der Laderaum eines Schiffes: es riecht nach der Neuen Welt und Pökelfleisch, der ranzige Geruch langer Reisen.

»Jede Nacht patrouilliert man dort mit großen Hunden aus England, mit sogenannten Doggen, die abends von einem Führer vor die Stadt gebracht werden, und es ist nicht empfehlenswert, sich in der Umgebung aufzuhalten; doch wenn der Morgen graut, bringt man sie an einen bestimmten Ort der Stadt, wo sie all ihre Wut, die des Nachts außerordentlich groß ist, ablegen.«*

Außer dem Verschwinden dieser vierbeinigen Polizei, die einst Monsieur du Mollet verschlang und deren Existenz hier von einem zeitgenössischen Text bestätigt wird, haben sich die Dinge äußerlich zweifellos kaum verändert, und selbst die Stadtbewohner von Saint-Malo behaupten, dass man dort *sehr rückständig* ist. Das einzige Bild, das wir in der Kirche bemerkt

---

* Aus: D'Argentré, *Histoire de Bret.*, Seite 62.

haben, ist ein großes Gemälde, welches die Schlacht von Lepante darstellt und Notre-Dame des Victoires gewidmet ist. Sie schwebt oben in den Wolken. Im Vordergrund liegt die ganze Christenheit auf Knien, Parlamente, Prinzessinnen und Könige, die Kronen auf dem Haupt. Im Hintergrund stoßen die beiden Heere aufeinander. Die Türken werden in die Fluten gestürzt und die Christen erheben die Arme zum Himmel. Die Kirche ist hässlich, ohne Grazie, schmucklos, von beinahe protestantischem Aussehen. Ich habe dort wenige *Exvoto* gesehen, angesichts der hiesigen Gefahr etwas Seltsames; in den Kapellen gibt es weder Blumen noch Kerzen, kein blutendes Herz Jesu, keine herausgeputzte Heilige Jungfrau, kurz nichts von alledem, was Monsieur Michelet so sehr empört.

Vor den Festungsmauern, hundert Schritt von der Stadt entfernt, erhebt sich inmitten der Fluten die Klippe Grand Bé. Dort liegt das Grab von Châteaubriand: dieser in den Fels gehauene helle Punkt ist der Ort, den er für seinen Leichnam bestimmt hat.

Eines Abends bei Ebbe gingen wir hinüber. Die Sonne sank, das Wasser lief noch über den Sand. Am Fuß der Insel ergoss sich, wie das Haar antiker Frauen an einem großen Grabmal, der triefende Tang.

Die Insel ist unbewohnt, wo kleine Büschel violetter Blumen und große Brennnesseln ineinanderwuchern, sprießt spärliches Gras. Auf der obersten Erhebung steht eine verfallene Kasematte mit einem Innenhof, dessen alte Mauern zerbröckeln. Unterhalb dieser Trümmer hat man direkt in den Hang einen Platz von etwa zehn Fuß im Quadrat gestemmt, in dessen Mitte eine Granitplatte liegt, überragt von einem römisch-katholischen Kreuz. Das Grabmal ist aus drei Blöcken gemeißelt: einem für den Sockel, einem für die Platte, einem für das Kreuz.

Darunter wird er schlafen, mit dem Kopf zum Meer; in

dieser auf ein Riff gesetzten Ruhstatt wird seine Unsterblichkeit sein, wie sein Leben war, von den anderen verlassen und umgeben von Unheil. Jahrhundertelang werden die Wellen um dieses große Gedenken rauschen. In den Stürmen werden sie bis an seine Füße schlagen oder an den Sommerabenden, wenn die weißen Segel sich entfalten und die Schwalbe über die Meere zurückkehrt, werden sie ihm, lang und sanft, die wehmütige Wollust der Horizonte und die Liebkosung weiter Winde bringen; und wenn so die Tage vergehen, während die Fluten des Heimatufers immerfort zwischen seiner Wiege und seiner Gruft hin- und herwogen, wird das erkaltete Herz von René sich langsam im endlosen Rhythmus dieser ewigen Musik im Nichts auflösen.

Wir sind um das Grabmal gestrichen; wir haben es mit den Händen berührt; wir haben es betrachtet, als enthielte es seinen Bewohner; wir haben uns daneben auf den Boden gesetzt.

Der Himmel war rosig, das Meer still und der Wind eingeschlafen. Nicht eine Falte kräuselte die reglose Fläche des Ozeans, welche die untergehende Sonne mit ihrem Gold überschüttete; bläulich nur an den Seiten und dort gleichsam im Nebel verdunstend, war das Meer sonst überall rot und noch feuriger hinten am Horizont, wo sich, so weit man sehen konnte, ein langer Purpurstreifen erstreckte. Die Sonne hatte ihre Strahlen nicht mehr: sie waren von ihrem Antlitz gefallen, und ihr Licht im Wasser verschüttend, schienen sie darauf zu schwimmen. Sie sank und zog dabei den rosigen Ton an, den sie über den Himmel gelegt hatte, und je schwächer beide wurden, desto weiter kam das blassblaue Dunkel voran und breitete sich über das ganze Gewölbe. Bald berührte sie die Fluten, beschnitt daran ihre runde Scheibe und tauchte bis zur Mitte hinein. Für einen Augenblick sah man sie durch die Horizontlinie in zwei Hälften geteilt, eine reglos darüber, die andere zitternd und in die Länge gezogen darunter, dann verschwand sie vollends, und als an der Stelle, wo sie untergegangen war, ihr Widerschein nicht mehr wogte, war es, als habe sich plötzlich eine Traurigkeit über das Meer gelegt.

Der Strand schien schwarz. Ein Fenster, das in einem Haus der Stadt eben noch feurig blinkte, erlosch. Die Stille wurde tiefer; und doch war überall etwas zu hören: die Dünung stieß an die Felsen und sackte wieder zurück; langbeinige Mücken summten uns in die Ohren und verschwanden im Flug ihres durchsichtigen Wirbels, und das Stimmengewirr der Kinder, die am Fuße der Stadtmauer badeten, drang mit Lachen und Schreien zu uns herüber.

Wir sahen von weitem, wie sie Schwimmen übten, in die Wellen rannten, am Ufer entlangliefen.

Wir kletterten von der Klippe herunter und schritten über den Strand. Rasch kam und stieg die Flut. In den Felsmulden zitterte der Schaum oder zerstob, vom Wellensaum gehoben, in hüpfenden Flocken.

Die nackten Jungen verließen das Wasser; sie gingen zum steinigen Strand, wo sie ihre Sachen abgelegt hatten, um sich wieder anzuziehen, und ihre Füße tasteten sich über die Kiesel. Als sie in ihr Hemd schlüpfen wollten, blieb die Wäsche auf ihren nassen Schultern kleben, man sah, wie sich der helle Oberkörper ungeduldig hin und her wand, während Kopf und Arme verhüllt blieben und die Ärmel im Winde flatterten und wie Wimpel knatterten.

Neben uns kam ein Mann vorüber, dem das durchnässte Haar den Hals herabhing. Sein blanker Körper glänzte. Tropfen perlten über die krausen Locken seines schwarzen Bartes und er schüttelte sein Haar, um das Wasser herauszuschleudern. Seine breite Brust, wo ihm zwischen scharf geschnittenen Muskeln eine behaarte Furche über den Thorax lief, keuchte noch von der Anstrengung des Schwimmens und übertrug ein ruhiges Wogen auf seinen flachen Bauch, dessen Kontur zu den Seiten hin glatt wie Elfenbein war. Seine kräftigen Schenkel spielten in ununterbrochenen Wölbungen über einem feinen Knie, das, fest und markig, ein starkes, schlankes Bein hob, vollendet von einem wohlgeformten Fuß mit stumpfem Hacken und gespreizten Zehen. Er schritt langsam über den Sand.

Oh! wie schön ist die menschliche Gestalt, wenn sie in ihrer ursprünglichen Freiheit so erscheint, wie sie in den ersten Tagen der Welt erschaffen wurde! Wo soll man sie finden, maskiert wie sie jetzt ist und für immer dazu verdammt, sich nicht mehr unter der Sonne zu zeigen? Das große Wort Natur, das die Menschheit bald mit Vergötterung, bald mit Entsetzen immer wieder ausgesprochen hat, das die Philosophen ergründet und die Dichter besungen haben, wie es abhandenkommt! wie es in Vergessenheit gerät! Wenn es noch hier und da auf Erden, fern der Marktschreierbühnen und der sich drängenden Menge, sehnsüchtige Herzen gibt, die unablässig der Mangel an Schönheit quält, die stets das verzweifelte Bedürfnis in sich spüren, zu sagen, was sich nicht sagen lässt, und zu tun, was man sich erträumt, zu ihr, als Vaterland des Ideals, müssen sie doch eilen und in ihr leben. Aber wie? Auf welchem Weg? Der Mensch hat die Wälder abgeholzt, er pflügt durch die Meere, und über seinen Städten bildet der Himmel Wolken mit dem Qualm seiner Schlote. Ist es nicht sein Stolz, seine Mission, wie andere sagen, immer weiter das Werk Gottes anzugreifen und es zu übertreffen? Er leugnet es, er zerstört es, er vernichtet es, und das bis zu diesem Körper, über den er errötet und den er verbirgt wie ein Verbrechen.

Weil so der Mensch zu etwas geworden ist, das sich nur äußerst selten und schwer kennenlernen lässt (ich spreche nicht von seinem Herzen, oh ihr Moralisten!), weiß folglich der Künstler nichts von seiner Gestalt und den Eigenschaften, die sie schön machen. Wer von den erfahrensten heutigen Dichtern wüsste, was die Frau ausmacht? Wo hätte er sie je erblickt, der arme Teufel? Was konnte er in den Salons über sie erfahren, durch Korsett oder Krinoline hindurch, oder sogar in ihrem Bett, wenn er in den Pausen der Lust darüber nachsann?

Die Kunst jedoch unterrichtet den, der sie betrachtet, besser als alle Redner der Welt über die Abstufung der Proportionen, die Verschmelzung der Flächen, kurz über die Harmonie! Allein durch die Tatsache ihrer Existenz haben die antiken Völker ihr reines Blut und ihre edlen Haltungen auf die Werke der Meister übertragen. In Juvenal höre ich dunkel das Röcheln der Gladiatoren, Tacitus hat Wendungen, die an den Faltenwurf der Toga erinnern, und gewisse Verse von Horaz haben die Lenden griechischer Sklavinnen mit dem Wiegen der Hüften und kurzen und langen Akzenten, die wie antike Kastagnetten klingen.

Doch warum sich über diese Nichtigkeiten Gedanken machen? Suchen wir nicht in so weiter Ferne, begnügen wir uns mit dem, was fabriziert wird. Wird nicht heute genau das Gegenteil des Nackten, Schlichten und Wahren verlangt? Glück und Erfolg denen, welche die Dinge zu verhüllen und zu umkleiden wissen! Der Schneider ist der König des Jahrhunderts, das Weinblatt ist sein Symbol. Gesetze, Künste, Politik, überall Badehose! Verlogene Freiheiten, furnierte Möbel, Temperamalerei, das liebt das Publikum. Gebt es ihm, füllt es damit ab, stopft ihn voll, diesen Idioten.

Er wird sich auf die Radierung stürzen und das Gemälde verschmähen, die Romanze singen und bei Beethoven schlafen, den ganzen Béranger auswendig kennen und keinen einzigen Vers von Hugo!

Ein Vergnügen, zu sehen, wie er sich an seinem Tisch an den gröbsten Dingen fett frisst und am Fusel berauscht: schlichte Kost ist ihm gerade recht. Nur rasch! und morgen noch etwas Scribe, Vernet und Eugène Sue, etwas Leichtverdauliches, das keinen Platz im Bauch einnimmt, damit man mehr futtern kann!

Besonders der Mann vom Land ergötzt sich mit erbaulicher Hartnäckigkeit am Schlechten. Sein unpassender Aufzug ist deutlicher töricht, unbändiger dumm. Er legt weniger List hinein als der Städter, der zumindest die Moden, wenn nicht den Stil wechselt. In wie viel Tausenden von Exemplaren wird jährlich auf dem Land *L'Amour conjugal* und *Faublas* verkauft! Nicht gerechnet *Europa* und *Asien*, lose junge Damen mit falschen Blicken, die sämtliche Kamine schmücken.

Doch man muss die schönen Bilder des Gasthofs von Cancale gesehen haben, um zu wissen, wie das Hässliche, das Nichtswürdige und das Vulgäre auf Papier Gestalt annehmen können.

Man stelle sich fünf dunkle Holzrahmen an den Wänden eines niedrigen Saals vor, und in diesen Rahmen ein Rot, ein Blau, ein Gelb, ein Mosaik kräftiger Farben, das wie ein bunter Fleck von der weiß verputzten Wand absticht. Man nähert sich dem ersten Rahmen und liest darunter *La Demande en mariage*. Es ist ein reich ausgestatteter Raum: grüner Teppich, rote Tapete, schöne Klingelschnüre zu beiden Seiten des Kamins, der um eine Pendüle bereichert ist, welche die Zeit mit ihrer Sichel darstellt. Ein junger Mann – was für ein junger Mann! das Ideal des jungen Mannes: blauer Frack mit glänzenden Knöpfen, rosafarbene Krawatte, geradegerückt zwischen den beiden Schalkragenrevers einer Samtweste und besetzt mit einer Diamantnadel, graues Beinkleid von sehr mythologischer Enge, hübsche Schenkel, kleiner Mund, reizendes Haupthaar, lächelnd und schüchtern dreinblickend – wird von seinem Vater einer in einem Lehnsessel sitzenden Dame und einer jungen Person vorgestellt, die sich auf einem Hocker niedergelassen hat. Die mit Spitzen herausgeputzte Mutter sieht ein wenig krank, ein wenig leidend aus und lächelt mit jenem charmanten Lächeln des auf die Liebe blickenden nachsichtigen Alters. Der Vater des Zukünftigen ist ein ganz und gar untadeliger Mann: Kreuz der Ehrenlegion, weiße Krawatte – stattlich – ordentlicher Wanst. Der Vater der jungen Person ist dagegen ein äußerst gebrechlicher und ehrbarer alter Mann, beachtlich weißes Haar, schöner, dottergelber Rock mit sehr hohem, wie eine Regenrinne gewölbtem Kragen.

Alles lächelt zugleich: die Rührung, die Liebe, Vaterliebe, Mutterliebe, Kindesliebe; Freude, Hoffnung, süße Genugtuung und unbekannte Erregung werden geteilt, zerreißen, bewegen und bezaubern die Herzen.

Der zweite Rahmen stellt *Le Mariage* dar. Wir sind in der Kirche: der Priester am Altar, Kerzen, die Braut in Weiß – der Ring, den man sich auf den Finger steckt; die Mutter weint, der Vater des jungen Mannes, in einer Ecke, ist gerührt, aber lächelt; alle Frauen tragen mit Federn geschmückte Hüte; der Bräutigam in Schwarz, das Haar gekräuselt wie aus Eisen, das Beinkleid noch viel enger, sehr spitze Stiefel: ein Cherub.

Drittes Bild, *Le Bal.* Versammlung der großen Welt: aufwändiger Luxus, zwei Kronleuchter, glänzende Quadrillen, Perspektive von Füßen in sehr spitzen Tanzschuhen, deren Reihe sich endlos fortsetzt; überall Uhrketten, eine Flut von Leibbinden und Turbanen, blendende Pracht. Indessen zieht der Bräutigam seine Gefährtin beiseite und sagt ihr mit glühender Stimme: »liebe Freundin, ich kann es kaum erwarten, dass du mein Haus und mein Bett mit mir teilst, du bist mein, komm! Möchtest du noch lieblichere Feste kennenlernen als dieses, zu dem unsere Gäste uns zuliebe erschienen sind: Hymen wird sie dir zeigen …«

Viertes Bild: *Le Coucher de la mariée.* Sie wird entkleidet. Weit aufgeschlagen steht da das Bett nebst Nachttisch, Handleuchter und Streichhölzern. Die Mutter raunt ihrer Tochter

»geheimnisvolle Worte über ihre neuen Pflichten« ins Ohr. Durch die angelehnte Tür sieht man »vor Liebe brennend« den Bräutigam, der unbedingt hineinwill; doch die Brautjungfern halten ihn zurück und stellen sich einen Moment lang seinen Wünschen in den Weg, »verzehrt wie er ist von der rechtmäßigsten, reinsten, rührendsten Ungeduld«.

Fünftes Bild: *Le Lever de la Mariée.* »Das Mysterium der Venus hat sich erfüllt. Der Schoß der Gattin hat den schöpferischen Keim empfangen, der die Eheleute in neun Monaten mit neuem Glück überschütten wird.« Das Bett ist zerwühlt. Auf dem Marmor des Nachttisches sieht man die Reste einer Pastete und eine angebrochene Weinflasche. Darunter erkennt man im Nachttisch den Nachttopf, und ein Hausmädchen wirft schmutzige Wäsche in einen Schrank. Die Eltern, »gleich frühmorgens erschienen«, stürzen sich in die Arme ihrer Kinder. Die Züge der Braut sind abgespannt, ihr Haar ist aufgelöst und das Nachthemd halb aufgeknöpft: die Erläuterung bezeichnet sie im Übrigen als »vielleicht ein wenig erschöpft von den neuen Stürmen der ehelichen Vereinigung, aber glücklich und das Herz erfüllt von äußerster Seligkeit«. Der Bräutigam, strahlend, im azurblauen Schlafrock mit rotem Revers und goldener Kordel und in extraspitzen Pantoffeln aus violettem Samt, eröffnet seinem immer noch lächelnden Vater »die Reize der vergangenen Nacht«, und die Braut gesteht ihrer Mutter »den Rausch, den sie erlebt hat«. Letztere verpflichtet sie »zu der Reinheit, der Keuschheit, welche die Grundlage der Staaten sind und für Jahrhunderte das Glück einer Familie bilden«.

Um Luft zu schöpfen, gingen wir auf den Quai, der in schönem Sonnenlicht lag. Der Strand war bei Ebbe ganz grau, wegen des Schlamms, der ihn bedeckte und auf seinem glatten Bett, starr wie eine Cremespeise, hatten die in allen erdenklichen Stellungen gestrandeten leeren Boote ihre Netze ausgespannt, die oben auf den Masten trockneten; aus dem Holz der Kähne trat in schwarzen Tropfen der Teer. In dem vom Sonnenlicht durchdrungenen Nebel erhob sich mitten im Meer der Mont-Saint-Michel, eine bläuliche Kuppel mit gezackten Spitzen; rechts verlängerten die Küsten der Normandie mit ihrer hügeligen Linie die riesige Kurve der Bucht, wurden nach und nach immer flacher und verschmolzen am Horizont ihre vagen Konturen mit dem Weiß leichter Dunstwolken.

Wir glitschten über den lauwarmen Schlick, wo unsere nackten Füße bis zum Knöchel einsanken; in den von Kiesquadraten umgebenen Wasserlachen schliefen hier und da ein paar Austern in ihren grünen Schalen, wie Leute, die bei geschlossenen Jalousien Mittagsruhe halten.

Um zur Klippe von Cancale zu gelangen, stiegen wir in eine Schaluppe. Man setzte das Segel, das sich in seiner ganzen Höhe entfaltete und uns mit seinem Schatten bedeckte. Es spiegelte sich im Wasser. Sachte, geräuschlos – zogen wir langsam davon.

Die Klippe hat zwei unterschiedliche Spitzen, oder vielmehr sind es zwei Klippen, getrennt von einer Spalte, durch welche die Flut schlägt. Sie besteht aus aufgehäuften Felsblöcken; dort wachsen Tamarinden, Quendel und Heidekraut. Die Karnickel, die sie bewohnen, stürzen erschrocken heraus, wenn man Kiesel ins Gestrüpp wirft.

Als wir bis oben geklettert waren, uns an mehreren Stellen niedergelassen hatten und überall umherspaziert waren, kehrten wir zurück zu der Schaluppe, die uns eine Viertelstunde später auf dem Kiesstrand unter der Steilküste absetzte.

Sie bricht in einem Winkel ab und gibt unerwartet den Blick auf das an einem Quai aus Naturstein schnurgerade aufgereihte Dorf CANCALE frei. Rücklings auf dem Sand ausgestreckt, den Hut über den Augen, die Arme zum Kreuz ausgebreitet, blieb ich dort gute anderthalb Stunden auf dem Boden liegen, um meine zerlumpte Kleidung in der Sonne zu trocknen und Eidechse zu spielen … Man spürt seinen matten, trägen, leblosen Körper, fast Teil der Erde, der er sich überlässt, während die Seele dagegen, in weite Ferne ausgeflogen, wie eine verirrte Feder durch die Welten flattert.

Als ich den Kopf hob, war der Ufersaum fort; unversehens hatte ihn die Flut bedeckt, und jetzt richteten sich die eben noch reglosen Boote wieder auf und wurden wieder flott unter dem Rollen der langen Wellen, die wie fortwährende Überschwemmungen eine über der anderen herandrängten und mit ihrem vollen Tempo auf diesen flachen Strand liefen, wo sie sich endlos ausbreiteten.

Kähne voller Menschen begegneten sich, leerten sich, kehrten zurück zum Quai: man brach zum Angeln auf; man hing die Ruder ein; man schlug die Dollen fest; man hisste die Segel; man sah die Schiffe kreuzen, um sich vor den Wind zu legen, auseinanderdriftend jedes seinen Kurs aufzunehmen und auf die offene See zu entschwinden.

Während unsere Pferde angeschirrt wurden, um uns zurück nach Saint-Malo zu bringen, hielten wir es für angebracht, Austern zu essen und einen letzten Blick auf die Bilder zu werfen. Die Wirtin war eine schwarzgekleidete, arme Frau, die in der letzten Woche ihren Mann und vor drei Tagen ihre Tochter verloren hatte. Reglos und ohne sich um die Kundschaft zu kümmern, hockt sie in einem Sessel mit Strohgeflecht in der Fensternische, um durch die Scheiben aufs Meer hinauszuschauen, wo das Boot ihres Mannes nicht mehr auftaucht, und auf diesen leeren Quai, wo jetzt die Kinder der andern spielen.

Über die famosen Radierungen wird sie nicht gerade lachen.

Ich kann mir jedoch vorstellen, dass das Dienstmädchen

daran Gefallen finden und sich daran weiden wird. Wahrscheinlich begehrt sie erst einmal den Schmuck, der darauf zu sehen ist, und träumt dann von Königinnenglück, von irgendeinem sinnenfrohen und begüterten Leben, schimmernd in der Farbe der Kaschmirschals und zuckersüß wie Sirup, mit einem gut gekleideten, schönen Geliebten und Liebesnöten in holländischen Leinenlaken.

Ein betrunkener Matrose kam singend ins Wirtshaus und verlangte etwas zu trinken. Da er keine Antwort bekam, hieb er heftig mit der Faust auf den Tisch, was die Tellerstapel scheppern ließ. Die schwarze gute Frau drehte sich zu ihm um und fragte:

»Was wünschen Sie?«

Mit seinem Lied fortfahrend erwiderte er, dass er etwas trinken müsse.

Sie unterbrach ihn mit einer Handbewegung und sagte zu ihm:

»Sie wissen, dass mein Herz in zu tiefer Trauer ist. Hier wird nicht gesungen; gehen Sie!«

Und flehend sagte sie nochmals angewidert und nachdrücklich:

»Oh! ich bitte Sie, gehen Sie, gehen Sie!«

Er hielt inne, ließ seinen schwachsinnigen Blick über die Wände schweifen und ging dann hinaus, indem er sich an der Tür stieß, wo er sogleich wieder aus voller Kehle zu grölen begann.

In Saint-Malo trafen wir im Hof unseres Hotels wieder auf Madame Maillard, wie gewöhnlich unter ihrem verglasten Schuppendach sitzend, während sie mit ihren von Ringen geschwollenen Fingern auf einer Küchenschürze, die sie über ihren gelben Morgenrock gezogen hatte, Erbsen enthülste.

Als wir sie eines Morgens bei unserer Ankunft zum ersten Mal sahen (sie stand da und ließ ihren Schlüssel auf ihrem Zeigefinger kreisen), mit ihren wunderbar sanften und schönen und unter einer langen Braue zu den Schläfen hin geschweiften schwarzen Augen, mit ihrer schlanken, hinten mit sämtlichen Lügen des Textilgewerbes stark aufgepolsterten Figur, mit den smaragdgrünen Knöpfen auf ihrer Batistbluse, den vor ihrem dünnen Hals baumelnden Ohrringen, einer auf ihren Schlüsselbeinen klingelnden Kette und ihrer Uhr mit Berlocken, ihrem goldenen Lorgnon, ihren Broschen und Kameen; mit ihrem so locker über den Körper fallenden, so sprechenden, dekolletierten, gelben Kleid und der Pomade auf dem gescheitelten Haar und dem Lächeln, das ihren Mund mit den verdorbenen Zähnen beinahe hübsch machte, fassten wir zugegebenerweise ein Vorurteil, das für ihre Sitten ungünstig, für das Hotel jedoch sehr günstig ausfiel. Die grünen Sträucher im Hof, die Blumensträuße, die in Porzellanvasen arrangiert wurden, die aufgeblühte Kapuzinerkresse, die um die Fenster rankte, und die Silberborte unserer Bettvorhänge, bis hin zu den in ihrer Wasserkaraffe schwimmenden Goldfischen, all das hatte irgendetwas venezianisch, andalusisch, odaliskenhaft und erfrischend positiv Weibliches, das man nach dem ganzen Ödland der Armorika mit Freuden wiederfand.

Dumme Vermutung! Weit gefehlt! Madame Maillard ist die beste Familienmutter der Welt und die zärtlichste Gattin des Départements, einschließlich der Inseln vor der Küste. Sie hat vierzehn Kinder, die sie zur Arbeit und zu guten Grundsätzen anhält. Ihre älteste Tochter macht die Desserts und ihr zweiter Sohn ist nach Jersey aufgebrochen, um Englisch zu lernen, damit er eines Tages zu Hause als Dolmetscher dienen kann.

Sie hat ihrem Etablissement einen Kuriositätenladen beigefügt, wo sie sich der beharrlichsten Werbung gegenüber dem Fremden widmet, damit er ihr ihre Teller aus Japan, ihre englische Spitze, ihre ausgestopften Kolibris oder ihre dicken

Fayencen abkauft, die sie naiv als Palissy ausgibt. Im unteren Teil eines Schrankes zeigt sie einem ein halbes Dutzend zusammenhangloser Schmöker, darunter den zweiten Band von Dom Morice, den sie für einen ihrer Söhne aufhebt, wenn sich später herausstellt, dass er Geschichte studieren möchte, »denn das ist eine schöne Wissenschaft und es ist hübsch für einen Mann, sich darin auszukennen«.

Ab und an verlässt sie einen beim Geräusch einer Klingel, die ihr Hotel mit ihrem Laden verbindet; dort verbringt sie ihr Leben, verkauft, kauft und verkauft wieder, arrangiert, wischt, legt überall Hand an. Ihr Mann kennt sich nicht damit aus: in Bezug auf Kunst ist er ein Tölpel.

Nur dieser Laden war die Ursache unserer falschen Diagnostik; tatsächlich trägt sie dort die schönsten Stücke am Körper, damit sie sie gleich dem Liebhaber feilbieten kann: heute ein Armband, abends eine Halskrause, morgen eine Damentasche. Was man da für ein Laster halten würde, ist bloß hochanständige Spekulation. Sie schmückt ihren Körper nicht, um ihn besser zu verkaufen, sondern um eine Etagere daraus zu machen.

Und doch hieß es Abschied nehmen. Und so brachen wir eines Morgens, nach äußerst liebenswürdigen Adieus, aus Saint-Malo auf, um abends in Pontorson zu übernachten.

Die Kathedrale von Dol, die am Wege liegt, ist eine Kirche mit schönem Stil, der eine Empore mit Öffnungen in Kleeblattform eine bezaubernde Anmut verleiht; ohne Zierrat, doch bereits reich durch ihre hohen Abmessungen, erinnert sie mit ihrem strengen Spitzbogen sehr wohl an den erzbischöflichen Status ihrer Bischöfe, deren Nachkommen noch ihren von oben bis unten vergoldeten Krummstab im Altarraum stehen haben.

Früh in Pontorson angelangt, kamen wir bald ins Gähnen und vertrieben uns aus Langeweile die Zeit auf einer Pappelpromenade an einem kleinen Fluss, der durch das dichte Gesträuch und dürre Schilf der Sümpfe fließt. Die Aussicht endet an einer Uferbiegung oder schweift, unschlüssig und ohne irgendetwas Vergnügliches, über eine flache Steppe, die regelmäßig von langen Baumreihen durchbrochen ist.

Da man am Vorabend einen Stör gefangen hatte, tauchten drei oder vier am Rande des schlammigen Wassers postierte Leute aus dem Ort ein großes, viereckiges Netz ein und zogen es wieder empor, während sie jeden Moment erwarteten, die Maschen unter dem erträumten Fang reißen zu spüren. Als wir dem ganzen Wechselbad ihrer Hoffnungen und Misserfolge lange genug zugesehen hatten, schlugen wir wieder den Weg zum Wirtshaus ein, um uns zum Diner zu begeben.

Die Straße von Pontorson nach Mont-Saint-Michel ist durch den Sand ermüdend. Unsere Postkutsche (denn wir fahren auch mit der Postkutsche) wurde alle Augenblicke von einer Menge von Karren aufgehalten, alle beladen mit einer grauen Erde, die in diesen Gefilden gestochen und irgendwohin gebracht wird, um als Dünger zu dienen. Es werden immer mehr, je näher man dem Meer kommt, und so ziehen sie etliche Meilen einer nach dem anderen dahin, bis man schließlich die einsamen Ufer entdeckt, von denen sie kommen. Auf dieser weißen, endlosen Fläche, wo die konisch errichteten Erdhügel von weitem wie Hütten aussahen, erinnerten uns all diese Fuhrwerke, deren schwankende, lange Reihe sich in der Ferne verlor, an irgendeine Barbarenemigration, die sich in Bewegung setzt und ihre Ebenen verlässt.

Der leere Horizont dehnt sich, weitet sich und verbindet schließlich seine kreidigen Böden mit dem Gelb des Strandes. Der Boden wird fester; Salzgeruch schlägt einem entgegen; man möchte meinen, es sei eine Wüste, aus der sich das Meer zurückgezogen hat. Lange Sandbänke, eine flach über die andere geschoben, setzen sich in vagen Strukturen unendlich fort und fälteln sich geheimnisvoll in langen, geschwungenen Linien, gewaltige Arabesken, die der Wind zu seinem Vergnügen auf ihre Oberfläche zeichnet. Die Meeresfluten sind fern, so weit zurückgezogen, dass man sie nicht mehr sieht, dass man ihr Rauschen nicht mehr hört; doch da ist irgendein undeutliches, unfassbares, ätherisches Murmeln, wie die Stimme der Einsamkeit selbst, und vielleicht ist es nur das Ohrenbetäubende dieser Stille.

Vor einem steht ein hoher, runder Felsen, stemmt, am Fuß versehen mit Mauern voller Schießscharten, am Gipfel gekrönt von einer Kirche, seine Türme in den Sand und hebt seine Dachreiter in den Himmel. Riesige Strebepfeiler, welche die Seiten des Bauwerks halten, stützen sich auf einen von felsigen Partien und wildem buschigem Grün überzogenen Steilhang. Wo gerade Platz war, ragen übereinander auf halber Höhe ein paar Häuser über den hellen Ring der Mauer und setzen unter der grauen Masse der Kirche ihr kräftiges Bunt zwischen diese beiden großen einheitlichen Farbflächen.

Die Postkutsche fuhr vor uns her; wir folgten ihr in weitem Abstand in der Furche der von ihren Rädern gegrabenen Wagenspuren. Sie verschwand in der Ferne und ihr entfliehendes Verdeck, das als einziges noch zu erkennen war, sah aus wie eine über den Meeresstrand kriechende dicke Krabbe.

Hier und da floss in Strömen das Wasser; man musste einen Bogen machen, oder es gab Stellen mit Schlick, die sich unversehens zeigten und ihre mäandernden Windungen in den Sand fügten.

Neben uns her wanderten zwei Pfarrer, die ebenfalls den Mont-Saint-Michel besichtigen wollten. Da sie fürchteten, ihre neuen Roben zu beschmutzen, rafften sie sie ringsherum hoch, um über die Rinnsale zu kommen, und sprangen, sich auf ihre Spazierstöcke stützend, hinüber. Ihre silbernen Schnallen waren grau vor Schlamm, den die Sonne nach und nach trocknete, und ihre durchweichten Schuhe klafften Wasser spritzend bei all ihren Schritten auf.

Und dennoch wurde der Mont größer. Wir erfassten ihn mit einem Blick und sahen zum Zählen genau die Dachschindeln, die Massen von Brennnesseln auf den Felsen und ganz oben die grünen Lamellen der Jalousie eines zum Garten des Gouverneurs hinausliegenden kleinen Fensters.

Das erste Tor, schmal und als Spitzbogen gebaut, öffnet sich vor einer Art zum Meer hinunterführenden Fahrbahn aus dicken Kieselsteinen; auf dem verwitterten Wappen des zweiten stellen in den Stein gemeißelte Wellenlinien offenbar Wasserfluten dar. Zu beiden Seiten sind riesige Kanonen am Boden postiert, bestehend aus Eisenbarren, verbunden mit gleich großen Reifen. Eine hat noch ihre Granitkugel im Maul. Durch Louis d'Estouteville 1423 von den Engländern erobert, stehen sie dort seit vier Jahrhunderten.

Fünf oder sechs gegenüberliegende Häuser bilden die ganze Straße. Ihre Reihe endet, und an zum Schloss hinaufführenden steilen Pfaden und Treppen setzen sie sich in zufälliger Folge und schwindelnder Höhe eines über das andere getürmt fort.

Um dorthin zu gelangen, steigt man zunächst auf den Mittelwall, dessen Mauer der unteren Behausung den Blick aufs Meer verdeckt. Unter den rissigen Steinplatten erscheint das Erdreich; zwischen den Schießscharten grünt das Unkraut und in den Bodensenken breiten sich Urinpfützen aus, die den Stein zerfressen. Die Festungsmauer windet sich um die Insel und steigt absatzweise an. Ist man an der Burgwarte im Winkel zwischen den beiden Türmen vorüber, zeigt sich ein gerades Treppchen. Während man Stufe für Stufe hinaufsteigt, sinken die Dächer der Häuser, deren baufällige Kamine hundert Fuß unter einem rauchen, immer tiefer. In den Bodenluken sieht man an einer Stange die aufgehängte Wäsche mit geflickten roten Lumpen trocknen, oder zwischen dem Dach und dem Erdgeschoss eines anderen Hauses einen kleinen Garten von der Größe eines Tisches in der Sonne schmoren, wo die vor Durst vergehenden Lauchpflanzen mit den Blättern auf der grauen Erde liegen; aber die andere Seite des Felsens, die, die zur offenen See hinausgeht, ist kahl, öde und so steil, dass die Sträucher, die da wachsen, Mühe haben, sich dort zu halten, und ganz gebeugt über dem Abgrund kurz vorm Hinunterstürzen scheinen.

Wenn man sehr weit oben ungestört die Blicke schweifen lässt und so die größte Weite genießt, an der sich ein menschliches Auge nur laben kann, wenn man aufs Meer schaut und die Küstenlinie ihre ungeheuere bläuliche Kurve schlagen sieht oder die Mauer der Merveille mit ihren sechsunddreißig riesigen Strebepfeilern über dem senkrechten Hang, und wenn einem dann ein Lachen der Bewunderung um den Mund zuckt, hört man plötzlich in der Luft das scharfe Klacken von Webstühlen. Es wird Leinwand gefertigt. Das Weberschiffchen fliegt, saust, schießt durch die Fäden; alle legen sich ins Zeug; ein einziges Getöse.

Zwischen zwei dünnen Türmchen, die zwei Kanonenrohre auf ihren Bodenstücken waren, öffnet sich das Eingangstor des Schlosses zu einem langen Gewölbe, in dem eine Treppe aus Granit verschwindet. In der Mitte ist sie, von zwei düsteren Lichtquellen kaum erleuchtet, immer im Dunkeln; die eine kommt von unten, die andere fällt von oben durch die Zwischenräume des Fallgatters herab: es ist, als sinke ein Keller auf einen hernieder.

Der Wachposten befindet sich am Eingang oben an der großen Treppe. Das Klopfen der Gewehrkolben hallte samt der Stimme der zum Appell rufenden Sergeanten unter den Gewölben. Man rührte die Trommel.

Unterdessen brachte uns ein Aufseher unsere Pässe, die

der Herr Gouverneur hatte sehen wollen. Er bedeutete uns, ihm zu folgen. Er öffnete Türen, schob Riegel zur Seite, führte uns durch ein Labyrinth von Fluren, Gewölben, Treppen; man findet sich nicht zurecht, da ein einziger Besuch nicht ausreicht, um die komplizierte Anlage all dieser miteinander verbundenen Bauten zu verstehen, wo alles vorhanden ist, Festung, Kirche, Abtei, Gefängniszellen, Kerker, vom romanischen Stil des XI. Jahrhunderts bis zum gotischen Flamboyant des XVI. Jahrhunderts. Nur durch ein Fenster und auf Zehenspitzen konnten wir den Rittersaal sehen, der jetzt als Weberei dient und aus diesem Grund für Besucher nicht zugänglich ist. Wir erkannten nur vier Reihen von Säulen mit Kapitellen, geschmückt durch Kleeblattkreuze und ein Gewölbe tragend, über das sich vorspringende Rippen ziehen. In Höhe von zweihundert Fuß über dem Meer ist der Kreuzgang auf diesem Rittersaal errichtet. Er besteht aus einer viereckigen Galerie, gebildet von einer Dreierreihe kleiner Säulen aus Granit, aus Tuffstein, aus Granitellomarmor oder aus Stuck von gemahlenen Muscheln. Akanthus, Distel, Efeu und Eichblatt winden sich um ihre Kapitelle; zwischen jedem Spitzbogen in Mitraform hebt sich im Licht eine Kleeblattrosette ab. Man hat daraus den Hof für die Gefangenen gemacht.

Vor diesen Wänden, wo man einst den Tonsurschädel der arbeitsamen alten Benediktiner träumen sah, zieht die Mütze des Aufsehers vorüber; und der Holzschuh des Häftlings klappert auf diesen Steinplatten, über welche die Kutten der Mönche strichen, erhöht durch die dicken Ledersandalen, die sich unter ihren nackten Füßen bogen.

Die Kirche hat einen gotischen Chor und ein romanisches Schiff: da waren beide Baustile, als sollten sie in Größe und Eleganz miteinander wetteifern. Im Chor ist der Fensterbogen hoch, spitz, aufgeschossen wie ein Streben nach Liebe; im Schiff öffnen die Arkaden eine nach der anderen ihre übereinanderliegenden runden Halbkreise und auf der Mauer steigen kleine Säulen empor, die schnurgerade aufstreben wie Stämme von Palmen; sie stützen ihren Fuß auf viereckige Pfeiler, krönen ihre Kapitelle mit Akanthusblättern und setzen sich darüber in mächtigen Rippen fort, die sich unter dem Gewölbe biegen, kreuzen und es stützen.

Es war zwölf Uhr mittags. Durch die offene Tür fiel das helle Tageslicht herein und ließ seine Ströme über die düsteren Wände des Bauwerks rieseln.

Das vom Chor durch einen großen Vorhang aus grüner Leinwand getrennte Kirchenschiff ist mit Tischen und Bänken versehen, denn man *nutzte* es als Refektorium.

Wenn die Messe gelesen wird, zieht man den Vorhang beiseite, und die Verurteilten nehmen, wo sie essen, am Gottesdienst teil, ohne ihre Ellbogen von der Stelle zu bewegen: schlau erdacht.

Um die Plattform, die sich im Westen der Kirche befindet, um zwölf Meter zu vergrößern, hat man die Kirche einfach verkürzt; da man aber wieder irgendeinen Eingang bauen musste, ist ein Architekt auf die Idee gekommen, das Kirchenschiff mit einer Fassade im griechischen Stil abzuschließen; als ihn dann vielleicht das schlechte Gewissen plagte oder er, was glaubwürdiger ist, sein Werk verfeinern wollte, hat er nachträglich Säulen mit Kapitellen hinzugefügt, die »ziemlich gut dem XI. Jahrhundert nachempfunden sind«, wie die Hinweistafel sagt. Schweigen wir und senken wir den Kopf; jede Kunst hat ihre eigene Lepra, ihre tödliche Schande, die ihr das Antlitz zerfrisst: die Malerei hat das Familienporträt, die Musik hat die Romanze, die Literatur hat die Kritik und die Architektur hat den Architekten.

Die Gefangenen marschierten über die Plattform, alle in einer Reihe, einer hinter dem anderen, mit verschränkten Armen, ohne ein Wort, kurz in der schönen Anordnung, die wir in Fontevrault betrachtet hatten: es waren die Kranken aus dem Lazarett, die man an die Luft brachte und denen man so Zerstreuung bietet, um sie zu heilen.

Einer von ihnen hob die Füße höher als die anderen, hielt sich an der Jacke des Gefährten fest, der vor ihm war, und folgte stolpernd dem Zug: er war blind! der arme Kerl! Gott hindert ihn am Sehen, und die Menschen verbieten ihm zu sprechen.

Und doch sah er sanftmütig aus, und sein Gesicht mit den geschlossenen Augen lächelte unter den warmen Strahlen der Sonne.

Nachdem wir unseren Aufseher entlohnt hatten, der uns als Dankeszeichen das Grinsen einer Tigerkatze schenkte, stiegen wir die Treppen wieder hinunter und waren fünf Minuten darauf im Dorf, wo die vor den Türen sitzenden Frauen auf ihren Knien Netze knüpften.

Für den Weg nach Tombelaine, einer Klippe, die eine halbe Meile vom Mont-Saint-Michel entfernt ist und wie er mitten im Meer liegt, nimmt man einen Führer, um nicht in die Ebbströmung zu geraten. Selbst an ungefährlichen Stellen spürt man, wenn man stehenbleibt, wie man im Sand versinkt, der zu brodeln und an einem aufzusteigen beginnt. In zehn Minuten ginge er einem bis zum Bauch, in einer halben Stunde bis zu den Schultern.

Wenn man die Priele durchquert, fließt einem das reißende Wasser mit der Wut eines Wildbachs durch die Beine. Es würde einem schwindelig, wenn man ihm länger zuschaute. Auf allen Seiten, ringsum, nichts als Sand, eintönige weite Flächen, die sich hintereinander fortsetzen und entschwinden; aber wenn man sich umdreht, wirkt der Mont so nah, dass er einen zu verfolgen scheint. Man sieht ihn voll und ganz, mit seinen Häusern unten, seinen an die Hänge gekrallten Sträuchern und seiner Kirche ganz oben.

Tombelaine ist ein flach auf den Fluten liegendes Eiland aus Granit. Im Gras am Boden erkennt man noch Reste von Fundamenten und auf ganzer Länge der Klippe zwei parallele Spuren wie Fahrrinnen.

Hierher hatte Montgomery das Raubgut aus den katholischen Kirchen bringen lassen. Er prägte hier Geld. Die schönen nagelneuen Goldtaler sind über diese Steine gesprungen, wo sich in Gewitterstürmen erschöpft die Kormorane niederlassen.

Bis zur Revolution brannte eine ewige Lampe in einer kleinen Kapelle, von der nichts übrig ist.

Tombelaine! woher stammt dieser Name? Ist es der des jungen Mädchens, das seinem mit König Wilhelm auf Eroberung gezogenen Geliebten nicht folgen konnte und lange auf einem Felsen auf ihn wartete, bis sie schließlich vor Schmerz starb und hier begraben wurde? Oder ist es der der Mutter von König Hoel, die ihren Eltern von einem spanischen Granden geraubt, hierher verschleppt, geschändet und ermordet worden sein soll? Eine geheimnisvolle Frauen- und Liebesgeschichte, die über dieser Klippe schwebt!

Während wir abends beim Diner saßen, kam eine vom Pfarrer angeführte Prozession von Kindern singend unter unseren Fenstern vorüber; sie hielten Kerzen in den Händen und marschierten zu zweien, sie gingen die von der Straße auf die Ringmauer führende Treppe hinauf. Mit den Lichtern der Fackeln sah man die weißen Kleider der kleinen Mädchen emporsteigen und hörte, wie sich die Stimmen entfernten.

Als die Nacht hereinbrach, waren wir auf den Türmen, um zu sehen, wie die Sonne unterging; wir plauderten dort mit einem alten Seemann, der, auf die Brüstung gestützt, wie wir zur Verdauung seine Pfeife rauchte. Er hatte lange Reisen gemacht, war in Kochinchina und Indien gewesen, hatte Japan und das Weiße Meer besucht. Er erzählte uns von den Ländern, die er gesehen hatte, während die steigende Flut an den Fuß der Türme schlug, die Sterne aufflammten und ab und an die entfernte Stimme der Wachen mit ihrem »Stillgestanden!« im Dunkel widerhallte.

Als sich der Meeresboden am nächsten Morgen von neuem entblößt hatte, brachen wir vom Mont bei strahlendem Sonnenschein auf, der das Lederverdeck des Wagens über unseren Köpfen zum Glühen brachte. Es ging im Schritt voran; die Riemen knarrten, die Räder gruben sich in den Sand. Am Ende des Watts, als die Grasnarbe erschien, habe ich aus der kleinen Luke geschaut, welche die Wagen hinten haben, und dem Mont-Saint-Michel Adieu gesagt.

Um nach Combourg zu fahren, muss man zurück nach Dol. Es war der dicke Postmeister von Pontorson, der uns eigenhändig dorthin brachte. Auf dem Spritzleder seines Klapperkastens sitzend (wir hatten unsere Equipage verlassen), die beiden Füße auf die Deichsel gestützt, im Hemd und die Pfeife zwischen den Lippen, brachte er seine beiden Apfelschimmel in scharfen Trab und ließ seinen Perpignan knallen. Schon wenn er in der Ferne Wagen sah, rief er ihnen zu, sie sollten halten, wobei er die beschimpfte, die keinen Platz machten, und die beschimpfte, die Platz machten, Erstere in vollem Ernst, die Zweiten zum Spaß, brüllend, fluchend, erbittert und scherzhaft, ein Despot der Landstraße, als wäre sie sein Privatbesitz.

Von Dol nach Combourg hatten wir dagegen zum Lenken unseres Tilbury einen armen Kerl, der kaum seine Zügel hielt und von der Hitze überwältigt vor sich hin dämmerte; wir aber plauderten, so dass wir kaum daran dachten, uns umzuschauen.

Ein Brief des Vicomte de Vesin sollte uns Zutritt zum Schloss verschaffen; und so begaben wir uns gleich nach unserer Ankunft zu Monsieur Corvesier, der sein Verwalter ist.

Man führte uns in eine große Küche, wo eine stark von den Blattern gezeichnete Mamsell in Schwarz, die vor kurzsichtigen Glubschaugen eine Schildpattbrille trug und Johannisbeeren in eine Schüssel rebelte; der Marmeladenkessel stand auf dem Feuer und man war dabei, mit Flaschen Zucker zu zerdrücken: *offensichtlich störten wir.* Nach ein paar Minuten kam jemand herunter, um uns zu sagen, Monsieur Corvesier, der krank und vor Fieber schlotternd in seinem Bett lag, bedaure sehr, uns nicht zu Diensten stehen zu können, er lasse sich uns jedoch empfehlen. Sein Gehilfe, *der eben von Besorgungen zurückgekehrt war* und in der Küche seinen Imbiss nahm, indem er ein Glas Cidre trank und ein Butterbrot verspeiste, bot sich indes an seiner Stelle an, uns das Schloss zu zeigen. Er legte seine Serviette hin, sog an seinen Zähnen, um sie zu säubern, steckte seine Pfeife an, nahm ein an einem Nagel hängendes Schlüsselbund und begann vor uns her ins Dorf zu laufen.

Nachdem man an einer hohen Mauer entlanggegangen ist, tritt man durch ein rundes, altes Tor in den stillen Hof eines Pachtguts. Der Feuerstein schiebt seine Spitzen aus der gestampften Erde, wo sich dürftiges Gras zeigt, beschmutzt von dem Mist, den man fährt. Es war niemand zu sehen. Die Ställe waren leer. In den Schuppen hockten die Hühner auf den Wagendeichseln und schliefen, den Kopf unter den Flügeln. Vor den Gebäuden dämpfte die aus den Scheunenböden gefallene Spreu das Geräusch der Schritte.

Vier durch Mittelwälle verbundene dicke Türme zeigen unter ihren spitzen Dächern die Löcher ihrer Zinnen, die den Stückpforten eines Schiffes gleichen; und die Schießscharten in den Türmen sowie kleine Fenster hier und da im Hauptteil des Schlosses bilden unregelmäßige schwarze Öffnungen im Grau der Steine. Eine breite Freitreppe von ungefähr dreißig Stufen steigt gerade zur ersten Etage empor, die für die Zimmer im Inneren zum Erdgeschoss geworden ist, seitdem man die Wassergräben zugeschüttet hat.

»Die gelbe Levkoje« wuchs dort nicht, aber Mastixbäume und Brennnesseln samt grünlichem Moos und Flechten. Neben einem kleinen Turm links hat eine Gruppe von Kastanienbäumen sein Dach erreicht und beschirmt ihn mit seinem Laubwerk.

Als der Schlüssel sich im Schloss gedreht und die mit Fußtritten aufgestoßene Tür lange auf dem unebenen Steinboden gekreischt hatte, traten wir in einen dunklen Korridor, der voller Bretter und Leitern, Fassreifen und Schubkarren stand.

Dieser Gang führt einen zu einem kleinen Hof, der von den Innenmauern des Schlosses umgeben und durch die Dicke der Mauern beengt ist. Das Tageslicht kommt nur von oben, wie in einem Gefängnis. In den Ecken rinnt tropfenweise Feuchtigkeit über die Steine.

Eine weitere Tür wurde geöffnet: dies war ein hallender leerer, weiter Saal; die Steinplatten am Boden sind an tausend Stellen gebrochen. Man hat die alte Täfelung neu bemalt. Durch die großen Fenster warf der Grünton der gegenüberstehenden Bäume einen fahlen Widerschein auf die geweißte Wand. Zu ihren Füßen liegt weit ausgebreitet im Gras zwischen Schilfrohr der See; unter den Fenstern sind in den alten Beeten Liguster, Akazien und Flieder durcheinandergewachsen und bedecken mit ihrem wilden Dickicht die Böschung, die sich bis zur Landstraße senkt; sie läuft über das Seeufer und dann weiter in den Wald.

Nichts war zu hören in dem verlassenen Saal, wo sich einst zu dieser Stunde das Kind, das *René* schrieb, auf die Fensterbänke setzte. Der Gehilfe rauchte seine Pfeife und spuckte auf den Boden. Sein Hund, den er mitgebracht hatte, strich nach Mäusen schnüffelnd umher, und die Krallen seiner Pfoten klackten auf den Steinplatten.

Wir sind die Wendeltreppen hinaufgestiegen. Der Fuß strauchelt. Man tastet sich mit den Händen voran. Auf den abgewetzten Stufen ist Moos gewachsen; oft dringt ein Lichtstrahl durch die Mauerspalten, fällt senkrecht hinein und lässt irgendeinen grünen Halm aufleuchten, der von weitem im Dunkeln blitzt wie ein Stern. Wir sind überall umhergeirrt: durch die langen Korridore, auf den Türmen, auf dem schmalen Mittelwall, wo die Löcher der Schießscharten den Blick nach unten in den Abgrund ziehen.

Zum Innenhof liegt in der zweiten Etage eine niedrige kleine Kammer, deren mit erhabenen Rillen verzierte Eichentür sich mit einem eisernen Türdrücker öffnet. Die Deckenbalken, die man mit der Hand erreicht, sind wurmstichig vor Alter; die Latten schauen aus dem Gips der Wand, die große Schmutzflecken hat; die Fensterscheiben sind vom Netz der Spinne verdunkelt und ihr Rahmen von Staub überzogen. Dies war sein Zimmer. Es hat Aussicht nach Westen zur untergehenden Sonne.*

Wir setzten unseren Weg fort. Wir gingen weiter und weiter; wenn wir an einer Bresche, einer Schießscharte oder einem Fenster vorüberkamen, wärmten wir uns an der Hitze, die von außen hereindrang, und dieser plötzliche Wechsel machte diesen ganzen Verfall noch trauriger und kälter. In den Zimmern bricht das verfaulte Parkett ein, das Tageslicht fällt durch die

---

* Vor ein paar Jahren hat ein Fremder das Zimmer von Châteaubriand besichtigt und auf die Tür Verse von Hugo geschrieben: welche, konnte man mir nicht sagen. Sobald der jetzige Besitzer (der Neffe des Dichters) davon erfuhr, ließ er einen Tischler kommen und sie mit dem Hobel entfernen, »denn er verabscheut Victor Hugo und seinen Onkel, ausgenommen *Le Genie du Christianisme*« (berichtet von Monsieur Corvesier selbst).

Kamine über die geschwärzte Platte, wo der Regen lange grüne Spuren hinterlassen hat. Die Decke im Salon lässt ihre Kreuzblumen herabregnen und das Wappen über der Türverkleidung ist in Stücke gebrochen. Als wir dort standen, kam plötzlich ein Vogelschwarm herein, wirbelte schreiend umher und entfloh durch den Kamin.

Abends waren wir am Ufer des Sees, auf der anderen Seite, in der Wiese; er verlandet, er wird immer kleiner; bald wird er verschwunden sein und wo jetzt die Seerosen zittern, wird Korn wachsen. Die Nacht brach herein; das von seinen vier kleinen Türmen flankierte und von seinem Grün umrahmte Schloss breitete hoch über dem Dorf, das es erdrückt, seine dunkle Masse aus; die untergehende Sonne, die davorglitt, ohne es zu erreichen, ließ es schwarz aussehen, und ihre über den See streichenden Strahlen verloren sich im Dunst über den violetten Wipfeln der reglosen Bäume.

Am Fuß einer Eiche im Gras sitzend, lasen wir *René*. Wir waren vor jenem See, wo er die flinke Lerche über dem schwankenden Schilf betrachtete, im Schatten jener Bäume, wo er über den verregneten Hügeln auf den Regenbogen lauerte. Wir hörten jenes Rauschen der Blätter, jenes Plätschern des Wassers im Wind, die ihr Murmeln mit dem Klagelied seiner kummervollen Jugend vermischt haben. Je mehr Dunkelheit auf die Seiten des Buches fiel, desto stärker ergriff die Bitterkeit der Sätze unsere Herzen, und mit Entzücken gingen wir auf in einer mir unbekannten Weite, Melancholie und Süße.

Neben uns kam ein Karren vorüber und ließ seine rasselnde Achse in den Wagenspuren klappern. Es duftete nach geschnittenem Heu. Man hörte den Lärm der im Sumpf quakenden Frösche. Wir gingen zurück.

Der Himmel war verhangen; es gab die ganze Nacht Gewitter. Im Schein der Blitze leuchtete die verputzte Fassade eines benachbarten Hauses auf und glühte, als stünde sie in Brand. Ächzend und es leid, mich weiter auf meiner Matratze hin und her zu wälzen, erhob ich mich; ich zündete meine Kerze an, ich öffnete das Fenster und schaute in die Nacht.

Sie war schwarz und still wie der Schlaf. Mein brennendes Licht zeichnete meine vergrößerte Silhouette monströs auf die gegenüberliegende Wand. Von Zeit zu Zeit zuckte plötzlich ein stummer Blitz auf und blendete mich.

Ich dachte an diesen Mann, der dort seinen Anfang nahm und ein halbes Jahrhundert mit dem Aufruhr seines Schmerzes erfüllt hat.

Ich sah ihn zunächst in diesen friedlichen Gassen mit den Dorfkindern umherziehen, wenn er die Schwalben im Glockenturm der Kirche oder die Grasmücke im Wald aushob. Ich stellte ihn mir in seinem kleinen Zimmer vor, traurig und den Ellbogen auf den Tisch gestützt, wie er den Regen die Scheiben hinunterrinnen und hinter dem Mittelwall die Wolken ziehen sah, während seine Träume zerstoben; ich stellte mir die langen verträumten Nachmittage vor, die er dort verbracht hatte; ich dachte an die bittere Einsamkeit der Jugend mit ihren Rauschzuständen, ihren Ekelgefühlen und ihren Liebesanwandlungen, welche die Herzen krank machen. Wurde hier nicht unser Schmerz ausgebrütet, war dies nicht das wahre Golgatha, wo das Genie, das uns genährt hat, seine Angst schwitzte?

Nichts kann die Entstehung der Idee oder das Zittern beschreiben, das die zukünftigen großen Werke jene erleiden lassen, die sie in sich tragen; aber man sieht mit Begeisterung die Orte, von denen wir wissen, dass sie hier verfasst und erlebt wurden, als hätten sie etwas bewahrt von dem unbekannten Ideal, das hier einst vibrierte.

Ach sein Zimmer! sein Zimmer! sein armes kleines Kinderzimmer! Dort wirbelten sie umher und riefen nach ihm, die unfassbaren Phantome, die seine Stunden heimsuchten und geboren werden wollten: Atala, im Winde Floridas die Magnolien aus ihrem Haar schüttelnd, Velléda, im Mondlicht über das Heidekraut eilend, Cymodocée, ihre nackte Brust unter der Pranke der Leoparden verhüllend, und die weiße Amélie und der bleiche René.

Eines Tages jedoch verlässt er es, er reißt sich davon los, er sagt dem alten Feudalsitz auf immer Adieu. Nun stürzt er sich ins große Paris und mischt sich unter die Menschen; dann packt ihn die Unruhe und er reist ab.

Über den Bug seines Schiffes gebeugt sehe ich ihn nach einer neuen Welt suchen, während er die Heimat beweint, die er verlässt; er landet. Er hört das Tosen der Katarakte und das Lied des Natchez. Er sieht das Wasser der trägen großen Ströme fließen und an ihren Ufern das Schuppenkleid der Schlangen und die Augen der eingeborenen Frauen glänzen. Er verliert seine Seele in die Sehnsüchte der Savanne. Von einer zur anderen enthüllen sie ihre ursprünglichen Melancholien, und er schöpft die Wüste aus, wie er bis ins Letzte die Liebe ausgekostet hatte. Er kehrt zurück, er spricht, und man ist hingerissen vom Zauber dieses herrlichen Stils mit seinem königlichen Bogenschlag und seinem wogenden Satz, mit Federbusch, drapiert, stürmisch wie der Wind der Urwälder, bunt wie der Hals der Kolibris, zart wie die Strahlen des Mondes in den Kleeblattkreuzen der Kapellen.

Er reist nochmals los, er rührt mit dem Fuß den Staub der Antike auf; er setzt sich an die Thermopylen und ruft: Leonidas! Leonidas! läuft um das Grab von Achill, sucht Lakedemon, pflückt die Früchte der Johannisbrotbäume Karthagos, und wie der schläfrige Hirte, der beim Laut der Karawanen den Kopf hebt, erwachen all diese Landschaften, wenn er durch ihre Einsamkeit zieht.

Abwechselnd verbannt, geächtet und mit Ehren überschüttet, wird er dann an der Tafel von Königen dinieren, er, der vor Hunger auf der Straße in Ohnmacht gefallen war; er wird Botschafter und Minister sein, wird versuchen mit eigener Hand die zusammenbrechende Monarchie zu halten und schließlich in den Ruinen seiner Überzeugungen seinen eigenen Ruhm erleben, als würde er bereits zu den Toten gezählt.

In den Niedergang einer Gesellschaft und die Morgenröte einer anderen hineingeboren, ist er gekommen, um der Übergang zu sein und um Hoffnungen und Erinnerungen in sich zusammenzufassen. Er hat den Katholizismus einbalsamiert und die Freiheit begrüßt. Als Mann alter Traditionen und alter Illusionen war er in der Politik Konstitutioneller und in der Literatur Revolutionär. Durch Instinkt und Erziehung religiös, hat er vor allen anderen, noch vor Byron, am hemmungslosesten seinen Stolz herausgeschrien und seine furchtbarste Verzweiflung zum Ausdruck gebracht.

Als Künstler wurde er wie die des XVIII. Jahrhunderts immerfort von strengen dichterischen Formen behindert, die er durch sein riesiges Talent jedoch dauernd überwand und unwillkürlich rundum ins Wanken brachte. Als Mensch teilte er die Misere der Menschen des XIX. Jahrhunderts, er besaß ihre aufrührerische Unruhe und ihr geringes Beharrungsvermögen. Nicht zufrieden, groß zu sein, wollte er grandios wirken, und doch zeigte sich, dass dieser eitle Wahn seine wahre Größe nicht verblassen ließ. Gewiss, er ist nicht vom Stamm der Betrachter, die nicht ins Leben hinabgestiegen sind, der Meister mit heiterer Stirn, die weder Jahrhundert noch Heimat und nicht einmal Familie hatten; ja, von den Leidenschaften seiner Zeit kann man ihn nicht trennen; sie prägten ihn, und er war es, der etliche davon erschuf: die Zukunft wird ihm seinen heldenhaften Eigensinn vielleicht nicht anrechnen, und es werden gewiss die Episoden seiner Bücher sein, mit den Dingen, für die sie eintraten, die deren Titel unsterblich machen.

So lehnte ich ganz allein im inneren Zwiegespräch am Fenster, genoss die milde Nacht und überließ mich mit Freuden der kühlen Morgenluft, die meine Lider erfrischte. Nach und nach wurde es hell, die Kerze reckte ihren schwarzen Docht in ihre verblassende Flamme. In der Ferne erschien der Giebel der Markthallen; ein Hahn krähte; das Gewitter war verflogen; ein paar dennoch in den Straßenstaub gefallene Tropfen bildeten dort große runde Flecken: da ich vor Müdigkeit einnickte, legte ich mich wieder hin und schlief.

Wir verließen Combourg sehr traurig, und dann näherte sich auch das Ende unserer Reise: bald sollte dieses phantastische Nomadenleben, das wir seit drei Monaten in solcher Seelenruhe führten, zu Ende gehen. Die Rückkehr hat, wie die Abreise, ihre im Voraus gefühlten Traurigkeiten, die einem den faden Dunst des Alltagslebens schon vorausschicken.

Mit hängendem Kopf schauten wir ohne zu sprechen vor uns hin, ohne viel von der sich dehnenden leeren Straße zu sehen, und atmeten den Duft der grünen Blätter, während wir von den Bewegungen des in der Deichsel trabenden Pferdes geschaukelt wurden. Wenn es bei den Steigungen verschnaufte, hörte man aus dem Laubwerk das Zwitschern irgendeines kleinen Vogels.

Im Dorf Hédé machten wir Halt, um die Ruinen der Burg zu sehen, unser Führer, um ein Glas Weißwein zu trinken, und unser Pferd, um eine Metze Hafer zu fressen: jedem seine Kost.

Von der Burg steht nur noch ihr geschleifter Wall, der noch einige sieben Fuß aus dem Boden ragt und gleichsam einen großen Kreis bildet, den man man auf seinen Mauern umrundet. Von dort aus gesehen liegt die Landschaft da wie ein großes grünes Tuch, gestreift durch die hellen, geraden Linien der Straßen, flach ausgebreitet in den weiten Wiesen oder anderswo, unter dem Schwung der sie aufwölbenden Hügel, gewellt. Die Sonne strahlte, die Bäume grünten, die

Luft war blau; in der Nähe sprang ein den Hügel herabfließender Bach in Kaskaden über die Kiesel.

Auf der Landstraße rasselte ein Wagen vorüber. Er war von den Bäumen verdeckt und wir hörten nur das rauhe Schleifen seines im Staub knirschenden Hemmschuhs. Am Fuß des Hangs hielt er an. Ich nahm meinen Kneifer: es war eine richtige Reiseberline, die vorne und hinten einen Bock, Kammerjungfer am einen und Jäger am anderen Ende hatte, mit vier Pferden, zwei Postillons, voller Reisekoffer, Schachteln und Kartons und außen darangehängten Regenschirmen in ihrer Lacklederhülle.

Die Vorhänge aus gelber Seide waren herabgelassen. Ich konnte niemanden erkennen.

Wer saß darin? Warum reisten diese Menschen, wenn sie so an den Ruinen vorbeieilten, ohne ein wenig den Fuß hineinzusetzen, vorbei an den schönen Laubdächern, ohne hinaufzuschauen, und ganz dicht vorbei an diesem strömenden Wasser, ohne sich eine Minute an ihm niederzulassen, um seinem Lied zu lauschen?

Als der Jäger den Hemmschuh zurückgehängt hatte, stieg er wieder hinten auf. Die beiden Postillons knallten mit der Peitsche und der Wagen fuhr ab; er entschwand und wurde immer kleiner, während er über das lange Band der Straße sauste. Eine Zeitlang dröhnte noch der Hufschlag des Galopps, dann wurde er schwächer und erlosch.

Und auch wir brachen auf. Es war ungefähr 2 Uhr, als wir in RENNES ankamen; das Déjeuner der Gästetafel war aufgezehrt und auf unsere Koteletts ließ man uns warten.

Als wir abends bei den Brücken am Ufer der Vilaine entlangspazierten, sahen wir eine Art langen Packwagen, den man über eine Treppe mit zweifachem Geländer betreten konnte und der in der ganzen Länge seines Laderaums kleine quadratische Fenster mit roten Baumwollgardinen hatte. Das

Licht im Inneren fiel hindurch und rötete die Gesichter der ihn umringenden Menschenmenge. Eine noch junge, dünne, schmutzig gekleidete Frau, die Stirn verkleinert von über den Ohren hoch aufgesteckten, schwarzen Zöpfen, stand mit einem Stock in der Hand auf der Schwelle des Wagens und erzählte mit kreischender Stimme in provenzalischem Akzent von dem schrecklichen Kampf zwischen einem kühnen Matrosen und einem wütenden Seehund, der an den Küsten der Berberei stattgefunden hatte. Es war jedoch gelungen, den Seehund zu fangen. Er war gezähmt und abgerichtet worden, er war hier, man konnte ihn anschauen.

Wir gingen hinein und stellten uns um einen großen länglichen Bottich, dessen grau bemaltes Inneres mit granatfarbenen Streifen beschlagen war, die einen Behang vorstellen sollten.

Über dem Bottich warf eine mit einem Blechschirm ausgestattete Öllampe ihr Licht auf das gelbliche Wasser, in dem reglos etwas Schwarzes und Langes lag. Die Frau trat heran, gab ihm einen Klaps mit dem Stock und er reckte seinen feuchten Kopf hervor; seine zwei symmetrischen Einschnitten gleichenden Nasenlöcher weiteten sich und zogen sich geräuschvoll wieder zusammen, und er sah einen traurig mit seinen dicken, schwarzen Augen an. Er wollte sich bewegen, aber sein Schwanz stieß gegen die Planken; er drehte sich auf den Rücken und zeigte uns seinen von den Viskositäten des Meeres noch wohlgenährten weißen Bauch; er richtete sich kerzengerade auf, stützte seine Flossen auf den Rand des Beckens und gab der Wange seiner Herrin einen Stups mit dem Maul, dann fiel er mit lautem Schnauben wieder zurück auf den Grund.

Er hat sie nicht mehr, die schönen Meeresfluten, wo er in Frieden lebte, und auch nicht mehr die langen Strände, wo er sich in der Sonne auf die grünen Algen streckte!

Da er gut gearbeitet hatte, belohnte man ihn mit zwei oder drei kleinen Aalen, die er langsam verschlang, indem er sie in der Mitte zermalmte, während ihm die aus dem Maul hängenden Enden zu beiden Seiten seiner Schnauze herunterhingen wie ein langer, weißer Schurrbart.

Sogleich begann eine Drehorgel, die in einer Ecke stand, eine Polka zu dudeln; die Öllampe blakte; auf der Treppe rief die Frau die Menge herbei; die Vorstellung war beendet.

Das war es, was wir in Rennes sahen. Was wird es da zu sehen geben, wenn der Seehund nicht mehr da ist?

Kapitel XII

Es hatte stark geregnet, die Erde war durchnässt und die Bäume schüttelten die Tropfen von ihren Blättern. Blasser Sonnenschein erhellte dann und wann das Gebüsch; dumpf hörte man einen fast verstummten Donner grollen, und die vier Pferde unserer kleinen Postkutsche trotteten beim Klang ihrer Schellen vor sich hin. Wir wechselten die Pferde in einem unbedeutenden Flecken namens Châteaubourg und kamen gegen 7 Uhr abends in Vitré an. Der Himmel hatte seine Wolken zurückgerufen und sie in einer Ecke des Horizonts in langen Streifen versammelt; bei der nahenden Nacht wurde sein blasses Azurblau grün; der Wind fuhr in feuchten Stößen herab und ließ die Akazien der Promenade erschauern, über die ein paar sonntäglich gekleidete brave Leute schlenderten.

Wir liefen zum Hotel, einem klassisch anmutenden, riesigen Haus, das einst Madame Sévigné gehörte. Man gab uns ein schönes Zimmer; Personal und Hausherren boten alle Kräfte auf, um uns zu bedienen; jeder tat so schnell er konnte sein Bestes: der für Gäste mit so geringem Gepäck entfalteten, liebenswürdigen Geschäftigkeit merkte man an, dass man es mit neuen Inhabern zu tun hatte, die um ihr Fortkommen und die eintreffenden Reisenden bemüht waren. Als wir abends nach einem guten Diner zu unseren von weißen Vorhängen umgebenen Betten gingen, lieh mir die *Bürgerin* die Gedichte von Victor Hugo und die Briefe von Madame Sévigné. Mein Leuchter war zu niedrig, ich erhöhte ihn, indem ich ihn auf die berühmten Briefbände stellte, und las *Les Orientales*: O ihr Feinsinnigen! werdet ihr mir das verzeihen?

Da wir es dort gut getroffen hatten, blieben wir zwei Tage,

und wir hatten Glück, denn die Stadt ist bezaubernd. Wie Morlaix hat sie noch ein paar alte Häuser mit schwarzen Balken, vorstehenden Giebeln und Balkonen aus wurmstichigem Holz. Ihre spitzbogige Kirche trägt an der Seite eine Außenkanzel gleich der in Guérande, wie diese verziert mit Skulpturen und wie diese nutzlos geworden. Die Straßen laufen über einen Hügel, von dem der Blick weit über die Wiesen schweift, die von hohen schiefergedeckten Gebäuden verdüstert werden, offenbar Fabriken; man merkt, dass die Normandie näherrückt, und schon hier ist die Bretagne weit weg. Die Stadtmauern halten die Stadt noch mit ihrem schweren Ring zusammen; sie tauchen ihren von dicken Türmen verstärkten, mächtigen Wall in halbvolle Wassergräben; das Alter hat ihn mit breiten Rissen überzogen; wild wucherndes, unentwirrbares Brombeergestrüpp umrahmt ihn wie der struppige Bart irgendeines alten Gesichtes, und auf seiner steinernen Oberfläche haben sich schöne braune, rötliche und violette Verfärbungen ausgebreitet.

Am Ende der von einem Rundbogen abgeschlossenen Hauptstraße liegt ein sonderbarer, staubiger Platz, umgeben von Häusern, die von blühenden und bürgerlich aussehenden Gärten eskortiert werden. In der einen Ecke erhebt sich das Schloss. Ein dicker Mittelwall, durchbrochen von einem Tor und Nischen, in denen die Schlagbalken der Zugbrücke liegen, stößt an zwei dünne Geschütztürme, gekrönt von gotischen Pechnasen und überragt von spitzen Dächern mit kreischenden Wetterfahnen; eine halb verfallene Mauer verbindet sie mit einem eleganten dritten, viereckigen Turm, der halb hinter einer töricht gestützten Ulmengruppe verborgen ist. Vor der Fassade, die grau mit vom Sonnenlicht verblassten Blautönen war, lief ein Seiler entlang und spann den Hanf, den ein Kind drehte, indem es ein Rad schwang. Wir traten in einen großen Hof, umstanden von bedeutungslosen Gebäuden, die als Gefängnis dienen. In der Mitte prangt das Rund eines riesigen Brunnens; schillernd und fahl glänzt das Wasser in diesem langen steinernen Schacht. Über dem Abgrund wächst zerzaust aus dem verwitterten Rand eine üppige Girlande von Lianen: sie klettern hinab, recken sich, breiten kriechend ihr dunkles Blattwerk aus, das sich mit dem Schwarz der feuchten Wände vereint.

Da wir uns in der Heimat von Madame de Sévigné befanden, und vor allem, da wir einen langen Tag vor uns hatten, mit dem wir nichts anzufangen wussten, beschlossen wir, Les Rochers zu besichtigen. Das Wetter verdüsterte sich, dicke schwarze Wolken zogen behäbig über den Himmel und sagten uns ein Gewitter voraus; doch was soll's: kann den klugen Mann eine solche Kleinigkeit erschüttern? Den Stock in der Faust und die Pfeife zwischen den Lippen zogen wir also los.

Hinter einem großen Platz, wo, einer den anderen verkaufend, Ochsen und Bauern brüllten, grünt ein hohes Buchengehölz, kühl, sauber und zu gut gepflegt, um nicht hässlich zu sein. Wir purzelten eine verfallene Mauer herab, und unsere Füße wanderten eine freundliche, grasbewachsene Straße entlang, die sicher nicht oft Besuch von den Chausseewärtern bekommt.

Axiom: Straßen sind wie Frauen: ihr Unterhalt ist teuer.

Auf beiden Seiten stand hohes Brombeergebüsch, in dem die Grillen zirpten. Aus ihren dornigen Zweigen wuchsen schöne gelbe Blumen und jene duftenden, flockigen, weißlichen Pflanzen, die von den Kindern Wiesenköniginnen genannt werden. Hinter diesen lebenden Zäunen sah man Bauern, die die Sense schwingend das Gras mähten.

Die Straße war gesperrt, man arbeitete an irgendeinem eingestürzten Brückenbogen; wir machten einen Umweg und nahmen einen Weg, der uns zu einer Mühle führte. Sie klapperte ihr regelmäßiges Klipp-Klapp und drehte ihr Rad in einem kleinen Bach, der hinter einem halb geschlossenen Staubrett entfliehend im Erdreich verschwand und ein Stück weiter mit grün bemoosten Steinen spielend und die spitzen Blätter der Iris und der Gladiolen herunterbiegend unter hohlen alten Weiden wieder auftauchte.

Die Kronen der Bäume fuhren rauschend zusammen; Ringeltauben flogen pfeilschnell dahin; Windstöße wirbelten den Staub des Weges auf und zerstreuten sich plötzlich; ein Blitz öffnete den Himmel, und erst in dicken Tropfen, dann heftig und dicht fiel der Regen. Rechts von uns erstreckte sich ein Wald; wir kletterten über eine Holzstiege, um dort Schutz zu suchen; er lag an einem Teich, der ganz weiß von Seerosen und umgeben von Erlen war, deren schwankende Stämme seine Oberfläche kräuselten. Der Regen prallte vom Wasser hoch und tanzte in leichten Kügelchen.

Wir standen unter von dichtem Moos umgebenen kleinen Hügeln, wo ein paar blasse Farne aufragten. Tausend Pflanzen öffneten in der Kühle des Sees und unter dem Auge der Sonne ihre Blüten; Heidekraut, violett wie königliche Trauer, Glockenblumen, die ihre Glöckchen schüttelten, Gänseblümchen, innen golden mit silbernem Kranz, Fingerhut mit samtigen Blättern und all die zauberhaften Blumen, von denen wir als Kinder oft so große Sträuße pflückten.

Mitten im Wald stand eine Hütte: ihre aus Baumstämmen erbauten starken Wände stützten ein oben offenes, von trockenen Flechten marmoriertes Strohdach; drinnen hockten ein paar Leute um ein Feuer und aßen aus gelblichen Schalen Suppe; ein Kind schlief auf einem Bett aus trockenem Laub; kleine und große Bohrer, Hämmer und glänzende Äxte hingen an den Zweigen; vor der Tür türmte sich ein Haufen von Hobelspänen, neben dem ein Mann singend an einem Schleifstein einen Meißel schärfte: es waren Holzschuhmacher. Ich trat in ihre Bleibe; ich nahm einen großen Schluck aus einem

Tonkrug und zündete an den Kohlen ihres Feuers meine Pfeife an.

Bei ihrem Anblick dachten wir unwillkürlich an jene Ziegenhirten der Sierra Morena, die den liebenswürdigen Hidalgo von La Mancha aufnahmen, als er abends, zur Stunde, da sich die großen Schatten auf die Wiesen senkten, nach irgendeinem schönen Abenteuer bei ihnen auftauchte und man ihn auf einem umdrehten Trog Platz nehmen ließ, ihm in einem Gefäß aus Horn einschenkte, zu seinen Ehren auf einem Stab aus jungem Holz ein Viertel einer Ziege briet und ihm die Geschichte des armen Chrysostomus und der hartherzigen Marcellina erzählte, während Sancho, den Kopf auf einem Packsattel, schlief.

Der Regen hörte auf, und noch ganz feucht erreichten wir Rochers. Zwei mit Ziegeln gedeckte und von zahlreichen Fenstern erhellte Hauptgebäude stehen, rechtwinklig miteinander verbunden, auf einem mit einigen Bäumen bepflanzten Rasen. An ihrem Schnittpunkt ragt ein halb verfallener, viereckiger grauer Turm auf; weiter hinten steht hinter einer Gruppe von Kastanienbäumen ein rundes Gebäude mit einem Kuppeldach aus Schiefer: vielleicht die Kapelle, wenn es nicht der Taubenschlag ist: all das ist hässlich und sieht unfreundlich aus.

Unter der Führung eines Dienstboten, der trotz unseres ruinierten Äußeren ziemlich höflich war, besichtigten wir ein Speisezimmer, dessen Wände unter einer ansehnlichen Menge von Familienporträts verschwanden: sie kamen uns allgemein schlecht vor, verblasst, verblichen und staubig wie alte Pastelle. Von dort traten wir ins Schlafzimmer, ein großer dunkler Raum mit nur einem Fenster, das zum Garten hinaus liegt. Die Wandverkleidung ist einheitlich und traurig grau gestrichen. Ganz hinten steht unter einem ausladenden großen Baldachin, zwei Stufen hoch und versunken in Draperien aus rotem Damast, ein Bett: dort schlief Madame de Sévigné und zweifellos hat sie auch dort einen Teil ihrer Briefe geschrieben, die allgemein als unsterblich gelten. Wir baten darum, das grüne Kabinett sehen zu dürfen, wo es zu der berühmten Begegnung mit der Gattin des Gouverneurs der Bretagne kam. Ich habe vergessen, was man uns geantwortet hat, aber ich weiß, dass wir nicht hineinkonnten. Neben dem Schlafzimmer öffnet sich ein schmaler Ankleideraum, dessen ehemaliges Aussehen man andächtig bewahrt hat. Auf einem Tisch, wo sich ein von Musselin umhüllter Spiegel um seine Achse dreht, liegen die mit kleinen Blumen besetzten Bürsten aus rotem Lack, die Quasten aus Schwanendaunen für Reis- und Haselnusspuder, die großen Kämme aus Buchsbaum, die spitzengesäumten, dicht gespickten bauchigen Nadelkissen, die Schachteln, in denen Schminke und Parfums waren; der Toilettentisch steht bereit, und vor ihm breitet ein Sessel mit einem Beauvaisgobelin voller Figuren seine leeren Arme aus und scheint jemanden zu erwarten. Auf einem in eine Täfelung eingelassenen Regal stand ein kleiner Bourdaloue aus Meißener Porzellan, passend geschmückt mit Obst pickenden Vögeln. Am Rand war die Bemalung wie durch fortwährendes Anfassen leicht abgenutzt. O Bourdaloue! warum konntest du uns nicht erzählen, was du alles sahst, seit du jungfräulich und elegant aus den Dresdener Fabriken kamst?

Als wir hinausgingen, kam die Sonne wieder heraus und trocknete das vom Regen tropfnasse Gras. Es roch frisch und gut, und aus den Hecken dufteten die darin verborgenen Blumen. Lange, glühend rote Wolken am Horizont vergoldeten die Baumwipfel und die bucklig in den Wiesen verstreuten Heuhaufen; alles um uns herum grünte. Das Weideland der Normandie hatten wir noch nicht erreicht; aber wir waren schon im flachen Wiesenland, und es reicht weit hinter Vitré, denn als wir uns am nächsten Tag nach Fougères begaben, war unser sechs Meilen langer Weg ständig von einer ununterbrochenen Folge von Höhenzügen und Tälern mit saftig wucherndem Gras begleitet; manchmal begegneten wir sogar Landschaften, die an die Flusstäler von Thibouville und Bernay erinnerten.

Ich weiß nicht, warum wir für den Weg von Vitré nach Fougères einen Wagen genommen haben. Wir saßen in einem ziemlich großen Cabriolet, das schnell dahinrollte und nicht zu hart war. Unser Fahrer erzählte uns halb lachend, halb immer noch zitternd von den fürchterlichen Possen eines gewissen Marquis, des ehemaligen Besitzers des Château des Rochers, den er früher oft gefahren hatte, als er Postillon war. Dieser Marquis, der Monsieur de Létumières hieß, besaß, um mit Extrapost zu reisen, einen besonderen Wagen aus Stahlblech, robust, mit hohen Achsen und kaum gefedert. Er liebte es, im Galopp dahinzurasen; er mochte das Geholper und freute sich besonders, wenn er umkippte. Wenn die Pferde langsamer wurden, nahm er eine Pistole, lud sie, streckte den Kopf aus dem Wagenschlag und rief seinem Postillon zu: »Galopp, oder ich knall dich ab!« Seine Vorlieben waren bekannt bei der Post, deren Meister zwei eigens für ihn reservierte, ausgelassene Pferde hatte. Wenn man ihn durch zu hohe Geschwindigkeit in irgendeinen Graben geworfen hatte, kroch er aus seinem Kasten, wie er seine Chaise nannte, und sagte lachend: »Was soll's! der Marquis ist nicht tot; sammeln wir die Karre ein und weiter im Galopp!«, und Pferd, Wagen, Marquis und Postillon erhoben sich, sausten wieder los, rasten davon und verschwanden wie eine Vision. Er war gar nicht eitel, trank gern in der Schenke, siegte manchmal bei heftigen Schlägereien und lachte lauthals, wenn er verdroschen worden war; er verpfändete seinen Besitz, lieh sich überall Geld, bezahlte nirgends, verbläute seine Gläubiger, führte ein schönes Leben, umgarnte die Mädchen, warf sie mit Fußtritten hinaus, wenn sie schwanger waren, schlemmmte, lachte immerzu und starb schließlich nach sechzig Jahren dieses Lebens, wobei er drei missratene Söhne hinterließ, die Musterbeispiele von Ordnung, Anstand und Sparsamkeit sind.

Bisweilen unterbrach unser Kutscher seine Geschichte, um aus voller Kehle in sein Posthorn zu blasen, und zu dieser schrillen Musik fuhren wir in FOUGÈRES ein, wo wir uns nur die Zeit nahmen unsere Rucksäcke im Hotel abzustellen.

Wir durchquerten einen langen Vorort, eskortiert von nach Kuhstall riechenden niedrigen Häusern, und wanderten über eine graue und staubige, breite Landstraße, an der Nussbäume standen, die so verdorrt waren, dass sie überhaupt keine Blätter hatten. Ganz am Ende erhob sich jedoch, prächtig von der Sonne beschienen, ein mächtiger grüner Wall, der Wald von Fougères. Als wir ihn fast erreicht hatten, entdeckten wir rechts vom Weg eine große Holzbude, aus der dicker Rauch drang, ringsum war die Erde schwarz; auf den Pfosten, die ihre Tür hielten, standen Flaschen und seltsam geformte Gefäße. Man sah zerlumpte Männer, die wie Gespenster vorüberliefen und die Arme bewegten. Aus dieser Hütte kam ein merkwürdiges Geräusch; man hörte das Schnaufen der Blasebalge einer Schmiede, das Knistern des Feuers und so etwas wie ein Gesäusel und Gemurmel. Wir gingen hinein: es war eine Glasbläserei. Arbeiter, splitternackt unter einem feuchten Hemd, waren um einen Schmelzofen beschäftigt, wo das geschmolzene Glas kochte. Aus den Öffnungen leuchtete die Flamme einheitlich weiß mit rosigen Rändern, die sie gewaltig glühen ließen. Man lief hin und her, blies Flaschen, drehte Gläser mit Fuß, lüstrierte Einschlüsse, blähte Karaffen. Mit langen Löffeln fischte man das flüssige Kristall heraus, das in der Luft pfiff und beim Abkühlen schöne Purpur- und Karmintöne annahm. Man weihte uns in die Geheimnisse des Siedens und Aufkochens ein; man zeigte uns, wie man das Glas fließen ließ, wie man es polierte, wie man es schnitt, und wir zogen zufrieden und schweißgebadet von dannen.

Glücklicherweise lag da gleich der Wald mit seiner Kühle, seinen Buchen und seinem hohen Gras: voller Freude haben wir uns darin gewälzt; lange lagen wir unter den wogenden Blättern und den ziehenden Wolken. Wir kamen zu einer Lichtung mit einem Rasen; in der Mitte stand ein kleines Haus, an dessen Seiten sich ein Weinstock emporwand, der die Fenster umrahmte; daneben floss eine Quelle; dahinter zog sich zwischen vier Hecken ein Garten hin, und unter einem Kastanienbaum stand eine wiederkäuende Kuh und schaute uns an. Der Wald ist berühmt für seine Druidensteine; aber wir dachten nicht einmal daran, sie aufzusuchen.

Einst war die Stadt sehenswert: nur alte Häuser, hohe Kirchtürme, verschlungene Gässchen, mit Blumen geschmückte Giebel und schiefergedeckte Schornsteine; doch zwei im letzten Jahrhundert ausgebrochene Feuersbrünste vernichteten sie eines Tages und legten sie in Asche. Man machte sich ans Werk und baute sie in großen, gemauerten Häusern mit schönen Läden im Erdgeschoss wieder auf. Ein steiler Hang brachte uns zu einem Torbogen, den noch seine Bänke aus Granit zieren, nebst den Rillen, in denen die Egge entlangstrich. Das Äußere sieht gut aus und entschädigt weitgehend für den langweiligen Anblick dieser Ansammlung bourgoiser Wohnsitze: das Buch ist schlecht gedruckt, doch der Einband ist schön.

Zwei Türme mit flachem Dach verengen einen Mittelwall, in dem sich ein großes Tor öffnet, und darüber glänzt, unter Glas, in einem vergoldeten Rahmen, eine in Flitter gekleidete Heilige Jungfrau mit Bändern auf dem Kopf und einem Strauß Orangenblüten in der Hand. Neben dem Hauptgeschützturm schießt hinter einer kleinen Brüstung, grün und schäumend, ein Wasserfall herab, dessen sprühende Tropfen den Fuß zweier schöner Akazien benetzen, die sich über ihn beugen. Man hört das Klipp-Klapp einer unsichtbaren Mühle. Von dort überschaut man mit einem Blick den ganzen Umfang der Befestigung, welche die Stadt, ihren Windungen folgend, umschließt und dabei einen Hügel erklimmt, der voller Stolz auf seine jungen Linden ist; Pechnasen, deren Tragsteine mit kleeblattförmigen Spitzbogen verbunden sind, ziehen sich über ihre Zinnen und scheinen den Büscheln wilden Grüns als Postament zu dienen; überall öffnen sich düstere Tore, schmale Fenster, deren Scheiben vom Alter zerbrochen sind, und Schießscharten, aus denen Stangen ragen, behängt mit nasser Wäsche vom letzten Waschtag. Gegenüber ging die Sonne unter und tauchte mit ihrem herrlichen Schein die Mauern in Purpurrot; zu ihren Füßen fließt ein Bach, der nahezu ein halber Fluss ist; Pflanzen begleiten seinen Lauf mit der ganzen Länge ihrer Wurzeln und kräuseln ihn in reizenden Falten; zwanzig Holzbrücken überqueren ihn munter ohne Pfeiler noch Geländer. Auf jeder Seite ziehen sich zwischen Gärten und hohen Weiden Häuser hin, die Wäschereien oder Gerbereien sind; dahinter liegen die Wiesen, wo das Vieh weidet.

Neben der Stadt, an sie grenzend und sie verteidigend, lag die Burg, die Raoul de Fougères 1173 erbaut hat, jetzt ist es nur noch eine rissige, schwankende, gewaltige Ruine hoch über grünen Böschungen. Von ihren löchrigen und oft auf ganzer Länge gespaltenen, verfallenen Türmen hängen in langen Büscheln Brombeeren, Efeu, wilder Wein und Heckenrosen. Nur die Hälfte des Bergfrieds steht noch, überragt die ihn umgebende Festung und zeigt, innen hohl, seine robusten nackten Wände nebst dem Fragment einer über einem Fenster hängenden Treppe und dem Rest eines halb eingestürzten Daches. Große Strebepfeiler sind auf seine Zinnen gestürzt und haben die schwalbennestartigen Geschütztürme, die Schilderhäuser der Späher, die vergitterten Sehschlitze, die steile Brüstung der Schießscharten und die Festungsmauern selbst mitgerissen. Auf diese Haufen von Steinen, die man einst mit Hilfe von Kränen und Hebeln hochgezogen hatte, haben andere Einbrüche Erde geschüttet; dort sprießt das Kraut, und jetzt sind es schöne Gärten. Einen Teil hat man weggeräumt, um eine Landstraße zu bauen. Als wir sie entlangschritten, kamen spielend kleine Zöglinge vorüber, geführt von einem Ignorantiner.

Über der Stadt ragt die Kirche auf, die von weitem ein schönes Gesicht hat und in dem allgemeinen Landschaftsbild ihren Platz behauptet, und von nahem ist sie hässlich, schlecht gebaut, verschroben und ohne Größe. Ihr Schiff ist vollkommen neu verputzt und die Holztäfelung des Chorraums ächzt unter dem Gewicht von zehn riesigen Heiligkeiten, gemalt von Eugène Devéria. Nur das Gewand eines knienden Weisen aus dem Morgenland ist schön. Frauen, Greise, Kinder, Juden und Römer, Apostel und Prokonsuln, alle haben einen rosigen und gleichsam karminrot getüpfelten Hautton. Die Baumstämme sind glänzend und glatt wie poliertes Mahagoniholz. Vor diesen reglosen und schweren Horizonten lässt sich nicht atmen; die Luft kann nicht zirkulieren unter diesem Himmel in hartem, grellem Blau. Der Heiland scheint eben vom Perückenmacher an der Ecke zu kommen; voller Eleganz kräuselt sich sein Bart auf seinem weißen Hals ohne Muskelspiel, und sein feines Blondhaar ist kokett über den Ohren gelockt; all das ist höchstens schlechte Malerei fürs Boudoir eines ausgehaltenen Flittchens und erinnert in Posen, Farben und Anlage an die Göttinnen der Vier Jahreszeiten, die man manchmal in den Speisesälen gewisser Restaurants sieht. Dabei war das ein talentierter Mann, und seine *Naissance de Henri IV* versprach einen Künstler; doch statt des großen Malers, den man erwartete, fand man nur einen Bildermacher. Er besaß vielleicht die *Tüchtigkeit* für zwölf gute Gemälde, und er hat hundertfünfzig produziert. Er hat Bücher illustriert, Porträts von Schauspielerinnen lithographiert, Tuschzeichnungen gemacht und Porträtskizzen für Mädchenpensionate gezeichnet: er besaß ein Goldstück und hat es gegen zweihundert Kupfersous eingetauscht. Ist er davon reicher geworden? Ach! wie man in ein paar Jahren all das verbrennen wird, um Blei daraus zu gewinnen, das dann vielleicht dazu dient, Tontöpfe zu verzinnen oder Regenrinnen zu löten.

Die Natur entschädigte uns für die traurigen Werke, die wir uns angesehen hatten, denn als wir herauskamen, blieben wir stehen, um eine prächtige Landschaft mit samtig grünen Ebenen, glänzenden Flüssen, rotvioletten Horizonten und dem blauen Himmel zu betrachten, wo leuchtende Wölkchen im Wind verflogen. Dort verweilten wir lange: denn in unseren Rücken lag die Normandie und wir schauten auf die Bretagne; wir warfen ihr einen letzten bedauernden Abschiedsblick zu. Drei Monate hatten wir mit ihr, in ihr gelebt und wir verließen sie mit Bitterkeit. Wir standen auf diesem Hügel und schweiften in Gedanken weit über unsere Aussicht hinaus, in einer Erinnerung voller Verwirrung gedachten wir unserer fröhlichen Wanderungen und der schönen Zeit, die wir verbracht hatten; in zusammenhanglosen Fragmenten stand uns unsere ganze Reise wie in einzelnen Episoden wieder vor Augen: nie war unser Leben ganzheitlicher, inniger, stärker eines mit dem anderen verbunden gewesen, und indem wir diese liebe Reise beendeten, die wir so ersehnt hatten, spürten wir, dass wir gleichsam einen Teil unserer selbst hinter uns ließen, den wir nie zurückgewinnen würden: und so war uns schwer ums Herz, als wir auf das Oberdeck der Postkutsche stiegen, die uns in Caen absetzen sollte.

Axiom: Reisen ist schön; doch traurig ist es, gereist zu sein.

Die erste Station war Landeau. Die berühmten unterirdischen Gewölbe, die Raoul de Fougères graben ließ, um während seiner unentwegten Kriege gegen Henry II von England seine Schätze zu verstecken, existieren noch; man behauptete, dass sie sich bis nach Fougères ziehen. Im Übrigen ist es unmöglich, eine befestigte Stadt zu besichtigen, ohne mit einer solchen Überlieferung konfrontiert zu sein; aber wir dachten nicht daran, so sehr waren wir damit beschäftigt, den Stallknecht zu betrachten, der die Pferde brachte.

Ein Blutschwamm bedeckte sein halbes Gesicht; violett und blutrot zog er sich vom Haaransatz bis übers Kinn und verdeckte zur Hälfte das Auge, dessen Lederhaut glänzte wie ein silbernes Netz, vergrößerte das Ohr, das aus Elefantenhaut geschnitten zu sein schien, verdickte seine sabbernden Lippen, die ganz voller Pusteln und Körnchen waren, und lief herab über den Hals in Form eines Kropfs, der bei jedem seiner Worte wackelte; die andere Seite des Gesichts war stark vernarbt von den Pocken und verdüstert von einem schütteren rötlichen Bart, der weiß wurde, wo er sich dieser schwartigen Flechte näherte; oft fuhr er mit der Hand unter der Nase entlang, wo eine ständige Eiterung zu tropfen schien. Dieser arme Teufel ist dennoch verheiratet und Familienvater. Der Einsamkeit und seiner Missbildung müde hat er sich vor ein paar Jahren ein armes Mädchen gesucht, das ein Kind bekommen hatte und auf das man im Dorf mit Fingern zeigte, sie empfand keinen Abscheu vor ihm und heiratete ihn. Zur Hochzeit veranstaltete man für sie einen Polterabend, und die Bourgeois werden beim Anblick dieser beiden Erwählten der Missgunst und der Hässlichkeit mit der ganzen Grausamkeit der menschlichen Dummheit gelacht haben. Er kümmert sich um die Postpferde, die einzigen Lebewesen außer seiner Frau und seinen Kleinen, die keine Angst vor ihm haben.

Unser Wagen rollte den ganzen Tag; und nachdem wir abends in Vire, wo schon die abscheulichen normannischen

Baumwollhauben auftauchen, in acht Minuten ein Diner mit drei Gängen verschlungen und die Gefräßigkeit von Monsieur de Montmorency weit übertroffen hatten, setzten wir uns in das Coupé, das wir allein für uns reserviert hatten und in dem wir es flegelhaft ablehnten, eine Dame einsteigen zu lassen, die uns um ein winziges Plätzchen bat; jeder lehnte den Kopf in seine Ecke und versank beim Geklingel der Schellen im Schlaf.

Als wir am nächsten Morgen erwachten, begann es hell zu werden. Auf der rechten Straßenseite reihten sich ein paar Häuser mit geschlossenen Läden, zugesperrten Türen und Dächern ohne Rauch; man merkte, dass dort noch alles schlief. Der Flecken kauerte sich an kreidig weiße, große Höhen, die mit blassem Grün bedeckt waren; dichter neben uns flogen Ulmen dahin und wedelten mit ihren ungestalten Armen; links erstreckten sich flache Rapsfelder, und ganz hinten machte sich gewichtig die Zitadelle von Beaulieu breit, vor einem Dorf, das fast gänzlich von seiner Masse verdeckt wurde. Durch den Nebel erkannte man an jeder Ecke Exerzierplätze mit reglosen, kleinen, dunklen Stellen, die Wachposten sein mussten; vorne sah man in ein oder zwei Meilen Entfernung ein großes Gewirr von Kirchtürmen, spitzen Dächern, Bäumen und Feuerwehrstationen: das war CAEN.

Große, grünliche Wolken zogen sich wie riesige, schlafende Schlangen über den Horizont. Der Himmel hatte einen Anflug von Safran, das in unmerklichen Abstufungen in dunkles Violett überging; davor stand die flache, dunkle Silhouette der Stadt mit den Turmspitzen ihrer Kathedralen; die Wolkenhaufen bekamen den Saum einer silbernen Linie; hier und da erglänzten wie der Schein eines zum Glühen gebrachten Eisens ein paar leuchtende Punkte; die verschiedenen Farben glichen sich immer mehr an und die gegensätzlichen Töne verschmolzen zu einem Orange, das bald gegen den Übergriff eines von unten kommenden Lichtes zu kämpfen schien und dann hell und strahlend wurde. In diesem Augenblick ereignete sich ein großes Wunder; die Dächer von Caen erstrahlten und verschwanden in einem Regen von Goldstaub; einzelne Scheiben blitzten wie Diamanten, und die Sonne erschien.

Sie stand bereits hoch und stieg langsam ihre azurblaue Bahn empor, als wir uns in die Wiesen am Saum der Orne zwischen Erlengebüsch und Pappeln setzten. Ich war einst im Alter von sieben Jahren durch Caen gekommen und erinnerte mich düster an brausende Kaskaden und große Wasserfälle, die sich an den Felsen brachen. Ich fand einen Bach wieder, der gegen ein paar Steinplatten schäumte, über die er kaum hinwegkam. Unter den großen Bäumen, die eine der schönsten mir bekannten Promenaden bilden, exerzierten Soldaten. Im flachen Gelände wurden Tribünen für die Pferderennen aufgebaut, die stattfinden sollten. Frauen knieten am Wasser und wuschen schwatzend ihre Wäsche. Über ihnen standen zwei oder drei Bourgeois und angelten.

Wir zogen uns von diesem Lärm zurück; wir stiegen über Zäune und Gräben, saßen lange im Schatten unter Weiden und sahen den Schnittern zu, die ihr Heu wendeten und lachend die mit bloßen Armen und kurzen Röcken Gabel und Harke schwingenden Bäuerinnen in die Haufen schubsten.

Gewiss wären wir dort wortlos bis zum Sonnenuntergang sitzen geblieben und hätten dem Geratter der Karren gelauscht, die knarrend über das trockene Gras fuhren, und den nachdenklichen Ochsen zugeschaut, die ihre Hörner an der Rinde der Bäume wetzten; doch die Stadt war nah und wir wollten sie nicht durchqueren, ohne sie besichtigt zu haben: sie hat tatsächlich ihre Sehenswürdigkeiten, und wäre es nur das unglaubliche Standbild von Louis XIV, splitternackt mit einem Helm auf dem Kopf und einem Degen in der Hand.

Saint-Étienne, die auch L'Abbaye-aux-hommes genannt wird, hat zwei so hohe Turmspitzen, dass das Auge mit Mühe zu ihnen aufschaut. Ganz aus Stein, mit durch Rundbögen verbundenen Gruppen schmaler Säulen, schießen sie senkrecht empor und tragen ein spitzes Dach, dessen scharfkantige und fischschuppenartig gedeckte acht Seiten von acht Dachreitern mit eckigen kleinen Fenstern begleitet werden. Im Übrigen gibt es kein Portal, sondern nur ein paar niedrige Türen, die sich schüchtern in den Seitenwänden auftun.

Von innen ist die Kirche riesig und weiß, als sei sie soeben unter den Augen von Wilhelm dem Eroberer fertiggestellt worden, der sie 1064 erbauen ließ. Drei romanische Kirchenschiffe, vor Strenge fast abweisend, stoßen an den Chorraum, um den eine erlesene Balustrade läuft, die aus durchbrochenen und mit den Säulenschäften verbundenen Ringen besteht. Die mit Pflanzenskulpturen verzierten Kapitelle sind durch Rauten und wie Haarnetze verschlungene, flache Bänder geschmückt; durch kräftige Rippen unterteilte weite Arkaden tragen eine schmale Frauenempore, die die Kirche mit einer Reihe dichtgedrängter kleiner Säulen umgibt, deren Deckplatte das Tatzenkreuz trägt. Die obere Galerie, hinter der sich die Fenster öffnen, besteht aus abwechselnd großen und kleinen Bögen, deren Anlauf sich auf ein und dieselbe Säule stützt, was diesem ganzen Teil des Kirchenschiffs ein seltsames Aussehen verleiht, dessen einziges Beispiel ich hier sah. Als wir hinausgingen, fiel uns ein mit Skulpturen verziertes Kapitell auf. Aus dichtem Blattwerk kam ein junger Mönch. Er hatte sein Gewand schamlos bis über den Bauch gehoben und gab sich jener selbstsüchtigen Beschäftigung wenig kommunikativer Gemüter hin, über welche Docteur Tissot eine Abhandlung geschrieben hat, die mein Entzücken darstellte, als ich in der Untertertia war.

Das Gegenstück, die genaue Antithese von Saint-Étienne, findet sich in Caen selbst, es ist Saint-Pierre, die Kathedrale: so schlicht, stark und groß die eine ist, so schwach, dekadent und verschnörkelt ist die andere. In der Vierung hängen Schlusssteine, krause Kohlköpfe, Disteln, gezackte Laubgewinde, Wappen, Rosetten, steinerne Stalaktiten, die die feinen Rippen des eigentlichen Spitzbogens ersetzen. Man merkt bereits den Übergriff der Renaissance, der traurigen, zu sehr gefeierten Epoche, die an religiösem Bauwerk nichts hervorgebracht hat. Die Traditionen sind bereits vergessen, die Kunst verschwindet, die Architektur hat an Kraft verloren, und so wie jene zu alten Buhlerinnen, die die Blässe ihrer Wangen mit Schminke überdecken und ihre nackten Stirnen mit Blumen umkränzen, versucht sie durch die gequälte Mühe einer übertriebenen Ornamentik ihre Schwäche und Agonie zu vertuschen. Sie glaubt die Fülle gefunden zu haben und ist doch nur beim schlechten Geschmack angekommen, und ihre Pracht ist keine Stärke. Mit dem Spitzbogenstil ist es wie mit einer schönen Frau: je unbekleideter sie ist, je weniger Schmuck sie trägt, desto schöner ist sie.

Blieb noch das Museum, wir gingen hin, und unter den ungefähr zweihundert Gemälden, die es enthält, sind uns drei aufgefallen: das ist viel, würde Martin sagen.

Zunächst von einem unbekannten Schöpfer das Porträt von Voyer d'Argenson: ein ernstes, hartes und spöttisches Antlitz, dessen bleiche Wangen von den dicken Locken einer gewaltigen schwarzen Perücke umrahmt werden. Seine langen Augenbrauen stehen über seinen stechenden, braunen Augen, die ungeheuer lebendig gewesen sein müssen. Über seinen dünnen und verschwiegenen Mund senkt sich eine gebogene Nase, die ein wenig höckrig ist und mächtige Nasenflügel hat; sein gefurchtes Kinn wirft einen Schatten auf seinen weißen Kragen und ist ein würdiger Abschluss dieser schlauen, ungestümen Visage, welche genau die des Mannes ist, der gesagt hat: »Ehre ist gut, aber Geld ist besser.«

Daneben leuchtet in einer wunderbaren Girlande von

gelben und weißen Rosen, Pfingstrosen, Chrysanthemen, Flieder, Lilien und Rittersporn ein lachendes Gesicht, das der Marquise de Parabère gehört, welche nackt bei den kleinen Soupers von Saint-Cloud tanzte, ihr Bett zwischen dem Regenten und dem Comte de Nocé aufteilte und kleiner Rabe genannt wurde: sie ist rundlich, frisch, verführerisch und scheint bereit, unter dem ersten Kuss dahinzuschmelzen, der ihr auf die feuchten Lippen gedrückt wird. In Übermalungen fällt ihr fülliges braunes Haar auf ihre schönen Schultern; ihr feines Stupsnäschen mit den rosigen Öffnungen gesellt sich harmonisch zu ihrem mokanten und sinnlichen Mund und zu den von klar gezeichneten Brauen überwölbten lebhaften blauen Augen. Wangen und Kinn haben Grübchen. Am Rand des Bildes lehnt, ganz schwarz in seinem Anzug aus gelber Seide, ein junger Mohr und hält zwei Körbe, aus denen die Garben der sie umgebenden Blumen quellen.

Als Maxentius, der Sohn von Maximilian Hercules, über die Welt herrschte, lebte in Alexandria Catherina, die Tochter des Königs Costis. Sie hatte entfernt von diesen neuen Menschen gehört, welche die Götterbilder stürzten, einen unbekannten Gott anbeteten und von Cäsar Galerius verfolgt worden waren. Sie fühlte sich unwillkürlich zu ihnen hingezogen, und ohne ihn zu kennen, liebte sie bereits diesen kühnen Glauben, der den Folterqualen trotzte und die Henker zermürbte. Eines Tages sah sie nach dem Einschlafen eine von Licht umstrahlte Frau vor sich; Wolken umgaben ihre nackten Füße, auf dem Kopf hatte sie ein Diadem aus Sternen und trug in ihren Armen ein Kindchen, dessen Gesicht wie eine Sonne strahlte. Das war der Heiland und seine Mutter. Die Jungfrau beugte sich zu ihrem Sohn herab und zeigte auf Catherina: Herr, sagte sie, möchtet Ihr sie als Gattin? Jesus wandte den Kopf und erwiderte: Nein, denn sie ist Heidin und hat sich noch nicht in den Wassern der Taufe von der Sünde reingewaschen. Die Vision verschwand und Catherina erwachte. Sie betrachtete diesen Traum als Bekundung göttlichen Willens, und zwei Tage später war sie getauft. Jesus und die Heilige Jungfrau besuchten sie von neuem im Schlaf, und als ihre Augen sich wieder öffneten, fand sie den göttlichen Verlobungsring an ihrem Finger und zu ihren Füßen das Schwert, das sie später mit ihrem unsterblichen Gatten vereinen sollte.

Dies ist das Sujet einer von Albrecht Dürer gemalten achtzehn Zoll hohen Leinwand, die in einem Winkel des Museums von Caen hängt.

Eine Landschaft in Fluchtpunktperspektive nimmt den Hintergrund des Bildes ein, in dessen Vordergrund die Heilige vor der Jungfrau mit dem Kinde kniet. Daneben sitzen zwei Frauen in ihren steif gefältelten, langen Gewändern. Dahinter erscheint ein Diener, der einen Korb mit Früchten trägt. Die Gestalten sind in die Tracht des frühen XV. Jahrhunderts gekleidet: mit goldenen Plättchen zusammengehaltene weite, rote Roben, Perlennetze im Haar, Hermelinkragen auf den Schultern, Ringe am Daumen und hohe Schuhe. Die Heilige Jungfrau ist zur Hälfte mit der rötlichen, lockigen Flut ihres Haars bedeckt, das ihr bis auf die Hüften fällt; auch das Haar der anderen Frauen wirkt weicher durch Goldtöne, die es mit einem warmen Licht durchdringen und gut mit der matten Blässe ihres Gesichts harmonieren. Jesus steht auf den Knien seiner Mutter; sein von Strahlen erhelltes Antlitz ist der heiligen Catherina zugewandt. Das ganze Gemälde ist von einer Jugend und unaussprechlichen Farbigkeit, und jedes Detail, so winzig es auch sei, ist mit einem Können ausgeführt, das man erst nach langem Hinsehen begreift. Der Stil ist phantastisch: so klein das Bild ist, es entfaltet die Kraft einer Leinwand von zwanzig Fuß und ist eines der größten kirchlichen Sujets, die ich gesehen habe.

Ich liebe Albrecht Dürer, diesen reinen Künstler, der wie

Pascal, Léopold Robert, Mozart und Byron mit neununddreißig Jahren starb: eine träumerische Seele, die gern abends im Sonnenuntergang die kleinen Kinder im Straßenstaub spielen sah, ein sanfter, ängstlicher Mensch, den seine Frau schlug, betrog und bestahl, ein liebevoller Maler, der es Marc-Antoine Raimondi nie verzieh, die Obszönitäten von Julius Romanus in Kupfer gestochen zu haben. Ich liebe all die naiven Meister, die alle so voller Glauben und Vertrauen in ihre Kunst sind, aus welchem Land sie auch immer stammen, ob sie nun Lucas de Leyde, Jean de Bruges, Masaccio, Orcagna, Vivarin oder Fiesole heißen; ich liebe sie für diese inbrünstige Frömmigkeit, die sie in sich trugen und die sie mit ihren kleinen bemalten Holzplatten ebenso unsterblich gemacht hat wie all die Eroberer der Welt mit ihren Schlachten und dem Getöse ihrer Siege.

Da sich der Autor in großer Verlegenheit sieht, einen passenden Übergang zu finden, bittet er hier den Leser, sich wohlmeinend nach Dives zu begeben, wo uns um 9 Uhr abends ein Tilbury absetzte, den wir in Caen gemietet hatten. Es war Nacht geworden; doch das Meer brauste ein paar Schritte von uns entfernt, und wir hörten es. Fünf Stunden trennten uns von Trouville, dies war unsere letzte Etappe; wir wollten unseren *Tag* mit Vollmond erleben; wir tranken ein Glas Rum, um unseren Mut anzuheizen, und zogen los, indem wir uns wie die Sappho des armen Germain sagten:

Marchons! La nuit est belle

Unsere Füße knirschten im Sand, den unsere Stöcke durchlöcherten; neben uns brandeten die dunklen Fluten auf den Strand und rollten mit jenem lauten Rauschen aus, das wie eine ewige Klage klingt. Weit dahinter schlängelte sich vor dem Himmel die Silhouette der Klippen des anderen Ufers; sie schienen eine zwischen Meer und Himmel errichtete riesige Mauer zu sein. Rechts lag die Küste mit ihren weißlichen Felsen, ihren Einbrüchen und den von Regen und Sonne auf ganzer Länge gespaltenen Hängen; vor uns sahen wir, gleichsam in der Nacht am Horizont hängend, die Lichter von Le Havre, den Leuchtturm von La Hève und die Lampen am Quai von Trouville; sanft getragen auf ein paar golden gesäumten und von grünlichem Schein durchdrungenen dunklen Wolken schaute hinter uns der runde, rote Mond in die Wasserlachen, die er mit im Windhauch zitternden, glänzenden Lichtspuren illuminierte.

Vor einem tiefen Priel blieben wir stehen, und da wir nicht hinüberkonnten, stiegen wir wieder zum Land hinauf bis zu einer Holzbrücke; als sie überquert war, folgten wir leichtsinnig der Straße in ihrer Verlängerung; sie war jedoch steil, hart, steinig und öde; und nachdem wir mühsam eine Dreiviertelstunde auf ihr entlangmarschiert waren, verließ sie uns auf der Steilküste zwischen Feldern und einem überwachsenen Fahrweg. Das Meeresrauschen erreichte uns nur noch wie eine ferne Klage; wir hörten die in ein paar einsamen Höfen heulenden Hunde; wir hatten uns verirrt. In der Hoffnung, dass uns bald wieder ein Pfad ans Ufer brächte, wanderten wir lange unter Ulmen dahin, die ihre schwankenden, seltsamen Schatten auf den Weg warfen. Unser Irrtum hatte uns weit abseits geführt, und überdrüssig, ihn fortzusetzen, stießen wir das Gatter eines Feldes auf, strichen an seiner Hecke entlang, bogen nach links ab und gingen geradeaus. Unsere Füße schritten lautlos über das vom Mond versilberte, kurze Gras; manchmal erhob sich auf unserer Bahn eine dunkle Masse: es war ein Gebüsch; man kletterte hinüber und lief weiter. Je länger wir vordrangen, desto deutlicher hörten wir das Plätschern der Wellen; das Meer schien uns die Ermutigung seiner nähergerückten Stimmen entgegenzuschicken.

Plötzlich hatten wir keinen Boden mehr vor den Füßen;

wir waren oben auf der Steilküste angelangt, die senkrecht unter uns abfiel und in der für unsere Augen unergründlichen Leere versank. Durchzogen von schwarzen Linien, aus denen ein paar kreidige, bleiche Kämme ragten, standen diese furchtbaren Wände in ungeheurer Höhe unter dem Perlmuttglanz des Himmels. Wir prüften den Boden mit unseren Stöcken und hatten keine Bedenken; weiter ging's; alles diente uns zum Hinabklettern, wir suchten Halt, wo wir konnten, klammerten uns an Furchen, an Steine, an Schlingpflanzen, an Brombeergestrüpp und verharrten oft schwankend unter einem schlecht kalkulierten Impuls, der uns fast abstürzen ließ. Manchmal traten wir in ein Loch, weil wir meinten, den Fuß auf dunklen Grund zu setzen, wir befanden uns auf einer Klippe und versuchten hinunterzugelangen, wir machten mutige Sprünge und versanken bis zum Knie in einer der durch den Berg sickernden unterirdischen Quellen. Schließlich schwindelte es uns gewiss ein wenig, denn wir stürmten vorwärts, ohne weiter hinzuschauen, und schlossen die Augen, um unseren Sturz nicht vorauszusehen, springend, den Halt verlierend, auf den Knien, auf den Ellbogen, auf dem Rücken hinunterrutschend, wieder aufstehend und zwanzig Mal pro Sekunde unser Leben aufs Spiel setzend, aber so ruhig, so vertrauensvoll wie auf einer Landstraße im hellen Sonnenschein. Knirschend brach etwas unter unseren Füßen weg: es war Sand, es war das Meeresufer und wir setzten uns, um zu verschnaufen und den Schweiß abzuwischen, der uns vom Gesicht tropfte.

Wir nahmen unseren Weg schnell wieder auf, denn der Wind war kalt und ging uns durch Mark und Bein. Der Mond wurde, je mehr er sank, immer roter; eine schwarze Wolke teilte ihn in der Mitte wie ein Trauerflor und verstärkte noch sein tiefes Blutrot; daneben waren viele Sterne; das Meer brandete heran und schwemmte uns seine Wellen bis vor die

Füße; wir kamen an einem Boot vorüber, das im Trockenen auf dem Strand lag; zwei Ruder ragten heraus, ein Netz steckte zusammengeknäult unter den Bänken und in seinen Maschen sah man ein paar kleine glänzende Punkte, vertrocknete Fischschuppen. Wir wanderten Seite an Seite nebeneinanderher, den Hals vorgereckt, die Schultern eingezogen, traurig und stumm, atmeten tief die Salzluft der Meeresfluten, riefen uns manchmal etwas zu, ein Wort, eine Klage, eine Aufmunterung: »Komm schon, Alter!«, und fielen dann gleich wieder in unser unüberwindliches Schweigen: was hätten wir uns auch sagen können? welche Worte hätten uns übersetzt?

Manchmal traten aus den dunklen Tiefen der Steilküste in Mäntel oder Schaffelle gehüllte Schatten; langsam, mit unmerklichen Schritten, stumm und steif wie Erscheinungen, kamen sie auf uns zu. Sie sahen uns aufmerksam an und machten, die wogenden Falten ihrer Hüllen hinter sich herflattern lassend, wieder kehrt; dann verschwanden sie in der Nacht, und wir verloren sie aus den Augen: diese Gespenster waren Zöllner, die prüfen wollten, ob wir keine gierigen Schmuggler waren, die Englands Spitzenstoffe oder Schottlands Batist auf den Schultern trugen.

Hinter einer Reihe von Booten, die, wie einst die griechischen Galeeren ans Ufer Trojas, auf den Sand gezogen waren, entdeckten wir ein schlafendes Dorf, ohne Licht in den Fenstern, ohne einen Laut um die Häuser. Ein Mann sprach uns an: es war ein Leutnant vom Zoll, der seinen Rundgang machte und uns von Weitem für zwei Landvermesser beim Peilen gehalten hatte. Ein Wolfshund begleitete ihn. Während wir plauderten, hockte er sich auf die Hinterbeine, den Kopf auf die ausgestreckten Pfoten gelegt, bereit, beim ersten Warnzeichen aufzuspringen; unruhig betrachtete er uns mit seinen runden, unsteten Augen, die leuchteten wie Tropfen von schmelzendem Gold; als wir lauter sprachen, knurrte er und bei einer plötzlichen Bewegung, die wir machten, schoss er mit gesträubtem Fell, bellend, die Zähne fletschend und eigenartig die glühenden Augen rollend, los. Der Zollinspektor verließ uns, und sein Hund folgte ihm, wobei er sich noch einmal umdrehte, um hinter uns herzukläffen.

Bald würde der Mond verschwinden, und wir liefen immer noch. Wenn unsere Füße in die Wasserlachen traten, die die Ebbe am Strand zurückgelassen hatte, spritzten tausend bläuliche, helle Funken empor, die aufleuchteten wie die Sonnen und Schwärmer eines lautlosen Feuerwerks. Wir gingen weiter, die Laternen von TROUVILLE schienen näherzurücken; aber die Erschöpfung hatte meine Glieder steif werden lassen, und ich kam nur noch mühsam voran. Wir gerieten ins Sumpfland, ein mit Schilfrohr überwuchertes, weites Feld, das im Winter vom Meer bedeckt ist. Unter diesem Teppich von Grün, den die Nacht verdunkelte, konnten wir die Unebenheiten des Bodens nicht erkennen; meine geschwächten Beine gaben unter mir nach, bei jedem Schritt stolperte ich und fiel hin. Endlich kamen wir zu einer an einem Pfosten hängenden Leuchtbake. Vor uns strömte ein breites Wasser an einem mit weißem Sand bedeckten Steilufer entlang: dort streckte ich mich aus, glücklich über meine Reglosigkeit, während mein Gefährte, der immer noch seine Kraft und seinen Mut hatte, den eingeschlafenen Reisenden mit großer Mühe wach rief und wach rüttelte. Zehn Minuten später saßen wir in einem Hotel am Feuer, aßen ein Stück Käse und tranken eine Flasche Volnay. Es war 2 Uhr morgens, und ich schlief bis mittags.

Über Trouville werde ich nichts sagen, denn das war ehedem ein richtiger Seehafen mit hinter einem Quai aus Felsblöcken verstreuten Häusern, mit über Rudern ausgebreiteten, in der Sonne trocknenden Netzen, mit Fischern in roten Mützen und Matrosen in blauen Jacken; jetzt ist es, wie man sagt, der Treffpunkt der feinen Gesellschaft: man sieht hier schön gekleidete Pariserinnen, Modegecken in gelben Handschuhen, englische Grooms, betresste Kutscher und Reitlehrer. Wir machten Ausflüge zu Pferde in der ganzen Umgebung, nach Bonneville, nach Saint-Arnoud, nach Chalet, in den Wald von Touques, und überall stießen wir auf Kaleschen und Tilburys, auf Citoyens in Lackstiefeln und Frauen in Seidenroben: unser Abschiedsschmerz hatte an dieser neuen Tristesse keinen Bedarf.

Schließlich brachte uns zwei Tage später gegen 6 Uhr bei kaltem und regnerischem Wetter ein Boot aus Honfleur in die Seine. Schnaubend kam uns ein Dampfer entgegen; er hielt, wir stiegen ein: es war die *Normandie*. Die Räder stampften durchs Wasser und das Schiff zog davon, auf seinen Wellen das Boot schaukelnd, das uns gebracht hatte.

Wir froren und schafften es kaum, uns am Rohr des Dampfkessels zu wärmen. Wir sagten nichts; wir schauten aufs Ufer, wo unter großen Bäumen Tancarville lag; wir liefen über das Deck und kamen an zwei Nonnen vorüber, die dasaßen und ihren Rosenkranz rezitierten. Der Steuermann drehte pfeifend sein Rad, und das von seiner Maschine erschütterte Schiff erbebte bei jedem Stoß des Kolbens. Düster und diesig wie der Himmel, war unser Kummer zu einem unüberwindlichen Verdruss geworden. Ich ging in den Salon, um mich auf einem Kanapee aus Saffianleder auszustrecken, und war gerade eingeschlafen, als ich durch einen Gesang geweckt wurde, der von Musik begleitet war: zwei Frauen sangen an Deck und spielten dazu Harfe und Gitarre; die eine war groß mit einem nichtssagenden, blassen und aufgedunsenen Gesicht; die andere dagegen, klein, dünn, hässlich und krumm, hatte ein fahles, rundes Katzengesicht, dessen stechende und böse, graue Augen vor sich hin starrten. Über der hohen und bereits faltigen Stirn erhob sich ihr blondes Haar; zwei auf blaues Papier gewickelte Papilloten versteckten sich halb unter der Krempe ihres schwarz verschleierten Strohhuts. Ihre schmutzigen, großen und schlaffen Hände trugen Ringe an allen Fingern und schwollen, während sie die Saiten der Harfe zupften. Beide trugen Sommerkleider, grün mit kleinen braunen Karos, und ihre Füße verschwanden in schiefgetretenen und durchlöcherten, grauen Schuhen. Wir kamen an Quillebeuf vorüber, ein Windstoß brauste zwischen zwei Hügeln herein, legte das Schiff auf die Seite und entriss im Fluge den zwei Instrumenten seltsame Töne. Die beiden Nonnen hatten ihren Platz verlassen, zweifellos, um den Sängerinnen und ihren merkwürdigen Worten zu entfliehen. Ich weiß nicht, welche Romanze sie da herunterleierten. Der Refrain war:

L'azur de tes yeux
A ravi mon âme!

Dann kehrten die Worte: Liebe, Glück, Rausch, unentwegt wieder, zum monotonen Gezirpe der Begleitung, zum scharfen Timbre dieser Frauenstimmen, übertönt vom Kreischen der Maschine, vom Stampfen der Räder, vom Rauschen des durchs Wasser schneidenden Bugs, vom Pfeifen des Dampfers und vom Sausen der Böen, die knatternd in unsere Segel fuhren.

Anmerkungen

Kapitel 1

8, 16 *Fahrten nach Paphos:* Nahe der Stadt Paphos auf Zypern steht das Heiligtum eines Tempels der Aphrodite. Der Wagen der Venus wird der Tradition nach von Tauben gezogen. In seinen Reisenotizen vermerkt Flaubert: »Die Tauben von Paphos sind oft nur Gänse.«

9, 3 *um den König zu feiern:* Namenstag von Louis-Philippe.

9, 7 *Fritz und Luigi:* wahrscheinlich Flauberts späterer Anwalt Frédéric Fovard und Maxime Du Camps Freund Louis de Cormenin.

9, 29 *Rotunde:* hinterer und billigster Platz in der Postkutsche.

10, 6 *Monsieur de Pourceaugnac:* Held der gleichnamigen Komödie von Molière. Dort kommt Monsieur de Pourceaugnac allerdings aus dem Limousin und nicht aus Auxerre. Das Schiff aus Auxerre war bekannt als Transportmittel für den Zustrom armer Provinzler nach Paris.

10, 9 *Chapelle oder Bachaumont: Le Voyage de Chapelle et Bachaumont,* der Bericht einer Reise von Paris nach Montpellier aus dem Jahr 1656, wurde Anfang des 19. Jahrhunderts mehrfach nachgedruckt.

11, 2 *von einem anderen Metall:* In seinen Reisenotizen vermerkt Flaubert: »syphilitischer Engländer«. Die Syphilis wurde mit quecksilberhaltigen Arzneimitteln behandelt.

11, 8 *Monsieur Berryer:* Berryer (1790–1868), ein für seine Eloquenz und dröhnende Stimmgewalt berühmter, korpulenter Anwalt und Abgeordneter der Legitimisten.

11, 14 *Dichterjugend:* Das zweite Gedicht in Victor Hugos Lyrikband *Les Feuilles d'automne* (1831) beginnt mit einer Beschreibung von Blois. Der Dichter verbrachte seine Jugend jedoch nicht in Blois, sondern vorwiegend in Paris.

11, 19 *Marion de Lorme:* Die beiden ersten Akte von Victor Hugos Stück *Marion Delorme* (1831) spielen in Blois.

12, 21 *bezwungene Liebe einer frommen alten Jungfer:* offenbar Gedanken, die später in Pläne zu *Madame Bovary* eingehen. Am 30. März 1857 schreibt Flaubert an Mademoiselle Leroyer de Chantepie, eine Bewunderin seines Romans *Madame Bovary:* »zunächst hatte ich die Idee, eine Jungfrau daraus zu machen, die mitten in der Provinz lebt, im Kummer altert und schließlich die letzten Stadien von Mystizismus und *erträumter* Liebe erreicht.«

12, 32 *Frau von dreißig Jahren:* Balzac hat nie einen Bezug zwischen seinem Roman *La femme de trente ans* und dem Christentum angedeutet. Flaubert folgt hier den Analysen von Madame de Staël, die Victor Hugo im Vorwort zu seinem Versdrama *Cromwell* wieder aufgreift. Er sieht einen Zusammenhang zwischen der nachdenklichen Frau von dreißig Jahren und dem Christentum als Urheber der modernen Melancholie. Balzac schreibt lediglich: »Ist es der Kummer, ist es das Glück, das der Frau von dreißig Jahren, der glücklichen oder unglücklichen Frau, das Geheimnis jener sprechenden Tiefe verleiht?«

13, 3 *Tortoni:* das Café Tortoni neben der Börse, Treffpunkt des mondänen Paris.

13, 26 *Pradier:* der Bildhauer James Pradier (1790–1852), bei dem Flaubert eine Büste seines verstorbenen Vaters in Auftrag gegeben hatte. Pradier schätzte den jungen Flaubert und plauderte mit ihm über Kunst. Im Juli 1846 hatte Flaubert in Pradiers Atelier seine langjährige Geliebte, die Dichterin Louise Colet, kennengelernt.

14, 28 *mit einer blauen Flüssigkeit:* Billiger Wein wurde »vin bleu« – »blauer Wein« genannt.

15, 17 *wo 1588 die drei Stände tagten:* Die Versammlung von Adel, Geistlichkeit und Bürgertum, die Henri III im Oktober 1588 in Blois einberufen hatte, war der endgültige Affront gegen den Anführer der Liga, Duc Henri de Guise, der noch im Dezember desselben Jahres ermordet wurde. *La Mort du duc de Guise* ist eins von Flauberts Jugendwerken.

17, 24 *Rückkehr des erhabenen Exilierten:* Henri d'Artois, Duc de Bordeaux und späterer Comte de Chambord (1820–1883), rechtmäßiger Thronanwärter der Legitimisten, der im Exil lebte, seit Louis-Philippe 1830 an die Macht gelangt war.

17, 28 *On peut être boiteux …:* »Man kann hinken und trotzdem noch aufrecht gehen.«

17, 32 *On peut être exilé …:* »Man kann im Exil leben und trotzdem noch König sein.«

18, 7 *Monsieur de Marchangy:* Louis Antoine François de Marchangys Werk *La Gaule poétique ou l'Histoire de France considérée dans ses rapports avec la poésie* (erschienen 1813 bis 1817) war für Flaubert der Inbegriff des schmachtenden Romantismus, der Emma Bovary den Kopf verdreht.

20, 21 *die der gesungenen Prosa:* In der Analogie zwischen dem Eindruck von Landschaft und Stil zeigt sich Flauberts Streben nach einer »idealen Prosa«: »Ich für meinen Teil stelle mir dennoch einen Stil vor: einen Stil, der schön wäre, den jemand irgendwann in zehn Jahren oder in zehn Jahrhunderten schreiben wird und der rythmisch wäre wie der Vers, präzise wie die Sprache der Wissenschaft, mit dem Wogen und Brummen eines Cellos, mit sprühenden Feuergarben, einen Stil, der einem in den Kopf fahren würde wie ein Dolchstoß und bei dem das eigene Denken schließlich auf glatten Flächen dahinsegeln würde, wie wenn man in einem Boot mit gutem Rückenwind dahinsaust« (24. April 1852 an Louise Colet).

24, 7 *Alfred de Dreux:* (1808–1860), ein bei Frauen und Sportlern sehr beliebter Maler, der sich auf die Darstellung von Pferden spezialisiert hatte.

24, 8 *die Putiphar von Monsieur Steuben:* Der Maler Steuben (1788–1856) war im Salon von 1843 mit dem Bild *Joseph und die Frau von Putiphar* vertreten gewesen.

24, 14 *Madame Adélaide:* Louise Marie Adélaide Eugénie d'Orléans (1777–1847), Schwester und Ratgeberin von Louis-Philippe.

25, 9 *Lukretius:* »Für am fruchtbarsten gelten die Frauen zumeist nach Sitte der wilden Tiere und Riten der Vierfüßler, weil der Samen, wenn die Brust unten und das Hinterteil oben ist, an den richtigen Ort gelangen kann« (Lukretius, *Die Natur der Dinge*)

25, 9 *L'Amour conjugal:* 1829 erschien unter dem Titel *Tableau de l'amour conjugal* die siebenundfünfzigste Ausgabe von *Tableau de l'amour considéré dans l'état mariage*, ein Werk, das Nicolas Venette, ein Arzt aus La Rochelle, 1687 verfasst hatte.

25, 24 *im Stil von Martin:* John Martin (1789–1854), englischer Maler großer geschichtlicher Ereignisse oder Naturkatastrophen.

27, 32 *preußischen Kamine:* ein mobiler, kleinerer Kamin, der in große Feuerstellen eingebaut werden konnte.

29, 1 *mit Handschuhen à la Crispin:* Handschuh der Musketiere mit am Handgelenk weiter werdender Manschette aus Leder oder Segeltuch. Crispin ist die Komödienfigur des prahlerischen Dieners.

30, 12 *Louis XIII:* Flauberts erstes Jugendwerk ist diesem König gewidmet.

30, 19 *Le Devin du village:* Die kleine Komödie von Jean-Jacques Rousseau wurde 1752 für Louis XV. im Château de Fontainebleau aufgeführt.

30, 21 *Madame Dupin:* Louise Marie Madeleine Fontaine (1706–1799), Gattin von Claude Dupin, dem Besitzer von Chenonceaux, wo sie einen glänzenden Hof hielt, in dem unter anderen Montesquieu, Diderot und Rousseau verkehrten.

31, 10 *Anais Ségalas:* eine Dichterin (1814–1895), die vor allem in Poesiealben zitiert wurde. Flaubert hatte sie 1846 im Salon von Louise Colet kennengelernt.

34, 1 *wie mit den schwimmenden Stöcken:* In La Fontaines Fabel *Le chameau et les bâtons flottants* (1668) werden schwimmende Stöcke von weitem für ein Schiff gehalten.

36, 29 *Tristan l'Hermite:* ein Henker in Diensten von König Louis XI, der durch seine Grausamkeit legendär wurde.

39, 1 *Jenanne, la bonne Lorraine ...:* aus der dritten Strophe von *La ballade des dames du temps jadis* von François Villon: »Jeanne, die gute Lothringerin, die die Engänder in Rouen verbrannt haben ...«

48, 25 *Américaine:* vierrädrige Kutsche mit zwei parallelen Bänken, deren erste von einem Verdeck überdacht ist.

49, 16 *Darstellung des Herrn im Tempel:* Lukasevangelium IV, 25ff.

54, 4 *de omni re scibili et quibusdam aliis:* »über alles, was man lernen kann, und noch einiges mehr«, die Devise des lateinischen Gelehrten Giovanni Pikus Graf von Mirandola (gest. 1494).

57, 5 *Monsieur Chopin:* Henri Frédéric Schopin (1804–1880), Genremaler.

57, 6 *Monsieur Ancelot:* (1794–1854), ein zweitklassiger, aber erfolgreiche Dramatiker.

57, 8 *La volupté vous tente ...:* »Die Wollust reizt euch, flieht, gebt nicht nach: eine unschuldige Freude wird euren Kämpfen folgen.«

57, 18 *Lieu chéri du Seigneur ...:* »Teurer Ort des Herrn, wo die Tugend wohnt; liebliche Einsamkeit, wo der Heilige Geist herrscht; dreimal glücklich, wer von deinem Wohl bezaubert dem Jahrhundert entsagt und seine unheilvollen Fesseln zerreißt! Mithilfe seines Gottes, der ihn leitet, ist er umso kühner, je mehr ihm auferlegt wird, da er überzeugt ist, dass der Augenblick des Todes der glückliche Moment ist, der ihn in den Hafen führt.«

61, 11 *oculi habent labia:* »die Augen haben Lippen«.

62, 8 *Les fresques de l'église:* »die Fresken der Kirche«. Offenbar ziemlich hässliche, damals neue Fresken, die in Reiseführrern als »bemerkenswert« verzeichnet waren. Flaubert notiert: »unbeschreibliche Fresken«.

Kapitel III

63, 32 *Nannetes:* In seinem *Gallischen Krieg* bezeichnet Cäsar die damals in der heutigen Region von Nantes wohnenden Kelten als »Nannetes« oder »Namnetes«.

68, 10 *Duchesse de Berry:* die Witwe des von den Legitimisten als rechtmäßiger Thronfolger angesehenen, 1820 ermordeten Charles Ferdinand d'Artois Duc de Berry. Sie hatte 1832 versucht die Vendée zu einem Aufstand gegen Louis-Philippe zu bewegen. Man vertrieb sie aus ihrem Versteck hinter der Platte eines Kamins durch ein Feuer, das man darin entfacht hatte, und verhaftete sie. Flaubert, der alles andere als Legitimist war, zeigt dennoch Rührung und Sympathie für diese junge, exzentrische Prinzessin. Am 21. August 1859 schreibt er an Ernest Feydeau: »die Duchesse de Berry ließ ihre Kutsche halten, um mich zu küssen.«

69, 29 *der Landschaftsmalerei Bertins:* Jean-Victor Bertin (1767–1842) war einer der letzten Vertreter der historischen Landschaftsmalerei und Inbegriff der alten Schule, während sich in Barbizon die Plein-air-Malerei entwickelte.

70, 29 *Die Camargo:* Marie-Anne de Cupis (1710–1770), genannt Camargo, eine durch ihre Kunst, ihr romanhaftes Leben und ihre Liebesbeziehungen mit den Berühmtheiten ihrer Zeit bekannte Tänzerin. Sie kreierte die Mode kurzer Röcke.

72, 11 *Monsieur Saint-Marc Girardin:* Saint-Marc Girardin (1801–1873), Professor an der Sorbonne und Verfasser eines *Cours de littérature dramatique*, über den Flaubert am 16. September 1845 an seinen Freund Alfred Le Poittevin schrieb: »Gut das kennenzulernen, um zu erfahren, wie weit Dummheit und Frechheit reichen können. Noch einer von denen, welchen ich die Haut abziehen und ihnen Blei in den Bauch hätte gießen lassen, um sie die Kunst der Rede zu lehren.«

72, 13 *wie René sagt:* In Châteaubriands autobiographischem Roman *René* findet der Titelheld eines Tages einen Brief seiner geliebten Schwester, in dem sie ihm mitteilt, dass sie ins Kloster gegangen ist. Er behält diesen Brief bei sich, um sich, wie er sagt, »in Zukunft jeder freudigen Regung zu berauben«.

76, 14 *Skizzen von Hubert:* Hubert Robert (1733–1808), ein Maler, der vor allem für seine Darstellungen zeitgenössischer Bauten als Ruinen berühmt war, meist angeregt durch seine Reisen nach Italien.

81, 29 *Monsieur Lemot:* François-Frédéric Lemot (1772–1827), ein französischer Bildhauer, der gewaltige neoklassizistische Statuen schuf, erwarb 1805 den Besitz La Garenne in der Nähe von Clisson und ließ in dem mit Standbildern geschmückten Park eine Villa im Stil von Palladio errichten.

82, 23 *Delille:* Der von Flaubert zitierte Vers stammt aus dem vierten Gesang des Werkes *Les Jardins ou l'Art d'embellir les paysages* (1782), dessen Autor Abbé Jacques Delille dort die Bögen und Säulenhallen Roms beschreibt.

83, 22 *Héloïse, peut-être erra …:* »Vielleicht irrte Héloïse über diese Ufer, als sie, ihren Aufenthalt den Neidern verbergend, in den Mauern des Pallet einen Sohn zur Welt brachte, das teure und unglückliche Unterpfand ihrer verstohlenen Freuden und zärtlichen Liebe. Vielleicht hat sie, abermals allein, an diesem wilden Ort geseufzt und ungehindert die Wohltat der Tränen genossen. Vielleicht sann sie auf diesem Felsen sitzend über ihr Unglück nach. Auch ich möchte dort sinnen! dort mein Herz mit der süßen Erinnerung an Héloïse erfüllen.«

86, 9 *die Reden von Monsieur Pasquier:* Etienne-Denis Pasquier (1767–1862), ein zynischer Arrivist, der von Napoléon bis Louis-Philippe sämtlichen Herrschern diente. Napoléon und Louis XVIII ernannten ihn zum Baron und Louis-Philippe machte ihn zum Herzog. 1842 veröffentlichte er seine *Discours prononcés dans les chambres législatives par le baron Pasquier.*

94, 24 *Aristoteles:* offenbar Verwechslung mit Hippokrates, dessen »Kapitel über Hüte« in Molières *Médecin malgré lui* erwähnt wird.

95, 10 *plano sub jove:* »direkt unter der Sonne«.

95, 22 *Alain Barbe-torte:* Alain IV, der die Bretagne 952 von den Normannen befreit hatte.

97, 4 *Logger:* franz. »chasse-marée«, kleine, schnelle Zweimaster, die den Fisch von den Fanggründen zu den Verbrauchern transportieren.

97, 15 *Jeanne la Boiteuse:* Jeanne de Penthièvre, genannt »die Hinkende«. Sie spielte eine wichtige Rolle in dem fünfundzwanzigjährigen Krieg zwischen ihrem vom französischen König unterstützten Gatten Charles de Blois (1319–1364) und Jean IV de Bretagne, Comte de Montfort, der mithilfe Englands am 29. September 1864 in der Schlacht von Aray den Sieg davontrug.

99, 14 *Jean-Jacques:* Jean-Jacques Rousseau, der Veröffentlichungen, die ihm missfielen, als »Arschwische« bezeichnete.

104, 30 *Handbücher Roret:* nach ihrem Verleger benannte Enzyklopädie aus mehr als vierhundert Bänden, von denen jeder einen Gewerbezweig oder eine Technik behandelte.

113, 5 *eructans crepitansque:* rülpsend und furzend

113, 24 *einen Wirt aus Nangis:* Poulmann hatte einen Wirt totgeschlagen, weil er ein Omelett, das aus sechs Eiern bestehen sollte, aus nur fünf Eiern bereitet hatte. Alphonse Karr verewigte die Tat in *Les Guêpes* (1844).

117, 14 *Mendès:* das ägyptische Pendant zum gewöhnlich als Ziegenbock mit vier Hörnern dargestellten Gott Pan.

118, 17 *Ducis:* Jean-François Ducis (1733–1816), Bearbeiter von Shakespeare-Dramen für die französischen Bühnen.

118, 18 *Andrieux:* François-Guillaume Andrieux, (1759–1833), Lehrer für Literatur an der École polytechnique und dem Collège de France.

118, 19 *Crébillon:* Prosper Jolyot Crébillon (1674–1762), Autor der

Tragödien *Idoménée* (1705), *Atrée et Thyeste* (1707) und *Électre* (1708).

119, 26 *Monsieur Leverrier:* Urbain Le Verrier (1811–1877), der Entdecker des Planeten Neptun. Maxime Du Camp war ihm 1846 im Atelier von Pradier begegnet: »ein Mensch, der bedeutungsvoll Platz nahm, wie angewurzelt sitzen blieb, sich zu bemühen schien, noch mürrischer auszusehen, und so für seine Büste posierte. Das war Le Verrier, ›der Planetenmann‹, wie man ihn nannte, der in dieses Atelier voller Leben und Überraschungen einen Dünkel trug, über den man sich nicht schlecht mokierte.«

120, 16 *Mon Dieu, n'aviez vous pas …:* »Lieber Gott, hattet Ihr nicht genug Engel im Himmel!«

Kapitel V

124, 22 *Saint Stanislas:* der Heilige Stanislaus, Schutzheiliger Polens, der im 11. Jahrhundert gemarterte Bischof von Krakau.

124, 23 *Saint Louis de Gonzague:* (1568–1591), ein Heiliger, den die Jesuiten wegen seiner Keuschheit zum Schutzheiligen der Jugend ernannt hatten. Im 19. Jahrhundert wurde sein tugendhaftes Leben als Vorbild in etlichen Broschüren verbreitet.

125, 29 *Salon:* die alljährlich im Frühling im Louvre stattfindende Ausstellung ausgewählter Kunstwerke.

125, 29 *Exposition de l'industrie:* 1844 fand unter dem Titel »Exposition de la Seconde République ou Exposition nationale des produits de l'industrie agricole et manufacturière« zum ersten Mal eine Ausstellung über die landwirtschaftliche und technische Entwicklung Frankreichs statt, die 1849 wiederholt wurde.

125, 31 *Rocher de Cancale:* ein Pariser Luxusrestaurant in der Rue Montorgueil, das Anfang 1846 geschlossen worden war. Sein Name taucht wiederholt in den Werken von Balzac auf, der dort, wie auch Stendhal, Stammgast gewesen war.

126, 2 *Monsieur de Rambuteau:* Comte de Rambuteau (1781–1869), von 1833 bis 1848 Präfekt des Département Seine. Er ließ große Arbeiten zur Sanierung und Verschönerung von Paris vornehmen. Alphonse Karr verewigte seine notorischen Sprachschnitzer in *Les Guêpes* (1841).

126, 2 *Hyacinthe:* der Schauspieler Hyacinthe (1814–1887) vom Théâtre du Palais-Royal, dessen große Nase legendär war.

127, 13 *Fréminville:* Christophe-Paulin de la Poix de Fréminville (1787–1848), Autor von *Monuments du Morbihan* (1829), wo er aus Jacques Cambrys *Monuments celtiques* zitiert. Flaubert bezieht seine Kenntnisse aus dem Werk von Fréminville.

129, 3 *Doktor Borlase:* William Borlase, (1695–1772), *Antiquities, Historical and Monumental of the County of Cornwall* (1768).

129, 28 *Pausanias:* griechischer Historiker und Reisender im 2. Jahrhundert n. Chr.

130, 19 *der erste Grenadier von Frankreich:* Théophile Malo Corret de la Tour d'Auvergne (1743–1800), ein im Revolutionsheer dienender Bretone, dem Napoleon für seine Tapferkeit den Titel »premier grenadier de la République« verliehen hatte. 1792 veröffentlichte er ein Werk über die Geschichte seiner Heimat *Nouvelles recherches sur la langue, l'origine et les antiquités des Bretons pour servir à l'histoire de ce peuple.*

134, 30 *die Steine von Carnac sind große Steine:* Flauberts Passage über die Menhire in Carnac ist der einzige zu Lebzeiten der Autoren veröffentlichte Text aus *Par les champs et par les grèves.* Er erschien am 18. April 1858 in *L'Artiste.* Am 22. September schreibt Flaubert an George Sand: »Ich finde Sie ein wenig streng mit der Bretagne. – Nicht mit den Bretonen, die mir als abstoßende Dummköpfe, als wenig liebenswürdige Schweine erschienen sind. Bezüglich der keltischen Archäologie habe ich 1858 in *L'Artiste* ein ganz nettes Gewitzel über die wackelnden Steine veröffentlicht.«

140, 9 *Louis Fessard:* Flauberts Schwimmlehrer. Am 25. Juni 1842 schreibt Flaubert an seinen Freund Ernest Chevalier: »Jeden Abend um 5 Uhr breche ich bei welchem Wetter auch immer zu meinem alten Fessard auf, ich rauche meine Pfeife, schwimme stramm und kippe dann einen Rum mit ihm. Er schätzt mich immer noch.« Und nach Fessards Tod bekennt er in einem Brief an Louis Bouilhet: »Mit Fessard haben wir einen Freund verloren, der gestern seinen Kopfsprung in die Ewigkeit getan hat. Nun werden wir nicht mehr zusammen trinken! ... Ich habe zauberhafte Erinnerungen an in seiner Schule verbrachte Nachmittage, nackt, in Badehose, in der kleinen Pappelallee, beim Geruch von Teer und Netzen ... beim Blick auf Segel ...«

140, 11 *Massaker:* 1795 hatte der während der Revolution nach England geflohene Adel den Versuch einer Rückeroberung unternommen. Général Hoche trieb die Emigranten auf der Halbinsel Quiberon zusammen und brachte sie um. Es gab mehr als siebenhundert Tote. Maxime Du Camp schreibt darüber in Kapitel VI.

140, 24 *das Leben ist ein Gasthof:* Châteaubriand zitiert diesen Gedanken des griechischen Historikers Diodorus Sikulus (um Christi Geburt) in seinem *Itinéraire de Paris à Jérusalème*, ein Werk, das Flaubert offenbar kannte. Dort heißt es: »All diese Völker (Ägyptens), sagt Diodore de Sicile, (...) nennen die Häuser der Lebenden Gasthöfe, in denen man nur auf der Durchreise ist; doch den Namen der ewigen Wohnstatt geben sie den Gräbern der Toten, die man nicht mehr verlässt.«

155, 4 *zur Stunde, da die Schatten lang sind:* offenbar Anspielung auf Vergils erstes Hirtengedicht, das mit der Zeile endet: »Majoresque cadunt altis de montibus umbrae« – »Und die Schatten fallen länger von der Höhe der Berge«.

158, 10 *Trou-Madame:* Spiel aus dem 17. Jahrhundert, bei dem Elfenbeinkugeln durch nummerierte Torbögen geschossen werden müssen.

158, 21 *Achard:* Frédéric Adolphe Achard (1808–1856), berühmter Schauspieler am Théâtre du Palais-Royal, das auf Vaudevilles und volkstümliche Komödien spezialisiert war.

163, 9 *Monsieur Nisard:* Désiré Nisard (1806–1888), Professor an der Sorbonne, der die Romantik ablehnte. Er machte sich einen Namen mit mehreren großen Werken, darunter eine *Histoire de la littérature francaise* (1844–1861).

Kapitel vi

166, 6 *Gallia: Morens: posuit:* »Errichtet vom tiefbetrübten Frankreich«.

166, 20 *Perierunt fratres …:* »All meine Brüder sind für Israel gestorben.«

166, 28 *In Deo speravi …:* »Ich habe meine Hoffnung auf Gott gesetzt, ich werde keine Angst haben.«

167, 6 *Pro Deo, pro rege …:* »Für Gott und König niederträchtig hingeschlachtet. Wohlgefällig ist im Angesicht Gottes der Tod seiner Heiligen. Für unsere Seelen und unsere Könige werdet ihr großen Ruhm und einen ewigen Namen erlangen.«

168, 16 *Comtesse d'Escarbagnas:* In seinem Stück *La Comtesse d'Escarbagnas* lässt Molière einen Hauslehrer auftreten, der dem Sohn der Comtesse lateinische Grammatik mit den Worten »viro, virile, viri« beibringt. Schockiert über die erste Silbe dieser Worte bittet ihn die Comtesse, dem Kind ein anständigeres Latein beizubringen. Die Duchesse Angoulême (1778–1851) Tochter von Louis XVI, hatte ihren Cousin, den Duc d'Angoulême, geheiratet, der als impotent galt. Maxime Du Camp spielt auf die Charakterstärke an, für die sie bekannt war.

169, 26 *hic ceciderunt:* »hier sind sie gefallen«.

169, 27 *In memoria aeterna …:* »Ewiges Gedenken den Gerechten«.

171, 3 *Chandos:* John Chandos (1320–1370) hatte sich in Diensten des englischen Königs Edward III in mehreren Schlachten des Hundertjährigen Krieges hervorgetan. 1364 hatte er Jean IV de Bretagne in seinem Kampf gegen Charles de Blois unterstützt.

173, 14 *Sire Aufroy de Montboucher:* Maxime Du Camp bezieht seine Kenntnisse aus *La Bretagne ancienne et moderne* (1844) von Pierre-Michel-François Chevalier, genannt Pitre-Chevalier (1812–1863).

175, 17 *Muskat von Boileau:* Nicolas Boileau (1636–1711). Maxime Du Camp bezieht sich hier auf Vers 119 aus Boileaus *Satire III* (1663), in *Repas ridicule:* »Mögt Ihr Muskat? man hat alles damit gewürzt.«

175, 31 *J.J.:* Jules Janin, ein gefürchteter Feuilletonist des *Journal des débats.*

180, 2 *Smyrna:* Maxime Du Camp hatte 1845 eine erste Orientreise unternommen, deren Bericht er vor dem Verfassen seiner Kapitel der Bretagnereise schrieb, so dass sich hier die Erinnerungen überlagern.

186, 11 *Monsieur de Florian:* Autor des Romanpoems *Numa Pompilius second roi de Rome* (1786).

188, 4 *Die Schlacht der Dreißig:* 1850 traten zwischen Ploermel und Josselin dreißig französische gegen dreißig englische Edelleute an, eine Schlacht, in der die von dem französischen Partisan Beaumanoir der Feigheit bezichtigten Engländer ihren Mut beweisen sollten. Der verletzte Beaumanoir verlangte zu trinken, worauf ihm Geoffroy du Bois antwortete: »Beaumanoir, trink dein Blut, dein Durst wird vergehen.« Maxime Du Camp berichtet in seinen *Souvenirs littéraires:* »Zwischen Ploermel und Josselin rief Flaubert an der Wegscheide einer Eiche plötzlich: ›Beaumanoir, trink dein Blut!‹ Dann wollte er mir in Erinnerung an Tinténiac und ›Mylord‹ Bembro einen Hieb mit dem Stock auf meinen Rucksack geben, den ich auf den Arm bekam. Ich bat ihn, nicht so heftig zuzuschlagen, und er erwiderte: ›Du bist bloß ein Bourgeois, die Großartigkeit der Schlacht der Dreißig begreifst du nicht; ich finde das toll!‹«

Kapitel VII

194, 13 *Monsieur Penhouët:* Armand Louis Bon Maudet Penhouët, *Antiquités égyptiennes dans le département du Morbihan,* (1812).

197, 6 *der Schauspieler Grassot:* Auguste Grassot (1800–1860), ein für seine Stimme, seine Pantomime und seinen Blick berühmter Schauspieler, der vor seinem Engagement am Pariser Théâtre du Palais-Royal in Rouen spielte.

197, 25 *Agnus Dei-Medaillen:* aus dem Wachs der Osterkerze geformte, vom Papst gesegnete Plakette mit einem eingeprägten Lamm, dem Symbol für Christus als »Lamm Gottes«.

199, 26 *bragow-brass:* sehr weite Kniebundhose.

213, 5 *Gralon, König der Bretagne:* Flaubert bezieht diese geschichtlichen Kenntnisse aus *Histoire de Bretagne* (1618) von Bertrand d'Argentré (1519–1590).

221, 7 *à la Perrinet-Leclerc:* eine historische Figur, die den Burgundern 1418 heimlich nachts ein Stadttor von Paris öffnete, ein Ereignis, das 1832 und 1835 in erfolgreichen Dramen von Anicet Bourgeois, Joseph Locroy und Alexandre Dumas verewigt wurde. Offenbar war der Schauspieler, der diese Figur verkörperte, entsprechend frisiert.

224, 21 *achtzig Meilen:* dreihundertzwanzig Kilometer.

234, 1 *Diachylonstreifen:* Pflaster mit löslichem Klebstoff aus Pflanzensaft.

Kapitel VIII

237, 22 *Papegai:* Vogel aus Pappe oder Holz als Zielscheibe.

243, 11 *Pointe de la Torche:* la torche – die Fackel.

244, 11 *Vagues et goélands …:* »Wellen und Möwen, gebt uns unsere Geliebten zurück.«

247, 16 *Stil des Vicomte d'Arlincourt:* Obwohl mit seinen Melodramen sehr erfolgreich, wurde der Vicomte d'Arlincourt (1788–1856) verlacht für seine zusammenhanglosen Sätze, so dass man ihn auch den »verdrehten Vicomte« nannte. In seinen *Souvenirs littéraires* beschreibt Maxime Du Camp, wie Flaubert ihn auf ihrer gemeinsamen Orientreise bei einem Fieberanfall pflegte und ihm ein »gutes Buch« vorlas, *Le Solitaire* (1821) von d'Arlincourt. »Diese Lektüre führte zu wahnsinnigem Gelächter und ließ das Fieber wieder steigen.«

251, 15 *Gustave Lemoine:* (1802–1855), Autor von Dramen, Vaudevilles, Liedern und Gedichten. Seine Frau Loisa Puget (1810–1889) vertonte seine Werke, die sehr beliebt waren und in vielen Pariser Salons gesungen wurden.

254, 3 *die Trinker von Rabelais:* Anspielung auf Kapitel V von Rabelais' *Gargantua,* wo es heißt: »die Pinkelbude bekommt nichts.«

256, 32 *die Baie des Trépassés:* die »Bucht der Verstorbenen«.

259, 8 *Vellédas Druidinneninsel:* Velléda aus Châteaubriands *Martyrs* ist eine der mit übernatürlichen Kräften begabten Priesterinnen, die auf der Île de Sein lebten oder sich dort versammelten.

262, 1 *wie Lenhor hinter dem unheimlichen Wilhelm:* Anspielung auf die Ballade *Lenore* (1773) von Gottfried August Bürger (1747–1794) in der die Titelgestalt von ihrem im Siebenjährigen Krieg gefallenen Gatten in einem tollen Ritt ins Jenseits entführt wird. 1840 war eine französische Übersetzung von Gérard de Nerval erschienen.

263, 16 *fut le pédant …:* »der tollste Besserwisser der Welt«, letzte Zeile eines Poems, das Jean-Baptiste Rousseau (1671–1741) in Buch II seiner *Épigrammes* Bernard de Fontenelle (1658–1757) gewidmet hat.

277, 4 *Urgèle:* Feengestalt aus Voltaires Verserzählung *Ce qui plaît aux dames* (1763): eine runzlige Alte, die sich zur Belohnung eines jungen Mannes, der sie trotz ihrer Hässlichkeit liebt, vor seinen Augen in eine Venus verwandelt.

277, 5 *Morgane:* eine heilkundige gute Fee, Schwester von König Arthur.

277, 28 *Onkel Tobie:* zentrale Figur aus *The Life and Opinions of*

Tristram Shandy, Gentleman (erschienen 1660 bis 1770) von Laurence Sterne. Onkel Tobie stellt mit der Zeitung in der Hand in seinem Garten die Entwicklung der damaligen Kriegsereignisse nach.

Kapitel IX

288, 19 *Lasting:* ein glatter, fester Wollstoff.

289, 14 *Menschenhändler:* Rekrutierung von Söldnern als Ersatzmänner für Wehrpflichtige.

289, 21 *Biographie des hommes utiles:* Ein zwischen 1833 und 1842 erschienenes Verzeichnis wohltätiger Persönlichkeiten, *Portraits et histoire des hommes utiles bienfaiteurs de tous pays et toutes conditions*, erweitert durch ein *Jahrbuch der Wohltaten*, veröffentlicht von der Société Montyon et Franklin, ein verhasstes Werk für Flaubert, der die Philanthropie verabscheute.

291, 17 *Epidemie:* 1598 hatte die Pest gewütet.

298, 30 *mit Äther betäuben:* 1846 hatte die erste öffentliche Demonstration der Anästhesie mit Äther bei einem chirurgischen Eingriff stattgefunden.

298, 32 *der Pfarrer Lacolonge:* Jean Baptiste Delacollonge, ein Pfarrer einer Gemeinde der Côte d'Or, der 1836 wegen der Ermordung und Zerstückelung einer Modistin aus Lyon zu einer lebenslangen Zuchthausstrafe verurteilt worden war.

303, 13 *Suburra:* ein verrufenes Viertel des antiken Roms, wo Gladiatoren und Freudenmädchen wohnten.

305, 21 *Tom Pouce:* der kleinwüchsige Charles Sherwood Stratton (1838–1883), den der amerikanische Unternehmer Barnum (1810–1891) unter dem Namen »General Tom Thumb« 1842 mit großem Erfolg dem Pariser Publikum vorführte. In seinem *Dictionnaire des idées recues* notiert Flaubert: »Wenn von Zwergen die Rede ist, muss man die Geschichte von General Tom Pouce erzählen und es voll Stolz erwähnen, wenn man ihm die Hand gedrückt hat.«

305, 21 *das Museum von Versailles:* Nach vierjährigem Umbau hatte Louis-Philippe mit großem Pomp das Museum in Versailles eröffnet. Das aufwendige Unternehmen wurde stark kritisiert.

310, 20 *Michel Nobletz:* Michel Le Nobletz (1577–1652), ein Jesuit, der durch die Bretagne zog, um die Laster der Bevölkerung und die Unwissenheit des Klerus zu bekämpfen.

315, 29 *ähnlich dem Basilisken:* das Fabeltier eines durch seine Blicke tötenden Königsdrachen.

316, 20 *Herbadilla:* in *Antiquités du Finistère* erwähnt Fréminville die Stadt Herbauge (Herbadilla), deren Bewohner sich wie in Sodom und Gomorrha schändlichen Ausschweifungen hingaben.

Kapitel x

323, 26 *Père Albert:* Albert le Grand (1599–1641), Autor von *La Vie, gestes, mort et miracle de la Bretagne armorique.*

326, 30 *Diaz:* Narcisse Diaz (1807–1876), ein Landschaftsmaler der Schule von Barbizon.

329, 14 *Latour-d'Auvergne:* Théophile de La Tour d'Auvergne, Napoleons »premier grenadier de la République« (siehe Kapitel V).

339, 32 *La France pittoresque: La France pittoresque, ou Description pittoresque, topographique et statistique des départements et colonies de la France* (1835) von Abel Hugo.

341, 18 *Cesson:* cesser – aufhören

345, 21 *Nam mulier prohibet …:* aus *Die Natur der Dinge, IV, die Epikureer* des römischen Dichters Lukretius Carus (1. Jh. vor Christus): »Denn die Frau versagt sich selbst zu empfangen und hält sich zurück, wenn sie mit dem Hintern die Venus des Mannes bearbeitet; denn sie führt die Schar des Pfluges in die falsche Richtung und leitet den Erguss des Samens um.«

346, 5 *Qui a Bretagne …:* »Wer die Bretagne ohne Jugon hat, hat den Chorrock ohne Kappe«

346, 24 *Quantos effundit in usus:* »Wie groß ist der Nutzen, für den er sich ergießt!«

346, 26 *Duell:* 1357 fordert Bertrand Du Guesclin (1320–1380) Thomas Canterbury zum Duell, weil er bei der Belagerung von Dinan seinen Burder Olivier als Geisel genommen hat. Du Guesclin gewinnt das Duell und schenkt seinem Gegner das Leben.

349, 26 *Cy gist …:* »Hier liegt das Herz von Messire Bertrand Du Guesclin, zu seinen Lebzeiten Konnetabel von Frankreich, welcher am 13. Juli 1380 starb, sein Körper ruht mit denen der Könige in Saint Denis in Frankreich.«

351, 2 *'Ιησοῦς χριστὸς Θεοῦ υἱὸς σωὴρ:* »Jesus Christus Sohn Gottes, des Erlösers«.

354, 20 *Monsieur Ledru-Rollin:* Ledru-Rollin (1807–1874), einer der Abgeordneten der extremen Linken, die 1848 die Revolution vorbereiteten, später Innenminister.

354, 20 *Monsieur Steuben:* der Maler Steuben (siehe Kapitel I).

Kapitel XI

356, 31 *Quiquengrogne:* Anne de Bretagne hatte den Turm mit folgender Inschrift versehen lassen: »Qui qu'en grogne, cela sera, c'est mon plaisir« – »Sollte einer darüber murren, ist das mein Vergnügen«.

358, 13 *Fénélon:* Fénélons Satz »ein Horizont zur Augenweide« in seinem *Télémaque* (1699) hatte als eine Formulierung, die jede Beschreibung vermied, den Spott der Romantiker hervorgerufen.

359, 12 *Montluc:* Flaubert zitiert hier sehr frei aus den 1592 veröffentlichten *Commentaires* von Blaise de Monluc (1500–1577).

359, 14 *Valentinois:* Cesare Borgia, Herzog von Valentinois (1475–1507).

363, 8 *Lamennais und Broussais:* Félicité de Lamennais, (1782–1854) gab nach und nach die theokratische Doktrin einer

Kirche unter direkter Herrschaft Roms auf und vertraute auf die Entwicklung demokratischer Freiheit. – Der ebenfalls in Saint Malo geborene Arzt Broussais entwickelte gegensätzliche medizinische Theorien.

364, 13 *was Monsieur Michelet so sehr empört:* Der große französische Historiker Jules Michelet (1798–1874) war 1831 durch die Bretagne gereist und beschrieb sie in *Tableau de la France* als traurig, feige und räuberisch.

364, 17 *der Ort, den er für seinen Leichnam bestimmt hat:* Nach zehnjährigen Verhandlungen erhielt Châteaubriand 1836 die Erlaubnis der Stadt Saint-Malo, sein Grabmal auf der Île du Grand-Bé errichten zu dürfen. Die ihn erwartende leere Grabstätte wurde häufig besichtigt.

365, 20 *die untergehende Sonne:* Am 14. Juli 1847 schrieb Flaubert an Louise Colet: »Ich schicke Dir, meine liebe Freundin, eine Blume, die ich gestern abend auf dem Grab Châteaubriands gepflückt habe. Das Meer war schön, der Himmel rosa, die Luft mild. Es war einer dieser großen Sommerabende, ganz flammend von Farben, von einer Pracht, so ungeheuer, dass sie melancholisch ist, einer dieser Abende, so glühend und traurig wie eine erste Liebe.«

369, 9 *L'Amour conjugal:* (siehe Kapitel I).

369, 9 *Faublas:* Jean-Baptiste Louvet de Couvray (1760–1797), *Les Amours du chevalier de Faublas* (1789).

384, 5 *Montgomery:* Gabriel I. de Montgomery, (1530–1574), ein nach England geflohener und zum Protestantismus konvertierter Hauptmann der schottischen Armee, der mehrmals den Hugenotten zu Hilfe kam. 1559 war er der Sieger eines Tourniers auf Tombelaine. Maxime Du Camp erzählt in seinen *Souvenirs littéraires* über Flaubert: »In der Nähe des Mont Saint-Michel, auf dem Eiland Tombelaine, wo sich Montgomery verschanzt hatte, wollte er das Turnier vom 29. Juni 1559 darstellen, und da mir die Rolle von Henry II vorbehalten war, weigerte ich mich. Flaubert sagte zu mir: ›Ach! da sieht man, dass du die Geschichte nicht liebst!‹ – Waren wir verrückt? Wohl möglich.«

385, 19 *Perpignan:* in Perpignan gefertigter Peitschenstiel aus Zürgelholz.

387, 3 *»Die gelbe Levkoje«:* Châteaubriand beschreibt diese Wildblume in seinem autobiographischen Roman *René* als Zeichen der Verlassenheit des väterlichen Schlosses.

389, 18 *die flinke Lerche über dem schwankenden Schilf:* Flaubert bezieht sich auf eine Romanze aus Châteaubriands Roman *Les aventures du dernier Abencérage* (1826). Dort heißt es: »Erinnert es dich (das Land, d. Ü.) an den stillen See, den die flinke Schwalbe streifte, an den Wind, der das bewegliche Schilf bog, und an den so schönen Sonnenuntergang über dem Wasser?«

391, 1 *die unfassbaren Phantome:* Flaubert nennt hier die Hauptfiguren aus Châteaubriands Werken *Atala*, *Martyrs* und *René*.

392, 6 *als würde er bereits zu den Toten gezählt:* Châteaubriands Autobiographie *Mémoires d'outre-tombe* erscheint erst zwei Jahre nach Flauberts Bretagnereise. Wahrscheinlich kannte Flaubert jedoch eine Sammlung von Erinnerungen: *Lectures des Mémoires de M. de Châteaubriands*, die nach Lesungen von Teilen der *Mémoires d'outre-tombe* bereits 1834 erscheinen war.

392, 14 *noch vor Byron:* Flaubert ergreift Partei für Châteaubriand in dem Streit über die Frage, ob Byron oder Châteaubriand als Erster das Elend des 19. Jahrhunderts thematisiert habe.

Kapitel XII

401, 4 *Hidalgo de la Mancha:* Anspielung auf die Kapitel XI bis XIV von Cervantes' *Don Quichote*.

402, 5 *Gattin des Gouverneurs der Bretagne:* In ihren berühmten Briefen berichtet Madame de Sévigné von zwei Besuchen der Duchesse de Chaulnes (Briefe vom 26. Juli 1671 und 23. August 1671).

402, 19 *Bourdaloue:* reich bemalter, länglicher Nachttopf.

403, 2 *Thibouville und Bernay:* Orte im an die Normandie grenzenden Departement Eure.

407, 8 *Ignorantiner:* Mitglied eines 1495 gegründeten Ordens.

408, 4 *er besaß ein Goldstück:* Eugène Devéria (1805–1868) wurde zum Rivalen von Delacroix, als er im Salon von 1827 sein Bild *La Naissance d'Henri IV* ausstellte. Später verblasste sein Ruhm.

412, 28 *Docteur Tissot:* M. Tissot *L'Onanisme. Dissertation sur les maladies produites par la masturbation* (1760). Das Werk wurde immer wieder aufgelegt und stand in den Bibliotheken mancher Gymnasien.

413, 20 *Martin:* Anspielung auf Kapitel XXII von Voltaires *Candide:* »Monsieur, wie viele Theaterstücke habt Ihr in Frankreich fragte Candide den Abbé, welcher antwortete: Fünf- oder sechstausend. – Das ist viel, sagte Candide; wie viele gute gibt es darunter? – Fünfzehn oder sechzehn, erwiderte der Andere. – Das ist viel, sagte Martin.«

413, 22 *Voyer d'Argenson:* Flaubert notiert, dass es sich um Marc-René d'Argenson handelt (1652–1721), Kabinettspräsident und Justizminister.

415, 8 *Albrecht Dürer:* Bei diesem Bild setzt Flaubert in seinen Reisenotizen ein Fragezeichen hinter den Namen von Dürer, der nicht, wie Maxime Du Camp schreibt, mit neununddreißig Jahren, sondern 1528 mit siebenundfünfzig Jahren starb. Das Gemälde mit dem Titel *La vierge et l'enfant avec sainte Catherine, sainte Madeleine et sainte Barbe* wird heute einem Manieristen aus Antwerpen zugeschrieben.

416, 10 *Fiesole:* damals üblicher Name für Fra Angelico.

416, 28 *Marchons! La nuit est belle:* »Gehen wir! die Nacht ist schön«, eine Zeile aus dem Gedicht »Sappho« von Germain des Hoghes, einem 1843 verstorbenen Freund von Alfred Le Poittevin. In seinen *Souvernirs littéraires* beschreibt Maxime Du Camp die Umstände, unter denen sich dieses Gedicht in sein Gedächtnis eingebrannt hat. Die Freunde besuchten den ebenfalls früh verstorbenen Le Poittevin vor seinem Tod: »Er erzählte uns von Germain des Hoghes, einem jungen Dichter unter seinen Freunden, der an der Schwindsucht gestorben war, nachdem er einen Gedichtband mit dem Titel *Caprices* veröffentlicht hatte. Als käme er auf sich selbst zurück, rezitierte er für uns mit seiner feinen und schmeichelnden Stimme eine Strophe: ›Gehen wir! die Nacht ist schön und die wolkenlose Phoebe vergießt ihre reinen Strahlen; gehen wir heiter dem Tod entgegen; mögen unsere letzten Lieder der sieben Weisen würdig verklingen!‹«

422, 14 *L'azur de tes yeux ...:* »Das Blau deiner Augen hat meine Seele entzückt!« Sechs Jahre später erklärt Flaubert in einem Brief an Louise Colet, dass dies eine Romanze von Loisa Puget war: »Zuletzt fuhr ich 47 mit dem Schiff von Honfleur nach Rouen, als ich mit Maxime aus der Bretagne zurückkam. Wir hatten ebenfalls in Honfleur übernachtet. Es war das gleiche Wetter, Regen und Kälte. Auf dem Dampfer waren zwei Musikerinnen, die Loisa Puget sangen« (Brief vom 2. September 1853).

Zum Buch

Die Reise in die Bretagne mit seinem Freund Maxime Du Camp im Sommer 1847 muss für Flaubert ein Befreiungsschlag in einer bedrückenden Zeit gewesen sein. Im Jahr zuvor hatte er den Vater und die geliebte Schwester verloren und fand sich nun, bedroht von den wiederholten Nervenanfällen, allein mit der Mutter und der verwaisten kleinen Nichte in dem Landhaus der Familie in Croisset. Heute berühmte Jugendwerke lagen unveröffentlicht in der Schublade und die Beziehung zu Louise Colet war mehr als krisenhaft.

Freiheit ist das wichtigste Element in diesem Reisebericht, den die beiden Gefährten gemeinsam verfassen: die innere Freiheit, die aus dem ungebundenen Umherstreifen folgt und in einem farbigen Mosaik von Betrachtungen und Assoziationen ihren Ausdruck findet. Geschichte und Kultur, Mensch und Natur, denkwürdige Orte und armseligste Behausungen, alles ist hier gleichermaßen bedeutungsvoll und mit der gleichen Hingabe beschrieben.

Zu den Autoren und ihrer Übersetzerin

Gustave Flaubert, geboren 1821 in Rouen, studierte zunächst auf Drängen des Vater Jus, gab das Studium jedoch krankheitsbedingt 1843 auf und unternahm 1847 seine erste große Reise in die Bretagne mit seinem Freund, dem Literaten Maxime Du Camp. Die beiden beschlossen, gemeinsam einen Reisebericht zu verfassen, bei dem Flaubert die ungeraden Kapitel übernahm.

Maxime Du Camp, geboren 1822 in Paris, hatte bereits erste literarische Meriten errungen, als er sich mit Flaubert am 1. Mai 1847 auf diese erste gemeinsame Reise begab. Im vierhändig verfassten Reisebericht übernahm er die geraden Kapitel. Außer den zwei Kopien, die sich die beiden Wanderer binden ließen, haben später beide ihre Kapitel voneinander unabhängig veröffentlicht: Du Camp 1852/53 in der *Revue de Paris* und Flaubert 1858 in *L'Artiste*.

Cornelia Hasting, geboren 1950 in Lüneburg, studierte Germanistik und Kunstgeschichte. Sie hat vor allem französische Literatur des 19. Jahrhunderts übertragen, u. a. Flauberts *Briefe an Louise Colet* und seinen Briefwechsel mit den *Brüdern Goncourt*.

LA MANCHE
ILES NORMANDES
I. DE GUERNESEY
S.t Pierre
Herm
I. de Sercq
S.t Hélier
I. DE JERSEY
L.d'Aurigny
Beaumon
ROSCOFF
MORLAIX
GUINGAMP
SAINT-MALO
SAINT-BRIEUC
DINAN
LA ROCHE-MORICE
LANDERNEAU
BREST
LE CONQUET
PLOUGASTEL
DAOULAS
HUELGOAT
LANDÉVENNEC
CROZON
MORGAT
CARHAIX
DOUARNENEZ
POINTE DU RAZ
PLOUGOFF
PONT-CROIX
SAINT-TUGEN
KERFEUTEUM
QUIMPER
LOCMARIA
PLOMELIN
ROSPORDEN
POINT-L'ABBÉ
FOUESNANT
CONCARNEAU
QUIMPERLÉ
PENMARC'H
HENNEBONT
LORIENT
AURAY
GAVR'INNIS
LOCMARIAQUER
SUCINIO
SARZEAU
LA ROCHE-BERNARD
HERBIGNAC
QUIBERON
BELLE-ÎLE
LE PALAIS
MESQUER
GUÉRANDE
CROISIC
BATZ
BRETAGNE
Ile d'Ouessant
Cap de la Chèvre
Baie de Douarnenez
Baie d'Audierne
Baie de S.t Brieuc
Cap Fréhel
Lannion
Tréguier
Paimpol
Perros Guirec
Pontivy
Loudéac
Vannes
Redon
Ploërmel
Malestroit
Josselin
Uzel
Quintin
Lamballe
Montfort
Landes de Lanvaux
Montagnes Noires
I. de Groix
I. de Glénan
Pont Château
Pornic
I. DE NOIRMOUTIER
Bourgneuf
Fromentine
I. d'Yeu
Pointe de S.t Gildas
OCÉAN
ATLANTIQUE
49
48
47